Verzeichnis der Werke Franz von Poccis

MANFRED NÖBEL, Dipl.-Germanist (1932–2006), war nach dem Studium der Philosophie, Germanistik und Theaterwissenschaft zunächst Dramaturg, dann Leiter des Leipziger Jugendtheaters, ab 1968 Lektor im Berliner Henschel Verlag und 1982–1998 wissenschaftlicher Mitarbeiter am Zentralinstitut für Literaturgeschichte der Akademie der Wissenschaften zu Berlin. Er galt als einer der besten Pocci-Kenner der DDR. Nöbel hat u. a. die »Märchenkomödien« (1977) und die »Kasperlkomödien« (1986) im Henschel Verlag neu herausgegeben.

GISELA TEGELER, Dr. agr., promovierte in Biochemie. Sie war zuletzt wissenschaftliche Mitarbeiterin an der Veterinärmedizinischen Fakultät der Humboldt-Universität in Berlin und an der Freien Universität im Fachbereich Biochemie. Als langjährige Lebensgefährtin von Manfred Nöbel hat sie seine Recherchen für ein vollständiges Verzeichnis der Werke Franz von Poccis mitbegleitet und aus dem Nachlass vervollständigt.

Franz von Pocci
Schriftsteller · Zeichner · Komponist

Werkausgabe in Verbindung mit
der Bayerischen Staatsbibliothek München,
dem Literaturarchiv Monacensia der Stadt München
und der Internationalen Jugendbibliothek München

Gesamtherausgeber: Franz-Graf-von-Pocci-Gesellschaft e. V.

Herausgegeben von
Ulrich Dittmann, Waldemar Fromm und Wilfried Hiller

Abteilung X
Nachträge, Werkverzeichnis, Register
Band 1

edition monacensia

Verzeichnis der Werke Franz von Poccis
1821–2006

Gesamtverzeichnis der gedruckten Schriften,
Kompositionen und buchgraphischen Arbeiten
Franz von Poccis auf der Grundlage der Zusammenstellung
von Franz Pocci (Enkel) fortgeführt und bis 2006
einschließlich der Veröffentlichungen über Franz von Pocci
vervollständigt von Manfred Nöbel†

Herausgegeben von Gisela Tegeler

Die Edition dieses Bandes wurde ermöglicht
durch die freundliche Förderung von Anna Maria Elisabeth Gräfin
von Pocci†, Hohenschwangau; Maria Cristina Gräfin von Pocci,
Grünwald (Pocciana GmbH & Co.KG, Füssen) und Felicitas Gräfin
von Pocci-Schumacher, Ammerland

Die Pocci-Werkausgabe wird außerdem gefördert
vom Kulturreferat der Landeshauptstadt München und
der Arbeitsgemeinschaft Literarischer Gesellschaften und Gedenkstätten
aus Mitteln des Beauftragten der Bundesregierung
für Angelegenheiten der Kultur und der Medien

edition monacensia
Herausgeber: Monacensia
Literaturarchiv der Stadt München
Dr. Elisabeth Tworek

Weitere Informationen über den Verlag und sein Programm unter:
www.allitera.de

Bibliographische Information der Deutschen Bibliothek

Die Deutsche Bibliothek verzeichnet diese Publikation
in der Deutschen Nationalbibliographie;
detaillierte bibliographische Daten sind im Internet
über <http://dnb.ddb.de> abrufbar

2. Auflage
August 2009
Allitera Verlag
Ein Verlag der Buch&media GmbH, München
© 2007 Buch&media GmbH, München
Umschlaggestaltung: Kay Fretwurst, Freienbrink
Herstellung: Books on Demand GmbH, Norderstedt

Inhalt

Zu diesem Werkverzeichnis 7

Verzeichnis der Werke Franz Poccis
zusammengestellt von Franz Pocci (Enkel)

I. Drucke und Bücher von Franz Pocci selbst besorgt 11
II. Posthume Drucke und Bücher (1876–1926) 117
III. Erstdrucke (1926–1934)................................ 148

Verzeichnis der Werke Franz Poccis
bis 2006 vervollständigt von Manfred Nöbel†

IV. Literarische und buchgraphische Werke von Franz Pocci 155
   1. Literarische und buchgraphische Werke. Nachlese bis 1926 155
   2. Literarische und buchgraphische Werke 1926–2006........ 169
V. Fremdsprachige Ausgaben 204
VI. Werke in anderen Medien 211
VII. Veröffentlichungen über Franz Pocci 218
VIII. Fälschlich Franz Pocci zugeschriebene Stücke, Zweifelhaftes
und Unechtes 246

Anhang

Einführung zur Ausgabe von 1926 251
Franz Pocci (Enkel): Von meinem Großvater 255
Franz Poccis Künstlerzeichen 266

Register 267

Printed in Germany · ISBN 978-3-86520-400-4

Franz von Pocci, Photographie aus dem Jahr 1864

Zu diesem Werkverzeichnis

Franz von Pocci (1807–1876) hinterließ als Schriftsteller, Zeichner und Komponist ein umfangreiches künstlerisches Oeuvre. Bis heute werden seine Puppentheaterstücke, seine Bilderbücher und graphischen Arbeiten in wechselnden Zusammenstellungen immer wieder aufgelegt. Die Erstausgaben seiner Werke werden antiquarisch hoch gehandelt und viel gesucht. Zu Pocci gibt es, vor allem aus dem 20. Jahrhundert, eine umfangreiche Sekundärliteratur.

Bereits 1926 hat sein gleichnamiger Enkel ein Werkverzeichnis unter dem Titel »Das Werk des Künstlers Franz Pocci. Ein Verzeichnis seiner Schriften, Kompositionen und graphischen Arbeiten, zusammengestellt von Franz Pocci (Enkel)« publiziert (s. Werkverzeichnis PN Nr. 1181), das bis heute als grundlegende, antiquarisch gesuchte Bibliographie gilt. Dieses Werkverzeichnis erweiterte er 1935 durch ein Verzeichnis der Erstdrucke nach Schöpfungen von Franz Pocci aus den Jahren 1926–1934 (s. Werkverzeichnis PN Nr. 1198).

Im Hinblick auf den 200. Geburtstag Franz von Poccis am 7. März 2007 hat der Berliner Theaterwissenschaftler und Pocci-Forscher Manfred Nöbel in langjährigen Recherchen die Arbeit von Franz Pocci (Enkel) bis zum Jahr 2006 fortgeführt und kurz vor seinem Tod im Frühjahr 2006 weitgehend abgeschlossen. Somit liegt ein nahezu lückenloses Werkverzeichnis Poccis einschließlich der Sekundärliteratur vor.

Die Unterzeichnende als Nachlassverwalterin der wissenschaftlichen Arbeit Manfred Nöbels hat mit Hilfe von Frau Dr. Barbara Krafft und Frau Dr. Carolin Raffelsbauer, beide München, das Manuskript überprüft, Lücken geschlossen und zum Druck vorbereitet. So kann das Werk, wie geplant, rechtzeitig zum Jubiläum erscheinen.

Zur Anlage des Werkverzeichnisses

Das Werkverzeichnis enthält im ersten Teil einen unveränderten, allerdings in Antiqua neu gesetzten Abdruck der Arbeit des Pocci-Enkels. Nur offensichtliche Druckfehler wurden stillschweigend korrigiert und die Nachträge und Berichtigungen von Pocci (Enkel) an der entsprechenden Stelle eingesetzt. Ebenso sind Ergänzungen aus heutiger Sicht eingearbeitet und durch *Kursiva* in [eckigen] Klammern gekennzeichnet. Um die Zitierfähigkeit zu erhalten, wurde die ursprüngliche Nummerierung beibehalten.

Die Einführung von Pocci (Enkel) zu seinem Werkverzeichnis, seine Erinnerungen »Von meinem Großvater«, Franz von Poccis Künstlerzeichen, die dort aufgenommenen Photographien und Faksimiles werden als Anhang zur der vorliegenden Bibliographie wiedergegeben.

Der zweite Teil – die Fortsetzung 1926–2006 – folgt in der Grundstruktur Pocci (Enkel), d. h. die chronologische Anordnung bleibt erhalten. Entsprechend der Zahl der jährlichen Neuerscheinungen ist er jedoch nicht mehr jahrweise, sondern in Dezennien eingeteilt. Auch schien eine knappe Kommentierung über die bibliographischen Angaben hinaus in einigen Fällen nützlich.

Das Werkverzeichnis führt die Titel nach folgender Systematik auf:

- Literarische und buchgraphische Werke in selbstständigen Publikationen sowie Beiträge literarischen oder buchgraphischen Charakters in Sammelwerken. Zusätze des Herausgebers erfolgen in [eckigen] Klammern, erläuternde Hinweise in kleinerer Schrift. Bei Einzelblättern ist das Fehlen der Angaben über Erscheinungsort und -jahr (o. O.; o. J.) nicht eigens verzeichnet.
- Übersetzungen
- Arbeiten von Pocci, die in anderen Medien (z. B. Tonträgern, Film, auch Aufführungsmaterial und Partituren) verwendet werden
- Eine separate Abteilung umfasst die Sekundärliteratur. Dabei werden auch Zeitschriftenbeiträge, jedoch keine Tageszeitungen berücksichtigt, Vor- und Nachworte zu bereits verzeichneten Titeln nur, wenn sie für Forschung und Interpretation von Belang sein können. Nicht aufgeführt sind außerdem Einträge in den älteren Konversations-, Künstler-, Literatur-, und biographischen Lexika. Um möglichst viele Informationen, die zugänglich waren, zusammenzutragen, hat Manfred Nöbel vereinzelt auch handschriftliche Unikate einbezogen.

Querverweise, die sich auf die neuerstellten Kapitel der Bibliographie beziehen, sind mit PN (= Pocci-Verzeichnis von Manfred Nöbel) gekennzeichnet, Verweise auf das Werkverzeichnis von Franz Pocci (Enkel) sind mit PE (= Franz Pocci Enkel) gekennzeichnet. Nachauflagen werden in der Regel bei den Erstausgaben registriert, ebenso Lizenzausgaben und Mitdrucke. Gesondert verzeichnet (oder mit Hinweisen versehen) werden nur spätere Neuausgaben bzw. geänderte oder erweiterte Editionen. Weil PE als reines Werkverzeichnis des Künstlers angelegt ist, werden

Schriften *über* Pocci nicht unter ihren Autoren zitiert. Diese sind jedoch im Teil PN erfasst.

Um alle bibliographischen Daten möglichst einfach zugänglich zu machen, ist das Werkverzeichnis durch ein alphabetisches Gesamtregister mit Verweisen auf die jeweiligen Nummern erschlossen. Unterschiedliche Schreibweisen, z. B. bei Autorennamen, resultieren aus den Angaben in den Originalen.

Eine lückenlose Erfassung der Publikationen eines so fruchtbaren und vielseitigen Autors und der dazu erschienenen Sekundärliteratur ist im 21. Jahrhundert kaum noch möglich. Die Herausgeberin, die sich dem Nachlass von Manfred Nöbel verpflichtet fühlt, ist deshalb für ergänzende Hinweise dankbar. Diese Hinweise nimmt der Verlag gerne unter unter *lektorat@buchmedia.de* entgegen.

Besonderer Dank gilt der Familie von Pocci: Anna Maria Elisabeth Gräfin von Pocci, Maria Cristina Gräfin von Pocci und Felicitas Gräfin von Pocci-Schumacher, durch deren großzügige Förderung das »Verzeichnis der Werke Franz von Poccis 1821–2006« veröffentlicht werden konnte.

Berlin, im Frühjahr 2007　　　　　　　　　　　　　　　Gisela Tegeler

Verwendete Abkürzungen:

A. P. A. = Ammerlander Pocci-Archiv
B. St. M. = Bayerische Staatsbibliothek München
PE　　 = Werkverzeichnis Pocci (Enkel)
PN　　 = Werkverzeichnis Pocci Nöbel

I.
Drucke und Bücher
von Franz Pocci selbst besorgt

1821

1. **Wunderheilung durch Hohenlohe* in Brückenau.** Die Lahmen und Kranken umringen den unter Bäumen stehenden Priester, von dem sie Heilung erwarten. Links unten die Jahreszahl 1821, rechts bez.: F. P. [das F *tête bêche*]. Lithogr. 4°.
Erster Versuch des vierzehnjährigen Knaben mit der Kreide auf Stein zu zeichnen unter Anleitung von Schlotthauer. Wenn auch die Figuren nicht fehlerfrei sind, verraten sie doch schon eine große Leichtigkeit und Sicherheit des Striches. Verbesserungen am Baumschlag von des Künstlers Mutter. Was Holland von den vier Spruchblättern (Nr. 3) sagt: »Ein wahres Inkunabel von Poccis Hand«, möchte ich für dieses Blatt in Anspruch nehmen, s. S. 260.

* Alexander Prinz von Hohenlohe-Waldenburg, später Probst von Großwardein, erregte als Geistlicher in Franken Aufsehen durch seine Gebetsheilungen an nahen und fernen Kranken.

1825

2. **Ivanhoe** von Walter Scott. Innentitel, oben Kind mit Wappenschild des Künstlers und Jahreszahl 1825, unten Spruchband: »Meinen Freunden«. 10 lith. Bll. in Umdrucktusche.
Kein Blatt trägt den Namen des Künstlers, wohl aber sind einige mit dessen Wappen (Säule, Halbmond und drei Ähren) bezeichnet, s. S. 262.

3. **Spruchblätter:** 1. Ein Knabe und ein Mädchen stehen links und rechts betend auf einer stilisierten Wasserrose; unten schwimmt ein Schwan; über diesem eine achtzeilige Strofe: »Da schwimmt er auf dem grünen See ...« Links unten bez.: F. P. 11 x 8,1. – 2. Christus nimmt ein weinendes Kind bei sich auf. Von ihm trennt ein reicher Ornamentstab den Vierzeiler: »Kind! fehlst du auf der Lebensbahn ...« Rechts unten bez.: F. P. 13,5 x 9,1. – 3. Rechts vier mit Apfelblüten beschäftigte Kinder, links schauen zwei Nichtstuer sehnsüchtig zu. Über diesen ein Fünfzeiler: »Ohn' Arbeit ist kein Lohn ...« Links unten bez.: F. P. 13,3 x 9,4. – 4. Links sitzt unter einem Tore ein weinender Knabe. Im Hintergrunde ein Dorf, rechts ein weg-

schreitender Knabe, der eine Stange trägt, auf deren fahnenartigem Bande ein Zweizeiler: »Im Finstern weilt der Bösewicht ...« Oben sitzen zwei Vöglein. Links unten bez.: F. P. 10,6 x 8,1. Lithogr.

Im A. P. A. auch ein unzerschnittenes Blatt auf China und eines auf rosa Papier.

1826

4. **Böhm M.** [Isariae] Landshut. Brustbild mit Mütze und Band der Isaren. Links bez.: 1826 und Künstlerzeichen (Säule, Halbmond, Ähren: Pocci-Wappen). Lithogr. 11 x 12,5.
   M. Böhm, Vater des bis 1918 bayerischen Ministerresidenten in Bern Gottfried v. Böhm, der auch als Dichter und Dramatiker nicht unbekannt ist.

5. **Flug der Liebe**, Volkslied komp. F. Pocci. Dreimal drei Notenzeilen mit untergelegtem Text: »Wenn ich ein Vöglein wär ...«; daran anschließend zwei fünfzeilige Strofen. qu. 2°.
   Das Ganze vom Komponisten auf Stein geschrieben für die Isarenkneipe.

6. **Landshuter Studenten.** Zwei Reihen mit je acht Profilen zum Teil von Isaren. Unten rechts in der Handschrift des Künstlers bez.: Landshut 1826. Lithogr. qu. 2°.

1829

7. **Gedichte** von Fr. Chr. Beck. München 1829. (Druck und Verlag von Dr. C. Wolf.) 2 Bll. 116 S. 1 Bl. 12°. Titelblatt in stilisierten Blumenranken mit Engeln und Kindern. Unten schreibende Frau. Engel mit Harfe. Bez.: Pocci inv. 1829. Lithogr.

8. **Gedichte** Seiner Majestät des Königs Ludwig von Bayern in Musik gesetzt und gesungen von den Mitgliedern des Liederkranzes in München am 25. März 1829. München in der kgl. b. Hof-Musikalien- und Musik-Instrumentenhandlung von Falter u. Sohn; Mainz und Paris bei B. Schotts Söhne; Antwerpen bei A. Schott. Dazu 4 Singstimmen: Tenor I. Tenor II. Baß I. Baß II. qu. 2°. Umrahmung von Arabesken und Amoretten, unten Landschaft von Eugen Neureuther 1829. Lithogr. Darin: Abschied im Herbste von König Ludwig von Bayern für vier Maennerstimmen (und Clavier-Begleitung *ad libitum*) von Franz Graf von Pocci in Partitur und ausgeschriebenen Stimmen. Anfang: »Die Schwalben ziehn.«

9. **Sechs deutsche Lieder** mit Clavier-Begleitung componirt von Franz Graf von Pocci. In Comission bey Falter und Sohn in München Nr. 132. 9 S. gr. qu. 2°. Inhalt: 1. Titel. 2. Liebchens Schönheit, comp. im Jahre 1826. 3. Mailied, comp. im Jahre 1826. 4. Gretchens

Klage von Göthe, comp. im Jahre 1826. 5. Der Troubadour von F. Beck, comp. im Jahre 1828. 6. Schifferlied aus Albrecht Dürer von E. v. Schenk, comp. im Jahre 1828. 7. An meine Zither von Theodor Körner, comp. i. Jahre 1828.
Auf dem unbedruckten Außenumschlag handschriftlicher Vermerk: »6 Deutsche Lieder compt. von Franz Pocci 1829. A M.«

1830

10. **Lieder-Kranz**, gebunden von den vorzüglichsten Tonsetzern für eine Singstimme und Begleitung des Pianoforte in Commission in K. b. Hof-Musikalien-Handlung von Falter u. Sohn und Jos. Aibl in München. o. J. qu. 2°. Heft I-XII. Auf den Umrahmungen der Titelbll. die Namen: Lachner, Ayblinger, v. Roeder, Stuntz, Lenz, Pentenrieder, Vespermann, Graf v. Pocci, Josefine Lang, Chelard. Heft IX: Die Einsamkeit, Gedicht von Helmine v. Chezy. 3 S. Musik v. Graf v. Pocci.

1832

11. Blumen-Lieder für Knaben und Mädchen, in Musik gesetzt von Franz G. v. Pocci. o. O. [München] u. J. Umschlag, Innentitel und VI lithogr. Bll. qu. 2°. Innentitel: Lautenschlagender Engel »Musica«, zu beiden Seiten je ein Kind, auf Wolke. Rechts und links stilisierte Blumenranken. Bez.: Pocci.
I. »Die Primel« auf einer von zwei Engeln gehaltenen Bandrolle vor aufgehender Sonne. Links der neun Notenzeilen Primelpflanze. In der Höhe der ersten Notenzeile heiliger Petrus mit Schlüssel, vor ihm ein Knabe mit gefalteten Händen. Rechts Blattwerk mit Vögeln. Unten Schnörkel bez.: Pocci. II. »Die Nelke« auf Bandrolle. Links der neun Notenzeilen Mädchen auf stilisierter Nelke sitzend. Rechts Schnörkel. Unten Landschaft mit Bäumen. Kirche auf Hügeln. Bez.: Pocci. III. »Rose und Lilie« auf Band, das sich um die obere Notenumrahmung schlingt. Links Schloß, davor Rosenbusch, Knabe läuft weg. Rechts der zwölf Notenzeilen in Schnörkel und Strichumrahmung Strofe 2 u. 3. Unten Lilien mit zwei Kindern, Vögeln und Häschen. IV. »Schneeglöckchen« auf fliegender Bandrolle. Links der zwölf Notenzeilen stilisierte Stadt an Berg und Fluß. Über die Brücke stürmt eine Kinderschar mit Lanzen und Wimpel »Frühling«, die den Winter auf Schlittschuhen vertreibt. Unten vor ihm her eilen phantastische Gebilde hirschkäfer- und fledermausartig. Auf der rechten Seite ranken sich Schneeglöckchen, die in Schnörkel auslaufen. Bez.: Pocci. V. »Vergißmeinnicht« an der Quelle, von Schnörkeln umgeben. Links der zwölf Notenzeilen Flußlandschaft

mit Wasserfall, an dem ein Mädchen sitzt. Rechts und unten Vergißmeinnichtranken mit stilisierter Eidechse. Bez.: Pocci. VI. »Nacht-Viole«, von Engeln gehaltenes Band, das sich durch Mauerbogen zieht. Die zwölf Notenzeilen auf aufgerolltem Teppich. Links gotischer Fensterbogen mit stilisierten Eichkätzchen und Vögeln in der Bekrönung. Knabe kniet auf der Fensterbank und schaut auf Berglandschaft. Unter der Mauer der Fensterbank weibliche Gestalt mit Zweig. Daran anschließend Teich. Rechts hinter Baumstumpf mit Schlangen und Mäusen wächst Nachtviole.
Von J. Schraudolph unter Schlotthauers Leitung auf Stein gezeichnet. S. oben S. 262f. Das Schnörkel- und Rankenwerk zeigt Franz Poccis Vertrautheit mit Dürers Randzeichnungen zum Gebetbuch des Kaisers Maximilian.

12. **Gotischer Erker** mit Hohlziegeldach [sog. Mönche und Nonnen] und Windfahne. Links in der Mauer Teil eines Fensters. Rechts ein Haus sichtbar. Auf der Erkerkonsole ein Engelköpfchen und Schild bez.: F. P. Rad. 4,9 x 6,4.
Der im A. P. A. vorhandene Abdruck auf China trägt von des Künstlers Hand mit Bleistift die Bemerkung: »Erster Versuch auf Kupfer«, der Abzug in der Graphischen Sammlung in München: »Meine erste Radierung.«

13. **Lieder** für Knaben und Mädchen von H. F. Maßmann. Mit Singweisen von Franz Gr. v. Pocci. München, 1832. Verlag von Georg Jaquet. 72 S. 12°.

1833

14. **Duell in Landshut.** Federzeichnung Lithogr. ? x ?
Das Blatt habe ich nie gesehen. Ein Brief von F. P. an seine Braut beweist aber, daß die Lithographie ausgeführt wurde.

15. **Weihnachtslied:** »Ein Lied laßt jetzt uns singen.« Bez.: F. P. G. G. Gedicht von Guido Görres, umrahmt von Krippendarstellung. Anbetung der hl. drei Könige, rückwärts Hirten. Text in Blaudruck. Zeichnung lithogr. 4°.
Probedruck für den nach einem Brief vom November 1833 als Buch geplanten Festkalender. Da die Verhandlungen mit Seidl in Sulzbach zu keinem Erfolge führten, wurden die ersten fünfzehn Blätter lose in Heften ausgegeben.

16. **Festkalender** in Bildern und Liedern, geistlich und weltlich von Franz G. v. Pocci, Guido Görres und ihren Freunden, ohne Verlagsangabe, o. O. [München] u. J. Keine Seitenzählung. Lithogr. kl. 4°.
[Heft I] I. Ausg. *A:* Über dem Titel Gott Vater, links ein Schutz-

engel mit Lebenskerze, rechts ein Schutzengel mit warnender rechter Hand, beide mit je einem Kinde, unten zwei als Gärtner tätige Engelchen. Links und rechts auf einer Bandrolle: (1) Dreikönigslied, (2) Palmsonntag, (3) Die Passion, (4) Osterlied, (5) Eine Frage, (6) Herzog Christophs Stein. Rückumschlag des I. Heftes: Das Lied vom Himmelsgarten. Das (1) Blatt selbst bez. »Weihnachtslied«. Sämtliche in den Festkalendern ohne Bez. aufgeführte Zeichnungen sind von F. P. Nach Overbeck ging die Anregung zum Festkalender insofern indirekt von Brentano aus, als er Görres zu einem »allgemeinen religiösen weltgeschichtlichen Bilderbuch ... für große und kleine Kinder aufforderte«.

17. **Dasselbe.** [Heft I.] I. Ausg. B. Titelblatt wie bei Nr. 16, jedoch das (1) Blatt bez. »Dreikönigslied«.

18. **Vier Fleißbillette** zu Versen von Friedrich Beck.

1. »Sammle wie die Biene klein
Honig guter Lehren ein«

auf fliegendem Band, das ein Knabe auf einer Blume stehend hält. Ein zweiter sitzt in der rechten Ecke und deutet auf die honigsammelnden Bienen. Arabesken mit Vögeln umgeben das Blatt.

2. »Gerne läßt der Herr die frommen
Guten Kindlein zu sich kommen«

auf fliegendem Blatt. Links davon Christus Kinder, die aus einem Tore zu ihm treten, segnend. Unter dem Blatt Ornament mit Vögeln.

3. »Liebst du Arbeit und Gebet
Immerdar dir 's wohl ergeht«

in Ornamentumrahmung. Links und rechts betendes und lesendes Kind. Unten Blick auf München.

4. »Trauer bringt der Sünde Schmerz,
Frohen Sinn ein reines Herz«

auf gespanntem Bande. Darunter stilisierte Disteln, links und rechts harfenspielender und singender Engel. Auf weißem oder grünem Papier Lithogr. 8,9 x 6,6.

Als Druck ist mir nur das dritte Blatt bekannt im A. P. A. Alle sind als Originalskizzen im A. P. A. Vervielfältigung dadurch festgestellt, daß F. P. in einem Brief vom 22. XII. 1833 an seine Braut dies mitteilt.

19. **F. P. seinem Hofstadt.** Unter Säulenbogen mit weitem Fernblick auf eine wirkungsvolle Berg- und Seelandschaft steht ein Edelmann in gotischer Tracht. Er stützt seinen rechten Arm auf ein Schild mit heraldischen Ornamenten. In dessen oberem Teile ein Schrägbalken,

der die vorstehende Inschrift trägt. Im unteren Teile das Wappen seines Freundes F. H. [gotische Kirche mit Doppelturm]. Rad. 14 x 18. Kräftig ausgeführte Radierung, die der Künstler Hofstadt zum 20. Oktober 1833 widmete, auch auf China.

20. **An unsern lieben Heinrich Hofstaedter,** zum 20ten October 1833. Gedicht v. Friedr. Beck. Musik v. Franz Grf. Pocci. Titel auf einem Band, das sich um die einfache Umrahmung windet. Vierstimmig, drei Doppelzeilen für je zwei »Tenori« und »Bassi« mit untergelegtem Texte und drei weiteren achtzeiligen Strofen: »Dir klang der Zeiten Mahnen«. Lithogr. vom Künstler selbst ausgeführt. 4°.

21. **Den frommen Kindern.** Links ein Engel mit Lilie, an den sich ein schlafendes Kind anschmiegt. Rechts oben in Tannenzweigen Eichkätzchen und Vögel, darunter idyllische Flußlandschaft; dazwischen Vierzeiler: »Wer schläft so süß in stiller Nacht. ...« Unten in der Mitte bez.: F. 1833 P. Lithogr. 11,4 x 8,7.

22. **Den guten Kindern.** An der Seite ein stehender Schutzengel ein betendes Kind segnend, unten Seelandschaft mit weitem Fernblick, in der Mitte rechts, umrahmt von Arabesken, ein Sechszeiler: »Ein Engelein. ...« Darüber ein kleines Schild bez.: F. P. 1833. Lithogr. 13 x 15,6. In schwarz wie in grün-grauem Ton gedr.

23. **Lied auf dem Wasser zu singen.** Gedicht von Friedrich Beck für drei Singstimmen mit Clavierbegleitung in Musik gesetzt von Franz G. v. Pocci. München. o. J. qu. 4°.
Ein Bl. Titel mit Vignette, Ritter mit Fräulein und Begleitung in einem laubgeschmückten überdachten Kahn fahrend, und 16 nummer. S. Musik in Lithographie.

24. **Sechs Lieder als Frühlingsgruß** seinen Freunden geweiht von Franz G. v. Pocci. 1. Im Frühling. 2. Abendlied. 3. Der Einsame in der Mondnacht. 4. In die Ferne. 5. Nachts am Springquell. 6. Trinkspruch. Stilisierte Umschlagzeichnung, oben in der Mitte nur mit Kopf und Händen sichtbarer Schalknarr, der ein aufgerolltes Band mit der Jahreszahl 1833 trägt. Kraniche und andere Vögel durchfliegen die Luft. In den beiden oberen Ecken Wappen Pocci und zu den drei Schilden. Darunter zwei sitzende Figuren (Klarinette spielender Schalknarr und Troubadour mit Laute). Im unteren Teile großes aufgerolltes Band vor gotisch gemusterter Wand mit Inhaltsangabe. o. O. [München]. Sechs numm. S., jede ausgefüllt mit einer Komposition. Lithogr. qu. gr. 4°.
Einige Drucke vor dem Texte wurden von F. P. an Freunde gegeben.

25. **Sonate fantastique.** *Pour le Piano-Forte composée et dédiée à Son Excellence Madame la Comtesse H. de Rechberg, née Baronne de Pelkoven par François Comte de Pocci.* Propriété des Editeurs. Leipsic, chez Breitkopf & Härtel. Enrégistré dans les Archives de l'Union. 19 num. S. qu. 2°.

    Das Exemplar im A. P. A. trägt in des Komponisten Handschrift die Widmung: »Für Fräulein Marie Görres zu freundl. Andenken, von F. Pocci.«

26. **Trauernder Ritter** links vor gotischem Bogen, auf die linke Hand gestützt. Ausblick auf Inselschloß und Berge. Darüber leeres fliegendes Band, auf dem Vogel sitzt. Hintergrund der Bogenbekrönung schraffiert. Rad. 5,6 x 9,6. China.
    Gleiche Darstellung des Ritters von der Gegenseite, mit kleinen Änderungen in der Landschaft und Architektur. Hintergrund Mauerwerk. Auf dem fliegenden Bande: *Vray amour ne change.* Bez.: F. P. Rad. 5,4 x 8,8. China.

27. **Fünf Walzer** für das Pianoforte componirt und Ihrer Durchlaucht der Frau Fürstin Julie von Oettingen-Wallerstein geborene Gräfin von Dietrichstein ehrfurchtsvoll gewidmet von Hans von Aufseß. Op. 4. Pr. 36 cr., 8 ggr. Eigenthum der Verleger. Eingetragen in dem Vereins-Archive. München bei Falter und Sohn o.J. 7 S. qu. 2°. Von F. P. Titelvignette: Doppelwappen Oettingen-Dietrichstein mit Fürstenhut und zwei kleinen Pagen als Schildhaltern.

28. **Ein Engel** in ganzer Figur, auf einer Wolke stehend, auf den Händen das Christkind tragend, das die rechte Hand segnend emporhält. Rechts unten in der Ecke bez.: 18 F. P. 33. Lithogr. 8 x 12.

1834

29. **Briefpapiervignette** [für das Ehepaar F. Pocci]. In der Mitte eines stilisierten Rankenstabes Oberkörper eines Pagen mit Allianzwappen Pocci-Marschall, darüber zwei kleine sitzende Kinder im Rankenwerk. Golddruck. Lithogr. 3 x 19.

30. **Weihnachtsblatt.** Christkind segnend, Erdkugel in der linken Hand, auf Wolken sitzend, Arabeskenumrahmung. Rad. 10,6 x 15,4.
    Das Exemplar auf China im A. P. A. weist Bleistiftkorrekturen des Künstlers auf. Die verätzte Radierung wurde nicht ausgegeben.

31. **Festkalender.** Heft I. I. Ausg. C. Gleiches Titelblatt wie Nr. 16, aber bez.: I. Heft. Ladenpreis 12 kr. Ferner in kleinerer Schrift: F. G. v. Pocci, G. Görres und ihren Freunden. München bey *George Jaquet.* o.J. [III. 1834]. Keine Seitenzählung.

32. **Dasselbe.** Heft II. I. Ausgabe A. Titel wie bei Nr. 31, jedoch Verlagsangabe: München bey George Jaquet, Wien bei den Mechitaristen o.J. [V. 1834]. Vier singende und musizierende Engel um ein Kind im Sarg innerhalb einer Friedhofmauer mit entsprechender Architektur. Darüber Ideallandschaft. Inhalt: 1. Christi Himmelfahrt [Th. Guggenberger]. 2. Pfingsten [Th. Guggenberger]. 3. Fronleichnam [Th. Guggenberger]. 4. Die Befreyung Wiens. 5. Die Fuggerey. 6. Albrecht Dürer. Rückumschlag: Das Brüderlein mit rankenartiger Umrahmung.
Von dieser Ausgabe an sind die Blätter immer beziffert.

33. **Dasselbe.** I. Ausg. B. Titelblatt wie Nr. 31, jedoch Verlagsangabe: München in der Cotta'schen Buchhandlung; Wien bey den Mechitaristen o.J. [XI. 1834].

34. **Frühlings-Sonate** für das Pianoforte, componirt und Fräulein Delphine von Schauroth verehrungsvollst zugeeignet von Franz Graf von Pocci. Eigenthum der Verleger. Leipzig, bei Breitkopf & Härtel. o.J. Pr. 20 Gr. qu. 2°. 17 S.
Schumann [Der junge Sch., Dichtungen und Briefe, herausggb. v. A. Schumann, Inselverlag 1910, S. 70] schreibt hierüber als Eusebius: ... »Wie einen auf der ersten Seite ... Märzenveilchen andufteten ... wäre ich aber dein Lehrer ... gäbe ich dir Bach oder Beethoven in die Hand ... damit dein Fühlen Sicherheit bekomme ...« und antwortet als Florestan: »Der Herr Graf hat viel Talent, aber wenig studiert.«

35. **Geschichte eines deutschen Steinmetzen** von Friedrich Beck, herausgegeben von der Gesellschaft für deutsche Alterthumskunde in München. Literarisch-artistische Anstalt der J. G. Cotta'schen Buchhandlung in München 1834. IV S. 144 S. und 4 S. Noten. kl. 8°. Zwei Lieder zur Geschichte eines deutschen Steinmetzen von Fr. Beck. Komponiert von Franz Gr. v. Pocci.

36. **Kleine gotische Mauerpforte** von Buschwerk umgeben. Rad 3,9 x 7,4. Bez.: F. P.
Auch auf China.

37. **Neujahrsgruß für 1834** von Franz Pocci: Auf aufgerolltem Band, in der Mitte des reich ornamentierten Titelblatts, oben aus stilisierter Blume herauswachsender Genius mit Kranz und Fackel, links Ritter mit schäumendem Pokal, rechts Engel mit Laute, unten zwei Kinder mit Vögeln, das Wappen mit den drei Schilden und das Wappen des Künstlers. Bez.: F. P. Auf der 2. und 3. Seite: »Walzer. Comp. v. Gr. Pocci.« Zehn Notenzeilen für Pianoforte. Lithogr. auf blauem und weißem Papier. 4°.

Ein Exemplar im A. P. A. trägt von der Hand des Künstlers den Vermerk: »Wäre dieser Walzer nicht passend für Hofball oder Militärmusik gesetzt zu werden?«

1835

38. **Bilder Töne** fürs Klavier, Knaben und Mädchen gewidmet von Franz G. v. Pocci. o. O. 1835. Lithogr. gr. 4°. Lieder ohne Worte mit reichen Darstellungen und Arabesken. 1. Umschlagtitel [auf braunem oder grünlichem Papier]. 2. Die Kirche. 3. Die Jagd. 4. Die Wasserfahrt. 5. Nachtmusik. 6. Bauern-Tanz. 7. Turnier.

39. **Einladung zu den öffentlichen Prüfungen** und zur Preisverteilung im Griechischen Erziehungs-Institute. Auf stilisierter Umrahmung rechts und links oben zwei fahnenschwingende junge Griechen im Nationalkostüm der damaligen Zeit, zwischen diesen ein Lorbeerkranz mit der Jahreszahl 1835, unten Akropolis und Berge in Umrissen mit aufgehender Sonne. In der Mitte lithogr. Text des Programms. Lithogr. 16 x 21,5.

40. **Festkalender.** Heft III. Titel wie Nr. 16, aber Verlagsangabe: »in der Cotta' schen Buchhandlung bey den Mechitaristen«. Hans Dollinger ersticht im Turnier den heidnischen Ritter, dessen Seele in Gestalt eines kleinen Teufels entweicht. Inhalt: 1. Ave Maria. 2. St. Johannes Baptista. 3. St. Ludwig 4. Wittelsbach. 5. Hirtenlied. 6. Prinz Eugenius [v. F. Dietz]. Rückumschlag mit Gedicht: »Hans Dollinger«. Unten Ansicht von Regensburg.
Heft IV. Titel wie Nr. 16. Christus erscheint einem armen eingeschlafenen Kinde in einer Waldkapelle. Inhalt: 1. Hubertuslied. 2. St. Martin [v. F. Hofstadt]. 3. St. Hermann Joseph [v. Settegast]. 4. Zum neuen Jahr. 5. Das Gewitter. 6. Hartmann von Siebeneichen [v. L. Schulz]. Rückumschlag »das arme Kind« mit Arabeskenumrahmung. Auf der Rückseite von 6 Musik von F. P. zu 4, Zeichnung v. Strähuber. Von nun ab haben alle Hefte eine S. 7, Rückseite von 6. Auch der Teil der Hefte I-III, der von da ab ausgegeben wurde, erhielt diese S. 7 nachgedruckt. I. 7. Musik zu I. 5 u. 6 v. F. P. [Vignette v. Strähuber.] II. 7. Abendlied. Musik u. Zeichnung v. F. P. III. 7. Das Gewitter. Musik v. F. P. [Zeichnung v. Strähuber.]
Als bibliographische Merkwürdigkeit erwähne ich ein Heft l der Ausgabe IB mit S. 7 bereits auf der Rückseite v. 6. im Besitze des Herrn Amtsrichters Rothballer in München.
Heft V. Titel wie oben, in reicher Rankenumrahmung mit schöner Initiale, sechs spielenden und musizierenden Kindern. 1. Weihnachtslied [v. L. Grimm]. 2. St. Elisabeth [v. L. Grimm]. 3. St. Ka-

tharina [v. L. Wolf]. 4. Die Rosen der h. Dorothea [v. W. Kaulbach]. 5. Karl der Große. 6. Robert Bruce [v. L. Schwanthaler]. Auf Rückseite von Robert Bruce bez. S. 7 ein nicht im Inhalt erwähntes »Kinder-Lied«, eine offene Landschaft mit See und Bäumen, in der Mitte ein sich äsendes Reh. Rückumschlag »Musik zum Weihnachtslied comp. F. P.« Vorstehende Worte auf einem fliegenden Band, das von einem Kind gehalten wird, rechts und links je ein Knabe mit Schalmei. Unten kleine Krippe in einer Berglandschaft.

41. **Festkalender.** II. Auflage der Hefte I. u. II. Gleicher Titel wie bei Nr. 31 mit dem Aufdruck: IIte Ausgabe. Inhaltlich ganz wie bisher. Der Umschlag des Heftes I unterscheidet sich dadurch, daß Figuren und Darstellung bei der Umzeichnung von der rechten auf die linke Seite vertauscht wurden.

Schon bei den verschiedenen Erstausgaben der ersten fünf Hefte kommen Blätter mit starkem sowie dünnem Papier vor. Dies wiederholt sich auch in den späteren Heften.

Umschlag für die Hefte I–V auf blaugrauem, bräunlichem oder gelblichem Papier. Vorderumschlag: Fest-Kalender von Fr. G. Pocci, G. Görres und ihren Freunden. Erster Theil. Verlagsangabe wie Heft III. Unten ein älterer bärtiger Mann, der einem Knaben ein Buch zeigt. Links und rechts ein Ehepaar in mittelalterlicher Tracht. Über dem Titel ein Engel mit Fruchtschale und Lebensfeuer in den erhobenen Händen. 4. Umschlagseite des ersten Theiles: »Die Zeiten«. Oben drei Kinder und ein alter Mann – die vier Jahreszeiten, links ein Bach im Frühjahr, rechts eine Winterlandschaft mit Gräbern. In der Mitte ein Gedicht: »Die Zeiten sind so eilig ...«

6tes Heft. Titel wie in Nr. 31. Im Vordergrund auf einem Felsenhügel blumenbekränzter Knabe mit Harfe [der Lenz]. Im Hintergrund eine der bekannten schönen Ideallandschaften. Inhalt: 1. St. Michael. 2. Stabat Mater. 3. Der verlorene Sohn. 4. Der arme Wittington [von W. Kaulbach]. 5. Dante. 6. Des letzten deutschen Kaisers Tod [das dazugehörige Bild auf der Rückseite nach Schulz von Strähuber].

7tes Heft. Titel wie Nr. 31. Fensterbogen mit reicher gotischer Umrahmung, in der Öffnung schwebender Engel mit aufgerolltem Blatt, worauf der Titel. In der Ferne angedeutet München [von Hofstadt]. Bandrolle mit Verlag und Inhaltsangabe: 1. Der Eine [von Hofstadt]. 2. St. Meinrad. 3. Das Waldvögelein [v. K. Braun]. 4. Das Brautfest zu Venedig [nach Kaulbach von Guggenberger]. 5. Das Glöcklein von Reisach [von Ballenberger]. 6. Hans Theuerlich [v. F. Dietz]. Auf der Rückseite Melodie zu 3 und 6 von F. P. Rückumschlag: Der Turm der Reue.

8tes Heft. Titel wie Nr. 31, auf segelartigem mit Tauen verknüpftem Blatt, das sieben Kinder betrachten, umgeben von Vögeln und Schmetterlingen. Unten Wappen mit den drei Schilden bez.: F. P. 1835. Fliegendes Blatt mit Inhalt: 1. St. Bonifatius [von L. Grimm]. 2. Das Himmelsmahl. 3. St. Benno. 4. Der Schutzengel [von L. Grimm]. 5. Tyrolerlied. 6. Der Schneider von Burgund [von K. Braun]. Auf der Rückseite: Für's Clavier v. F. P. [Arabeskenumrahmung von Guggenberger]. Rückumschlag: Schulmeister mit Kindern; seitlich ein Krug mit karikiertem Profil des Künstlers, bez: F. P.

42. **Haus in Colombella**, zweiräderiger Karren davor. Links unten kommt ein Reiter den Berg herauf. Bez.: F. P. 1835 Colombella. Rad. 10 x 15,3. Auch auf China abgezogen.

43. **Den Petersbrunner Badgästen.** Darstellung eines in Petersbrunn bei Starnberg stehenden Hauses. Bez.: Obiger Titel 1835 F. P. Rad. 6,2 x 9,2. Das »F. P.« sowie das »s« von Petersbrunner ist in Spiegelschrift. Druck auch auf China.

44. **Palazzo dei Cesari.** Palast. Ruinen und Baumgruppen. Bez.: F. P. Roma. Rad. 15 x 7,7. Auch auf China.

45. **Reiter von hinten und Fußgänger** auf Bergstraße. Rad. 39 x 7,8. Auch auf China.

46. **Heil Herrn von Baader heil.** Einseitig in der Handschrift des Künstlers lithogr. Blatt mit 4 sechszeiligen Strofen [scherzhaft an J[oseph] v. Baader* gerichtet, der die Nymphenburger Wasserwerke erfand und in Betrieb setzte]. In flüchtiger Umrahmung ein brennendes Herz und zwei Springbrunnen, als Kopfvignette Amor auf einer von Vogel und Schmetterling gezogenen Dräsine. In der Mitte unten »1835«. Gr. 4°.

* genannt »Dampfmaschinicus« als eifriger Förderer des Eisenbahnbaues. S. oben S. 259.

47. **Kind in Wiege.** Gedenkblatt zur Geburt der Tochter Maria Elisabeth. Federlithogr. Bez.: *Maria ad nat.* 1835. 9 x 11, 5. Druck auch auf China.
Ein Teil der Blätter trägt die handschriftliche Bemerkung von F. P.: 1. Mai.

48. **Lied zum Maywein** – 4 vierstimmige Doppelzeilen mit untergelegtem Texte »Schenket ein süßen Mayen Wein! ...« und 6 weiteren vierzeiligen Strofen. Links Titel auf aufgerolltem Bande, darunter fünf Putten mit großem bekränzten Pokale, in den aus Maiblumen Saft niederträufelt. Rechts unten anschließend an den stilisierten »Maiblumen-

baum« Schild mit »F. P. 1835,« sowie Seelandschaft mit Schwänen und einem Kahn voll fröhlicher Zecher. Das Ganze in der Handschrift des Künstlers. Einseitig bedrucktes Blatt. Lithogr. in Sepia, qu. gr. 4°. S. oben S. 262.

49. **Ausruhende Sennerin.** Rechts rückwärts die Hütte, dahinter steil ansteigende Berge und Felsen. Bez. 18 F. P. 35. Rad. 9,5 x 15,5. Auch auf China.
Abdrucke nicht sehr kräftig.

50. **Schiffhütte mit Kahn** und Baumgruppen am Wasser. Rad. 13 x 6,5. Verätzt, deshalb nicht ausgegeben.

51. **Sechs Altdeutsche Minnelieder** als Frühlingsgruß 1835, componirt von Franz Graf v. Pocci. Blaugrüner Umschlag als Titel u. VI Bll. Komposition mit je auf eigenem Bl. vorausgehendem Untertitel u. Zeichnung, auf China abgezogen. Lithogr. o. O. 2°. [1] Maylied von Christian Hamle. Minnesänger mit Laute in stilisiertem Blumengewinde, bez. 1835 F. P. [2] Wächterlied von Markgraf von Hohenburg. Mädchen mit eingeschlafenem Jüngling in weiter Landschaft unter Bäumen; Wächter mit Speer u. Hüfthorn kommt hinzu. [Runde Umrahmung.] [3] Der Falke von Dem von Kiurenburg. Jüngling in gotischer Tracht zu Füßen der Burg läßt den Falken abfliegen. Bez.: F. P. [4] Minnelied von Jakob von der Warte. Sinnender Jüngling in gotischer Tracht an die Zinnen der Burg gelehnt. Blick auf Flußlandschaft. [Runde Umrahmung.] [5] Trennung. Mittelalterlicher Jäger mit Speer im Walde am Wasser sitzend. [6] Der Abendstern. Lautespielender Minnesänger im Kahn. [Runde Umrahmung.] Die (2.) Ausgabe, Zeichnungen nicht auf China, trägt auf dem grünen Umschlag den Vermerk: München in der literarisch-artistischen Anstalt.

52. **Weih-Nacht.** Oben segnendes Christkind auf Wolken von Engelchen umgeben, unten brennender Christbaum mit Kindern in Landschaft, zu beiden Seiten je 2 sechszeilige Strofen: »Heil! Es nahte ...« Bez.: 18 F. P. 35. Lithogr. Federzeichnung 12,8 x 13,3. Wurde auch auf China abgezogen.

1836

53. **Aus dem letzten Ritter** von Anastasius Grün, in Musik gesetzt von Franz Pocci 1836. Links und rechts vom Titel in runder Einfassung »Maximilian I.« und »Maria von Burgund«. Fünfmal vier Notenzeilen für »I.« und »II. Stimme« sowie »Clavier« mit unterlegtem dreistrofigem Texte: »O wären wir zwei Sterne.« Das Ganze in einfacher Umrahmung einseitig lithogr. gr. 2°. Außer dem schwarz ge-

druckten Blatte wurde auch eines mit Titel, Vignetten und Umrahmung in Golddruck ausgegeben.

54. **Betendes Mädchen** vor einem Bildstock mit Baum; in der Ferne angedeutete Landschaft mit Dorf am See. Bez.: 18 F. P. 36. Rad. 8,8 x 14.

55. **Bekränzter Genius** mit Harfe kniet auf Felsenspitze und schenkt einem heraufsteigenden Bergmann, der einen Pokal entgegenhält, Wein ein. Rad. 7,2 x 10,6. Auch auf China.

Das Blatt im A. P. A. trägt von anderer Hand [M. E. Pocci] die Bemerkung: »Titel zu Kobells Ged.«

56. **Festkalender.** IX. Heft. Titel wie Nr. 31. St. Christophorus durchschreitet mit dem Christuskind den Fluß. Berg- und Waldlandschaft. Inhalt: 1. Muttergotteslied [von Fra Angelico]. 2. Fiesole [nach Cornelius von F. P.]. 3. Das Mainzer Wappen [von Strähuber?]. 4. Türkenrache [von F. Dietz]. 5. Christenrache [von F. Dietz]. 6. Abendlied [auch Musik von F. P.]. Bez.: 1835. Auf der Rückseite: Der Fischfang von Strahlau. Rückumschlag: Gedicht zum Titel[umschlag] mit Vignette. Heft X. Titel wie Nr. 31. Lustige, tanzende und zechende Paare auf dem Segelboot. »Vindobona« im Begriff vom Land zu stoßen. Auf dem Segel: Inhalt: [1.] St. Wenzeslaus [nach Führich von Strähuber]. [2.] Der arme Spielmann. [3.] Bischof Kolonitz [von F. Tkatlik, fälschlich Kadlik bez. Zaitz lithogr.]. [4.] Der Todesengel [von F. Tkatlik]. [5.] Die Stammfrau der Montagnanis. [6.] St. Sebastian [von R. Halbreiter]. [7.] Der faule Bakel [nach Steinle von Strähuber; Rückseite von 6]. [8.] Die Wienermeerfahrt [Rückumschlag, Gedicht zum Titelblatt].

57. **Festkalender.** II. Auflage der Hefte III, IV und V. Gleicher Titel wie Nr. 16.

Kein besonderer Aufdruck, daher als zweite Auflage nicht erkennbar. Einige Blätter weisen kleine Nachbesserungen und unmerkliche Änderungen auf. So sind z.B. die den Text umrahmenden Bilder des Heftes V, Blatt 1 und 2 neu gezeichnet mit der Bez.: L. Grimm inv. statt des bisherigen: erf. Umschlag für die Hefte VI bis X. Vorderumschlag, Titel wie für Umschlag des ersten Teiles, aber: zweyter Theil. Heft VI–X. München i. d. Cottaschen Buchhandlung, Wien bei den Mechitaristen. o. J. Kinder umtanzen einen Maibaum; andere Kinder, almhornblasend, landen mit einem Kahne. Links rückwärts Dorf mit Burg; rechts Flußlandschaft mit Stadtansicht [v. Strähuber]. 4. Umschlagseite: »Die sieben Werke der Barmherzigkeit«. Gedicht von figürlichen Darstellungen umrahmt [v. Strähuber].

XI. Heft. Titel wie Nr. 16. Am Waldeseingang sind zwei Mädchen vor einem Baumstumpf. Ein Knabe sieht von einem Baume auf sie herab. Maus, Häschen und Vögel beleben die Gegend. Inhalt: 1. St. Gallus [von Ballenberger]. 2. Die hl. Notburga [von Z. Endlicher]. 3. Heinrich der Finkler. 4. Der liebe Schüler. 5. Der Frohntanz. 6. Schullied. Die Kinder im Walde [Gedicht mit lustiger Schlußvignette, in der Inhaltsangabe fälschlich 7 genannt, befindet sich auf dem Rückumschlag. Auf der Rückseite von 6 steht als 7 Melodie zum Schullied mit Versen und fünf Kindern].
XII. Heft. Titel wie Nr. 16. Auf dem Dult [Maximilians]platz. Blick auf die Frauenkirche. Kinder umstehen den Orgelmann [F. P.], der mit Stock auf die Schilderung einer Moritat hinweist [Titel mit Inhalt des Heftes]. Eine Frau [Gattin des Künstlers] bietet den Festkalender an. Hinter den lauschenden Kindern steht ein Mann [Guido Görres]. Inhalt: 1. St. Augustin [von Tkadlik]. 2. St. Georg. 3. Die hl. Sophia [von Tkadlik]. 4. Oie Obstbäume. 5. Der Einsiedler. 6. Das Eichhörnchen. 7. Schneewittchen. 8. Die Kinderuhr. Auf dem Blatt 6 selbst heißt der Titel »Eichkätzlein«, auf der Rückseite von 7 »Schneewittchen«. 8 ist der Rückumschlag.
Heft XIII. Titel wie Nr. 16. Arabeskenumrahmung mit sieben verschieden beschäftigten Kindern. Inhalt: 1. Die hl. Rosa von Lima [von L. Wolf]. 2. St. Serapion. 3. Kaiser Ferdinand II. [von Schulz]. 4. An den Bruder Franz Eberhard [von Völlinger]. 5. Meister Pfriem. 6. Morgenlied [auch Musik von F. P.]. 7. Die beiden Löwen [Rückseite von 6]. 8. Unserer sind sieben. Rückumschlag: Der Mann auf der Schlußvignette ist Guido Görres.
Heft XIV. Titel wie Nr. 16. Umrahmung von heraldischem Geäste. In der Mitte unten Landschaft mit Burg. Inhalt: 1. St. Petrus [von?]; auf dem Blatte selbst: »St. Peter«. 2. Die wundersamen Vögelein. 3. Sprüchlein von Clemens Brentano. 4. Hans von Sagan. 5. Die Kinder auf dem Wasser. 6. Die Münchner Bierbeschau. 7. Abendlied [auch Musik von F. P.], auf der Rückseite von 6. 8. Das Totenglöcklein zu Bartenstein [Rückumschlag].

58. **Das Gebet des Herrn** als geistliches Lied für die Schuljugend. Oben zwischen den Worten des vorstehenden Titels ein Engel in Wolken; unten eine Kapelle inmitten einer Hügellandschaft. In der Mitte drei Doppelzeilen. Komposition mit untergelegtem Texte: »In Demuth schauen wir, o Vater auf zu Dir ...« Daran anschließend 7 siebenzeilige Strofen. Seite 4 leer. 2 Bll. o. O. u. J. Lithogr. 8°.

59. **Sechs Lieder** gedichtet v. Fr. Beck, als Weihnachtsgabe den Kindern gewidmet von Franz G. v. Pocci 1836. o. O. Darunter vierzeiliges

Gedicht; das Ganze architektonisch umrahmt mit singendem und musizierendem Engel. Der grüne Originalumschlag dient als Titel. Auf der vierten Umschlagseite: Gedr. in der lith. Kunst Anstalt von Nic. Zach [München]. Sechs num. Bll. mit Liedern u. Text, umgeben von Figuren, Arabesken u. reichem landschaftlichem Hintergrund; ebenso wie der Umschlag in lithographischem Rotdruck. qu. 4°. Inhalt: 1. Fischerknabe Morgens. 2. Gebirgslust. 3. Mäherknabe Mittags. 4. Wasserfall und See. 5. Ave Maria. 6. Sternennacht.

60. **Triumph des Kalifen Harun al Raschid.** Scherzhafter Zug der Gesellschaft »Zum Divan im grünen Baum.« Voraus der Künstler mit fliegender Fahne, auf der ein Schwein mit umgehängter Glocke, rauchendes Herz und Bockglas; ihm folgen die Kellnerin »Bocknanni« und verschiedene Mitglieder, darunter der Minister Graf Seinsheim auf einem Ziegenbock, Freiherr von Fraunhofen Geld ausstreuend, Graf Paumgarten mit Bockglas, zum Schluß der sich seines Bieres auf natürlichem Wege entledigende Schwager des Künstlers, August Graf Marschall mit einem Nachtgeschirr als Kopfbedeckung. Unter dem Zug fliegendes Band mit Titel und Jahreszahl 1836. Lithogr. 30,5 x 22.

61. **Weihnacht.** Christkind auf einer stilisierten Blume stehend in architektonischem Rankenwerk, an dem Kinder klettern. Oberhalb zwei Engel mit Laute und Harfe. Rechts vier siebenzeilige Strofen: »Zu dem Christkind hebt die Hände, ...« Bez.: F. P. 1836. Lithogr. 13,5 x 19,8. Abzüge in gold, blau, rotbraun und auf China.

1837

62. **Gesellschaft für t[eutsche] Alterth[ums]-Kunde** München. Vor gotischem Fensterornament und leerer Bandrolle das Wappen der Drei Schilde; darüber im Halbkreis umschrieben in gotischen Typen die vorstehende Inschrift. Lithogr.
Als Stempel der Gesellschaft gedacht.

63. **Devise.** Fräulein in altdeutschem Gewande auf einer Blume stehend; ihm zu Füßen sitzt auf der Blattranke ein Minnesänger mit Laute. Rechts ein schlanker Baum, dazwischen im Hintergrunde See mit Burgumrissen. Bez.: F. P. 1837. Rad. 9,6 x 16. Unter »Devise« vier Verse: »Die Blume schmückt die Au ...« Abdrücke auch auf China. Im A. P. A. Vermerk v. F. P.: »Altdeutsche Devise, 12 Abdrücke auf Chineser, 12 ... auf schön weiß Papier« als erste Probe für den Drucker.

64. **Festkalender.** Heft XV. Titel wie Nr. 16. Kasperl mit einer Schar

Kinder und eine Frau [Gattin des Künstlers] vor dem Guckkasten. Inhalt: 1. Die Fischpredigt des h. Antonius [von E. Steinle]. 2. Der h. Ignatius von Loyola. 3. Das Begräbnis des h. Paulus [von E. Steinle]. 4. König Robert und die Spinne. 5. St. Romedio. 6. Ein guter Rath. 7. Ländler [auch Musik von F. P.], auf der Rückseite von 6. 8. Des Festkalenders letzte Worte. [Kinder ziehen die drei Bände des Festkalenders in einem Wägelchen].
Umschlag für die Hefte XI bis XV. Vorderumschlag: Titel wie für Umschlag des zweiten Teiles. Dritter Theil: Kinder tragen eine Muttergottesstatue in Prozession [von Strähuber?]. Vierte Umschlagseite: Die sieben heiligen Sakramente, Gedicht, darstellende Umrahmung [von Strähuber?].
Ludwig Richter [Lebenserinnerungen eines deutschen Malers ... Einhorn Verlag, Dachau (1917)] erzählt: »... Der treffliche Festkalender vom Grafen Pocci und Guido Görres lieferte Stoff zum Sehen und Hören. Ebenso ... Speckters Fabelbuch. Aber Pocci interessierte mich doch bei weitem am meisten und wirkte höchst anregend auf mich.«

65. **Le prince Charmant** und **Les Anglaises pour rire.** [Theaterzettel.] Amor mit zwei brennenden Fackeln, vier Figuren, Masken in Blumenfestons, als Schlußvignette eine laufende Maus. In der Mitte das Programm mit den Namen der Mitwirkenden. Außer Zetteln in Schwarzdruck auf weißem Papier wurden auch solche in Golddruck auf grün und blauem Papier verteilt. Lithogr. gr. 8°.
Aufführung bei Graf *Tascher de la Pagerie.*

66. **Le mort sous le scellé** und **Le diner de Madelon.** [Theaterzettel.] Vorhang umrahmt das Programm mit Angabe der Darsteller. Verschiedene kleine scherzhafte Figuren, die vom Künstler nicht selbst auf Stein übertragen wurden, da die Figuren den F. P.-Charakter ganz verloren haben. Lithogr. Auf einigen Exemplaren befindet sich rechts unten »*Chez Zach*« [Lithograph in München]. Lithogr.
Aufführung bei Graf *Tascher de la Pagerie.*
Ein undatiertes Schreiben an Zach, worin F. P. diesen Theaterzettel ähnlich wie den andern [Nr. 65] bestellt, läßt das Jahr 1837 als gerechtfertigt angenommen erscheinen, da die Nachschrift lautet: »Wie steht es mit Schneewittchen?«, das in diesem Jahre erschien [Nr. 70.].

67. **Le Sécretaire et le Cuisinier** und **Monsieur Vautour.** Reich illustrierter Theaterzettel auf blauem Papier, oben der aus dem Fenster blikkende »*Vautour*«, unten »*Jeanette*«, das Milchmädchen mit seinem Eselswagen, rechts und links zwei andere Figuren der Komödie. In der Mitte das Programm mit den Namen der Darsteller. »*Auth. chez N. Zach.*« Lithogr. 4°. *[Abgebildet bei PN 1000]*

68. **Les deux maris** und **L'oncle d'Amérique**. Ganz mit Zeichnungen bedeckter Theaterzettel auf rosa Papier. Oben verschiedene Amoretten mit Musikinstrumenten, Servierbrett und Theaterlorgnette. Unten verunglückender Postwagen, links Reiseeffekten, rechts Malerstaffelei. In der Mitte das Programm mit den Namen der Darsteller. Ganz unten in der Mitte bez.: F. P. Lithogr. 4°.

69. **Sechs Lieder** gedichtet von Fr. Beck. Zweiter Druck von No. 59 von den gleichen Steinen abgezogen mit gelbem Umschlage, Schwarzdruck. Auf der vierten Umschlagseite: München in der liter.-artist. Anstalt. o. J.

70. **Das Märlein vom Schneewittchen** mit Bildern den Kindern gewidmet zu Ostern 1837 von Franz Pocci. München in Zach's lith. Kunstanstalt. Umschlag, ein Blatt auf rosa Papier: Sarg mit Schneewittchen von den Zwergen getragen, in Golddruck und 19 S., 43 Illustrationen, von denen die letzte: »die auf dem Rost erhitzten Pantoffel« ebenfalls in Golddruck. Das Ganze in Lithogr. 8°. Dasselbe, [2te Auflage], auf weniger gutem Papier »den Kindern gewidmet zu Weihnachten 1837«; die Schlußvignette in Schwarz. Diese Ausgabe ging später in den Verlag Georg Franz über, der den Verlagsvermerk seiner Firma einklebte.

Die 2. Ausgabe wurde auch in wenigen Exemplaren vollständig in Blau gedruckt. Von diesen sehr seltenen Heften ist mir nur ein einziges, leider sehr defektes im Besitze des eifrigen Pocci-Sammlers C. M. Frommel in Düsseldorf bekannt. Das im A. P. A. verwahrte Exemplar in Handschrift und mit Originalzeichnungen des Verfassers, das er seiner Gattin geschenkt hatte, zeigt einige Veränderungen gegenüber der Auflage. Die ebenfalls äußerst seltene buntschablonierte Ausgabe auf besonders starkem Papier kenne ich auch nur in einem Exemplar im Besitze meiner Schwester Nini Freifrau von Speidel.

1838

71. **B[ertha] M[arschall]**. Eine sich linksseitig emporrankende reiche Arabeske. Quer oben sitzt ein schreibender Engel, unten ein Knabe als Herold, der mit der Linken einen an der Arabeske hängenden Schild mit den Buchstaben »B M« und einer matt angedeuteten Grafenkrone stützt. Rad. 10,7 x 18. Im A. P. A. auch auf China.

Die Radierung wurde als Brief- und Menukarte für Gräfin Marschall-Honrichs, die Frau des Schwagers von F. P., ausgeführt.

72. **Drey Duetten** für Sopran und Alt mit Begleitung des Pianoforte componirt und Gräfin Fernanda Pappenheim und Freifrau von Frauenhofen gewidmet von Franz Graf von Pocci. Op. 8. Pr. 12 Gr.

Eigenthum der Verleger. Leipzig, bei Breitkopf u. Härtel. 6002. Eingetragen in das Vereins-Archiv. o. J. 11 S. 2°. Titel zugleich als Umschlag. Inhalt: No. I Nachtgesang im Walde. No. II Mein Wunsch. No. III Voga, voga.

73. **Hänsel und Grethel.** Ein Märlein. Zach's lith. Kunstanstalt München 1838. 20 S. mit 22 lithogr. Abbildungen, einschließlich illustr. Umschlag [meist auf rosa Papier] und eingedrucktem Text. 8°.

74. **Heilige Nacht.** Gedichtet von Ludwig Bechstein; erfunden und radiert von Franz Pocci. Kleines Christkind in offenem Stalle, links die Weisen aus dem Morgenlande, rechts Hirten auf Arabesken kniend und sitzend. Überhöht, auf zwei Blumen zwei betende Engel, oben fliegendes und unten aufgerolltes leeres Band, darunter in Typentext sieben Vierzeiler: »An der Krippe ward geboren, ...« Die Radierung bez.: 18 F. P. 38. Das ganze Blatt kl. 2°. Die Radierung 15,5 x 9,5. Es kommen auch Probeabdrucke vor dem Text auf starkem weißem Papier vor.

75. **Zum Andenken an Wilhelm und Caroline v. Harnier.** Ihren Freunden gewidmet 1838. F. P. Arabeskenumrahmung mit Kreuz und betendem [halbem] Engel. Oben werden mit Fackelgeleit zwei Särge [der Eltern W. u. C. H.] fortgetragen. In der Mitte unten drei weinende Kinder. Rad. 9,9 x 15,2. Auch auf China.

Mehrere »N« des Textes in Spiegelschrift.

76. **Kindereyen.** Wahlloses Durcheinander. Oben in der Mitte schleppt sich ein Knabe mit einer riesigen Klistierspritze ab, ein zweiter mit Zipfelmütze, Mantel und großer Brille beobachtet ihn mit wichtiger Miene; hinter ihm ein Knabe, der Seifenblasen macht. Auf der andern Seite als Gegenstück zwei Knaben mit Zeichenmappen. In der Mitte ein kleines Mädchen [die Tochter des Künstlers Maria Elisabeth] mit kleinem Holzpferdchen und Hanswurst, der links in größerer Figur mit pfiffigem Ausdruck wiederholt dargestellt ist. Auf der andern Seite Gretl mit der Butten. Der untere Teil des Blattes wird von verschiedenen komisch aussehenden Chinesen eingenommen, die vor einem blöden Mandarinen Kotau machen. Unten auf einer Vase bez.: F. P. Lithogr. 21 x 16. Auch auf China gedruckt.

77. **Madame Sorbet.** *Scènes du Bourgeois Gentilhomme. La Demoiselle à Marier.* Theaterzettel auf weißem, gelbem, blaßviolettem oder blauem Papier, mit scherzhaften Vignetten; unten ein Mann und eine Frau Florett fechtend. »*Soirée du 19. Janvier 1838*«. In der Mitte das Verzeichnis der Darsteller. Lithogr. 4°.

Aufgeführt beim Grafen später Fürsten *Tascher de la Pagerie*.

78. **Das Lustige Märlein vom kleinen Frieder** mit seinem Vogelrohr und seiner Geige. o. O. u. J. [München, Georg Franz] 24 S. mit 23 Illustr. Lithogr. 8°.

79. **Neujahrswalzer** von F. Pocci 1838. In der Mitte der Komposition Zeichnung: Das neue Jahr – ein Mädchen, um den Hals »1838« – öffnet, in der linken Hand eine brennende Fackel, ein Mauertor; links auf der von der Mauer herabführenden Treppe sitzt schlafend eine verhüllte weibliche Gestalt – das alte Jahr –; an der Mauer oberhalb »1837«. Rechts der die Stunden ausrufende Nachtwächter, hinter ihm die Umrisse einer Stadt. Neun Zeilen für Pianoforte. Lithogr. gr. 4°. Kommt in Schwarz- und Blaudruck vor.

Ein Probedruck auf China im A. P. A. unterscheidet sich von den mir sonst bekannten Blättern dadurch, daß das Wort »*Coda*« nicht links oberhalb der Noten, sondern in etwas größeren Buchstaben genau unter dem Bilde steht.

80. **Schön Röslein.** Ein Mährchen erzählt von Guido Görres, gezeichnet von Franz Graf von Pocci, in Holz geschnitten von H. Neuer. München. Im Verlag der litterarisch-artistischen Anstalt. Gedruckt mit Dr. Wolf'schen Schriften. o. J. Umschlag in ornamentaler Umrahmung, Titel mit Bild, 70 S. mit 77 Illustr. Holzschn. 8°.

Es gibt sogenannte bessere Exemplare, teilweise auch auf Büttenpapier, mit dem Umschlage in Chromolithographie. Einige Umschläge sind nur mit der blauen Tonplatte gedruckt; einige ohne Gold, die ich bei Amtsrichter Rothballer in München sah.

81. **Spruchbüchlein** mit Bildern für Kinder. Auf dem Titel [handkoloriert] links unten 1838, rechts unten F. Pocci. Der Umschlagtitel lautet: »Spruchbüchlein mit Bildern den Kindern gewidmet von Fr. Pocci.« Die Rückseite des hintern Umschlags: Jos. Lindauer'sche Buchhandlung in München. 32 lithogr. Bll. qu. 12°.

82. **Trifolien.** Seinem Freunde Friedrich Hoffstadt gewidmet von Franz G. v. Pocci. Inhalt: [1.] Waldlied. [2.] Schlummerlied. [3.] Bayrisch Almalied. [4.] Wandrers Ruhe. [5.] Minnelied. [6.] In der Ferne. 1838. Gedr. b. N. Zach. o. O. kl. 2°. Lithogr. Titel mit Kleeblatt und Vögeln, Blick auf München. Unten fliegendes Blatt: »Wenn Wort und Klang und Bild ...«, drei Vierzeiler. Neun Seiten mit Zeichnung, Text und Musik von F. P. Inhalt: [1.] Waldrand mit Wasser und Rotwild. [2.] Junge Mutter mit Kindern. [3.] Jäger steigt zur Sennhütte hinauf. [4.] Wanderer unter hohen Bäumen. [5.] Minnesänger zu Füßen seiner Dame, in Initiale »S« unter Burg mit Seelandschaft bez.: F. P.

Bl. 5, Minnesänger, wurde als Sonderblatt vor dem Text verteilt.

83. **Tod mit Ritter Karten spielend.** Bez.: F. P. 1838. Rad. 7,5 x 10,8.

84. **Humpen** mit drei trinkenden Kindern; viertes am Fuße des Gemäßes eingeschlafen. Umrahmung von Stäben u. Traubenranken. Bez.: 18 F. P. 38. Rad. 5,5 x 9,6.
    Der Abdruck auf China im A. P. A. trägt von des Künstlers Hand die Bemerkung: »verätzte Platte«. Hierüber schreibt F. P. an Bechstein 27. Vlll. 38 [im A. P. A.]: »... Noch lege ich ein Plättchen bei: den Humpen des Grafen Klettenberg, der doch offenbar auf dieses sein Leibgefäß zum Andenken an seine Historie ein Paar Hufeisen anbringen ließ: so meine Idee: die kleinen Bacchusbuben zur Apotheose, einer hat sich gar auf dem Dekkel gelagert, die güldene Kette hängt ober ihm. Leider habe ich die ziemlich fleißig radierte Platte durch einen Fehlgriff zur falschen Ätzwasserflasche zu scharf geätzt...«

85. **Mutter mit Wickelkind** [Gattin F. P.' s mit Sohn Friedrich] an einer Mauer sitzend. Das Profil des Kopfes hebt sich scharf von der angedeuteten Landschaft und dem gestrichelten Himmel ab. Bez.: 18 F. P. 38. Rad. 5,3 x 8,8.
    Auf Abdrucken vom 2. Zustande sind Himmel und Berge aufgehellt.

86. **NeugeborenesKind** mit ausgebreiteten Armen auf Blumenarabeske mit Vögeln; links kniet ein Mädchen, das den Schleier lüftet. [Friedrich u. Maria E. Pocci.] Bez.: 19. März 1838 F. P. Rad. 9, 1 x 6,4.
    Auch auf China abgezogen.

1839

87. **Briefpapiervignette** [für ?]. Halb knieender, halb sitzender Engel auf stilisierter Distel, in Händen ein unbeschriebenes Band. Schwarzdruck auf violettem Tonpapier. Lithogr. 9,2 x 11,4.

88. **Briefpapiervignette** [für die Gattin des Künstlers Albertine Pocci-Marschall]. Zwei Kinder des Künstlers [Maria Elisabeth und Friedrich] mit Wappenschild »A. P.« Hund »Tiger« des Künstlers auf Arabeske sitzend. Lithogr. 12 x 8,3. Wurde in Gold- und Rotdruck ausgeführt.
    Im A. P. A. befinden sich unter den Urskizzen zu Briefpapiervignetten zwei Darstellungen, die möglicherweise auch gedruckt wurden. Da ich sie aber nie sah, auch keinen schriftlichen Anhaltspunkt fand, so durfte ich sie natürlich nicht aufnehmen. Die Beschreibung lasse ich jedoch hier folgen, um den Besitzer einer etwaigen Wiedergabe auf den Künstler hinzuweisen.

    1. In reicher Blumenarabeske zwei Engelchen mit Laute und Notenblatt; zwischen ihnen das Pocci-Wappen. 3 x 19,6.

2. Arabeske, an deren unterem Ende Gänsekiele und Papierrolle hängen. Auf der Arabeske zwei Putten, eine mit Laute. Ein Vögelchen flattert weg. 6,3 x 9,2.

89. **Deutsche Theeblätter.** Hervorgerufen und gepflegt durch F. von Elsholtz, A. von Maltitz und F. Aug. von Zu-Rhein. München 1839. (Druck und Verlag von Georg Franz in München, Perusagasse Nro. 4). No. 1–40, 320 S. kl. 4°.
Von F. P.: Titelvignette jeder Nummer in verschiedener Farbe, zwei lesende Putten, eine mit Laute, eine mit erhobener Lampe, in Fruchtzweigen. Vögelchen fliegen umher. Lithogr. S. 13: Engel mit Bandrolle »Theodolinde«, hinter Initiale »N« fünf Kinder in Ranken und Schlußarabesken mit lesenden Engelchen. Bez.: F. P. zum Gedichte von F. v. E[lsholtz]: An Theodolinde, Prinzessin von Leuchtenberg von den Kindern der Bewahranstalt. Lithogr.*) S. 76: Ständchen. Musik von Fr. Graf v. Pocci. S. 115: Scherzhafte Zeichnung zum Gedichte v. M[altitz] »Das Känguru«. Ein Känguru gefesselt vor dem Gerichtstisch. Lithogr.
Fortsetzung der »Theeblätter« u. d. Titel: »Deutsche Blätter für Litteratur und Leben« s. unten Nr. 112.

* Als eigene Karte vor dem Texte auf China für die Prinzessin abgezogen und auch an Freunde verteilt.

90. **Drey Duetten.** Genau wie No. 72.

91. **Fliegende Blätter** [Heft I], gedichtet von L. Bechstein, radirt von Fr. Pocci. Literar. artist. Anstalt. München. o.J. 8°. Gedruckter Titel [auf dem Umschlag]. Radierter Titel und sechs numerierte Radierungen. Titel: Ein dahinspringender Knabe, der nach den »Fliegenden Blättern« hascht, die Mappe unter dem Arm. Uhlands Gedicht als Motto: »Kann man's nicht in Bücher binden ...« 1. Ein Engel bewacht ein in einer Lilie schlafendes Kind, unterhalb in der Arabeske lärmende Bauernscene. Elf Verszeilen von Bechstein: »Unten Lärmen, oben Stille ...« 2. Hoffende Liebe. Links ein Springbrunnen, rechts ein harrender Ritter. Bez.: F. P. 1839. Sechs Zeilen: »Im Garten rauscht der Wasserfall. ...« 3. Getäuschte Liebe. Die spröde Schöne [nach Holland die böse Zofe] leert auf den liebesdurstigen Sänger das Nachtgeschirr aus, Amor flüchtet mit der Blendlaterne. Bez.: 18 F. P. 39. Drei fünfzeilige Strofen: »Zärtliche Gedichte sang im Abendlichte ...« 4. Ein Engel geht durchs Zimmer. Über einer verstummten Gesellschaft schwebt ein Engel. Bez.:F. P. Sechs Zeilen: »Wenn sie laut sich zeigen ...« 5. Gebrochener Baum. Sturm fegt durch Bäume und Landschaft; Wanderer in wehendem Mantel. Bez.: F. 1839 P. Vier

Zeilen: »Auf dem Baum noch, den ein Sturm zerbrach ...« 6. Bild des Winters. Dessen Gestalt in Pelzmantel und Mütze, auf Schlittschuhen, mit Stock, auf Distelornament. Links entlaubter Ast mit Vögeln. Rechts Kinderköpfe vor Feuerkessel. Bez.: F. P. Acht Zeilen: »Wer hat stets im Gleise ...«

In A. P. A. Drucke vor dem Texte, die in geringer Zahl ausgegeben wurden, auch auf China.

92. **Hänsel und Grethel.** 2. Auflage von Nr. 73 mit dieser ganz übereinstimmend, aber Verl.-Bez.: München bei Georg Franz 1839. Jahreszahl innen ausgebessert. Text neu gesetzt.

93. **Kindermährchen** von Albert Ludewig Grimm. Dritte vermehrte Ausgabe. Mit Bildern. Heidelberg. Akademische Verlagshandlung von C. F. Winter. o. J. XVI S. u. 324 S. kl. 8°. Die 8 Radierungen von F. P. auch gesondert ausgegeben.

1844 erschien eine Titelauflage dieses Buches mit nur 7 Radierungen von F. P. und dem Titel: Kindermährchen von Albert Ludwig Grimm. Dritte vermehrte Auflage. Mit Bildern von Fr. v. Pocci. Frankfurt a. M. Bei Heinr. Ludwig Brönner. XVI S., 324 S. kl. 8°.

94. **Kind mit Körbchen** in Winterlandschaft. Bez.: 1839. Rad. 9,7 x 5. Es gibt auch Drucke auf China.

95. **Der Künstler krank zu Bett**, auf der Decke sitzt sein ältestes einjähriges Söhnchen [Friedrich]. Bez.: 20. 5. 1839. Rad. 8,6 x 5,5. Abzüge auch auf China.

96. **Ex Libris.** Marschall-Wappen [der Gattin v. F. P.] in stilisiertem Geranke; der Sohn [Friedrich] des Künstlers als Schildhalter. Dahinter Bandrolle. 1839. Rad. 4,4 x 7,8. Auch auf China.

Bemerkung v. F. P. im A. P. A.: »Ein paar Probedrucke auf Chineserpapier. G. Pocci.«

97. **Legende von Sanct Hubertus.** Und: **Das Märlein von Schneeweißchen und Rosenroth.** Mit Bildern von Fr. von Pocci. (Verlag der Joseph Lindauer'schen Buchhandlung in München). o. J. Titel für »St. Hubertus«, 16 S., Titel für »Schneeweißchen« und 17 S. nebst Umschlag. Mit 38 Illustr. in Lithogr. 12°.

98. **Das Lustige Märlein vom kleinen Frieder.** II. Ausgabe, genau wie Nr. 78. Die Jahreszahl auf den Umschlag gedruckt, auf dem Innentitel ausgebessert. Vogel und Arabeske der Titelzeichnung fehlt.

99. **Palast in Venedig** am Kanal, auf dem eine Gondel liegt. Bez.: 18 F. P. 39. Rad. 9,2 x 6,4. Auch auf China.

100. **Spruchbüchlein** mit Bildern für Kinder. 2. [Umschlag-] Ausgabe der Nr. 81 mit dieser ganz übereinstimmend. Nur an der Jahreszahl 1839 auf dem Umschlage kenntlich.
Holland lag offenbar ein stärker beschnittenes Exemplar vor, was ihn verführte, es als eigene Nummer 70 seiner Arbeit in qu. 16° zu bezeichnen.

101. **Leerer Wappenschild** mit heraldischen Arabesken und zwei Kindern [des Künstlers Maria Elisabeth und Friedrich P.]. Rad. 6,4 x 7,2.
Mir nur in Maillinger-Sammlung [IX. 2004] in München bekannt.

102. **Zur Weihnacht.** Oben auf Kissen ruhendes Christkind, rechts und links als ornamentierte Umrahmung zwei Tannenbäume mit kerzengeschmückten Gipfeln; auf den unteren spärlichen Zweigen sitzen Eichkätzchen und Vögel. Unten vier mit Fällen von Weihnachtsbäumchen beschäftigte Engel. In der Mitte acht vierzeilige Strofen: »Das Schneefeld schimmert, ...« Ein kleines aufgerolltes Band in der Mitte unten bez.: F. P. 1839. Lithogr. 12,8 x 17,8.
Von diesem Blatte kommen die verschiedenartigsten Spielarten vor. Außer dem Schwarzdruck auf China und gewöhnlichem Papier gibt es auf weißem Papier grünsilberne Zeichnung mit goldenem Christkind und Text, dann einen Druck ganz in violett-rosa. Ferner den gleichen violett-rosa Druck auf rötlichem und gelblichem Tonpapier, Zeichnung in Golddruck mit grünlich-silbernem Texte, auf hellgelbbräunlichem Papier, das Ganze in Golddruck, der auch auf grünem Papier vorkommt.

1840

103. **Alchimist** mit spitzem Bart und Brille sitzt im Gewölbe, umgeben von Büchern und Phiolen. Galvanographie. 8,4 x 10,5.

104. **L'amore alchimista.** *Dramma giocoso in due atti, del Sgr. Dr. L. Koch, musica del Cte. F. Pocci.* Illustrierter Theaterzettel auf weißem, blauem oder rosa Papier. Die Personenfolge mit den Namen der Darsteller ganz von Randzeichnungen umgeben, oben der Alchimist *Salamaro*, unten Larve zwischen zwei aufgerollten Bändern mit je vier Verszeilen bedruckt: »*Non o'è testa in questo mondo ...*« Lithogr. 4°.

105. **Auf der Rast.** »Jetz' woll' mer amol oa's rast'n, ...« Komposition: Eine Notenzeile »Schützensignale« und vier Notenzeilen, dreistimmiger »*Coro*« für zwei Tenöre und einen Baß in zweistimmigem System, mit untergelegtem Texte und zwei weiteren achtzeiligen Strofen von Kobell. Oben zwei ruhende Mädchen, unten Soldaten und Schützen um ein Faß versammelt. Schützensignale und Chor. Lithogr. 24 x 33.
Die Dichtung wurde als »Tyroler Schützenchor« im zweiten Akt des Volksstückes »Die schö' Cenzi vo' Mittenwald« von Kobell am Gärtner-

platztheater zu München 1878 mit F. P.'s Vertonung gesungen. [Münchener Neueste Nachrichten Nr. 122 vom 2. Mai 1878.]

106. **Bauer mit hohem Hut** und Maßkrug. Kleiner Scherz als erster Versuch der von F. Kobell erfundenen Galvanographie. 4,5 x 5,3.

107. **Jean Bonvivant.** Verulkung des wegen seines vielen Essens und Trinkens bekannten Altengland-Mitgliedes Advokaten Perner anläßlich einer Gehwette nach Garching. Scherzhafte Ankündigung und Karikatur des »Schnellsäufers aus Bordeaux«: Perner, der, eine Bordeaux-Flasche in der Hand, seinen Wettlauf beginnt. Auf braunem Papier ganz in Lithogr. v. F. P. gr. 2°.

108. **Briefpapiervignette** [für Albertine Gräfin Pocci-Marschall]. Wappenschild »A. P.« mit Grafenkrone, gehalten von des Künstlers Kindern, Maria Elisabeth stehend und Friedrich sitzend. Perlgrauer Druck. Lithogr. 6,4 x 6,4.

109. **Briefpapiervignette** [für Frau Marior von Käser, Kusine des Künstlers]. Ein kleiner nackter Knabe, mit dem linken Bein auf einer stilisierten Blumenranke kniend, greift mit beiden Händen nach einer festgebundenen Tafel mit dem Namen »Marior«. Oben sitzt auf einem stilisierten Blumenkelche ein anderer Knabe mit Schreibfeder und Blatt, ein Vögelchen sieht ihm zu, ein zweites Vögelchen fliegt mit einem bereits geschriebenen Briefe weg. Blauer Druck. Lithogr. 7,5 x 17,5.

110. **Dank und Bitte** der armen Schüler der Beschäftigungs- und pädagogischen Heilanstalt in der Vorstadt Au an ihre edlen Gönner beim Beginnen des Jahres 1840. Engel mit Mauerkrone und Wappenschild mit Lilie, umgeben von einer Kinderschar als Kopfvignette. Vor- und rückseitig mit Typen bedrucktes Blatt. Lithogr. 4°.
Im A. P. A. Probedruck der Kopfvignette in Gold ohne Text auf der Rückseite.

111. **Dr. Daxenberger,** bekannt unter dem Schriftsteller-Pseudonym »C. Fernau«. Brustbild. Bez.: 18 F. P. 40. Galvanographie. 7 x 8.

112. **Deutsche Blätter** für Litteratur und Leben. Herausgegeben durch F. von Elsholtz, A. von Maltitz und F. Aug. von Zu-Rhein unter Mitwirkung von Herzog Maximilian in Bayern [und Anderen]. München 1840 (Heft Januar – Dezember). Fortsetzung der Deutschen Theeblätter. Ab April: München. Druck und Verlag von Georg Franz. 388 S. kl. 4°. Von F. P. Titelvignette wie für Nr. 89. S. 93: Über die Romantik der modernen Musik. S. 158: Über Ouvertüren. S. 205: Musikalischer Sonnenaufgang. S. 315: Das Nibelungenlied übersetzt von G. O. Marbach [Besprechung].

Die »Theeblätter«, deren Fortsetzung die »Deutschen Blätter für Litteratur und Leben« bilden, s. oben unter Nr. 89.

113. **Diplom** des Münchener ärztlichen Vereins. Allegorische Kopfvignette: in der Mitte weibliche Gestalt mit unbekleidetem Oberkörper, in der rechten Hand Aeskulapstab, in der linken brennende Schale, aus der sie einem nackten Genius Lebenssaft in einen Becher träufelt; daneben verhüllte Gestalt, die Krankheit. Auf der andern Seite bekleideter Genius schlägt das Buch der Medizin auf, weiter links füllt ein Kind ein zweihenkeliges Gefäß aus einer Retorte. Das Ganze mit Blumen- und Blätter-Arabesken geschmückt. Lithogr. 37,5 x 17.

Das im A. P. A. vorhandene Exemplar trägt von der Hand des Künstlers die Notiz: »Zum Diplom des Münchener ärztl. Vereins comp. von Franz Pocci 1840.« Die Wiedergabe kaum als F. P. erkennbar.

114. **Runder Eckturm** mit Mauerstücken und Buschwerk. Rad. 5,5 x 8,6. Platte verdorben.

115. **Erinnerungen an die Fahrt nach Ammergau** im Juni 1840. Titel mit kleiner Vignette: Postwagen in Gebirgsgegend, und VIII Bll. I. Der Reisemarschall [Graf Franz Paumgarten auf der Kuppel der Frauenkirche] besieht das Barometer und verscheucht die Regenwolken. II. Abfahrt bei Sonnenschein [die Gesellschaft im vierspännigen Reisewagen]. III. »Kellnerin! a halbi Bier!« [F. P. vor der Zugspitze]. IV. Ankunft. Der hohe Staatsminister [Karl Graf Seinsheim] wird erkannt und mit türkischer Musik empfangen. V. Überraschendes Zusammentreffen an einem dritten Orte (W. C.) mit der hebräischen Gräfin. [Graf Paumgarten und Gräfin Leyden]. VI. Die Herren werden früh aufgeweckt und man [Albertine Gräfin Pocci, Gattin des Künstlers] bringt ihnen die Stiefel. VII. Wasserfahrt. Neptun auf dem Schiffe. VIII. Vierzeiler mit vollem und leerem Geldbeutel als Vignette. Das Ganze von F. P. lithogr. o. O. qu. 16°.

116. **Fliegende Blätter.** II. Heft. Sechs Gedichte von F. v. Kobell in oberbayrischer und pfälzischer Mundart mit Zeichnungen von Fr. Pocci. Gedr. in Zach's lith. Kunstanstalt o. O. u. J. [München] 8°. Inhalt: 1. Ein aufgerolltes Blatt mit dem Titel, darunter Pocci mit Feldstuhl und Zeichenmappe, vor ihm Kobell mit Gewehr und Jagdtasche, dem Beschauer den Rücken zugewendet. 2. Die Gemsejagd [pfälz.] 3. 's Herz [pfälz.] 4. 's schlafadi Diendl [oberbayr.] 5. Der pedantische Lehrer an de junge Dichter [pfälz.] 6. 's Zitterspiel [oberbayr.] 7. Der Fuchs und der Has' [oberbayr.].

117. **Geschichte der Schwangerschaft** und Entbindung des K. Directors des allgem. Krankenhauses, Bearbeitet für die gebildete Jugend beider Geschlechter, im Verlage des K. Vereins zur Verbreitung guter Bücher München 1840. IX nummerierte Bll. Lithogr. qu. 12°. Scherzhafte Karikaturen über eine gastrische Verstimmung des Direktors Wilhelm, endend mit einem Festessen im »Grünen Baum«. Unter anderm karikierte Bilder der Doktoren Breslauer [Leibarzt v. König Ludwig I.] und Handschuh, des Professors Ringseis und des Optikers Steinheil.

118. **Kaiser Karls Rückkehr** in den Untersberg. Der Kaiser zieht zu Pferd durch ein Felsentor, vor ihm eine Schar gewaPNeter Zwerge mit betrübten Gesichtern. Rechts und links Baumstümpfe und Farrenkräuter. Rad. 14,5 x 11,5.
Nach der Ausgabe der ersten Abzüge war die Platte durch F. P. beschädigt worden, der sie unachtsam als Unterlage zum Schneiden von Pappe benützte. F. P. schickte die Platte an Holland: »Kosmas und Damian [27. IX.] 1856 … Kann nit mehr davorstehen, wie sich mein Gekritzel abdruckt. Mag wohl der Drucker mit dem ›Wischen‹ – wie sie's nennen – etwas nachhelfen können, wenn nit, so schmeißt die Platten in ein' n Berghöhlen und mögen die Männlein samt dem Kaiser wieder dahinkehren, wo sie herzogen sind. Und soll das Metall in die Tiefen fallen, aus der es genommen ward.« Holland ließ sie dann später durch Kupferstecher Schultheiß retouchieren. Von diesem zweiten Zustand rühren die meisten Abzüge her. Von beiden Arten gibt es auch Abzüge auf China.

119. **Oberbayerisches Archiv** für vaterländische Geschichte, herausgegeben von dem historischen Vereine von und für Oberbayern. Zweiter Band. Mit drei lithographischen Tafeln. München, 1840. Druck und Verlag von Georg Franz. 4 Bl., 440 S. 8°.
Von F. P.: Drittes Heft. S. 425–429. Die Gesellschaft für deutsche Alterthumskunde von den drei Schilden zu München. Mitgetheilt vom ersten Vereinssekretär, Graf Pocci. Auch als Sonderdruck mit eigener Seitenzählung ausgegeben.

120. **Des Reiters Rosse.** Von Kobell gedichtetes, von Pocci komponiertes humoristisches Weinlied. 4 Notenzeilen und 5 achtzeilige Strofen. Einseitig bedrucktes Blatt. Lithogr. 4°.

121. **Ex Libris.** Pocci-Wappen, darauf lesendes Mädchen [Tochter Maria E. P.], darunter Hund »Tiger«. In der linken Plattenecke »Nr.« Rad. 5 x 6,5. Auch auf China. [S. Nr. 591]

122. **Sennhütte** geöffnet; man sieht die Umrisse einer sitzenden weiblichen Gestalt. Gebüsch und Stamm, in der Ferne umwölkte Berge. Rad. 8,6 x 5,7. Auch auf China.

Das Blatt in der Maillinger-Sammlung zu München. Bleistift-Bemerkung v. F. P.: »Auf einmal geätzt. Hintergrund mit der feinen Nadel. F. P.«

123. **Schützenlied.** Zinneberg. 15. Juni 1840. Drei zweistimmige Notenzeilen mit unterlegtem Texte: »Hui auf! Hui auf! wer's schießen kann! ...« nebst vier fünfzeiligen Strofen und Schlußvignette: ein an eine Scheibe angelehnter ruhender Schütze. Einseitig bedrucktes Gelegenheitsblatt auf blauem Papier, für ein bei Graf Arco abgehaltenes Preisschießen. Das ganze in der Handschrift des Künstlers. Lithogr. gr.4°.

124. **Sehet an das Lamm Gottes.** In der Mitte eine Hostie mit der Halbfigur Christi: rechts und links halten zwei Engel mit Kerzen das Kommuniontuch. Unten eine Arabeske. Lithogr. 11,8 x 7,4. Als Oster- und Kommunionbildchen ausgegeben.

125. **Trachten des christlichen Mittelalters.** Nach gleichzeitigen Kunstdenkmalen von J. H. von Hefner-Alteneck. Erste Abteilung von der ältesten Zeit bis zum Ende des dreizehnten Jahrhunderts. Frankfurt a/M., Heinrich Keller. Darmstadt, Wilhelm Beyerle 1840 – 1854. X S., 132 S., XVI S., 1 Bl. 93 Taf.(Kupferstich). Von F. P.: Tafel 35 S. 50. Frauentracht aus dem XI. Jahrh. Taf. 36 S. 51. Geistliche Tracht aus dem XI. Jahrh.. (beide aus Benediktinerkloster St. Peter zu Salzburg).
Dasselbe. Zweite Abteilung. Vierzehntes und fünfzehntes Jahrhundert. 240 S., 180 Tafeln (Kupferstich), XXVIII S. Von F. P.: Taf. 3 S. 4 Ritterschild von 1480. Taf. 16 S. 18 Tracht eines Gerichtsboten XV. Jahrh.. Taf. 26 S. 36 Jungfrau von Orléans (Handschr. XV. Jahrh.). Taf. 33 S. 50 Italienische Ritter XIV. Jahrh.. Taf. 44 S. 64 Herzog Ludwig von Bayern XV. Jahrh.
Dasselbe. Dritte Abteilung. Sechzehntes Jahrhundert. 170 S., 144 Tafeln (Kupferstich) und XX S. Von F. P.: Taf. 14 S. 13 Tracht eines Pilgers. XVI. Jahrh.

126. **Christkind** auf einer Biga von fünf Engeln und vier Kindern geleitet, voran ein kleiner Johannes, bez.: F. P. 1840. Rad. 18 x 6,7. Druck auch auf China. Dieselbe Darstellung findet sich in Holzschnitt ausgeführt in Nr. 204 Bd. I S. 161.

127. **Zwei Mährchen** mit Bildern von Fr. Pocci, den Kindern zu Weihnachten gewidmet. o. O. u. J. [aufgeklebt]: München. Georg Franz. Dieses Büchlein enthält »Hänsel und Grethel« [Nr.73] und den »Kleinen Frieder« [Nr. 78] in Umschlag mit eigener Zeichnung.

128. **Alpenklänge** für die Zither componirt von H[erzog] M[ax]. 6 Bll.

und ein Umschlag mit Vignetten. Auf der Vorderseite Titel, Sennhütte mit Zugspitze im Hintergrund, gotisierende Initialen H M mit bayrischen Rauten ausgefüllt. Auf der vierten Umschlagseite zitherspielende Bäuerin in Schnörkelumrahmung. Farbenlithogr. u. Druck v. F. Wolf. München. o. J. [etwa 1840]. Einige Blätter mit F. P. bez.

1841

129. **Briefpapiervignette** [für Königin Therese v. Bayern, Gemahlin Ludwigs I.]. An verschlungener Blumenranke Wappenschild mit »TT« und Königskrone; darunter sitzt ein Knabe, der ein Briefchen an einem Faden herabläßt; ein auf der Ranke tiefer sitzendes Mädchen bemüht sich, den Brief zu ergreifen. Lithogr. Golddruck. 6,3 x 17,3.

130. **Dr. Distelbrunner.** Sehr feines Portrait (Brustbild) des Hofarztes König Ludwigs I., der den König zugleich mit Pocci nach Italien begleitete. Distelbrunner ist in einem Mantel mit großem Umlegekragen dargestellt; ziemlich große spitze Nase, kleines Backenbärtchen, lockiger Haarwuchs mit kleiner kahler Stelle. Lithogr. 12,4 x 14.

Das Exemplar im A. P. A. trägt von der Hand des Künstlers mit Bleistift die Aufschrift: »Dr. Distelbrunner« und »F. P.«

131. **Gedichte** [drei] von A. v. Maltitz, in Musik gesetzt von F. Gf. Pocci. Text mit Singstimme und Pianoforte-Begleitung. o. O. u. J. 4 Bll. 8°. Lithogr. Inhalt: 1. Herz, du bist ein wilder Jäger. 2. Rundgesang: Es ist beschwerlich dem Cameele. 3. Des Knaben Lied: Ferne, schöne Ferne.

Die wenigen Exemplare, die abgezogen wurden, tragen fast alle den Titel in der Handschrift des Komponisten.

132. **Gedichte** in hochdeutscher, oberbayerischer und pfälzischer Mundart von Franz v. Kobell. München 1841. Literarisch-artistische Anstalt der Cotta'schen Buchhandlung. Gedruckt bei Dr. Karl Wolf. 298 S. kl. 8°. Von F. P. Titelbild: Die drei Mundarten [drei Putten], die mittlere stehend mit Harfe und Flügel: die hochdeutsche; die linke, unbekleidet, weinlaubbekränzt, den Römer hebend: die pfälzische; die rechte, unbekleidet, mit Zither und Hut: die oberbayerische. Rad. 7,5 x 5,5. Auf China. Auch als eigenes Blatt ausgegeben.

133. **Geschichten und Lieder mit Bildern** als Fortsetzung des Festkalenders von Franz Pocci u. Andern. Erster Band. München. Literar. artist. Anstalt. o. J. Umschlagtitel des Pappbandes mit drei sitzenden lesenden Kindern. Innentitel: Geschichten und Lieder mit Bildern von

Franz Pocci. Gotische Umrahmung. Oben auf leichtem gotischen Bogen lesender und lautespielender Engel. Unten drängen unzählige Kinder in dichten Laubengang. Im Hintergrunde Burg, See und Berge. Begrüßungsverse, Inhalt und 92 S. gr. 8°. Lithogr. Alle Zeichnungen von F. P., ebenso die Kompositionen und einige im Inhalte bez. Texte. Auf den grünen oder violetten Originalleinwandbänden Titel und laufender Knabe in Golddruck.

134. **Kalender** auf das Jahr 1842. Auf Veranlassung und mit besonderer Unterstützung S. K. H. des Kronprinzen von Bayern herausgegeben von Hofrath Dr. F. B. W. Hermann. München. Literarisch-artistische Anstalt. 1841. 92 S. und 1 Bl. Beilage. gr. 4°. Von F. P.: S. 58 und 60 zwei Holzschn. zu »Vom bösen Sohn von Ingolstadt, der seine Mutter geschlagen«. Neuer sc.

135. **Lied des Mäßigkeitsvereins.** Vorstehende Worte auf aufgerolltem Bande in der Mitte des illustrierten Titelblatts, darüber und darunter kleine Pagen mit Auftragen von Speisen und Öffnen der Flaschen beschäftigt. Auf 2 Fässern »F P« und die Jahreszahl »1841«. Auf der 2. Seite vierstimmige Komposition, 7 Doppelzeilen für »*Tenori*« und »*Bassi*« mit untergelegtem Texte: »Im Glas blüht eine Blume, ...« von Franz Kobell 8°. Titelblatt in Gold- oder Schwarzdruck.

136. **Oberbayerisches Archiv**, Titel wie Nr. 119. Dritter Band. Mit vier lithographierten Tafeln. 2 Bl., 431 S. 8°. Von F. P.: Drittes Heft. S. 428, 429: Altar in Non, K. Landgerichts Reichenhall. Auch als Sonderdruck mit eigener Seitenzählung ausgegeben.

137. *Old Englands* **Nagelfest.** Komposition, Wechselgesang auf zwei Blatt: »Wer rief Old England's Herold an ...«. Von F. P.: Drei Vignetten, Pokal, Hammer und Wappen der Gesellschaft. Lithogr. schmal 2°.

138. **Rosengärtlein.** Katholisches Gebetbuch für Kinder. Mit Approbation des erzbischöflichen Ordinariates München und Freysing. Landshut, 1841. v. Vogel'sche Verlagsbuchhandlung. Druck der v. Vogel'schen Offizin. Umschlagtitel und 40 S. mit 34 Illustr. in Karminvioletter Tönung. Lithogr. 12°. [s. a. PN Nr. 778]

139. **Sechs Mährlein** für Alt und Jung, erzählt von Rudolph Schreiber. Mit Radirungen von F. Pocci. Landshut, 1841. v. Vogel'sche Verlagsbuchhandlung. Druck der v. Vogel'schen Offizin. VII Radirungen auf grünem Papier, zum Teil bez.: F. P. 1841; 6 Initialen. Holzschnitte. 156 S. 12°. Auf dem Umschlage Landshut 1842. Die Radierungen wurden auch gesondert auf China abgegeben.

140. **Sophie** [zweite Tochter von F. P.] geb. 24. März 1841 auf fliegendem Bande. Darunter Engel mit Schalmei vor Kind in Kissen auf stilisierter Blume. Rad. 5,2 x 9,8. Auch auf China.

141. **Christkind** in Mantel mit Szepter und stilisierter Laubkrone. Mit nackten Füßchen auf einem Teppiche stehend, dieser ruht auf blumiger Wiese, rechts und links zwei Christbäume. Bez.: F. 1841 P. Rad. 5,4 x 8,6. Druck auch auf grau-grünem Tonpapier und auf China.
Bezeichnung und Jahreszahl wurden später durch meinen Großvater von der Platte entfernt, der dann Abzüge sozusagen »*après la lettre*« herstellen ließ.

142. **Die Gesellschaft der Zwanglosen** in München dem Meister Peter von Cornelius zur Erinnerung an den 16. Februar 1841. Druck von Georg Franz. o. O. [München]. 39 S. u. Inhalt. 8°. S. 35/36 von F. P. [gesprochen]: »Gern' möcht' beim Trunk' ich singen« ... 7 Vierzeiler.

1842

143. **Alte und neue Soldaten Lieder.** Mit Bildern und Singweisen. Herausgegeben von F. Pocci und A. Jürgens. Verlag von Mayer und Wigand in Leipzig. 1842. Druck von Breitkopf und Härtel in Leipzig. Mit Titelbild und 36 Illustr. 48 S. Holzschn. kl.4°.

144. **Ein Büchlein für Kinder** von Franz G. Pocci. Schaffhausen. Verlag der Hurter'schen Buchhandlung. 108 S. u. 2 Bll. Inhalt: Gedichte, Mährchen und Kinderschriften. 12°.
Hieraus komponierte Boeld sechs Gedichte einige Jahre später unter folgendem Titel: Seinen Kindern gewidmet. – 6 Lieder für die Jugend aus dem »Büchlein für Kinder« von Franz Pocci. In Musik gesetzt für eine Singstimme mit Begleitung des Pianoforte von Carl van Boeld. Eigentum der Verleger für alle Länder. Eingetragen in das Vereinsarchiv. Berlin, Raabe & Plothon. Leipzig, C. F. Leede. New-York, G. Schirmer. Lith. Anst. v. C. G. Röder, Leipzig o.J. Titel als Umschlag, 11 numm. S. 1. Morgengebet. 2. Nun gehet frisch daran. 3. Den Kleinen machen Milch und Brod. 4. Danklied. 5. Das begrabene Vögelein. 6. Die Blumen.

145. **Dank und Bitte** der armen Schüler der Beschäftigungs- und pädagogischen Heilanstalt in der Vorstadt Au an ihre edlen Gönner beim Beginnen des Jahres 1842. In der Mitte 5 sechszeilige Strofen: »Wieder ist ein Jahr vorbei ...« Als Kopfvignette: Christus mit Kindern: »Wer ein solches Kind in meinem Namen aufnimmt, der nimmt mich auf. Math. 18. 5.« Unten grabendes und gießendes Kind, die Kirche von der Au mitten im Hintergrund. Lithogr. gr. 4°.
Durch Übertragung auf Stein die Handschrift des Künstlers verdorben.

146. **Charitas.** Festgabe für 1842 von Eduard von Schenk. Neuer Folge zweiter Jahrgang. Mit Beiträgen von König Ludwig von Bayern, Kronprinz Maximilian von Bayern, L. Aurbacher, A. v. Maltitz, C. v. Neumayr, C. Fernau, F. Baron v. la Motte Fouqué, A. Büssel, F. Grafen v. Pocci, J. A. Pangkofer, F. Thiersch, C. F. Ph. v. Martius und dem Herausgeber. Mit Stahlstichen. Regensburg. Verlag von G. Joseph Manz. XVIII u. 446 S. kl. 8°. Gedichte v. F. P.: S. 261 Ritter, Tod und Teufel [Kupferstich von A. Dürer]. S. 264 Der Mönch [Gemälde von Ruben]. S. 266 Kreislauf der Wünsche. S. 270 Blumen und Engel. S. 272 Trost. S. 273 Der Sänger. S. 276 Heimkehr vom Lande mit den Kindern. S. 280 Das Schiff. S. 281 Wanderers Ruhe im Schatten.
Exemplar im A. P. A. Handschriftl. Widmung: »Nimm, liebe Mutter« ... 3 Vierzeiler.

147. **Des Recken Fahrt** nach Wien, Fragment aus einem alten Kodex. VI satirische Darstellungen mit begleitenden Versen. Der Germanist Maßmann verabschiedet sich von den Knaben in München nach dem Turnunterricht, er fährt zu Schiff nach Wien, wird dort wegen seiner langen Haare von der Polizei angehalten, flüchtet in die Bibliothek, versteckt sich unter Inkunabeln und kehrt zu Fuß nach München zurück. Das Ganze in der Handschrift von F. P. lithogr. gr. 2°.
Im Archiv der »Zwanglosen« in München hiezu handschriftliche Verse von Ritter.

148. **Hundesperre.** Elf komische Szenen aus Anlaß einer strengeren Polizeiverordnung in München die Hunde auf der Straße betreffend. In der Mitte ein dünner und ein dicker Herr die Zigarren anzündend, während ihre Hunde an der Leine nach rückwärts drängen. Oben links ein lesender Hagestolz, der von intimen Beziehungen seiner Hündin nichts bemerkt. Unten ein Geck, seine Angebetete grüßend, dessen Hund aber in unehrerbietigster Weise hiervon keine Notiz nimmt. Rechts unten eine alte Jungfer von den Leinen ihrer Hunde umwickelt usw. In der Mitte unten die Jahreszahl »1842«. Lithogr. 20 x 21.
Sehr seltenes Blatt.

149. **»Ein Kindlein ist gestorben ...«** Zwanzigzeiliges Gedicht in Typendruck, links unten bez.: 18 F. P. 42. 6,7 x 10,6.
Zum Andenken an den Tod der Tochter Sophie des Künstlers. Siehe No. 140.

150. **Das Leben der heiligen Cäcilia** in drei Gesängen von Guido Görres. Gedichtet zu Albano im Juli 1842. München Lentner'sche Buchhandlung. Druck von J. G. Weiß in München. 48 S. 12°. Von F. P.

Titelvignette: Die heilige Cäcilia an der Orgel auf Wolken; zu beiden Seiten stilisierte Lilien. Holzschnitt.

Die Randleisten und einiges andere nicht von F. P., wie oft fälschl. angegeben wurde.

151. **München 18. Februar 1842.** »Lebt wohl, mit sanftem Flügel. ...« Drei achtzeilige Strofen, einseitig in lithogr. Rahmen bedrucktes Blatt. Umrahmung nicht von F. P. 16°.

Abschied vom Ehepaar Fraunhofen. S. Nr. 156.

152. **Das Mährlein von Hubertus und seinem Horn.** Mit einem Anhang von Liedern. Von Frz. Pocci. Landshut, 1842. v. Vogel'sche Verlagsbuchhandlung. Druck der v. Vogel'schen Offizin. Umschl. u. 48 S. Mit 36 Illustr. Lithogr. kl. 12°.

153. **München, am 8ten Februar 1842.** Einseitig lithogr. Blatt mit vier achtzeiligen Strofen: »Was uns heute hier verbindet, ...« Oben in der Mitte ein Engel auf einer Wolke mit 2 Kränzen; rechts und links zwei Engel mit römischer Ampel und Schale. Zu beiden Seiten unten Arabesken. 4°.

154. **Die Monate.** Illustr. Umschlag und sechs Bll. Illustr. v. F. P., Verse v. Kobell. o. O. u. J. Lithogr. 4°. Sonderdruck aus dem 2. Bd. der »Geschichten und Lieder mit Bildern« S. 42 bis 48 [Nr. 166]. Auf dem Umschlagbilde Herbst und Winter, in der Mitte ein rosenbekränzter Knabe mit der Sanduhr. Unten ein kleiner Schild mit dem Monogramm »K. F. P« [Kobell-Franz-Pocci].

Bemerkenswert ist die Darstellung des Februar, der Hanswurst führt die Gesellschaft Altengland. Wir finden darunter die Karikaturen von Kobell, Optiker Steinheil, Fraunhofen, sowie den Künstler selbst mit der Altenglandmappe, worauf die Inschrift: Honny soit, qui mal y pense.

155. **Rosengärtlein** mit franz. Text: *Jardinet de Roses. Livre de prières catholique pour les enfans. Avec l' approbation de l'ordinariat archiépiscopal de Munich et de Freysing. À Landshout, 1842. Imprimerie et Librairie de Vogel.* Mit der gleichen Seitenzahl u. denselben Illustr. wie die deutsche Ausg. [Nr. 138], jedoch in Schwarz. 12°.

156. **Reise des Freiherrn und der Freifrau von Fraunhofen** nach Rom. 142 cm langer, 11 cm hoher Karikaturenzug. Lithogr. Postkutsche, in die ungeheures Gepäck verladen wird, dann das abreisende Ehepaar, sie tief verschleiert, er mit großer Tabakspfeife, Reisesack, Klistierspritze, Waffen, Laterne und Regenschirm, gefolgt von weinenden Frauen [Fernanda Pappenheim, spätere Prätorius und Marior Käser, Kusine v. F. P.]. Hierauf F. P. selbst mit umflortem Takt-

stock, tränenvollem Taschentuch und der Partitur »Addio«. Die Freunde als Musikantenchor, darunter Dr. Aschenbrenner, Maler Grotefend, Dr. Koch, Grf. Paumgarten, v. Parseval, Maler Hanno, Frhr. v. Völderndorff mit Cello zu Pferd, Prof. Zimmermann ... Der Zug wird von mitlaufenden Noten beendet.

157. **Sophie**, Kopf eines toten Kindes auf Kissen. Kreidelithographie, auch auf China, 17 x 15 [s. Nr. 149].

Das Exemplar auf China im A. P. A. trägt in Bleistift die Bemerkung von F. P.: »Sophie Gräfin Pocci [Tochter des Künstlers] geb. 24. III. 1841, gest. 1. II. 1842.«

158. **Der Trinker.** Im Keller ist er am Fasse sitzend eingeschlafen, den Kopf in die Hand gestützt. Er trägt spitzen Hut, lange Haare, Knebelbart. Vor dem Fasse liegt eine umgestoßene offene Kanne. Rad. 5,7 x 7,8. Auch auf China.

159. **Der verfängliche Handel.** Posse mit Gesang in zwei Aufzügen, von Parseval und Pocci. Illustrierter Theaterzettel auf grünem oder rosa Papier, besonders zu bemerken die Figuren des »Koches Knedelhart« und des »Bauernburschen Stoffel«. In der Mitte das Programm mit den Namen der Darsteller. Lithogr. gr. 4°.

Aufgeführt bei Klenze.

160. **Zu Weihnachten 1842.** Christkind mit Kreuzstab durch einen Hochwald schreitend, oben im Baumschlag fliegendes Blatt mit dem vorstehenden Titel. Darunter in zwei Spalten je zwölf Verszeilen: »Es weht der Wind und ist so kalt ...« Bez.: 18 F. P. 42. Lithogr. Mit Ausnahme des weiß gebliebenen Heiligenscheines und des Himmels, gelblich unterdruckt. 10,5 x 16,8.

161. **Windfeyrer** für die Zither komponiert. Seiner Hoheit Herzog Maximilian in Bayern ehrfurchtsvollst gewidmet von A[rco] Z[inneberg]. o. O. 1842. Umschlag und sechs numerierte Bll. Noten. Von F. P.: Umschlagzeichnung. Am Tische der Hütte sitzt zitherspielend ein Jäger [Arco], ein anderer [Kobell] hört ihm zu. Ausblick auf verregnete Berglandschaft. Kreisförmig: 8,9 Durchmesser. Lithogr.

Windfeyern bedeutet »hinderlichen Windes wegen die Wasserfahrt einstellen, stilllegen« (Schmeller, Bayer. Wörterb. IV. Teil S. 110). Hier übertragen: wegen Regens und Windes nicht jagen können, feiern.

1843

162. **Alte und neue Jäger-Lieder.** Mit Bildern und Singweisen. Herausgegeben von F. Pocci und F. v. Kobell. Verlag der v. Vogel'schen

Verlagsbuchhandlung in Landshut. 1843. Holzschnitte aus der Kunstanstalt von Braun & Schneider in München. Druck von Breitkopf & Härtel in Leipzig. 46 S. Mit Titelbild und 31 Illustr. Holzschn. kl. 8°.

Diese Sammlung enthält auch einige Vertonungen von F. P., die aber nicht ohne weiteres als von ihm komponiert erkennbar sind. Dr. L. Hirschberg hat in seiner übersichtlichen Abhandlung, in der zum ersten Male »Franz Pocci der Musiker« eingehend gewürdigt wird, auch auf diese unbekannten Lieder hingewiesen, z.B. die Hexen. [Zeitschr. f. Musikwissenschaft, herausgegeben von der Deutschen Musikgesellschaft, 1. Jahrg., Oktober 1918, Heft 1, S. 40-70.]

163. **Anglia Diner** [Einladungskarte]. In der Mitte mit Lordhütchen auf dem Kopf, an bedeckter Tafel sitzend zwischen Weinranken der Schatzmeister der Gesellschaft, Haindl, in der rechten Hand einen schäumenden Champagnerkelch, in der linken einen gefüllten Geldsack. Rechts und links als Hermen die Mitglieder Lordmajor Schmitz, Oberbergrat, und Lordminor Dr. Graf, Kronanwalt. Lithogr. 11,8 x 8,4.

164. **Dichtungen** von Franz G. Pocci. Schaffhausen. Verlag der Hurter'schen Buchhandlung. 1843. XVI u. 426 S. [Inhalt: Erzählende Gedichte. – Vermischte Gedichte. – Waldlieder. – Kinderlieder. – Mährchen und Kindergeschichten.] kl. 8°.

165. **Silberner Ehrenschild** des Kronprinzen [Maximilian, zu dessen Vermählung] nach einer Zeichnung von F. P. ausgeführt von Franz Seitz. Runder Schild von getriebenem Silber mit vergoldetem Grunde; in der Mitte das bayerische Wappen, umgeben von 155 Wappen der Geschenkgeber. Widmungsspruch v. F. P.: »Die Bayern, Schwaben, Franken, in ihrer Treu nicht wanken«. Bez.: Franz Seitz *fecit 1843*. Wiedergabe in Lithogr. mit unterdruckter gelber Tonplatte.

Siehe Kunstblatt 24. Jahrg. Herausgegeb. unter Mitwirkung von Dr. Ernst Förster in München und Professor Dr. Franz Kugler in Berlin. Stuttgart und Tübingen. Verl. d. J. G. Cotta'schen Buchhandlung 1843, S. 400 und 430.

166. **Geschichten und Lieder mit Bildern.** Umschlagtitel wie Nr. 133, aber andere Zeichnung: Drei lesende [zwei stehend, eines sitzend] Kinder. Innentitel wie Nr. 133. Bezeichnung: II. Band, die auf den zuerst ausgegebenen Exemplaren fehlt. Titel auf aufgerolltem Blatte, dahinter Engel; rechts und links in heraldischen Arabesken zwei lesende Kinder. In der Mitte betrachten Kinder, um einen Tisch

versammelt in gewölbtem gotischem Raum, ein Buch. Begrüßung, 92 S. u. Inhalt. gr. 8°. Lithogr.

Beiträge, ebenso Leinwandband wie Nr. 133.

167. **Des Kunig Arthus Tafelrunde** im Jahr 1843. [Herzog Maximilian] o. O. [München]. Das Ganze in Handschrift [nicht v. F. P.] lithogr. kl. 2°. Ordnung, Gesetz, XII Tafeln und Klausnerfest. Von F. P. (Poppo von Amerland, Kanzler): II. N. 3 (19. I. 43): »Als ich neulich den Speiszettel ...« VI. N. 12 (18. II. 43): Der Ehrenhold spricht zu König Arthus ... »Eine edle Sitte ist es ...« VIII. N. 21 (9. III. 43): »Verkund ... daß ein neuer Ritter aufgenomm ...« (Karg v. Bebenburg). IX. N. 24 (16. III. 43): »Ein Lied zu König Arthus Lob«.

168. **Marienlieder** von Guido Görres, zur Feier der Marienandacht gedichtet von Guido Görres. Rom im Mai 1842, München 1843. J. J. Lentner'sche Buchhandlung (W. Keck), gedruckt bei J. G. Weiß in München. Ladenpreis 6 Kreuzer Rh. 31 S. 12°. Von F. P.: S. 15 drei singende und musizierende Kinder.

Randleisten und einiges andere, wie öfters angegeben wird, nicht von F. P.

169. **Probeblatt.** Oben Dorffriedhof mit angedeuteter Kapelle, unten Almhütte, verschiedene Köpfe und Gestalten in ungeregelter Anordnung. Links der obere Versuch bez.: F. P., der untere: »Probeblatt«. Lithogr. 4°.

Mir nur auf China bekannt.

170. **Weihnachtslied.** Das Christkind steigt mit Pilgerstab von einer mit einem Weihnachtsbaum gezierten Anhöhe zu vielen unten versammelten Kindern herab. Im Hintergrunde angedeutete Berglandschaft mit See. An der Seite links auf einem aufgerollten Blatte Gedicht von Görres, 4 vierzeilige Strofen: »Vor deiner Krippe knieen wir ...«, an deren Schlusse die Jahreszahl »1843«. In der rechten unteren Ecke bez.: F. Pocci. Lithogr. Federzeichnung; mit Ausnahme des Strahlenkranzes, der Lichter des Weihnachtsbaumes und eines Teiles der Umrahmung gelb unterdruckt. 11,8 x 18,7.

171. **Die Wein' und der Bacchus** [zu Kobells Gedicht]. Leere Bandrolle, um die die Vertreter der verschiedenen Weinsorten zu Bacchus ziehen, der, an Fässer gelehnt, unter Weinranken sitzt, neben ihm ein Herold. Bez.: F. P. 1843. Stahlradierung. 19 x 21,5.

Bl. in der Maillinger-Sammlung Bleistiftbemerkung von F. P.: »Erster Aetzprobedruck (auf Stahl radiert)« und der Widmung: »Ich wage es kaum, diese Schmieralie Herrn Hofrath [Bayer] anzubieten. M. 17. 4. 45.« Es gibt auch Abzüge auf China.

172. **Zum Zeitvertreib.** [Sechs] Ländler für zwei Zithern, seinem Freunde F. Kobell zu Neujahr 1834 gewidmet von F. Pocci. Eine Seite Titel: Zwischen zwei den eingedruckten Titel tragenden flatternden Bändern sitzt auf einem Pilze von anderen Pilzen und Farnkräutern umgeben Kobell Zither spielend. Auf dem in Schnörkel auslaufenden oberen Bande sitzt links ein schmetterndes Vöglein, rechts der Künstler als »Schnack von Ammerland«. S. 2–3: Sechs Ländler mit je zwei Doppelzeilen. S. 4: »*Coda*«, vier Doppelzeilen Musik. Lithogr. qu. 8°.

1844

173. **Alte und neue Studentenlieder** mit Bildern und Singweisen. Herausgegeben von Franz Pocci. Verlag der v. Vogel'schen Buchhandlung in Landshut. o. J. Holzschnitte aus der Kunstanstalt von Braun und Schneider in München. Papier und Druck von Friedrich Pustet in Regensburg. Titelbild und 33 Illustr. 62 S. Holzschnitte kl.4°.

174. *Julio primo Angliæ avo grata civitas MDCCCXLIV.* Reichsrat und Gutsbesitzer Freiherr von Niethammer auf einem thronartigen Nachtstuhl, vor ihm sein Enkel. Das Ganze in Form eines »Rauch« bez., mit Girlanden, Widderhörnern und Köpfen zierten Monumentes. [Anglia-Scherz.] Lithogr. 4°. Auch auf China gedruckt.

175. **Der Fürst von Löwenstein** [†1844]. Zweiseitig in Typendruck ausgeführtes Gedenkblatt. 4 elfzeilige Strofen: »Wer ist es, der in wilder Schlacht ...« Unten rechts bez.: F. P. 6,2 x 11.
S. Nr. 188 III. Bd. S. 90.

176. **Neues Spruchbüchlein** mit Bildern von Fr. Pocci. Auf der 4. Deckelseite: Jos. Lindauer'sche Buchhandlung in München, o. J. 32 illustr. Bll. Lithogr. qu. 12°.

177. **Neuester Bilderbogen**, vorstellend das Turnwesen in Berlin. Sehr witzige Satire auf den Turnlehrer Maßmann in sechs Bildern: Der Germanist Maßmann erhält seine Berufung als Professor nach Berlin; er verläßt München und unternimmt mit seinen Buben eine Turnerfahrt nach der »Hasenhaide«; auf dem Turnplatz werden Turngeräte aufgeschlagen, die Hasen geraten in Unruhe und ergreifen die Flucht; nachdem die Hasen die Anstalt beobachtet und deren Zweckmäßigkeit erkannt, erbitten sie Unterricht für ihre Jungen; Dauerlauf der Hasen, an ihrer Spitze der schwitzende Maßmann; er erhält wegen seiner Verdienste um das Turnwesen in Preußen den »Meritenorden« und wird »Obersthofturnmeister« – die Jugend huldigt ihm. Rechts auf einem umgerollten Blatte bez.: F. P. Das Ganze in der Handschrift von F. P. Lithogr. mit beschreibendem Texte. gr. 2°.

178. **Weihnacht.** Rechts in gotischem Spitzbogen, bas-reliefartig, heilige Familie, darunter fünf musizierende Kinder. Landschaft mit Fernblick. Links drei siebenzeilige Strofen von Fr. Beck: »Aus der Krippe strahlt ...« Unten links [sehr unleserlich] bez.: F. Pocci 1844. Lithogr. 12,6 x 17,4. Druck auch auf China.

1845

179. **Alte und neue Soldatenlieder.** 2. unveränderte Ausgabe der No. 143. Verlag von Gustav Mayer, Leipzig, 1845.
So nannte sich seit diesem Jahre der Verlag von Mayer & Wigand.

180. **Blaubart.** Ein Märchen erzählt und gezeichnet von F. Pocci. Verlag v. N. Zach in München, o. J. Umschlag [mit obigem Titel] vorder- und rückseitig illustriert. Außer der Kopfvignette des Blaubart und dem Verlagsvermerk sind die Umschlagszeichnungen in Golddruck. Haupttitel: »Blaubart« durch das Tor schreitend. 16 S. Durchaus lithogr. 18 Illustrationen. Text in Versen. 8°.
Anmerkung: Nach Wegehaupt ist Poccis »Blaubart« eine »freie Bearbeitung in Versform nach Grimm und Perraults ›La barbe bleue‹«.

181. **Burg** auf jäh abfallendem Felsen [Anklänge an Lichtenstein], Baumgruppen auf und vor dem Felsen, in den ein Tor führt. Ausblick auf Flußtal. Rad. 10,3 x 16. Bez.: 18 F. P. 45. Drucke auch auf China.

182. **Entführung** [*Don Juan* Szene.] *Don Juan*, verhüllt, entführt die Donna unter einer Barocktüre. Vorne links im Geranke Leporello mit Blendlaterne. Rechts Putte mit Augenbinde, einen flammenden Kessel auf dem Kopfe. In Schnörkel oben eine Eule. Rad. 10 x 16,2.
Im A. P. A. sind mehrere Skizzen von Don Juan Szenen vorhanden, die zu einer radierten Serie vereint ausgegeben werden sollten. Sie kam offenbar nicht zustande. Mir ist nur diese einzige Darstellung bekannt.

183. **Charitas.** Festgabe für 1845. Gestiftet durch Eduard von Schenk. Fortgesetzt durch Carl Fernau. Mit Beiträgen von König Ludwig von Bayern, Kronprinz Maximilian von Bayern, Fr. Badhauser, J. B. Goßmann, Fr. v. Kobell, Fr. Graf Pocci, G. Scheurlin, H. Th. Schmidt, C. Fr. Schuler, J. A. Seuffert, J. G. H. v. Schubert, von dem Herausgeber und mehreren Anderen. Mit fünf Stahlstichen. Regensburg. Verlag von Georg Joseph Manz. kl. 8°. XXIV u. 360 S. Von F. P. S. 1–14: Der fahrende Sänger. Blätter aus einer alten Chronik [XII Gedichte].

184. **Deutsches Volksbüchlein** für Jung und Alt. Herausgegeben von Gustav Nieritz. Jahrg. 1845. Mit Beiträgen von C. Biedermann,

General v. Decker, Ed. Duller, Fr. Pocci, und Andern und Holzschnitten nach Originalzeichnungen von E. Oehme, Fr. Pocci, L. Richter, H. Bürckner, Fröhlich. Der Inhalt dieses Volksbüchleins ist gleichlautend mit dem für dieses Jahr erschienenen Volkskalender. Berlin. Verlag von Carl Heinrich Schulze. Titel, zu den Titelbildern, 4 Bll. Volksbilder u. 127 S. sowie Inhaltsverzeichnis. kl. 8°. Von F. P.: S. 101 – 103 Prosaisches, Poetisches und Bildliches von Franz Pocci. Über Verbeugungen (Complimente) [mit sechs Zeichnungen]. S. 103, 104 König Watzmann [mit einer Zeichnung]. S.104,105 Das Waisenkind [Gedicht und Zeichnung]. Des Vögleins Begräbnis [mit einer Zeichnung.] S. 106 Das Brauttänzlein [mit Zeichnung]. S. 107, 108 Nachtwächter Thomas [mit einer Zeichnung]. S. 109–111 Gevatter Tod [mit zwei Zeichnungen]. S. 111 Der Hofmann [mit einer Zeichnung]. S. 112 Der Soldat [mit einer Zeichnung: Trommler an Initiale E].

185. **August** [zu dessen Geburt]. Von Laubengewinden umgebenes Kind [F. P's. zweiter Sohn]. Neben ihm Schutzengel mit Lebenskerze. Bez.: August 16. Januar 1845. Lithogr.. 9,4 x 10,12 Auch auf China.

186. **August.** Engel hält fliegendes Band: »August 16. Januar 1845,« über einem in stilisierter Blume ruhendem Kind. Rad. 6,5 x 9,3 [gleicher Anlaß wie oben].

187. **Fliegende Blätter.** Band I. Nr. 1 – 24. München 1845 [1844 – 1845] Verlag von Braun & Schneider. Papier und Druck von Fr. Pustet in Regensburg. Titel, Inhaltsverzeichnis und 192 S. kl. 2°. Holzschn. Beiträge von F. P.: S. 20–23 Künstlers Wanderjahre. S. 62, 63 Staatshämorrhoidarius. S. 109, 110 Robinson Crusoe S. 166, 167 Staatshämorrhoidarius. S. 191 Der kurzsichtige Schütz. Ob der Fuchs lateinisch versteht [s. Nr. 251. S. 38].

188. **Geschichten und Lieder mit Bildern.** Umschlagtitel wie Nr. 166. o. O. u. J. Zeichnung: Drei stehende, lesende Kinder. Innentitel wie Nr. 166. Bez.: III. Band. Einfache Umrahmung um Titel und eine am Spinnrade sitzende Geschichten-Erzählerin, von Kindern umgeben. Begrüßung, 92 S. und Inhalt. o. O. u. J. gr. 8°. Lithogr. Beiträge, ebenso Leinwandbände wie Nr. 166.

189. **Gevatter Tod**, ein Märlein o. O. u. J. Illustr. Umschl. und sechs Bll. Verse und Zeichnungen in Lithogr. kl. 4°. Sonderdruck aus dem III. Bd. der Gesch. u. L. m. Bildern [Nr. 188] S. 9–15, ohne das Nachwort dort S. 16.

Es gibt Ausgaben auf weißem und auf gelblichem Papier.

190. **Neues Spruchbüchlein.** Genau wie Nr. 176, aber etwas dünneres Papier.

191. **Nieten.** Fünfzehn verschiedene Darstellungen, die als Nieten zu einer Hofballverlosung verwendet wurden: Kasperl mit einem Brief; kleines Kind mit Holzpferdchen, betendes Mädchen; an einen Baum gelehnter, rastender Knabe; ein Bettelbub; kleiner marschierender Pierrot; Kind mit Trommel; ein aus einem Krug trinkender Knabe im Hemd; Holz schleppendes Mädchen; kleines Weiblein mit Reisig im Tragkorb; kleiner Kaminkehrer; Mädchen mit Puppe von rückwärts; mit Medizinflasche eilender Knabe; Knabe mit Rodelschlitten; kleines Kind mit Kanone zum Ziehen. Lithogr. je 3,8 cm im Quadrat.
Diese sehr seltene Folge befindet sich unzerschnitten im A. P. A. Als Neudruck wurden diese Nieten als Vorsatzpapier für das F. P. Kinderbuch [s. Nr. 591] verwendet.

192. **Schnadahüpfln und Sprüchln.** Von Franz v. Kobell mit Bildern von F. Pocci. München, Literarisch-artistische Anstalt, o. J. Auf der Titelinnenseite: Papier und Druck von Friedrich Pustet, Regensburg, und vier Singweisen. 88 S. dazu Erläuterungen kl. 8°. Umschlagzeichnung: Drei trinkende und rauchende Bauern mit Sennerin vor Almhütte sitzend, Weinranken auf der Seite, unten Blick auf Gebirgsdorf, ferner 27 Textzeichnungen von F. P. zu 300 Strofen. Holzschnitt. *[s. a. PN Nr. 934]*

193. **Sieben schöne alte und neue Lieder mit Bildern.** Leipz., bei Gustav Mayer. Druck von Breitkopf & Härtel in Leipzig, o. J. Titel und Illustr. auf S. 4 von L. Richter, die übrigen sechs Holzschn. von F. P., die aus den »Soldatenliedern« [Nr. 143], jedoch ohne Singweisen abgedruckt sind. 8°.

194. **Tableaux.** Kopfvignette: Sieben Kinder mit Früchtekranz [scherzhaft nach Rubens, die Putten bekleidet], darunter Programm mit den Namen der Darsteller der lebenden Bilder; auf weißem oder blauem Papier. Lithogr.
Nach Aussage meiner Tante Mar. Elis. P. wurden die lebenden Bilder bei Herzog Max gestellt.

195. **Pferderennen**, mit den Versen:
»Was ist des Deutschen Vaterland?
Ist's Preußenland, ist's Schwabenland?
Ist's Württemberg, ist's Bayerland?
O nein! es scheint, s'ist Engeland!«

Oben Kirchturmrennen, wobei sich das letzte Pferd auf der Spitze des Turmes aufspießt. Links Überspringen einer lebenden Hecke, ein Jokey bleibt diesseits des Hindernisses. Rechts reiten einige Herren in Jagddreß zum Start. Unten weitere, die Anglomanie verspottende Pferdebilder. Rechts vier wartende Grooms, von denen der kleinste nur aus Zylinder und Gamaschen besteht. In der Mitte ein als Lakai frisierter Affe hinter einem Tuch mit den oben erwähnten Versen. Unten an der rechten Randecke »1845«. Lithogr. 21,9 x 22,6.

196. **Weihnacht.** Krippe, in der Mitte Christkind mit Strahlenkranz, links und rechts Maria und Joseph, auf dem Dache in Wolken fünf zur Laute singende Engel. Unten 5 vierzeilige Strofen von Friedrich Beck: »O Weihnacht, Nacht der Gnade, ...« Auf dem rechten Stützbalken der Hütte ganz klein bez.: F. P. 1845. Lithogr. 10,4 x 16,3. Auch auf China.

197. **Schulhaus.** Drei Knaben vor der halbgeöffneten Schulhaustüre lesen in einem Blatte. Rad. 9,4 x 15. Auch auf China.

198. **Zwanglose Guckkastenbilder.** Zwölf Karikaturen auf einer 1,58 m langen, 11,7 cm hohen Rolle. Hierzu auf eigenem Bl. handschriftl. Erklärung von F. P. Alles Lithogr. 1. »Der Sekretair [Dr. Ernst Förster] sammelt die Beiträge ein«. 2. »Der Papa [Gründer von Elsholz] sucht auf ... Pegasus zu entkommen«. 3. »Ein schändlicher Pasquillant [F. P.] sitzt im Thurm ...« 4. »Das Präsidium der Oberpfalz [Frhr. v. Zu Rhein]«. 5. »Der brasilianische Hofrat [Botaniker Martius] hat sich im Palmenwalde verirrt ...« 6. »Professor N [Sinologe Neumann] wiegelt die Chinesen auf ...« 7. »Der strenge Censor C. Fernau [Daxenberger] ...« 8. »Wegen zu freier Tendenz muß die M. polit. Zeitung unter ... Pater Francisc. u... Gendarm's redigiert werden«. [Prof. Friedr. Beck]. 9. »Verhängnisvolle Bordeauxflasche. Wirt [Ott] verlangt endlich Bezahlung... Lißts Portrait«. 10. »Und wieder die Hasenheide!! [Maßmann] ...« 11. [Kobell]... »trinkt Stoff ... aus dem Busen der Alpennatur«. 12. »Anakreon [Prof. Thiersch] mit der Lyra ... zur Stiftungsfeyer der Zwanglosen am 5. März 1845«.

1846

199. **Anglia Jubilæum.** *MDCCXLVI.* Sämtliche 51 Mitglieder der Gesellschaft »Alt-England« in wohlgetroffenen Porträt-Karikaturen bunt durcheinander gemischt. Oben an einer von einem Champagnerglase gekrönten Stange ein Band mit der vorstehen-

den Aufschrift. Darunter sitzt von anderen beobachtet der eifrig zeichnende Künstler F. P. Eine Anzahl Embleme wie die Frauentürme, »Lordhütel«, Krug, Wappen u. a. zieren die Darstellung. In der Mitte ein aufgerolltes Blatt mit der zweizeiligen Strofe: »Wie wir im Jahre ›Sechs und Vierzig‹ hier beisammensteh'n ...« Links unten bez.: 18 F. P. 46. Lithogr. 23 x 18. Unter den dargestellten Personen erwähne ich vor allem außer dem Pasquillanten [F. P.] der Gesellschaft den mit Hermelinkragen geschmückten Herzog Max; hinter ihm sein Hofmarschall von Häusler mit Raupenhelm, daneben blickt Architekt Gärtner gierig auf eine Flaschenbatterie, die auf der »Angliacassa« steht. Auf sie stützt sich der Schatzmeister, Münzwardein Haindl. Kobell pirschend hinter einem Bande mit der Angliadevise: »Trinkt und singt«, schießt mit einer Champagnerflasche auf eine Gruppe von Mitgliedern. Hinter ihm lauert der berühmte Adlerjäger Graf Arco mit gespannter Büchse; neben ihm Josef v. Schilcher, Gutsbesitzer auf Dietramszell. In der rechten oberen Ecke die Gelehrten, unter ihnen der Physiker Schafhäutl, eine Erdkugel balancierend; der Optiker Steinheil sucht mit seinem Teleskop nach Mond und Sternen; die bekannten Ärzte Gietl und Koch blicken sinnend nach unten. Auf der linken Seite hinter F. P. Maler Ph. Foltz, die Palette auf dem Rücken, daneben sitzt der durch seine spanischen Reisebilder bekannte Maler Gail an einem Zeichenbrett, die Augen durch einen großen Schirm geschützt. Auf einem der Frauentürme sitzt ganz klein Bürgermeister v. Steinsdorf. Weiter unten der lorbeergeschmückte Dr. Daxenberger [C. Fernau].

200. **Blaubart.** Gleicher Titel wie No. 180. Die zweite Ausgabe auf weniger starkem Papier, inhaltlich identisch mit No. 180, trägt auf dem grauen Umschlag [kein Golddruck] den Verlagvermerk: München, Buchhandlung von Christian Kaiser. o. J.
201. **A Danish Story-Book** *by Hans Christian Andersen. Translated by Charles Boner with numerous illustrations by the Count Pocci. London. Joseph Cundall, 12 Old Bond Street.* 1846. kl. 8°. Ohne S.-Bezifferung. Drei Vollbilder mit unterdruckter Tonplatte, Lithogr. Titelvignette u. 20 Textzeichnungen, Holzschn.
202. **Fliegende Blätter.** Band II, Nr. 25–48, München1846[1845 – 1846]. Verlag von Braun & Schneider, Redaktion Caspar Braun u. Fr. Schneider. Druck von J. P. Himmer in Augsburg. Titel, Inhaltsverzeichnis und 192 S. Holzschnitt, kl. 2°. Beiträge von F. P.: S. 68, 69: Der Staatshämorrhoidarius. S. 87: Münchener Jahreszeiten.

S. 102: Quodlibet. S. 110, 111: Idylle. S. 135: Regierungsrat auf dem Bureau. S. 150: Extrapost, ein Nachtstück. S.158: Staatshämorrhoidarius. S. 184: Ein Abentheuer im Wirtshause.

203. **Fliegende Blätter.** Band III. No. 49 – 72. München. o.J. Verlag von Braun & Schneider. Druck der Dr. Wild'schen Buchdruckerei in München. Titel, Inhaltsverzeichn. u.152 S. kl. 2°. Holzschn. Beiträge v. F. P. S. 39: Hoher Genuß. S.46: Narziß u. Echo. S. 54: Frühlingsrennen. S. 109, 110: Zauberflöte. S. 119, 120:Desgl. S. 123: Desgl. S. 125: Desgl. S. 190: Correspondenz [Staatshämorrhoidarius].
[Zu S. 109:] Sänger Pellegrini als *Sarastro*. die Architekten Klenze und Gärtner ziehen als Löwen seinen Wagen.

204. **Deutsches Hausbuch** herausgegeben von Guido Görres. I. bis IV. Heft. München. In Comission der literarisch-artistischen Anstalt 1846. Preis des Heftes 24 kr. rhn. oder 8 Ngr., gedruckt bei Joh. Georg Weiß. VIII [Umschlag, Innentitel, Inhalt, Eingang] u. 184 S. gr. 4°. Von F. P.: Außenumschlag. S. 17: *Nox beata.* S. 20: Zwei kleine Trompeter. S. 25: Weihnachtslied [Wiederholung der Umschlagzeichnung]. S. 32: Die Reformation des 19. Jahrhunderts oder das Flaschenkonzil [Illustration und Text]. S. 33: Frühlingslied [Illustration und Text]. S. 36: Kindergebet [Illustration und Text]. S. 50: Englische Touristen [aus Nr. 80 S. 61]. S. 54: Die Mandarinen des Papierstaates [drei Holzschnitte aus Nr. 80, S. 54 u. 55]. S. 73: Das Mädchen mit dem zerbrochenen Krug [s. Nr. 214]. S. 84: Kind als Merkur [Vignette aus Nr. 80, S. 63]. S. 86: Kreuz [aus Nr. 80, S. 8]. S. 104: Kopfvignette zu »Marie«. Vorderseite des Rückumschlages von Heft IV [nach S. 128]: Reinecke [aus Nr. 162]. S. 132/33: Gute Deutsche. Sprüche für Jung und Alt [Illustration: Schulknabe, und Text]. S. 147: Jäger [aus Nr. 162, S. 22] zu »Zugspitzbesteigung«. S. 154: Jäger-Zug [aus Nr. 162, S. 45]. S. 156: Zwei Studenten an einem Grabe [aus Nr. 173, S. 25]. S. 161: Der Kinder Weihnachtsfest [nach der Radierung 1840, s. Nr. 126].
Der Gedanke des Hausbuches ging von Guido Görres aus, der Overbeck »in Kenntnis setzte (12. XI. 45), daß er im Begriffe stehe, eine neue Art Festkalender, aber in sehr erweiterter Form mit einem reichen Schmuck von Illustrationen nicht wie früher in Lithographie sondern in Holzschnitten ausgeführt herauszugeben, und den Maler um Erlaubnis bat ... dessen ›betenden Mönch‹ aufnehmen zu dürfen«.
S. Friedrich Overbeck. Sein Leben und Schaffen. Nach seinen Briefen und anderen Dokumenten des handschriftl. Nachlasses geschildert von Marg. Howitt. Hsg. von Franz Binder. Bd. 2 (Freiburg i. Br. 1886), S. 157.

205. **Friedrich Gülls Kinderheimath** in Bildern und Liedern. Mit einem

Vorwort von Gustav Schwab. Zweite, reich vermehrte Auflage. Untertitel: Kinderheimath in Liedern und Bildern von Friedrich Güll und Franz Pocci. Stuttgart. Verlag von S. G. Liesching. 1846. Gedruckt bei K. Fr. Hering & Comp. VI S., 1 Bl.. 232 S. 8°.
Von diesem Buche wurde eine Anzahl auf besonders starkem Papier als Luxusausgabe gedr. 1 Bl. Erinnerung und Klage von Fr. Güll faks., sonst wie oben gr. 8°. Es gibt auch eine mit Hilfe von Schablone kolorierte Ausgabe.

206. **Zur Eröffnung des Kinderspitals.** Kopfvignette, in der Mitte stehen drei bittende Kinder, vorne links sitzt ein Knabe mit abgewendetem Kopfe. Lithogr. 15,5 x 14.
Probedruck im A. P. A. trägt vom Künstler den Vermerk: »Zur Eröffnung des Kinderspitals« (1. VIII. 1846).

207. **The Nightingale** and other Tales. *By Hans Christian Andersen. Translated by Charles Boner with Numerous Illustrations by the count Pocci. London. Joseph Cundall, 12 Old Bond Street 1846.* VI S. u. 174 S. kl. 8°. Vier Vollbilder lithogr. mit unterdruckter Tonplatte, 16 Textzeichnungen Holzschn.. Die gleiche Ausgabe kam auch mit bunten Bildern heraus.

208. **Oberbayerisches Archiv.** Titel wie Nr. 119, aber siebenter Band. 1846. Von F. P.: Tafel II und Anmerkung. S. 344–45. Lithogr. Darstellung des Benedikt von Perfall (1531) und Beschreibung der ritterlichen Tracht, wie sie »ein hochachtbares Vereinsmitglied die Güte hatte, auf Stein zu zeichnen und zu ... erläutern. Anm. d. Red.«
Zwei Briefe (19. XI. und vor 28. XI. 1845) an Oberbibliothekar Föringer beweisen F. P.'s Urheberschaft. Er fragt: ». ... ob ich die Perfallsche Figur nicht in Holzschnittmanier auf Stein zeichnen darf. Ich bin – wie Du weißt, ein ungeheurer ›Bildl‹-freund ... Wenn ich das Mannl selbst lithographiere. so sind ja nur Druck- und Papierkosten in Anschlag zu bringen. Auch ist die Tracht ziemlich interessant und wird wohl nur durch die Anschauung erst deutlich ... der Spruch auf dem Ärmel dürfte – wenn er nicht ... die Familiendevise der Perfalls ist ... sich Deiner Auslegung ›mir helfe Gott‹ eignen.« Wohl mögen noch so manche Beiträge von F. P. vorhanden sein, »die so unbedeutend und nicht der Rede wert sind«. F. P. hatte deshalb dringend gebeten, »Zeichnung und Beschreibung anonym laufen zu lassen«.

209. **Oberbayerische Volkslieder** mit ihren Singweisen. Gesammelt und Herausgegeben von H[erzog] M[ax]. Zweite Auflage. München, Georg Franz 1846. Titel und 40 S. kl. 8°. Von F. P.: Titelvignette: Zwei Mädchen in oberbayerischer Tracht in Berglandschaft lesen in einem Buch. Holzschn.
Die Vignette des Umschlages nicht von F. P.

210. **Probedruck.** König Bauer auf thronartigem Sitz an einem Tische mit Bockglas, trägt Krone, Szepter, Schwert an der Seite. Zu seinen Füßen Affe mit Reichsapfel. In den Schnörkeln kleines Schildchen mit F. P. Initiale »K« in Umrissen. Lithogr. 7,5 x 18,7.
Gleicher Vorwurf wie in Schnadahüpfln u. s. w. [Nr. 192], aber noch grotesker, wohl von F. P. selbst auf Stein gezeichnet.

211. **Sprüchlein mit Bildern** für Kinder von Fr. Pocci. München. Buchhandlung von Christian Kaiser. o. J. 30 lithogr. Bll., deren erstes ein Spruchband »Dem Fleiße« trägt. 16°.
Nach Holland sollen einige der Verse von Fr. Güll sein. Auf Bl. 27 in etwas veränderter Darstellung eines der vier Spruchblätter »Der königliche Schwan«. S. Nr. 3.

212. **Weihnacht 1846.** Christkind mit ausgebreiteten Armen auf einer Wolke sitzend blickt auf die unter ihm liegende Stadt München. Darunter aufgerolltes Blatt mit vorstehenden Worten. Die Umrahmung mit abgeschrägten Ecken besteht im unteren Teile aus Waldpartien, im oberen aus Arabesken. Rechts unten auf der Bandrolle bez.: F. P. Radierung. 5 x 9,7. Druck auch auf China [s. Nr. 269].

213. **Worte des Dankes.** Der Künstler steht, den Taktstock schwingend, als Karikatur auf einer Leiter inmitten eines mit brennenden Kerzen besteckten Kuchens. Ihn umgeben auf Weinranken miauende Katzen. Doppelseitig lithogr. Blatt mit 8 vierzeiligen Strofen: »Ihr wandet mir den Veilchenkranz..« Am Schlusse bez.: »München 13. März 1846. Der dankbarste Kapellmeister F. P.« 4°. Ganz in der Handschrift des Verfassers, die Unterschrift autogrammartig.
Für Geburtstagswünsche zum 7. lll. 1846.

1847

214. **Andersen's Bilderbuch** ohne Bilder. Aus dem Dänischen übertragen von Friedrich Baron de la Motte Fouqué. Neue, sehr vermehrte Auflage. Berlin, bei Wilhelm Besser. Gedruckt bei den Gebr. Unger in Berlin. o. J. VI u. 85 S. 12°. Auf dem Umschlage und nach dem Titelblatt ganzs. Zeichnung v. F. P., Mädchen mit zerbrochenem Kruge vor der Kaiserburg mit Aufschrift: »Bilderbuch ohne Bilder – (Doch ein Bild)«. Bez.: F. P. S. Nr. 204.

215. **Dresdner Album.** Zur Unterstützung der Nothleidenden im sächsischen Erzgebirge, im Voigtlande und in den Weberdörfern der Oberlausitz. Dresden. In Commission von C. C. Meinhold & Söhne 1847. XXI und 552 S. 4°. Von F. P.: S. 212–213 Im Frühling. »Nun sind die Sänger all' erwacht«, neun Vierzeiler.

216. **Festkalender.** Neue II. [eigentlich III.] Ausgabe. 1847. 130 Tafeln in Bildern und Liedern, München im Buch- u. Kunsthandel. Preis: coloriert 4 fl. 30 kr., schwarz 2 fl. Heft 1: Bez.:II. Ausgabe. München im Buch- und Kunsthandel. In fast allen anderen Heften fehlt jede Angabe. Auf manchen Bll. sind die ursprünglichen Jahreszahlen entfernt, auch in 1847, oft gedankenlos, umgeändert. In Heft IV, Bl. 4 sind z. B. die Jahreszahlen des scheidenden und kommenden Jahres, 1835 und 1836, b e i d e in 1847 umgeschrieben. Sämtliche Bll. 7 sind wohl wegen des dünnen durchscheinenden Papieres auf eigenes Bl. gedruckt.
Die auf dem Umschlage erwähnte kolorierte Ausgabe konnte ich nie ausfindig machen. Ich fand diese mir unbekannt gebliebene Ausgabe bei Amtsrichter Rothballer und in der Graphischen Sammlung in München.

217. **Fliegende Blätter.** Band IV. Nr. 73 - 96. München. o. J. Verlag von Braun & Schneider. Titel. Inhaltsverzeichnis u. 192 S. kl. 2°. Holzschn. Beiträge von F. P.: S. 86: Glückliches Debut. S.94: Correspondenz [Staatshämorrhoidarius]. S. 118: Romanze. S. 188/189: Staatshämorrhoidarius. Bd. VI Nr. 121 - 144. München. o. J. [1847 - 48]. Verlag von Braun & Schneider. Titel, Inhaltsverzeichn. 192 S. und politische Beilage. kl. 2°. Holzschn. Beiträge von F. P.: S. 30: Studienfreiheit. S. 101: Staatshämorrhoidarius. S. 128: Staatshämorrhoidarius. S. 172: Urväter und Nachkommen.

218. **Deutsches Hausbuch.** Titel wie Nr. 204, aber beigefügt: Jahrgang 1847 oder II. Band I.-VI. Heft. Umschlag. Innentitel, Eingang VIII S. u. 184 S. gr. 4°. Holzschn. Von F. P.: Vorderumschlag zum I. Heft: Fahrende Schüler. S. VIII: St. Michael mit zwei Dämonen kämpfend [aus Nr. 56]. S. 6, 7, 8, 10, 12, 14, 17, 18, 19, 22, 23: Aus der Chronika eines fahrenden Schülers von Clemens Brentano. Hierzu zwölf Zeichnungen. S. 24: Humpen [aus Nr. 173, S. 36]. Vorderumschlag des II. Heftes: Blasender Postillon. S. 41: Hirtenknabe auf dem Berge. S. 60/61: Besprechung von »Schattenspiel [Nr. 223] von Franz Pocci« mit drei verkleinerten Silhouetten. S. 64: Frosch [aus Nr. 80, S. 33]. S. 65: Frau Bas [aus Nr. 192, S. 55]. S. 73: Jäger und Schäferin [aus Nr. 162, S. 17]. S. 85/86: Eine Jugenderinnerung an Westenrieder mit Porträt in ganzer Figur. S. 88: Schlafendes Kind, Wiegenlied, [Zeichnung und Gedicht]. S. 89: Die Kinder im Walde [Zeichnung und Gedicht]. S. 96: Waldandacht. S. 121: Morgengang [aus Nr. 162, S. 34]. S. 123: Der gekreuzigte Jäger [Zeichnung und Text]. S. 133: Wandernder Maler [aus Nr. 80, S. 26]. S. 142/44: Besprechung der Kinderreime [s. Nr. 219] mit fünf Illustrationsproben. S.153: Schutzengel mit Kindern. Vorderumschlag des VI. Heftes:

Christkind durch einen Wald schreitend, nach dem lithogr. Weihnachtsblatt 1842 [s. Nr. 160]. Auch das darunter stehende Gedicht von F. P., jedoch anders als auf Nr. 160. S. 161: Kindergruppe mit Spruchband. Weihnachten. S. 173: Initiale »W« [aus Nr. 80, S. 42]. S. 177: Wiederholung des Christkindes auf dem Vorderumschlag des VI. Heftes wieder mit anderem Gedicht. S. 184: Weihnächtliches Gloria. Oben musizierende Engel, unten Christkind durch ein Kornfeld schreitend. [Im gleichen Jahre auch als besonderes Blatt ausgegeben, s. Nr. 228].

219. **Kinderreime** von Traugott Löschke mit Bildern von Franz Pocci. München, Christian Kaiser. 1847. Druck der Dr. C. Wolf'schen Buchdruckerei in München. Illustr. Umschl. VI und 103 S. mit 30 Illustr. Holzschn. 8°.

220. **Kindliche Raethsel** von Traugott Löschke. München, Christian Kaiser. 1847. Blaugedruckter Umschlag mit drei nachdenkenden Kindern, auf einem fliegenden Bande »Raethsel«. Auf der zweiten Seite des Umschlags: Drei singende Englein auf einer Wolke als Ankündigung der »Himmelsblümchen für fromme Kinder«: Auf der dritten Umschlagseite der Kaminkehrer als Ankündigung der »Kinderreime«, sowie 15 S. Auf der ersten Seite die Wiederholung der ersten Umschlagzeichnung in schwarz. 8°. Abdruck aus No. 219 S. 81–95, auch die Sonderzeichnungen zu den Ankündigungen sind S. 33 und 47 der No. 219 entnommen.

221. **The merry wedding** *and other tales. In Prose and Verse by Charles Boner. With numerous illustrations by count Pocci. London: Chapmann and Hall, 186 Strand.* VIII u. 119 S. o. J. kl. 8°. Vor dem Titel ein Vollbild: *The Crusaders*. Lithogr. Titelvignette und 28 Textzeichnungen. Holzschn. v. G. Dalziel. Ebensolche Ausgabe mit buntem Vollbild.

222. **Probedruck.** Sitzendes Mädchen mit Hund auf dem Schoße auf Arabesken, darin rechts eine Wurst, links eine Schüssel. 9, 1 x 5,4. Holzschn.

In der Art der Zeichnungen zu Kinderheimath (Nr. 205). Der Probedruck befindet sich in der Bibliothek des Gymnasiums des Klosters Ettal.

223. **Schattenspiel** von Franz Pocci. München. Literarisch-artistische Anstalt. o. J. Titel, Prologus und 29 Bll. Zeichnungen [Silhouetten] und Verse. qu. 8°. Lithogr. 1. Schutzengel. 2. Gärtner. 3. Im Kahn. 4. Ritter. 5. Beerdigung. 6. Postillion. 7. Bergarbeiter. 8. Geizhals. 9. Dieb. 10. Nachtwächter. 11. Drei Könige. 12. Flucht nach Aegyp-

ten. 13. Eremit. 14. Schulkinder. 15. Mutter bei krankem Kinde. 16. Prozession. 17. Zigeuner. 18. Mühle. 19. Reiter. 20. Pferderennen. 21. Herde. 22. Jäger. 23. Chinesen. 24. Zu viel gegessen hat der Mann. 25. Sesselträger. 26. Ständchen. 27. Altes Fräulein wird gemalt. Es wurde eine ganz geringe Anzahl dieses Buches ausgegeben mit von F. P. gezeichnetem Innentitel: Schattenspiel von Franz Pocci 1847. Ohne Prologus, die Begleitverse vorausgestellt auf eigenem Blatte auf etwas weniger starkem Papier.

Das Probeexemplar im A. P. A. enthält einige kleine handschr. Bemerkungen von F. P., z. B. nach dem Sesselträger: »einzuschalten ›Der Blinde‹ Nr. 26«. Die Ausgabe wurde dann auf ganz starkes Papier doppelseitig gedruckt, der oben bez. Titel gesetzt und zwei Blätter (28. Der Blinde, 29. Dudelsackbläser mit tanzenden Noten, bez.: 18 F. P. 47 angefügt. Gilt bei Fachleuten als eine der besten [sehr seltenen] Arbeiten von F. P. ». ... Als ich vorige Woche ein ›Schattenspiel‹ bei Cotta ... kaufen wollte, hatte man den ganzen Tag zu suchen, weil ›der Vorrat auf dem Speicher lag‹ – *ergo ad maculaturam*.« F. P. schrieb dies am 16. II. 1867 an Holland, kaufte den Rest (70 Exempl.) und schenkte davon einen Teil Holland.

224. **Schnadahüpfln und Sprüchln**. Von Franz v. Kobell m. Bildern von F. Pocci. München. Literarisch-artistische Anstalt, o. J. 92 S., dazu 8 Singweisen. Druck von J. P. Himmer in Augsburg. kl. 8°. 2. Aufl. [v. Nr. 192] 317 geänderte bezw. hinzugefügte Strofen. Auf S. 61 ist der mit Krone und Krönungsmantel geschmückte Bauer weggelassen; ferner fehlen die vier Seiten Erläuterungen. *[s. a. PN Nr. 934]*

225. **The shoes of fortune** *and other tales by Hans Christian Andersen with four drawings by Otto Speckter, and other illustrations. London: Chapman and Hall 186 Strand MDCCCXLVII. Titel, Contents* u. 168 S. 8°. Von F. P.: 20 meist neue Zeichnungen, einige aus Nr. 201, eine, S. 63, nach dem Rückumschlag des Heft VIII, Festkalender [Nr. 56]. Holzschn.

226. **Tales from Denmark** by Hans Christian Andersen. *Translated by Charles Boner with Fifty Illustrations by the Count Pocci. London: Joseph Cundall, 12 Old Bond Street 1847.* 8 Vollbilder mit unterdruckter Tonplatte, Pappband, Seiten u. Rücken durch Vignetten geschmückt. Lithogr. 42 Textzeichnungen. Holzschnitt. 8°. Sammelausgabe von Nr. 201 und Nr. 207 um ein Vollbild vermehrt. Die gleiche Ausgabe auch mit bunten Vollbildern.

227. **Weihnacht** 1847. Kinderzug, der auf einer »*Sedia gestatoria*« das segnende Christkind bringt. Links unten bez.: F. Pocci. Lithogr. in Rötel. 14,7 x 8,6. Auch in Schwarzdruck auf China.

228. **Weihnächtliches Gloria.** Oben musizierende Engel und Kinder auf einem Spruchband »*Gloria in Excelsis* «, unten das Christkind durch ein Kornfeld schreitend, im Hintergrund ein See mit Bergen. Dazwischen in Typendruck 6 sechszeilige Strofen: »Der Himmel singt Dir Lieder, …« Das untere Bild unten bez.: 18 F. P.47. Holzschn. 16,9 x 23,8.
Das Blatt wurde auch in Nr. 218, B. 2, S. 184, jedoch mit anderem Texte auf der Rückseite, verwendet.

1848

229. **An die Bauern!** Flugblatt von vier S. in Typendruck: »Liebe Bauern! – – da seht Ihr nun schon gleich …« kl. 8°. Der Verfasser wendet sich in treuherzigen Worten an das Landvolk, das er vor den Umtrieben des Jahres 1848 warnt.

230. **Im April 1848.** Doppelseitig bedrucktes Blatt, 12 vierzeilige Strofen: »Der deutsche Michel ist erwacht, …« 8°.

231. **Arbeiterlied.** Doppelseitig in Typendruck ausgeführtes Blatt mit 12 Vierzeilern: »Ich bin ein schlichter Arbeitsmann, …« 8°.

232. **Boarisch' Shützenlied.** *[sic!]* »Frisch auf mit der Büchs! …« 4 Doppelzeilen für zwei Tenore und »Schützenhörner« [in *Es*] mit untergelegtem Texte und 3 weiteren achtzeiligen Strofen von Kobell. Ober dem Titel Schützenhorn mit Bändern und Fahnen, Scheibe und Tannenbäumchen. Unten links und rechts des Textes ein ladender und zielender Schütze. In der Mitte unten die bayrischen Rauten; Bäume bilden die Einfassung der beiden Längsseiten. Einseitig bedrucktes Blatt bez.: F. P. Lithogr. gr. 4°.
Drei handschriftliche Notenskizzen hiefür, vom Komponisten F. P. »Musikalische Zwicker« genannt, im A. P. A. tragen den Vermerk: »wurde abgeändert«.

233. **Charles Boner's book.** »*For those who're yong* …« Vierzeiler. *With numerous illustrations by Count Pocci of Munich. London: Chapmann and Hall, 186 Strand MDCCCXLVIII.*
Ganz wie Nr. 221, nur fehlt die Titelvignette, dafür vor dem gesetzten ein Titel Blatt mit gezeichneter Aufschrift und einem Springbrunnen mit wasserspritzendem kindlichem Triton, den Kinder umlagern, im Hintergrunde Berg- und See-Landschaft.

234. **The dream of little tuk**, *and other tales By Hans Christian Andersen. Translated by Charles Boner. With four illustrations drawn by Count Pocci of Munich. London: Grant and Griffith, successors to*

J. Harris. Corner of St. Paul's Church-Yard. 1848. 115 S. kl. 8°. Vier Vollbilder mit unterdruckter Tonplatte. Lithogr. Die gleiche Ausgabe auch mit bunten Bildern.

235. **Fliegende Blätter.** Band VII: Nr. 145 – 168. München, o.J. Verlag von Braun & Schneider. Titel, Inhaltsverzeichnis u. 192 S. kl. 2°. Beiträge von F. P. Holzschn.: S. 23: Ein Auswanderer. S. 86, 87: Staatshämorrhoidarius.

236. **Fliegende Blätter.** Band VIII: Nr. 169 – 192. München o.J. [1848 – IV. 49]. Verlag von Braun & Schneider. Titel, Inhaltsverzeichnis u. 192 S. kl. 2°. Beiträge von F. P. Holzschn.: S. 108, 109: Eine Treibjagd *anno* 1851. S. 164: Auf dem Anstand.

237. **Gloria.** Freischwebender Christbaum, der in eine stilisierte Blume ausläuft, auf dieser segnendes Christkind und zwei Engel mit Band »Friede auf Erden«. Singende und musizierende Engel und Kinder. Unterhalb erwarten Knaben und Mädchen mit erhobenen Händen und Schürzen die oben hängenden Christgeschenke. In der Mitte unten »1848«. Rechts in der Ecke bez.: F. P. Lithogr. mit gelber Tonplatte. 13,1 x 28, 1.

238. **Christkindchen hat's gebracht!** Kinderreime von Johann Traugott. Mit Bildern von Franz Pocci. Zweite Ausgabe. Leipzig, Hermann Fritzsche. Auf dem Original-Pappumschlag: Verlag von Ferd. Riehm in Basel. München, Druck der Dr. C. Wolf'schen Buchdruckerei, o.J. Inhaltlich und illustrativ vollständig gleich mit Nr. 219.

239. **The Nightingale** *and other tales.* Gleicher Titel wie Nr. 207, aber Verlagsangabe: *Griffith and Farran. (Successors to Newbery & Harris). Corner of St. Paul's Churchyard,* o.J. 8°.
Auch inhaltlich gleich mit Nr. 207.

240. **Schützenleben.** »A' Schütz im Feld sey, is mei' Freud', …« Dreimal drei Notenzeilen für vierstimmigen »Chor« und Hörner (in Es). »Schützensignale« mit untergelegtem Texte und zwei weiteren achtzeiligen Strofen von Kobell. Ober dem Titel ins Gefecht rückende Schützen, in der Mitte Signal blasender Hornist, unten vor Holzhütte Schützen mit Kellnerin um einen Tisch zum Trunk versammelt. An der Türe der Hütte kleines Blatt angenagelt mit den Profilkarikaturen der beiden Künstler Pocci und Kobell. Einseitig bedrucktes Blatt, bez.: F. P. Lithogr. von Hochfelder auf Stein übertragen. gr. 4°.
In den im A. P. A. befindlichen Notenmanuskripten trägt die erste Skizze die Bemerkung v. F. P.: »IItes Schützenlied v. Kobell comp. 16/5. 48.«

1849

241. **Anglia Ball** [Tanzkarte] auf rosa, gelblichem oder bläulichem Papier. Links auf einer Arabeskenranke steht ein als Lord verkleideter Amor mit einem Blumenstrauß, an das fliegende Band mit der Inschrift »*Anglia-Ball*« gelehnt. Unter diesem das Wort »*Engagements*« und zehn punktierte Linien. Unten in der Mitte »1849«. Lithogr. 6,3 x 9,3.

242. **Bericht** über den Bestand und das Wirken des Kunstvereins in München während des Jahres 1848. München 1849. Gedruckt bei Georg Franz. 2 Bll. und 60 S. 4°. Von F. P.: S. 56- 59 Biographische Notizen [über Schwanthaler]. Als Sonderdruck auf besserem Papier mit der Überschrift: Lebens-Skizze des Professors an der königl. Akademie der bildenden Künste in München Ludwig von Schwanthaler. Vier num. zweispaltig gedruckte S. gr. 4°.
Ein Exemplar im A. P. A. trägt Bleistiftkorrektur und Signatur des Verfassers.

243. **Frühlingsglaube.** Terzett für 2 Soprane und Alt mit Begleitung des Pianoforte componirt von Franz Pocci. Eigenthum der Verleger. Leipzig bei Breitkopf & Härtel, o. J. Eingetragen in das Vereinsarchiv. 9 num. S. gr. 2°. – Innentitel u. Komposition zum Gedicht von Uhland. Die einzeln ausgegebenen Singstimmen 8°.

244. **Gloria in Excelsis.** Engel, auf einer Wolke schreitend, in der linken Hand Christbaum und fliegendes Band mit den vorstehenden Worten. Unten in der gelben Tonplatte weiß ausgespart: »Zu Weihnachten 1849«. Ganz unten außerhalb des Tons in gelb bez.: F. P. Lithogr. Federzeichnung. 10,1 x 21,8.
Im A. P. A. ein Probedruck mit blauer »gestirnter« Tonplatte.

245. **Der Gutgesinnte.** Zweiseitiges bedrucktes Blatt. Satirische Abhandlung. 8°.

246. **Alte und neue Kinderlieder**, Fabeln, Sprüche und Räthsel. Mit Bildern nach Originalzeichnungen von C. v. Heideck, W. v. Kaulbach, A. Kreling, E. Neureuther, Fr. Graf v. Pocci, L. Richter, C. H. Schmolze, M. v. Schwind, C. Stauber und A. Strähuber. Herausgegeben von Georg Scherer. Leipzig, Verlag von Gustav Mayer. 1849. Druck von Breitkopf & Härtel in Leipzig. X u. 152 S. kl. 4°. Vollbilder nach Kaulbach und Schwind von Neureuther radiert. Textillustrationen Chemitypien. Zeichnungen von F. P.: S. 9: Engel mit Bandrolle »Gottes Lob« in angedeuteter Berglandschaft mit Schaf, Häschen, Eichkätzchen und Vögeln. S. 13: »Um ein reines

Herz.« Kleines Christkind in herzförmigen Ranken. S. 17: »Gott Vater.« Kinder knien vor einer schwebenden Gestalt Gottes. S.43: »Gute Nacht, mein Kind.« In Ranken auf Initiale »G« eingeschlafenes Kind. S. 53: »Der Sandmann« läuft Sand streuend auf Mohnranke. Unten vier müde, schläfrige Kinder. S. 62: »Von Knaben und Hündchen.« Knabe läßt Hund aufwarten. S. 64: »Wie der kleine Adolf spricht!« Knabe mit Buch. S. 66: Wiegenlieder. Kind bringt Puppe zu Bett. Einfache Umrahmung mit Vogel und Rute. S. 68: »Watschelgänschen.« Schuster von jungen Gänschen umstanden. S. 75: »Besen und Ruthe.« Kind mit Besen auf der Schulter flieht vor der es verfolgenden Rute.

Als Vorwurf zur Zeichnung auf S. 13 diente eine kaum größere (5,5 x 6,3) nicht mehr vorhandene Radierung: Christkindchen mit erhobener rechter Hand sitzt in herzförmigem, oben durch Flammen abgeschlossenen Rankengewinde. Die farbige Originalskizze im A. P. A. bestätigt dies durch die Bleistiftbemerkung des Künstlers: »Ist radiert.« Der Titel des Gedichtes ist nachträglich von F. P. dazugeschrieben. *[s. a. PN Nr. 951, 974]*

247. **Münchener Bilderbogen.** [1. Buch.] Herausgegeben und verlegt von K. Braun und F. Schneider in München, o. J. Druck von C. . Schurich in München. Holzschn. gr. 2°. Bl. No. 2: Der schwarze Mann. Bl. No. 4: Gaukellinchen. Druck von Dr. C. Wolf & Sohn in München. Bl. No. 6: Der Riese Fratzfressius. Schnellpressendruck von F. A. Bruckmann. Bl. No. 12: Die Geschichte vom Peter, der die Schule versäumt hat. Bl. Nr. 15: Städte und Burgen. [Von F. P. zweite Burg links, in der ersten, dann erst wieder in der zwölften Auflage.] Bl. No. 18: Eine lustige Gesellschaft. [Von F. P.: Komische Figur mit Panpfeife, Rokoko–Schäferin, Wirt (von Ammerland), Gemeinde-Depp.] Die Bll. wurden auch bunt ausgegeben.

Nr. 12 erschien als Bl. Nr. 9 Peter the Truant London. A. & S. Joseph, Myers & Co. – William Tegg & Co. Leipzig, William Engelmann. Um allzuviele Wiederholungen zu vermeiden, habe ich davon abgesehen, die vielen neuen Auflagen besonders anzuführen.

248. **Nachtlied.** Terzett für 3 Männerstimmen mit Begleitung des Pianoforte, componirt von Franz Pocci. Eigenthum der Verleger. Leipzig, bei Breitkopf & Härtel. Eingetragen in das Vereinsarchiv, o. J. Gleicher Innentitel, 9 numm. S. gr. 2°. Mit 3 Stimmheften in 8°.

249. **No. 9999. Neueste Nachrichten.** 1848. München, am 4. Februar. Ein zweiseitig bedrucktes Blatt mit einem zweiundfünfzigzeiligen Scherzgedicht über einen von Altengland gegebenen Ball [S. Nr. 241]: »Das Neu'ste aus dem Münch'ner Leben ...« Am Schlusse bez.: F. P. 8°.

250. **Oberbayerisches Archiv.** Titel wie No. 119. Zehnter Band. Mit zwei Kupfer- und drei Steindruck-Tafeln, nebst einem alphabetischen Register über die ersten zehn Bände. 176 S. 8°. Von F. P.: Erstes Heft. S. 159–160. Nachricht über ein Denkmal der Hochätzkunst. Auch als Sonderdruck mit eigener Seitenzählung ausgegeben.

251. **Herrn Petermanns Jagdbuch** [Erster Teil] oder Skizzen und Abenteuer aus den Jagdzügen des Herrn Petermann und seiner Freunde. Zu Nutz und Frommen aller Jäger und Jagdliebhaber herausgegeben und mit vielen Bildern geziert. München. o. J. Verlag von Braun & Schneider. Schnellpressendruck von J. P. Himmer in Augsburg. 2 S. Titel und 50 S. Text mit Illustrationen [zum großen Teil aus den Münchener Bilderbogen und den Fliegenden Blättern]. Holzschn. gr. 4°. Beiträge von F. P.: S. 22: Burg [M. B. B. Nr. 15]. S. 28: Auf dem Anstand. [Aus Fl. Bl. Nr. 236]. S. 38: Ob der Fuchs lateinisch versteht. Der kurzsichtige Schütz. [Aus Fl. Bl. Nr. 187]. S. 45–50: Ein Treibjagen 1851. [Aus Fl. Bl. Nr. 236]. Die nachfolgenden Teile (II-VII) enthalten keine Beiträge von F. P., jedoch Umschlagzeichnung (farbig) von ihm. Im »P« Schütze [Karikatur darstellend?]. Auf »J« dessen Dackel. Der Titel ist von einem Eichbaum und einer Fichte umrahmt; Fuchs, Hasen, Eichkätzchen und Vögel beleben das Blatt. Im unteren Drittel Jäger von rückswärts auf Baumstumpf an einem Wasser, auf dem Enten rinnen. In der Ferne München. Auf zwei seitlichen Arabesken ein Rebhuhn und ein Wasserläufer, darüber Hirsch- und Wildschweinkopf.

Dieser Umschlag [Holzschn.] ist nicht für alle Exemplare des I. Teiles der ersten Auflage verwendet. Der grüne Pappband trägt auch andere Titelvignette [nicht von F. P.]: Eule, Hirschfänger, Jagdtasche, Hut und Gewehr.

252. **3 Quartetten** für Sopran, Alt, Tenor und Baß. Mit Begleitung des Pianoforte componirt von Franz Pocci. Partitur und Stimmen. Eigenthum der Verleger. Leipzig, bei Breitkopf & Härtel. Eingetragen in das Vereinsarchiv o. J. gr. 2°. Gleicher Innentitel und 19 numm. S. mit beigefügten 9 S. doppelspaltig gedruckter Singstimmen. Diese in gr. 8°. Inhalt: 1. Titel. 2. Die Bäume rauschen im Walde [Bechstein]. 3. Nachtgesang [Koch] 4. Verstummt sind der Vögel Gesänge [D. Koch].

253. **Tales from Denmark**, gleicher Titel wie Nr. 226. Aber: *Second edition. London: Grant and Griffith MDCCCXLIX.* Inhaltlich und illustrativ mit der ersten Ausgabe vollkommen übereinstimmend. Die Vorrede etwas gekürzt und in der Anordnung des Textes wenig abweichend. 8°. Diese Ausgabe kommt auch in zwei Bänden vor: *I. The nightingale. The ugly duck. II. The nightingale. Danish tales.*

254. **Vier Duetten** für Tenor und Baß mit Begleitung des Pianoforte, componirt von Franz Pocci. Eigenthum der Verleger. Leipzig, bei Breitkopf & Härtel. Eingetragen in das Vereinsarchiv. o. J. 19 S. Inhalt: 1. Titel. 2. Mein Schifflein [Grf. Giech]. 3. Gondoliera [Geibel]. 4. Der Wanderer [Carl Schmidtmüller]. 5. Hidalgo. gr. 2°.
Einige Exemplare tragen auf dem Umschlag den Vermerk: Pr. 25 ngr. 78/57.

1850

255. **[Augsburger] Allgemeine Zeitung** für das Jahr 1850. Stuttgart und Augsburg. Verlag der J. G. Cottaschen Buchhandlung. 2°. Nr. 35. Beilage. S. 557: München im Januar. Zur französischen historischen Literatur.

256. **Bavaria.** Zwölf Bilder ihrer Geschichte. Mit der Bavaria und Ruhmeshalle. Ansicht und Beschreibung von A. SchöPNer. München. Verlag der Matth. Riegerschen Buchhandlung. Druck von J. P. Himmer in Augsburg, 1850. 2 Bl., 47 S. 8°. Von F. P. S. 44–45: Die Schlacht bei Sendling [Gedicht].

257. **Briefpapiervignette.** Darstellung des Schlosses Kempfenhausen am Würmsee von Nordosten gesehen. Im Vordergrunde ein Spaziergänger, vielleicht der damalige Besitzer des Schlosses, Herr von Schauß, mehr rückwärts Schloß und Kapelle mit alten Bäumen, rechts im Hintergrunde Bergkette und See. Ein Baum vorne rechts geht stilisiert in die Umrahmung des Bildchens über. Etwas links von der Mitte unten bez.: F. P. Stahlstich und Druck von F. Wolf, München. 15 x 6.

258. **Dramatische Spiele** für Kinder von Franz Pocci. Mit 6 Bildern und Singweisen. München 1850. Mey & Widmayer. 8°. Umschlag, Titel, 75 S., 1 Bl. Inhalt und 16 S. Singweisen, 6 farbige Lithographien von Leopold Rottmann auf Stein gezeichnet nach F. P. Der Originalumschlag trägt auf der vierten Seite einen Holzschnitt F. P.'s mit der Jahreszahl 1849, darunter Vermerk: Druck der Dr. C. Wolfschen Buchdruckerei, München.

259. **Gloria in Excelsis.** Berglandschaft, rechts und links Hirtenknaben mit Schalmeien unter dem fliegenden Bande und einem Engel. »Altes Weihnachtslied« mit drei Fünfzeilern: »Stille Nacht, heilige Nacht! ...« Rechts unten bez.: 18 F. P. 50. Lithogr. Gedr. bei Fr. Wolf. 15 x 20. Kommt auch mit graugelbem Unterdrucke vor.

260. **Jagden bei Kühbach und Wittelsbach** [bei Herzog Max]. 15 Bll. Kari-

katuren. Lithogr. 2°. 1. Die Geschworenen [Aufschrift lithogr.]. Fünf auf einer Bank sitzende Teilnehmer, unter ihnen der Künstler selbst. qu. 2°. Die folgenden Bll. hoch 2°. 2. Herzog Max. 3. Prinz Louis [in Hermelinjoppe]. 4. Oberst Limmer [Türkenkopf]. 5. Max Arco-Zinneberg [der bekannte Adlerjäger mit komisch unproportioniert großer Hand, Gewehr und Schnurrbart]. 6. Kobell [über Abgrund nach Edelweiß greifend]. 7. Schulze, der ambulante Spritzkrug [die letzten drei Worte lithogr.]. 8. Graf Deym. 9. Gerichtshalter Schmitt. 10. Hofmarschall Frhr. v. Freiberg [mit großer Brille auf Wild lauernd]. 11. Graf Oscar Fugger-Blumenthal. 12. v. Forster sen. 13. v. Forster jun. 14. Forstmeister Schulze [hinter ihm ein rauchender Fuchs]. 15. Knorr [ganz klein] und F. P. [der Künstler, sehr groß]. Auf den Blättern 2. - 15. im A. P. A. sind die Personen vom Künstler mit Bleistift namentlich bezeichnet. Diese Folge dürfte zu den seltensten vervielfältigten Bll. von F. P. gehören.

261. **Alte und neue Kinderlieder**, gleicher Titel wie Nr. 246. Bei den Zeichnern noch G. König eingeschoben. Zweite, reich vermehrte Auflage. VIII S., 184 S. gr. 4°. Zeichnungen von F. P. S. 11: Engel mit Bandrolle: »Gottes Lob«. S. 16: Gott Vater. S. 29: »Vom Bäuerlein« Kind in Initiale »E« mit Tannenbaum. S. 37: Um ein reines Herz. S. 53: »Gute Nacht, mein Kind«. S. 61: Nachtwächter schreitet mit Horn und Spieß auf Ranke, auf der drei schlafende und ein waches Kind. S. 66: Der Sandmann. S. 76: Vom Knaben und Hündchen [andere Zeichnung als auf S. 62 v. Nr. 246]. S. 78: Wie der kleine Adolf spricht. S. 88: Wiegenlieder. S. 90: Watschelgänschen. S. 95: Besen und Ruthe. S. 115: Gebet ... Knabe in Initiale »D« betet zum Christkind. *[s. a. PN Nr. 951, 974]*

262. **Münchener Bilderbogen**. [2. Buch] herausgegeben und verlegt von K. Braun und F. Schneider in München o. J. K. Hofbuchdruckerei von Dr. C. Wolf & Sohn in München. Holzschnitt. gr. 2°. Bl. Nr. 34 von F. P.: Offizier der Bürgerwehr [Karikatur]. Das Bl. wurde auch bunt ausgegeben.

263. **Der Osterhas**. Eine Festgabe für Kinder in Bildern von Franz Pocci und Reimen von Georg Scherer. Nördlingen. Druck und Verlag der C. H. Beck'schen Buchhandlung. 1850. Auf dem illustr. Umschlag in Farben die Jahreszahl 1849. Titel, Inhalt und 12 Bll. ganzseitige Illustr. mit gegenüberstehenden Versen und einem Gedicht »Zum Schluß«. Lithogr. gr. 4°.

264. **Probedruck**. [Für ?] Wanderer, in zerfetzter Kleidung mit Stock eilt mit raschem Schritt durch eine Ebene. Lithogr. 12 x 9, [etwa 1850].

265. **Probedruck.** [Für ?] Mönch tritt aus Klostertor und empfängt einen Bruder. Lithogr. 6,7 x 6. [etwa 1850].

266. **Probedruck.** [Für ?] Initiale Z (verkehrt) in Mauerstück, auf dem Mönch sitzend einem jungen Mädchen vorträgt. Lithogr. 5,5 x 6,5. [etwa 1850].

267. **Probedruck.** [Für ?] Drei Kinder um einen gotischen Tisch in Schnörkeln und Traubenranken, mit Malen beschäftigt. Das eine Kind hält Bild von Knecht Rupprecht in die Höhe. Lithogr. 14 x 15. [etwa 1850.]
Im Holland-Album von Rolf von Hoerschelmann in Feldafing.

268. **Programm** zur musikalischen Freitagsgesellschaft. Scherzhaftes Personenverzeichnis »Der Nibelungen Noth«, mit Anmerkungen. Beiderseitig lithogr. Bl. 2°.
Von F. P. nach Angabe meiner Tante Marie E. Pocci.

269. **Weihnachtsbüchlein** für Kinder. In Liedern von Georg Scherer mit Bildern von Franz Pocci, [begonnenes Manuskript von Scherers Hand]. Es sollte »das ganze Weihnachtsleben in zwölf Gedichten behandeln; jedes Gedicht mit einer Zeichnung von F. P. in Zink radiert«. Sämtliche Lieder von F. P. in Musik gesetzt. Für das nicht zustande gekommene Büchlein waren bereits das Titelblatt [Darstellung von Nr. 212] Rad. mit Inschrift: »Weihnachtsbilder F. P.« als Probedruck zweimal abgezogen (mit Verbesserungen und Bemerkungen von F. P.) nachgestochen von Brennhäuser; ferner zwei Holzschnitte: 1. Initiale »D« aus Kachelofen und Ornamentstäben gebildet; innen sitzen lesende Kinder. Darunter tritt der Winter in die Schneelandschaft hinaus. 8,5 x 11,8. 2. »Die drei Könige« auf fliegendem Band. Darüber der Stern. Die Könige schreiten über einen Hügel. 8,4 x 8,1. Das Manuskript nebst Probedrucken früher in G. Scherers Bibliothek, jetzt im Besitze von C. M. Frommel in Düsseldorf.

270. **Jugend-Album.** Blätter für den häuslichen Kreis unter Mitwirkung von Gustav Schwab. Herausgegeben v. Emma Niendorf [Frau von Suckow], mit Beiträgen von Dielitz, Thekla v. Gumb[p]ert, H. Güll, Franz v. Friedl, Hoffmann, Gustav Nieritz, Frz. Pocci, Jul. Werner u. a. Die Kunstbeilagen von O. Achenbach, Otto Arez, Th. Hosemann, L. Richter, J. B. Sonderland u. A. Stuttgart, o. J. Verlag von Eduard Hallberger. IV S., 386 S., 4 S. Gedichte und 2 S. Verlagsanz. gr. 8°. Von F. P.: 2. Heft. Der blinde Joseph [Erzählung].

1851

271. **Allerneuestes Spruchbüchlein.** F. Pocci 1851. 31 Bll. in Holzschnitt; auf Bl. 32: Schnellpressendruck von J. P. Himmer in Augsburg, auch

auf der 4. Deckelseite. München, Verlag von Braun & Schneider. Illustr. Original-Pappband. qu. 12°.

272. **Allgemeine Zeitung.** Verlag wie No. 255. No. 324. S. 5170: München, 18. Nov. Über den russischen General von Kiel.

273. **H. C. Andersen's Märchen** aus dem Dänischen übertragen von Julius Reuscher 2. Auflage. Illustriert von Th. Hosemann, Graf Pocci, Ludwig Richter und Raymond *de Baux*. Verlegt von M. Simion in Berlin 1851, gedruckt bei A. W. Schade in Berlin, Grünstr. 18. 536 S. kl. 8°. Vierzehn Zeichnungen von F. P.: S. 33, 164, 165, 175, 185, 234, 244, 249, 272, 281, 286, 295, 307, 320.

Einige Zeichnungen Poccis vom Holzschneider vollständig verdorben. Die erste Ausgabe der Reuscherschen Übertragung erschien 1845-47, von Hosemann allein illustriert. *[s. a. PN Nr. 776]*

274. **Ehrendiplom** vom Katholischen Gesellen-Verein München. Oben: »Ehrendiplom« auf fliegendem Band zwischen Eichenlaub, links mit hellem Schurzfell bekleideter Geselle hält die Vereinsstandarte, oberhalb gotisches Ornament, das sich mit 2 Wappenschilden (Münchner Kindl u. bayer. Wecken) gegen den Himmel abhebt. In der linken Ecke zwischen Wurzelwerk »Katholischer Gesellen-Verein München, gegründet den 8. August 1851«. In den beiden rechten Ecken Handwerkerabzeichen, dazwischen windet sich ein Band um gotischen Stab mit der Aufschrift: »Religion, Tugend, Arbeitsamkeit, Fleiß. Eintracht, Liebe, Heiterkeit, Scherz.« Unten Fernblick von Norden her auf München u. die Zugspitze. Der vierfarbig in gold, blau, rot u. schwarz gedruckte Text ernennt zum »Ehrenmitglied« und gibt den Zweck des Vereines an. »Lith. Anstalt v. Dr. C. Wolf u. Sohn, München.« Farb. Lithogr. gr. qu. 4°.

Das Blatt hat durch die Reproduktion so an Charakter verloren und unterscheidet sich kaum von den gewöhnlichsten Urkunden dieser Art, daß man nie F. P.'s Künstlerstift erkennen könnte, wenn nicht eine im A. P. A. vorhandene Skizze darauf hinwiese. Das in A. P. A. aufbewahrte Ehrendiplom verleiht die Ehrenmitgliedschaft an F. P. selbst am 22. I. 1860 mit Ausfertigung vom 12. III. 1860.

275. **Joseph Joubert's Gedanken**, Versuche und Maximen. Uebersetzt von Franz Graf Pocci. München. Buchhandlung von Christian Kaiser. 1851. VIII S. u. 484 S. kl. 8°.

F. P. teilt Oberbibliothekar Föringer (19. VIII. 1850) mit, daß er »mit Übersetzung des herrlichen Werkes beschäftigt ist und ... nicht hofft, daß ihm jemand zuvorgekommen« ist. »Ich glaube es nicht, denn das Buch ist wirklich gar zu wenig bekannt.« F. P. nimmt die »ausgebreitete literarische

Weisheit« Föringers in Anspruch, um dies zu erfahren. Das Werk hatte für F. P. einen solchen Reiz, »daß er darauf schlafen möchte«.

276. **Münchener Bilderbogen.** [3. Buch]. Gleicher Druckvermerk wie auf Nr. 247. Holzschn. gr. 2°. Bl. Nr. 57. »Viele Kindergeschichten gibt's hier zu berichten.« Von F. P.: Drei Schulbuben. Auch bunt ausgegeben.

277. **Der Osterhas.** 2. vermehrte Auflage von Nr. 263. Illustrierter Umschlag in Farben, Titel, Inhalt und 15 Bll. mit Illustr. Lithogr. und Versen. gr. 4°.

Diese Ausgabe ist vermehrt um Bl. 13 und 14, Bauerntanz und Schattenspiel. Ersterer wurde vom Künstler den Bildertönen [Nr. 38] entnommen, aber verändert und umgezeichnet. Auch Bl. 9 ist sehr verändert und vom Lithographen schlecht auf den Stein übertragen. Die Zeichnung auf der 4. Umschlagseite ist ebenfalls neu.

278. **Der Tod als Schnitter,** mit breitem Schlapphut und Sense vorüberschreitend. Holzschn. 8,5 x 9,8.

Probedruck für die beabsichtigten Kinderlieder [Nr. 282], der dem Künstler nicht im Raume entsprach. Die Zeichnung wurde auf S. 41 der Kinderlieder verkleinert 6,9 x 7,4 wiedergegeben.

279. **Zu Weihnacht 1851.** Christkind und Madonna in der Initiale »O«, darunter in rankenartiger Umrahmung Engel mit Gloria und Hirtenknaben, oberhalb aufgerolltes Band mit der vorstehenden Inschrift. Rechts 16 Verszeilen: »O Jesukindlein hold und zart, ...« Lithogr., teilweise gelb unterdruckt. 10,7 x 15, 1.

280. **Liederbuch** für deutsche Landleute. Mit vielen Bildern und Singweisen. Preis 10 Sgr. Leipzig, Georg Wigands Verlag. Der gleiche Innentitel, aber: Gesammelt von J. H. Möwing, Lehrer an der Haberberg'schen Kirchschule zu Königsberg i. Preußen. Leipzig, Georg Wigands Verlag, o. J. IV S. und 316 S. 12°. Druck von Breitkopf & Härtel in Leipzig. Viele Zeichnungen von L. Richter, mehrere von Oehr und Anderen, zwei von F. P.: S. 20: Engel mit Vögelchen. S. 72: Engel hält Bandrolle »Gottes Lob« in angedeuteter Landschaft [aus Nr. 246 S. 9]. Holzschn.

1852

281. **Alte und neue Jägerlieder.** Neue (zweite) Umschlagausgabe von Nr. 162.

Die Restauflage der Nr. 162 wurde verkauft, mit einem zweiten grünen Umschlage versehen mit dem Vermerk: »Schwäb. Hall. Verlag der F. F. Haspel'schen Buchhandlung 1852«.

282. **Alte und neue Kinderlieder.** Mit Bildern und Singweisen. Herausgegeben von F. Pocci und K. v. Raumer. Verlag von Gustav Mayer in Leipzig, o.J. Druck von Breitkopf & Härtel in Leipzig. 48 S. Mit Titelbild und 50 Illustr. Holzschn. kl. 4°.

283. **Fliegende Blätter.** Band XVII. Nr. 385 – 408. München, o.J. [1852 bis 53]. Verlag von Braun & Schneider. Schnellpressendruck von C. R. Schurich in München. Titel, Inhaltsverzeichnis und 192 S. kl. 2°. Von F. P.: Holzschn. S. 46, 47, 60, 61: Staatshämorrhoidarius. S. 136: Staatshämorrhoidarius auf dem Bureau.

284. **Frühlings-Laube** für gute Kinder von Franz Pocci. Zweite, durch siebenzehn Bilder vermehrte Auflage. Frankfurt a. M. Verl. C. B. Lizius, o. J. Druck von C. Krebs-Schmitt. Lithographische Anstalt von H. Leuchtweis in Frankfurt a. M., gr. 4°. Umschl. mit fliegendem Blatt und Umrahmung, 27 Bll. einschl. Titel mit 17 ganzseitigen Bildern. Lithographien, von denen zwölf getönt sind.

Die 1. Aufl. dieses Bilderbuches erschien ohne Illustrationen.

285. **Frühgotisches Kapitell.** Die nach links gewendete Säulenbekrönung zeigt vorne eine fratzenhafte Kröte mit menschlichem Gesicht; auf der Seite gotisches Ornament. Holzschnitt. 6 x 5,5.

Das Oiginal in weißem Marmor, das im Keller des sogen. alten Schlosses in Ammerland gefunden wurde, ist jetzt im Parterregang des heutigen Schlosses eingemauert. F. P. berichtete hierüber in einer Sitzung des Historischen Vereins von Oberbayern.

286. **Klodwigs Bekehrung.** Vier stilisierte Vignetten, darunter der Frankenkönig in der Schlacht und seine Taufe, hierzu zehn vierzeilige Strofen: »Wer ist jener stolze Mann, …« Einseitig lithographiertes Blatt, in der Mitte unten bez.: F. P.. gr. 4°.

287. **Lord Minor.** Karikatur des Dr. J. B. Graf [Kronanwalts], in der Amtstracht der Gesellschaft »Alt England«, anläßlich der Verleihung des bayer. Kronenordens. Ur-Lithogr. des Künstlers. 12 x 18.

288. **Pocci's lustiges Bilderbuch.** München. Verlag von Braun & Schneider, (1852) Titelblatt, Vorwort, Inhalt u. 36 S. mit 57 Zeichnungen. Holzschn. Druck von C. R. Schurich in München u. Verzeichnis des bisher von F. P. Erschienenen. gr. 4°. In die Buchstaben des Titels sind eine Menge Kinder und lustiger Figuren hineinkomponiert. Am »P« Profil des Künstlers mit Schnake. Als Bekrönung des Blattes Burg Lichtenstein in Erinnerung an F. P.'s dortigen

Besuch beim Grafen v. Württemberg. Es gibt von dieser Ausgabe auch Exemplare mit handgemaltem Umschlag-Bilde.

289. **Münchener Bilderbogen.** [4. Buch.] Gleicher Druckvermerk wie auf Nr. 247. Holzschn. gr. 2°. Bl. No. 82: Bilder und Sprüche. Bl. No. 95: Blaubart. Auch bunt ausgegeben.

290. **Neue Münchener Zeitung.** Nr. 178. 28. Juli 1852. Beilage. S. 1429–1430: Einweihung des Rottmann-Denksteines auf der Rottmannshöhe [oberhalb Leoni am Würmsee].

291. **Die Nacht im Walde.** Eine lehrreiche Geschichte, den Kindern zu Weihnachten erzählt von Fr. Pocci. Mit sechs Holzschnitten. Stuttgart. 1852. Verlag von Eduard Hallberger. Druck von C. R. Schurich in München. 39 S. kl. 8°.

292. **Weihnachtskrippe.** Rechts und links von dieser knien und stehen die Hirten, oben von einer Bergstadt herab kommt der Zug der Weisen aus dem Morgenlande, von rechts durch Bäume und Felsen eilen die Hirten, oben rechts sitzt ein Eremit vor seiner Klause, in der Mitte des Blattes auf weißem Hintergrunde betende Engel mit einer Bandrolle: »*Gloria in excelsis*«. Links unten auf einem Stein bez.: F. P., rechts im Bande »1852«. Lithogr. in Sepiadruck. 23 x 28.
Der abgenützte Stein wurde später nachgezeichnet. Die Abzüge davon sind weich, verwaschen und uncharakteristisch.

1853

293. **Die Abenteuer Herzogs Christoph** von Bayern, genannt der Kämpfer. Ein Volksbuch usw. Für Alt und Jung erzählt von Franz Trautmann. Erster und zweiter Theil Frankfurt am Main. J. D. Sauerländer's Verlag 1853. 1. Theil 312 S., 2. Theil 431 S. 8°. Von F. P.: Umschlagzeichnung. Initiale »A« von Abenteuer, darin Helm, dessen Decke sich in reichen Ornamenten über die ganze Blattseite hinabzieht, und bayerischer Rautenschild, hinter dem »A« kleiner Herold mit verschlungenem Wimpel. Bez.: F. P. Holzschn.

294. **Album für Deutschlands Töchter.** Lieder und Romanzen. Mit Illustrationen von Emil Götze und Wilhelm Georgy. Zweite Auflage. Leipzig. 1853. C. F. Amelang's Verlag. Druck von J. F. Klöber in Leipzig. VIII und 152 S. gr. 8°. Von F. P. S. 146 – 149. Winters Einzug: »Nun zieht mit seiner ganzen Macht ...« 10 Vierzeiler. Abdruck aus Dichtungen [Nr. 164, S. 231/232]. Kleine Änderungen: 3. Zeile: Blumen statt Fluren. 13. Zeile: Gewaffnet statt Bewaffnet. 33. Zeile: Herein Du statt Herein denn.

295. **Allgemeine Zeitung.** Verlag wie Nr. 255. Nr. 31, Beilage S. 492: München 30. November. Über Generalmusikdirektor Lachner. Nr. 119, Beilage S. 1900: München 28. April. Über Professor v. Liebig. Nr. 140, S. 2232: München 18. Mai. Nachruf Freiherrn v. Grießenbeck. Nr. 165, S. 2626: München 11. Juni. Vollendung der ersten Giebelgruppe der Propyläen. Nr. 192, Beilage S. 3067: Berchtesgaden 8. Juli. Der Hof in Berchtesgaden und Leopoldskron. Nr. 193, S. 3074: München 25. Juli. Empfehlung des Violinisten Lauterbach. Nr. 208, S. 3315: München 25. Juli. Errichtung eines Standbildes v. Lorenz Westenrieder. Nr. 214, S. 3410: München 1. August. Zur Eröffnung der neuen Pinakothek. Nr. 217, S. 3458: München 3. Aug. Freskobilder für die Wartburg v. M. v. Schwind. Nr. 229, S. 3650: München 12. August. Besprechung der neuen Ausgabe von 24 Bilderbogen bei Braun & Schneider. Nr. 232, S. 3698: München 18. Aug. Anstellung v. Lauterbach, dessen Erwerbung durch den Hofmusikintendanten beantragt war. Nr. 245, S. 3907: München 31. Aug. Eintreffen der Frau Birch-Pfeiffer. Nr. 265, S. 4227: München 20. Sept. L. Schwanthalers Figuren für den Ostgiebel der Propyläen. Nr. 278, S. 4434: München 3. Okt. Bildnis der Kaiserbraut, Prinzessin Elisabeth. Nr. 355, S. 5665: München 19. Dez. Theaterbericht. Nr. 364, Beilage S. 5820: München 29. Dez. Ball zu Ehren des Kaisers bei Herzog Max.

296. **Einladung zum Anglia Jubiläums-Diner** bei S. K. H. Lord Maximilian am 11. Februar um ... Uhr für Lord ... ... Man erscheint mit Lord-Hütel. Scharen kleiner karikierter Mitglieder der Gesellschaft strömen in das von Arabesken und Tafelattributen umrahmte Palais des Herzogs. Im Vordergrund die Karikatur des Künstlers mit der Gesellschaftsmappe. Lithogr. 13,5 x 11,6.

297. **Einladung zum Anglia Diner** bei S. K. Hoheit Lord Maximilian am (27.) Febr. 1853 um (2) Uhr für Lord (Pocci). Man erscheint mit Lordhütel. Mit Lordhütchen bekrönte Einladungskarte, unten bringt ein Neger mit Fez eiligen Laufs den Einladungsbrief. Die Anfangsbuchstaben A und D von »Anglia Diner« werden aus Champagnergläsern, Flasche und Knackwürsten gebildet. Lithogr. 15,6 x 11,5.

298. **Aus dem Haus.** Lieder und Bilder aus dem Familienleben von Rudolf Reither. Ansbach, 1853. Verlag von E. H. Gummi. Druck der C. Brügel'schen Buchdruckerei in Ansbach. Illustr. Umschlag von F. P. Holzschn. 91 S. 12°.
Rudolph Reither ist Pseudonym für Rudolph Schreiber. Vgl. Nr. 139.

299. **Frühlings-Laube.** 3. Auflage der No. 284, mit dieser völlig gleich.

300. **Gloria.** Großes Blatt, wie Holland sagt, »in altdeutschem Nebeneinander«. Von links nach rechts: Der Engel erscheint den Hirten, die Weisen entdecken den Stern, sie reiten aus einer Landschaft mit einigen der berühmten Pocci-Burgen, Maria und Josef mit dem Christkinde im Stalle zu Bethlehem, über dem Dache ein Engel mit der Bandrolle »Gloria«, die Magier bringen ihre Geschenke. In der Mitte unten auf einem Stein bez.: 18 F. P. 53. Lithogr. [von Wolf] in 4 Farben gedruckt. 43,2 x 15,3.

301. **Leber-Reime** und Gedichte. Vorgetragen beim Anglia Diner bei Seiner Königlichen Hoheit dem Lord Maximilian am 30. October 1853 [anläßlich der Verlobung der Tochter Elisabeth, Herzogin in Bayern, mit Franz Joseph, dem Kaiser von Österreich]. o. O. 18 S. Handschriftl. Lithogr. 4°. Von F. P. auf S. 9: »Zum Leber Reim nehm ich den Leim aus Myrthenduft …«.

302. **Münchener Bilderbogen.** [5. Buch.] Gleicher Druckvermerk wie auf No. 247. Holzschn. gr. 2°. Bl. No. 114. Harlekin und Columbine [Silhouetten]. Bl. No. 115. Das Einmaleins in Reimen und Bildern. Erster Bogen. Bl. No. 116, dasselbe. Zweiter Bogen. Bl. No. 117, dasselbe. Dritter Bogen. Bl. No. 115, 116 u. 117 auch bunt ausgegeben.

303. **Marienlieder** zur Feier der Maiandacht gedichtet von Guido Görres. München 1853. Verlag der literarisch-artistischen Anstalt. Rom im Mai 1842. Dritte vermehrte Auflage. Druck von J. P. Himmer in Augsburg. 144 S. 12°. Von F. P.: Rückumschlag u. S. 125. Drei singende u. musizierende Kinder. S. 18, 110 u. 139. Heilige Zäzilia an der Orgel. S. 65. Musizierende im Kahn [nach Original in alter Handschrift].
S. m. Bemerkung No. 150.

304. **Kinderlieder** für Jung und Alt von Friedrich von Lehr. »Lasset die Kindlein zu mir kommen und wehret ihnen nicht«. Stuttgart. Verlag von Eduard Hallberger. XII S. und 128 S. 12°. Von F. P.: S. XI, 1, 7, 13, 31, 37, 49, 69, 128 und Rückseite des Pappbandes [vor 1854].

1854

305. **Allgemeine Zeitung.** Nr. 6 S. 82: München, 4. Jan.. Über die Maximilians-Ordens-Ritter bei Hofe. Nr. 85 Beil. S. 1356: München, 25. März. Entgegnung auf den Artikel »Musikfest«. Nr. 99 Beil. S. 1580: München, 7. April. Musikfest während der Industrie-Ausstellung. Nr. 129 S. 2051: München, 7. Mai. Musikfest gescheitert. Nagiller konzertiert im Odeon. S. 2053: Wien, 5. Mai. Personal-Notizen. Nr. 144 S. 2289: München, 20. Mai. Herausgabe der Altertümer u. Kunst-

denkmale d. bayer. Herrscherhauses durch Frhr. v. Aretin vermutlich bei Cotta. Nr. 217 S. 3458: München, 2. Aug.. Geweihausstellung des Grafen Arco am Wittelsbacherplatz. Nr. 224 S. 3569: München, 11. Aug.. Erwiderung auf die schlechte Beurteilung Schwanthalerscher Werke. Nr. 271 S. 4323: München, 24. Sept.. Todesnachricht von Prof. X. Schwanthaler. Nr. 311 S. 4962: München, 5. Nov. Franz Trautmann zum *Dr. phil.* ernannt. Nr. 345 S. 5506: München, 9. Dez. Hofnachrichten. Gründung des Oratorien-Vereins. Theaterbericht.

306. **Alte und neue Jäger-Lieder.** Dritte Auflage der Nr. 162. Herausgegeben von F. Pocci, L. Richter und G. Scherer. Verlag von Gustav Mayer in Leipzig, o. J. Mit Titelbild und 59 illustrierten Holzschnitten, die sämtlich von Pocci mit Ausnahme der letzten sieben, die von L. Richter sind. Neu sind in dieser teilweise als besonderer Druck auf stärkerem Papier veranstalteten Ausgabe folgende F. P.-Holzschnitte: Rückseite des Titels: Jägers Wappen. Gedicht von Fr. v. Kobell; ferner S. 5, 8, 20, 30, 31, 36, 37, 38, 40, 46, 47, 52, 53, 54, 55, 58, 65, 66, 67, 68.

307. **Fliegende Blätter.** Band XX. Nr. 457-480. München, o. J. Verlag von Braun & Schneider. Titel, Inhaltsverzeichn. u. 192 S. kl. 2°. Holzschn. Von F. P.: S. 180, 181, 188, 189: Staatshämorrhoidarius.

308. **Fliegende Blätter.** Band XXI. Nr. 481- 504. München, o. J. [1854 bis 1855]. Verlag von Braun & Schneider. Titel, Inhaltsverzeichnis u. 192 S. kl. 2°. Holzschn. Von F. P.: S. 30, 31: Staatshämorrhoidarius.

309. **Gebet.** »Gewiß aus weisen Absichten hast ...« Achtzehn Zeilen Prosa in Typendruck. Bittgebet anläßlich der Choleraepidemie in München. 5,5 x 8,2.

310. **Güldenes Weihnachts ABC** von Franz Pocci mit Verslein von J. B. Bach. o. O. 1854. Druck u. Verlag v. Dr. C. Wolf & Sohn in München. 32°. Titel des Umschlages in Gold, bunt und blau. 24 Bll. Titel und Alphabet in dreifarbigem Tondruck mit Vierzeilern. Lithogr.
Es kamen auch unzerschnittene Bogen in den Handel. Im A. P. A. in Leder gebundenes Büchlein mit den Originalen, deren Feinheit im Drucke verloren ging.

311. **Ein Krippenspiel.** o. O. u. J. (München, Braun & Schneider). 42 S. mit vier Illustr. Holzschn. 8°. Sonderdruck aus »Was du willst«, S. 89 bis 130 [s. Nr. 314].
Dieses Krippenspiel wurde nach Holland von dem Blinden F. Kirms und Chorregenten Rampis komponiert und 1854 und 1855 im Kloster Metten, im Seminar zu Eichstätt u. s. w. aufgeführt. Es diente auch als Vorwurf für

ein Weihnachtsspiel unter dem Titel »Der Stern von Bethlehem«, bearbeitet von Joseph Schwabl, Musik vom †Domkapellmeister Rampis. Landshut. P. Forster'sche Buchdruckerei. O. J. 34 S. kl. 8°.
[Dass.: 4. Auflage, Paderborn, 1897]

312. **Münchener Bilderbogen**, gleicher Druckvermerk wie auf Nr. 247. [6. Buch]. Holzschn. gr. 2°. Bl. Nr. 122. Das Märlein vom kleinen Frieder mit der Geige.

313. **Herrn Petermanns Jagdbuch**. 2. Auflage genau wie Nr. 251.

314. **Was du willst**. Ein Büchlein für Kinder von Franz Pocci. München. Verlag von Braun & Schneider. Kgl. Hof- und Universitäts-Buchdruckerei von Dr. C. Wolf & Sohn. Umschlag mit der Jahreszahl 1854. Titel mit Vignetten, 205 S., 1 Bl. Inh., 118 Illustr., Holzschn., 4 S. des Umschl. mit Vignette, 8°.

315. **Weihnacht 1854**. Hirten vor der Krippe, darunter sechs Verse: »Die noch wallen hier auf Erden ...« Auf der untersten Stufe des Stalles bez: F. P. Lithogr. auf gelbbraunem Tonpapier. 9,5 x 13,8.

1855

316. **Güldenes Weihnachts ABC**. 2. Ausgabe. Gleicher Titel wie Nr. 310, aber mit Bezeichnung: München, Verlag von Max Ravizza, Titel auf dem Umschlage schwarz gesetzt. Auf dem ersten Blatt [Innentitel] ist die Jahreszahl entfernt und dafür: Verlag von M. Ravizza, München, eingesetzt. Lithographie und Druck Dr. C. Wolf & Sohn.
Die inhaltlich mit Nr. 310 gleichen Blätter sind buntgedruckt.

317. **Allgemeine Zeitung**. Nr. 22, S. 339: München, 20. Januar. Arndts, Lehrer des römischen Rechtes nach Wien berufen. Nr. 70, S. 1112: München, 9. März. – Hofnachrichten – Theaterbericht. Nr. 74, S. 1170: München, 13. März. Erwiderung auf den Artikel über das Geschäftsjahr des Kunstvereins. Nr. 101, S. 1602: München, 9. April. Odeonskonzerte, Kirchenmusik. Nr. 105, Beil. S. 1676: München, 14. April. Schmellers liter. Nachlaß von G. Frhr. v. Lerchenfeld erworben. Nr. 215, S. 3428: München, 31. Juli. Besprechung: Sieben Werke der Barmherzigkeit der hl. Elisabeth von Jul. Thäter. Nr. 249, S. 3970: München, 4. September. Vorbereitungen zum Musikfeste. Nr. 261, S. 4164: München, 15. September. Nachruf auf die Gräfin Gravenreuth. Nr. 272, Beil. S. 4345: München, 24. September. Nachruf auf Schenk und Karl Weichselbaumer; dessen Gedichte. Nürnberg 1855. Nr. 275, S. 4386: München, 1. Oktober. Sänger Mittermayer, Ehrenmünze des Ludwigsordens. Nr. 277,

S. 4419: München, 2. Oktober. Probe des Musikfestes, von Lachner geleitet. Ansprache von Pocci. Nr. 286, Beil. S. 4572: München, 11. Oktober. Über die Münchener Straßenpflasterung.

318. **Altes und Neues.** Herausgegeben von Franz Pocci u. Reding v. Biberegg [Hyazinth Holland]. Stuttgart. Gebr. Scheitlin. 1855. I. Bändchen. VI S., 2 Bl., 123 S. 8°. Von F. P.: S. 1–66. Willibald der Sackpfeiffer. S. 65–75. Handwerks- und Gesellenlieder. S. 1 und 76. Zwei mit Figuren reich verzierte Initialen. Holzschn.
Holland (Oberb. Archiv 1877) erwähnt, daß die Handwerks- und Gesellenlieder [S. 67–75] auch als besonderer Druck erschienen seien. Ich konnte nie etwas hierüber feststellen. F. P. hatte den Gedanken, »die Lieder (36 an der Zahl) Mayer zu offerieren, etwa zu Richter'scher Illustration und Herausgabe in unserem Jägerliederformate«. Georg Scherer, an den der Brief (1. XII. 54) gerichtet war, riet ab. F. P. gab ihm recht (7. I. 55): »Die Lieder würden sich – von einer gewissen idealsubjektiven Anschauung durchdrungen – nicht als Fortsetzung für die Jäger- u. s. w. Lieder eignen, ... Ich werde sie also irgend anderswohin einmal verwenden«. F. P. gab daher »zu Willibald [S. 1–66] ein Paar von den Gesellenliedern«. Da nun aber F. P. eine Gesamtausgabe dieser Lieder vorschwebte, ist nicht anzunehmen, daß er sechs als eigenen Druck hätte hinausgehen lassen.

319. **Drey Duetten.** Genau wie Nr. 72.

320. **Gevatter Tod** von Franz Pocci. München. o. J. Braun & Schneider. Druck von C. R. Schurich. Titel mit Vignette, Prolog, Vorspiel und Gevatter Tod in drei Theilen. VI u. 99 S. 12°. Titelvignette und Trauzug (n. S. 14) nach F. P.'s. Skizze [im Manuskript im A. P. A.] von Andreas Müller umgezeichnet. Holzschn.
Im Exemplar meiner Großmutter:
»Ist denn der Tod des Menschen Feind?
O nein, o nein,
Er führt uns als Freund in's bessre Leben ein!«
Seiner Albertine
1855   der Verfasser F. P.
Das durchschossen gebundene Handexemplar v. F. P. weist viele Abänderungen auch am Schlusse auf.

321. **Siebzehnter Jahresbericht** für das Jahr 1854 des historischen Vereins von und für Oberbayern, München 1855. Druck von Dr. C. Wolf & Sohn. gr. 8°. Von F. P.: Nekrologe. S. 138 bis 141: Friedrich Panzer. K. Oberbaurath. Auch als »besonderer Abdruck« mit eigener Seitenzählung ausgegeben.

322. **Jugendblätter** für christliche Unterhaltung und Belehrung. Unter Mitwirkung von mehreren Jugendfreunden herausgegeben von Isa-

bella Braun. Mit sechs fein kolorierten Bildern [1.] Jahrgang 1855. Stuttgart. Gebrüder Scheitlin. VIII u. 576 S. gr.8°. Von F. P. 545 / 547 Weihnachts-Alphabet [Gedicht].

323. **Neues Kasperl-Theater** von Franz Pocci. Stuttgart. Gebrüder Scheitlin 1855. Druck von Blum und Vogel in Stuttgart. Titelvignette: Kasperl durchbohrt den Eremiten mit einer Hellebarde. Prolog von Kasperl gesprochen. VI S. u. 104 S. 6 Vignetten, Holzschnitt. 8°. Inhalt: 1. Kasperls Heldenthaten. 2. Kasperl als Professor. 3. Madame Kasperl. 4. Kasperl als Nachtwächter. 5. Kasperl in China. 6. Die Prüfung.

324. **Münchener Bilderbogen** [7. Buch]. Gleicher Druckvermerk wie auf Nr. 247. Holzschn. gr. 2°. Bl. Nr. 154: Allerneuestes Schattenspiel für die lieben Kinder [Silhouetten] mit schönen Sprüchlein 1 Bg. Bl. Nr. 155: Desgl. 2 Bg. [Abdruck aus Nr. 314]. Bl. Nr. 156: Desgleichen 3 Bg. [Abdruck aus Nr. 314]. Bl. Nr. 160: Was Euch gefällt oder Bilderallerlei. Bl. Nr. 163: Kinderleben [Abdruck aus Nr. 288]. Bl. Nr. 160 und 163 auch bunt ausgegeben.

Nr. 160 erschien als Bl. 25 »*What you please or every variety of picture*«. Philadelphia picture sheets. Published by John Weih & Co.

325. **Minnelieder.** Ein Pfingstgruß von R[eding] v. B[iberegg]. [Pseud. f. H. Holland.] F[ranz] P[occi]. Lith. Anstalt v. Dr. C. Wolf & Sohn in München, o.J. kl. 4°. Lithogr. Umschl. und 6 Bll. mit Titel in reizender gotischer Art. Dreifarbige Lithogr. Inhalt: Titel »Minnelieder« auf einem Spruchband, unten eine Arabeske; Widmung, aus der Initiale »D« winkt ein Mädchen mit Lorbeerkranz; »Wie Blumen auf der Aue«, unter dem großen »W« in reicher Ornamentierung steht ein Troubadour mit seiner an den Arm gehängten Laute; »Mein Lieb trägt kein goldfarben Haar«, ein Edelfräulein steht vor der ins Fenster komponierten Initiale »M«; »Ich bin ein armes Sängerlein«, der Minnesänger an die als arabeskenartiger Baum ausgebildete Initiale »I« gelehnt bringt ein Ständchen, im Hintergrunde eine der berühmten Pocci-Burgen, unten ein Mönch; »Es zieht der Maie mit hellem Getön«, in der reich mit Arabesken verzierten Initiale »E« ein Paar.

Beim Künstler-Maifest in Pullach 1855 wurden 1200 lose Blätter ausgeworfen, der größte Teil der Auflage. Daher erklärt sich die große Seltenheit der vollständigen Exemplare im lithogr. Umschlage. Für den Rest wurde ein in Buchdruck ausgeführter Umschlag verwendet. Im A. P. A. von F. P. für Holland kolorierte Bll.

326. **Das Plauderstüblein.** Darin froh und ernste Kunde zu finden ... Für Alt und Jung erzählt von Dr. Franz Trautmann. München 1855.

Verlag des kathol. Büchervereins. VI S. u. 268 S. 8°. Von F. P.: Umschlag- und Titelzeichnung. Initiale »P«, in der in einem Zimmer der mittelalterlich gekleidete Leser sitzt; in der Verlängerung Fenster mit Ausblick auf München. Lithogr.

327. **Rosengärtlein.** Gebetbuch für Kinder von Franz Pocci. Zweite Auflage. Mit Approbation des erzbischöflichen Ordinariates München-Freysing. München. Vogel'sche Verlagshandlung. O. J. Umschlagbild innen wiederholt, Titel und 36 S. mit 38 Illustr., die gegenüber der 1. Aufl. [No. 138] teils umgezeichnet, teils ganz neu sind. Holzschn. 12°.
Ein im A. P. A. vorhandenes, von Charles Boner übersetztes und geschriebenes: »*The little Garden of Roses. Prayerbook for the use of children by Franz Pocci*« wurde nicht ausgeführt.

328. **G. Phillips' und G. Görres' Historisch-politische Blätter** für das Katholische Deutschland, redigirt von Jos. Edmund Jörg. Fünfunddreißigster Band. Zehntes Heft. München 1855. In Commission der literarisch-artistischen Anstalt. 940 S. 8°. Von F. P.: S. 914–918. [Besprechung] Veronika, Schauspiel in drei Aufzügen von E(milie) R(ingseis). München, liter. art. Anstalt der Cotta'schen Buchhandlung. 1854.
Mit einem Brief an Holland [1855; B. St. M. Cgm. 6430, Nr. 19] schickt F. P. eine »Lebensskizze von Görres«, um die der Verfasser offenbar zwecks Veröffentlichung gebeten worden war. In erster Linie wäre der Beitrag natürlich in den Historisch-politischen Blättern zu erwarten gewesen. Er ist aber weder hier noch sonstwo feststellbar.

329. **Weihnacht 1855.** Links unten das Christkind mit der Weltkugel, darüber in der Initiale »W« ein Engel mit dem Spruchband: »Gloria«. Rechts in Typendruck eine dreißigzeilige Strofe: »Willkommen, Weihnachtsherrlichkeit. ...« Unten rechts bez.: F. P. Holzschn. 7,3 x 9,2.

1856

330. **Anglia Toaste.** Diner am 24. Februar 1856. o. O. [München]. 36 S. Reimsprüche; gedichtet und gesprochen von Hofmedikus Dr. L. Koch als »Mephistopheles« der Gesellschaft. Das Ganze lithogr. 8°. Von F. P.: Umschlagzeichnung. In der Mitte die Gestalt des Mephisto in kleinem Venetianer-Mantel. Darüber fliegendes Band »Anglia Toaste« und Lordhütchen. Darunter das oben angegebene Datum. S. 1: Wiederholung des Mephisto in anderer Darstellung mit großem umgeschlagenen Mantel. S. 12: Wirt mit vielen Flaschen in Rock und Händen [auch auf dem Umschlage des Hef-

tes vom »22. November 1856« verwendet]. S. 14: Jüngling mit Krug und schäumendem Glase, auf fliegendem Band: »Vivat hoch«. S. 15: Trinkender Chinese in Initiale »V«. S. 16: Kleiner Bacchus-Knabe mit Pokal liegt in Arabesken-Initiale »E« S. 23: Rauchender Philister mit Fez in Initiale »E«. S. 27: Edelmann im Gewande des XVI. Jahrhunderts sitzt an Tisch mit Humpen. S. 28: Mädchen mit Krug und Römer in Initiale »D«. S. 30: Kleiner Kopf mit Barett, die Hand am Munde in Initiale »W«.

Zu Beginn der alljährlich stattfindenden Anglia-Diners erschien Lord Mephisto [Koch], um in launigen Versen zu begründen, aus welchem Anlasse die einzelnen Lords Champagnerflaschen zu bezahlen hatten. Bei besonderen Gelegenheiten folgten dann auch Gedichte und Leberreime anderer Mitglieder. Alle diese Darbietungen wurden vorher vervielfältigt in einem Hefte gesammelt auf eines jeden Tischplatz gelegt. Das oben erwähnte ist eines der ganz wenigen, die illustriert sind.

331. **Die Abenteuer Herzogs Christoph.** II. Auflage genau wie No. 293.

Die späteren Auflagen haben ein wenig charakteristisches Umschlag- und Titelblatt nicht von F. P.

332. **Album Seiner Majestät des Königs Ludwigs I.** von Bayern, von deutschen Künstlern gewidmet am 9. Oktober 1850. Mit spezieller königlicher Genehmigung in der Originalgröße, theils auf Kupfer oder Stahl, theils auf Stein etc. abgebildet und in Jahrgängen zu vier bis sechs Lieferungen herausgegeben von der K. B. priv. Kunstanstalt von Piloty & Loehle in München. VI Jahrgänge in vier Kästen. gr. 2°. 1851/52, 1852/53, 1853/54, 1855, 1856/57, 1858/59. Von F. P.: Im IV. Jahrgang Bl. IV. Allegorie auf die Enthüllung der Bavaria zu München. Holzschn. v. A. Sommer. 15,6 x 21,2. »Im ... Drange der frommen Dankbarkeit ... zieht hier eine fröhliche Kinderschaar, das bekränzte Bild der ›Bavaria‹ in ihrer Mitte, mit Kränzen und Gewinden huldigend (zu dem Vater kamen die Kinder, auf fliegendem Bande) zu ihrem königlichen Freund ...« Wurde auch als Einzelblatt abgegeben.

Die Originale der Mappen sind vorerst in der Graphischen Sammlung zu München aufbewahrt. Das Blatt von F. P. aquarelliert.

333. **Allgemeine Zeitung.** Nr. 21, Beil. S. 333: München, 19. Jan. Professor Andreas Wagner, korresp. Mitglied der russ. Akademie zu St. Petersburg. Nr. 37, Beil. S. 588: München 6. Febr. Nachruf auf Vogel auf Ascholding. Nr. 39. S. 610: München 5. Febr. Beginn der Fastenkonzerte. Nr. 55, S. 867: München 21. Febr. Beethovens Musik zum Ballett Prometheus. Nr. 56, S. 883: München 23. Febr. Präliminarfriedensfest. Der russische Gesandte bei der Gesellschaft

des englischen Abendvergnügens. Hausmusik. Nr. 59, S. 930: München, 26. Febr. Beim französischen Gesandten Meneval. Vorbereitung zu Bodenstedts Demetrius. Nr. 60, Beil. S. 956: München 28. Febr. Über der Königin Unwohlsein. Nr. 86, S. 1361: München 23. März. Über Kirchenmusik. Besprechung von Jussupows »Violinbau«. Nr. 112, S. 1779: München 19. April. Nachricht über Tod des Cellisten Menter. Nr. 134, S. 2130: München 11. Mai. Über den Tonsetzer Nagiller u. dessen Kompositionen. Nr. 160, Beil. S. 2557: Koburg 4. Juni. Über Westermeyers Oper »Amanda«. Nr. 165, S. 2625: München 10. Juni. Herausgabe des »Münchener Albums«. Nr. 185, Beil. S. 2953: München 2. Juli. Besprechung v. Becks Theophanie (zweifelhaft). Nr. 237, S. 3782: Ostende 13. Aug. Anmaßung, Memlings Meisterwerke zu veröffentlichen. Nr. 260, S. 4146: München 13. Sept. Über das »Münchener Album«. Nr. 262, S. 4177: München 15. Sept. Über das Haus Professors Sepp in der Fürstenstraße. Nr. 285, S. 4545: München 9. Oktober. Über die Adventkonzerte unter Lachner. Nr. 309, S. 4930: München 31. Okt. Literarisches. Nr. 360, S. 5745: München 20. Dez. Alte bayerische Sitten zur Weihnachts- und Neujahrszeit.

334. **150 alte und neue Jäger-, Soldaten- und Volkslieder** mit Bildern und Singweisen. 56 Jägerlieder, 35 Soldatenlieder, 59 Volkslieder. Leipzig, Verlag von Gustav Mayer. o. J. Druck von Breitkopf u. Härtel in Leipzig. 204 S. durchlaufend numeriert. kl. 8°. Diese Sammelausgabe umfaßt die 2. Aufl. der »Jägerlieder« [Nr. 143]. jedoch mit Texteinschiebungen auf S. 97 u. 117 und zwei Zeichnungen von L. Richter S. 116 u. 130. Die Zeichnung v. F. P. zum Volksliede »Steh' ich in finstrer Mitternacht« [S. 38 der 1. Aufl.] ist auf S. 120 der 4. Auflage eine andere. Offenbar entsprach die erste Zeichnung dem Künstler nicht, da der Krieger in der 1. Auflage nicht steht, sondern sitzt. Die Volkslieder S. 133–202 sind ausschließlich von Richter illustriert.

335. **Altes und Neues**. Gleicher Titel wie Nr. 318 II. Bändchen. XII S., 136 S. Von F. P. S. 81–96: Todtentänze. S. 97–101: Ein Lied vom armen Sängerlein und S. 1 und 99: zwei mit Figuren reich gezierte Initialen. Holzschn.

Diese harmlosen, im alten Chronikgeist verfaßten Bändchen hatten sonderbarerweise bei der Kritik mit Ausnahme der Frankfurter Zeitung und Neuen Münchn. Ztg. Abendbl. 36. 1857 kein Glück, so daß der III. schon bereitliegende Band nicht mehr erschien. Auch Hollands Pseudonym bereitete Unannehmlichkeiten; dies können wir einem Briefe v. F. P. in Hollands Exemplar, jetzt in der Staatsbibliothek zu München, entnehmen: »Ich habe mit Ihnen, Allerbester, im Auftrage der Gräfin Seinsheim [geb. v. R e d i n g – B i b e r e g g] zu sprechen. Die Entdeckung dieses Ihres Pseudonym-Schriftsteller-Namens findet Anstand, und sie dringt darauf, daß derselbe fortan nicht mehr gebraucht werde, widrigenfalls sie Schritte tun müßte. *Sic verba!* – ... Mittwoch, 22. 13. 65. F. P.«

336. **Anglia Jubiläum** am 12. Februar 1856. Ein langer humoristischer Festzug mit 59 sehr witzig karikierten Porträts der Mitglieder von Altengland. Voraus ziehen die Herolde Maler Philipp Foltz und Graf Yrsch. Unter dem mit dem »Lordhütel« geschmückten Baldachin schreitet der Lord Major, Oberbergrat Schmitz, und Lord Minor, Kronanwalt Dr. J. B. Graf, sowie der Säckelmeister der Gesellschaft, Münzwardein Haindl, mit dem Buche »Rechn. Altengl.« Dahinter Herzog Max im Hermelinschmuck, an seiner Seite Wilhelm Graf von Württemberg in Ritterrüstung. An der Spitze der zweiten Reihe marschiert Reichsrat und Gutsbesitzer Frhr. v. Niethammer mit Angel und großem Fisch, hinter ihm der dicke spätere Minister Aschenbrenner, der griechische Konsul und Gutsbesitzer Vogl mit Fez, der spätere Vorstand der Staatsschuldentilgungskassa Suttner mit dem »*corpus iuris*« und Landrichter Schab mit Richtschwert. Ihnen folgen mit eichenlaubgeschmückten Lordhüteln die Forstleute Waldmann und Mantel. Die dritte Reihe eröffnen die Weidmänner, Mineraloge und Dichter F. Kobell und Graf Arco, fünf Gemsen als Leibjäger in der Gefolgschaft. Dann Maler Hohe mit Pinsel und Palette, der steif einherschreitende Photograph Hanfstängl. Maler Gail nur an seinem großen Augenschirm kenntlich mit einer langen zweizinkigen Gabel, Steinheil mit einem Riesen-Teleskop, Schafhäutl mit einem Himmelsglobus, Marx mit einer Retorte. In der vierten Reihe sehen wir an der Spitze der medizinischen Fakultät Gietl mit einer Medizinflasche aus der »Hofapotheke«, Graf, Horner, den Chirurgen Rothmund mit einer großen Säge und einem abgeschnittenen Bein, Hofmedikus Koch als Mephisto der Gesellschaft mit Pferdefuß und Schwänzchen. In der nächsten Gruppe der kurze dicke Graf Spreti, der lange Graf Buttler, genannt Butz, und zum Schlusse Frhr. v. Fraunhofen, wegen seines langen Kinnes Godl genannt. In der letzten Reihe findet man die Juristen Schauß, Gönner mit einem großen Schmalzler-Glas, Steinsdorf mit dem Münchener Kindl und den Frauentürmen mit menschlichen Gesichtern, den Beigeordneten Klausner, Völkl mit dem »Staatshandb.« Den Schluß bildet F. P., der Pasquillant der Gesellschaft mit dem »*Anglia Album*«, das mit »18 F. P. 56« bezeichnet ist. Lithogr. Gr. 2°.

337. **A[nna] S[chmidt]** 26. Juni 1856. »Ach! die liebe, treue Frau ...«, vierundzwanzigzeilige Strofe in Typendruck, rechts unten bez.: F. P. 6,8 x 9,8.
Zum Andenken an den Tod der Erzieherin und Freundin der Tochter des Künstlers Maria Elisabeth Pocci.

338. **Bauern ABC** von Franz Pocci. München. Katholischer Bücherverlag. Titel, Vorwort und 115 S. kl. 8°. Umschlag gleicher Titel und Zeichnung. Bauernhäuschen, von dessen Altane drei Kinder herabschauen, und vierundzwanzig Initialen. Holzschn. Vierte Umschlagseite. München 1856. Druck von Carl Robert Schurich.
Das Exemplar im A. P. A. trägt auf dem Innentitel die Korrektur von F. P.: »Bücherverein«.

339. **Chronika des Herrn Petrus Nöckerlein**, eines Glücksritters aus alter Zeit. Drin auch Kunde zu finden von den Herzogen Wilhelm usw. Zu Kurzweil und guter Mahnung für Alt und Jung erzählt von Franz Trautmann. Frankfurt am Main. J. D. Sauerländer's Verlag 1856. Erster Theil: 304 S. Zweiter Theil: 234 S. 8°. Von F. P.: Umschlagzeichnung. Mit reichen Ornamenten gezierte Initiale »C«, aus der sich Blatt mit Titel rollt. Davor schreitet der Chronist. Im Hintergrunde ragen Münchens Türme herüber. Holzschn.

340. **Dresdner Album** herausgegeben von Elfriede von Mühlenfels. Zweite umgearbeitete und mit neuen Beiträgen versehene Auflage [von Nr. 215]. Zur Unterstützung der durch die Überschwemmungen an der Weichsel und am Rhein Verunglückten, sowie für eine schon bestehende wohltätige Stiftung. Berlin Nikolaische Buchhandlung 1856. Titel, Widmung, Vorwort, 243 S. und Register. 4°. Von F. P.: 1. Theil S. 162/163 Im Frühling: »Nun sind die Sänger all erwacht ...« 9 Vierzeiler.

341. **Fliegende Blätter.** Band XXIV. Nr. 553–576. München o.J. Verlag von Braun & Schneider. Titel, Inhaltsverzeichnis u. 192 S. kl. 2°. Holzschn. Von F. P.: S. 140, 141, 173, 180-182: Staatshämorrhoidarius.

342. **Fliegende Blätter.** Band XXV. Nr. 577–600. München o.J. Verlag von Braun & Schneider. Titel, Inhaltsverzeichnis u. 192 S. kl. 2°. Holzschnitt. Von F. P.: S. 116, 117 und 124: Staatshämorrhoidarius.

343. **Deutsche StudentenLieder.** Mit Bildern und Singweisen. Illustriert von Franz Pocci und Ludwig Richter. Herausgegeben von Georg Scherer. Verlag von Gustav Mayer in Leipzig. Druck von Breitkopf und Härtel in Leipzig, o.J. 170 S. kl. 4°. Titelbild von L. Richter, 125 Zeichnungen. Holzschn. 60 Zeichnungen von F. P., die übrigen von L. R.

Man kann das Buch als 2. verm. Aufl. der Nr. 173 bezeichnen, deren sämtl. Holzschn. mit Ausnahme des Titelbildes sowie der S. 30 und 52 übernommen sind. Neu sind die Holzschn. auf S. 5, 6, 7, 16, 23, 24, 26, 28, 30, 32, 36, 38, 40, 43, 44, 52, 53, 54, 67, 70, 73, 74, 78, 85, 102, 113, 143, 144, 146. »Das Lied vom Crocodil« S. 146/147 wurde auf Ersuchen Geibels nach dem »u r s p r ü n g l i c h e n« Texte aufgenommen. »Somit sende ich ihnen das mir von Geibel mitgeteilte Original des Krokodilliedes zur Benützung, wenn die neue Ausgabe der Studentenlieder zustande kommt,« schrieb F. P. an Georg Scherer am 29. VII. 1854.

344. **Hubertuslied.** Links in der Initiale »H« kniet der hl. Hubertus vor dem Hirsch mit dem Kruzifix im Geweih. Rechts in Typendruck eine vierundzwanzigzeilige Strofe: »Hubertus in dem grünen Wald ...« Rechts unten bez.: F. P. Holzschn. 10,8 x 8.

345. **Die Jahreszeiten** von Franz Pocci. Mit vier kolorierten Bildern. Stuttgart und München. Gebrüder Scheitlin o. J. Druck von Blum und Vogel in Stuttgart. Umschlag, 2 Bl., 52 S. mit vier farbigen Lithogr. Von Theodor Rotbart in Nürnberg auf Stein übertragen. gr. 8°. Enthält die aus den Jugendblättern 1856 entnommenen vier Stücke: »Des Winters Sieg« mit dem Nachspiel »Das fremde Kind«; Des Frühlings Einzug«; »Des Sommers Einkehr«; »Der König Herbst«.
Ein Exemplar des A. P. A. trägt auf der letzten Seite [52] Zeile 20 von unten die sinngemäße Verfasserkorrektur »schlinget« statt »pflücket«.

346. **Jugendblätter.** Gleicher Titel wie Nr. 322. [2.] Jahrgang 1856. VIII S. und 568 S. Gr. 8°. Von F. P. S. 6-12: Der Klausner. Humoreske. S. 97-104: Des Winters Sieg. Ein Weihnachtsspiel [mit farb. Lithogr. nach F. P.]. S. 104-111: Das fremde Kind. Ein Weihnachtsspiel. S. 145: Der Bohnenkönig [Ged.]. S. 193-194: Der Einzug in Jerusalem [Gedicht]. S. 289-297: Frühlings Einzug. Ein Spiel zu Ostern [mit farb. Lithogr. nach F. P.]. S. 337-353: Großes Schattenspiel, betitelt: »Kasperl ist überall«. [Mit 8 Schattenbildern]. S. 423-425: Der Schwarzspecht. S. 433-439: Sommers Einkehr [mit farb. Lithogr. nach F. P.] S. 529-537: König Herbst [mit farb. Lithogr.].

347. **Münchener Bilderbogen** [8. Buch]. Gleicher Druckvermerk wie auf Nr. 247. Holzschn. gr. 2°. Bl. Nr. 171: Bilderbogen-Alphabet. 1 Bogen. Bl. Nr. 172: Desgl., 2 Bogen. Auch bunt ausgegeben.

348. **Maria Legenden.** Trier. P. Braun's Verlag. 1856. XV S. und 128 S. Gedichte. Von F. P. S. 25: Der Glühwurm.

349. **Münchener Album.** Herausgegeben von Dr. Fr. Graf Pocci. Der Ertrag ist dem Maximilians-Stifte für Beamtenstöchter bestimmt.

München. In Commission bei Chr. Kaiser. 1856. Druck von Dr. C. Wolf & Sohn. X S. und 426 S. 12°. Von F. P.: S. 304-307: Der Geist der Zeiten (In vier Sonetten). S. 308-310: Fall und Befreiung (In drei Sonetten). S. 426: Zum Schlusse.

350. **Abendblatt** zur Neuen Münchener Zeitung Nr. 90. 14. April 1856. S. 357: Zur Sittengeschichte [maskierte Bauernhochzeit am churfürstl. Hofe. 1748].

351. **Abendblatt** zur Neuen Münchener Zeitung Nr. 50. 27. Februar 1856. S. 198-199: Über Kinderschriften und Bilder.

352. **Abendblatt** zur Neuen Münchener Zeitung Nr. 302. 18. Dezember 1856. S. 1205: Zur Sittengeschichte [Anleitung über die Höflichkeit, Literatur von 1580-1797].

353. **Probedrucke.** 1. Herold in reichem Gewande, Federbarett in der rechten Hand, Stab in der linken. Holzschn. 6,3 x 9,9. 2. Frau in Rüstung mit Schwert und Dolch. Holzschn. 6,5 x 11,2. 3. Kopf der gleichen Frau mit verbessertem Gesicht. Holzschn. 2,4 x 3.
Drei der wenigen noch vorhandenen Probedrucke für das III. Bändchen »Altes und Neues«. [S. Nr. 318.]

354. **St. Alto.** Der Heilige in Arabeskenumrahmung hält in der Linken seine Attribute, Krummstab und Messer; in der Rechten trägt er den Kelch mit kleinem, daraufsitzendem Christkind. Holzschn. 5,8 x 4,5.
Dieses und das Blatt St. Birgitta [Nr. 356] wurden als Andachtsbildchen für die Klosterfrauen zu Altomünster ausgegeben und im folgenden Jahre mit Text von Pocci im Katholischen Volkskalender für 1858 abgedruckt [s. Nr. 388].

355. **St. Alto.** Der Heilige ähnlich wie No. 354, jedoch in keinem Arabeskenornamente, aber etwas längere Figur, Stab u. Messer einerseits, Kelch mit Christkind andrerseits umgezeichnet. Holzschn. 3,6 x 7.
Anfangs beabsichtigte Darstellung, Holzstock in A. P. A.

356. **St. Birgitta.** Die Heilige im Strahlenkranz und Arabeskenumrahmung hält in der Rechten ein Kreuz, in der Linken ein leicht geöffnetes Buch. Holzschn. 5,8 x 4.
F. P. kolorierte einige Blättchen, die dann von den Klosterfrauen mit kleinen Reliquien, Goldfiligran, Perlen und bunten Glassteinen geschmückt zu Andachtsbildern verwendet wurden. Ein solches in Ammerland, Geschenk der Klosterfrauen an F. P.

357. **Spruchsprecher.** Brief an Holland vom 11. IV. 59 [B.St.M. *Cgm.* 6430, Nr. 59]: »... Erinnern Sie sich eines großen Spruchspre-

chers, den ich auf Holz gezeichnet und der geschnitten wurde, aber nicht gebraucht. Ich bedürfte dieses ... für meine romantisch-humoristischen Dramen ...«

Dieser offenbar für den III. Band »Altes und Neues« [s. Nr. 318] geschnittene Holzstock ist wohl wie alle anderen mit Ausnahme von dreien [Nr. 353], sowie der vorbereitete Text verschollen. F. P. wollte diesen Spruchsprecher für den Titel seiner Kasperlkomödien verwenden.

358. **Zur Weihnacht 1856.** Links vor einem brennenden Christbaume steht das Christkind, die Rechte segnend erhoben, in der Linken die Welt-Kugel. Rechts eine zwanzigzeilige Strofe in Typendruck: »Wie alle Jahre in dieser Nacht...« Unten rechts bez.: F. P. Holzschnitt. 8,1 x 10,1. Es wurden auch Abdrücke des Holzschnittes ohne den Text verteilt.

359. **Zwei Weihnachtsspiele** von Franz Pocci. Stuttgart. Gebrüder Scheitlin. o. J. Druck von Blum & Vogel in Stuttgart. Umschl., 19 S. mit einer kolorierten Lithogr. gr. 8°.

»Um einem Bedürfnis nachzukommen, wurden zu Weihnachten ›Des Winters Sieg‹ mit seinem Nachspiel ›Das fremde Kind‹ besonders abgedruckt« [s. No. 345].

1857

360. **Allgemeine Zeitung.** Nr. 25, Beil. S. 396: München 24. Jan. Alexander v. Humboldts Schreiben an Franz Kobell. Nr. 28, Beil. S. 444: München 27. Jan. Carthause als Sitz des germanischen Museums. Nr. 42, S. 658: München 10. Febr. Restaurirung der Domkirche beschlossen. Nr. 47, Beil. S. 748: München 15. Febr. Konzerte des Tonsetzers Christian Seidel. Nr. 56, S. 882: München 22. Febr. Über »Münchener Alben«. Nr. 62, S. 978: München 2. März. Ueber Domrestaurierung. Nr. 76, Beil. S. 1209: München 17. März. Besprechung des heraldischen ABC von Mayer. Nr. 85, Beil. S. 1356: München 26. März. Stiftungsverwendungen einer Wohltätigkeitslotterie. Nr. 93, Beil. S. 1484: München 2. April. Kirchenmusik während der Karwoche. Nr. 98, S. 1553: München 5. April. Rottmanns Fresken in den Arkaden. Nr. 118, Beil. S. 1884: München 27. April. Chr. Seidels Konzert im Museum. Nr. 124, Beil. S. 1980: München 4. Mai. Restaurierung der Domkirche. Nr. 145, S. 2306: München 23. Mai. Theaterstatistik des Herrn v. Küstner. N. 204, S. 3249: Starnberg, 19. Juli. Kahnunglück auf dem See. München 23. Juli. Über Musik im Freien und in den Gastwirtschaften. Nr. 214, S. 3409: München 31. Juli. »Über die Dultplatzwüste«. Nr. 217, S. 3457: München 3. Aug. Über Schwanthalers Erstlingswerke. Hinweis auf Schwanthalers Reliquien von Trautmann. Nr. 219, Beil. S. 3497: München 5. Aug. Über Altertü-

mer und Kunstdenkmale, herausgegeben v. Frhrn. v. Aretin. Nr. 287, Beil. S. 4586. München 13. Okt. Über die Odeon-Konzerte. Nr. 303, S. 4853: München 27. Okt. Über Konzerte von Seidel – Das »Münchener Album« – Über die »Dramatische Dichtungs-Prüfungskommission« und die 160 zu lesenden Dramen. Nr. 305, S. 4867: München 30. Okt. Über die Ortsveränderung des bayer. National-Museums. Nr. 324, S. 5169: München 18. Nov. Besprechung von Trautmanns »Schwanthalers Reliquien«. Nr. 336, S. 5362: München 30. Nov. Besprechung der Gemälde von Jacobs. Nr. 360, S. 5742: München 24. Dez. Über Winterzyklus, durch Seidel veranstaltet.

361. **Briefpapiervignette.** Kleiner lautenspielender Troubadour schreitet mit linkem Fuß aus großer Initiale »E«, dahinter Landschaft mit Burg. Holzschn. 4,8 x 5,1.
Der für »Ein Lied von einem armen Sängerlein«, »Altes und Neues« II. S. 99 [s. Nr. 318] angefertigte Holzstock wurde vom Künstler zugleich für Briefpapier verwendet.

362. **Dieß ist Das Büchlein A bis Z** [und sieben weitere Verszeilen zur Empfehlung]. Franz Pocci. München. Verlag des katholischen Büchervereins. 1857. Druck von F. S. Hübschmann. IV und 116 S. mit 24 Initialen. Holzschn.

363. **Burg.** Rad. 16 x 20 [für Georg Scherer].
Die Radierung scheint nie in Besitz Scherers gekommen zu sein. Die einzige Auskunft gibt ein Brief F. P.'s an G. S.: »3. II. 57. Ich ersuche Sie mir mitzuteilen, wohin, resp. unter welcher Adresse ich die Kupferplatte mit meiner Radierung für Ihren xylographischen Erfinder des Hochdruckes senden soll.« Brief sowie die Originalskizze in A. P. A.

364. **Gloria.** Links in der Initiale »D« die hl. Jungfrau das Christkindlein anbetend, im Hintergrunde der hl. Josef, darunter die Hirten, denen ein Engel, auf den Stern weisend, die Geburt Christi verkündigt, rechts in Typendruck 3 dreizeilige Strofen: »Die Hirten stunden auf dem Feld ...« Unten rechts unter einer Arabeske mit zwei Vögeln bez.: 18 F. P. 57. Holzschn. 7,9 x 11,5.

365. **Jugendblätter.** Titel wie Nr. 322. [3.] Jahrgang 1857. VIII S. und 568 S. gr. 8°. Von F. P. S. 28–29: Die heilige Elisabeth [Gedicht]. S. 49: Zur Weihnacht [Gedicht mit Christkindzeichnung]. S. 121–132: Die drei Wünsche. Ein lustiges Faßnachtspiel. S. 204, 205: Glockenklänge [Gedicht]. S. 333, 334: Arm und reich [Nachdenkliches]. S. 404–415: Der Weihnachtsbrief. Kleines Drama [mit »Anmerk.« des Verfassers]. Nach S. 433: Koloriertes Blatt zu »Abendläuten« [v. Rothbart umgezeichnet]. Lithogr.

366. **Münchener Bilderbogen** [9. Buch]. Gleicher Druckvermerk wie auf Nr. 247. Holzschn. gr. 2°. Bl. Nr. 204: Fundevogel. Auch bunt ausgegeben.

367. **Abendblatt** zur Neuen Münchener Zeitung Nr. 9. 10. Januar 1857. S. 33/34: Besprechung d. »Urzeit der Erde«. Gedicht von Franz Kobell.

368. **Abendblatt** zur Neuen Münchener Zeitung Nr. 87. 11. April 1857. S. 345: Zur Sittengeschichte [Feste zu Ehren der Anwesenheit des Kaisers Leopold in München am Hofe Ferdinand Marias].

369. **Abendblatt** zur Neuen Münchener Zeitung Nr. 78. 1. April 1857. S. 310: Zur Literatur der Jugendschriften.

370. **Abendblatt** zur Neuen Münchener Zeitung Nr. 98. 24. April 1857. S. 390: Zur Sittengeschichte [Tarokkarten für eine maskierte Bauernhochzeit am churfürstl. Hofe im XVIII. Jahrhundert].

371. **Abendblatt** zur Neuen Münchener Zeitung Nr. 92. 17. April 1857. S. 366: Zur Sittengeschichte [Zeremonien bei Gelegenheit der Taufe des Churprinzen Maximilian Emanuel geb. 1662].

372. **Abendblatt** zur Neuen Münchener Zeitung Nr. 103. 30. April 1857. S. 405–410: Zur Sittengeschichte [Kurfürstl. Decret 7. August 1651 über das nicht zustehende Prädicat »Euer Gnaden ...«.]

373. **Abendblatt** zur Neuen Münchener Zeitung Nr. 110. 8. Mai 1857. S. 438: Zur Sittengeschichte [Descriptionen, Steckbriefe, des XVII. Jahrhunderts].

374. **Probedruck.** Initiale »E« mit Rankenzweig und Vögelchen. Holzschn. 3,2 x 3,2.
Vielleicht auch für das beabsichtigte III. Bändchen »Altes und Neues«? [s. Nr. 318 und 353].

375. **Der Staatshämorrhoidarius.** Von F. P. München. o. J. Verlag von Braun & Schneider. Druck von Dr. C. Wolf & Sohn. 36 S. [Titel, Einleitung und Text mit Karikaturen]. gr. 4°. Original-Pappband. Vorderseite wie Innentitel mit dem am Schreibtische sitzenden Staatshämorrhoidarius. Auf der vierten Umschlagseite: der Staatshämorrhoidarius mit Zylinder und Spazierstock, den er mit beiden Händen auf den Rücken hält. Rückenansicht. [Sammlung aus den Fliegenden Blättern.]

376. **Todtentänze** von Franz Pocci. Stuttgart und München. Gebrüder Scheitlin. 1857. Druck von Blum und Vogel in Stuttgart. Ganzs. Bl. v. A. Dürer: Tod und Landsknecht, 36 S. 8°.

Als Sonderabdruck aus »Altes und Neues« [Nr. 335] durch acht Totentanz-Initialen in Holbeins Stile vermehrt. Holzschn. typographisch besser ausgestattet.

377. **3. November** 1857. Zum frommen Andenken an Elisab. Gräfin Marschall, geb. Freiin v. Reischach, die Schwiegermutter des Dichters. Doppelseitig in Typendruck ausgeführtes Blatt. Auf der Rückseite sechszeilige Strofe: »Der Engel kam, drückt' ihr die Augen zu, ...« Rechts unten bez.: F. P. 5,8 x 8,7.

1858

378. **Allgemeine Zeitung.** Nr. 19, S. 289: München 16. Januar. Domrestaurierung. Nr. 22, S. 337: München 19. Jan. Über den verstorbenen Hofsänger G. Mittermayr. Nr. 27, S. 418: München 26. Januar. Ableben der Gemahlin des französischen Gesandten. – Hofball und Künstlerball. Nr. 28, S. 434: München 26. Jan. Bemerkungen zur Besprechung des Volksstückes »Michel der Feldbauer« von Ludwig Franz in der Münchener Zeitung. Nr. 37, S. 577: München 4. Febr. Hofball. Nr. 60, S. 947: München 26. Febr. Erwiderung auf Kritik über Titus und Figaros Hochzeit. Nr. 63, Beil. S. 1004: München 1. März. Bild von Wengner in der Wochenausstellung. Nr. 85, S. 1346: München 24. März. Vergnügungen während der Fastenzeit. Nr. 91, S. 1443: München 31. März. Frl. Hefner Hofkapellsängerin. Nr. 107, S. 1697: Von der Isar 16. April. Entgegnung auf den Artikel »jetzige Lage Europas«. Nr. 110, S. 1746: München 18. April. Bärmanns Konzert im Odeon. Nr. 127, S. 2072: München 5. Mai. Über das Radetzky-Album und die »Tirolischen Monatsblätter« v. Altenburg. Nr. 130, S. 2072: München 8. Mai. Ausstellung landschaftlicher Aquarelle des Prof. Lange und des Denkmalmodelles für Christoph Schmid. Nr. 134, Beil. S.2151: München 11. Mai. Über die Sammlungen durch Frhrn. v. Aretin. Nr. 139, S. 2228: München 18. Mai. Domrestaurierung. Nr. 141, Beil. S. 2269: München 20. Mai. Feier der 1. hlg. Kommunion des Kronprinzen. Nr. 139, Beil. S. 3135: München 9. Juli. Über Dichtung einer bayer. Nationalhymne. Nr. 195, S. 3159: München 12. Juli. Anregung, den Dultplatz durch Anlagen zu schmücken. Nr. 199, S. 3225: München 16. Juli. Über den verstorbenen Hofsänger Pellegrini. Nr. 200, S. 3242: München 17. Juli. Restauration der Metropolitan-Kirche. Nr. 202, Beilage S. 3282: München 21. Juli. Besprechung »Der Mensch und die Leute« von Bogumil Goltz. Nr. 234, S. 3786: München 21. Aug. Über den neuernannten griechischen Gesandten Freiherrn v. Sina. Nr. 292, Beil. S. 4722: München 15. Okt. Über die Festgabe des Benefiziaten Geis vom historischen Verein. – Volkshymnen des Kapellmeisters

Stuntz. Nr. 293, S. 4729: München 18. Okt. Berichtigung des Beitrags zur Geschichte des Münchener Jubiläums. Nr. 312, S. 5033: München 5. Nov. Konzerte des Komponisten Seidel. Nr. 315, S. 5082: München 10. Nov. Ausgrabung römischer Marmorbüsten bei Epfach am Lech. Nr. 320, S. 5163: München 14. Nov. Ausfall der Seidelschen Konzerte. Nr. 329, S. 5306: München 22. Nov. Über die »fünfte Schauspielbühne«, das Marionettentheater. Nr. 330, S. 5322: München 23. Nov. Über den neuen Virtuosen der Hofkapelle Josef Walter. Nr. 337, S. 5438: München 2. Dez. Über das Standbild Max Emanuels und die Reiterstatue Königs Ludwig.

379. **Fliegende Blätter.** Band XXVIII. Nr. 653–678. München, o. J. Verlag von Braun & Schneider. Titel, Inhaltsverzeichnis und 208 S. kl. 2°. Beitrag von F. P.: S. 38. Staatshämorrhoidarius. Holzschn.

380. **Fliegende Blätter.** Band XXIX. Nr. 679–704. München o. J. Verlag von Braun & Schneider. Titel, Inhaltsverzeichnis und 208 S. kl. 2°. Beitrag v. F. P.: S. 200. Obschon – doch Wahlmann. Holzschn.

381. **Jugendblätter.** Titel wie Nr. 322. [4.] Jahrgang 1858. VI S. und 570 S. gr. 8°. Von F. P.: S. 18: Das Schusserspiel. S. 144: Auf dem Spaziergang (Gedicht). S. 163/166: Die Türken vor Wien. S. 238/240: Landschaftsbilder: Am Meere. S. 254: Wenn's schneit (Gedicht. Im Volkston). S. 313: Das Gebet (Gedicht). S. 352/361: Landschaftsbilder II: Im Walde. S. 421-426: Ein Stück alten Glanzes.

382. **Münchener Bilderbogen.** [10. Buch]. Gleicher Druckvermerk wie auf Nr. 247. Holzschn. gr. 2°. Bl. Nr. 220: König Drosselbart. Auch bunt ausgegeben.

383. **Michel der Feldbauer.** Volksdrama in drei Aufzügen, frei bearbeitet nach Hebels Allemanischem Gedichte »der Karfunkel« von Franz Pocci. Als Manuskript gedruckt. München. Druck von Dr. C. Wolf und Sohn, o. J. 64 S. kl. 8°.
Die Erstaufführung fand am 17. Januar 1858 in Schwaigers Vorstadttheater statt.

384. **Abendblatt** zur Neuen Münchener Zeitung Nr. 50. 27. Februar 1858. S. 197: Zur Sittengeschichte [Alchymisten].

385. **Abendblatt** zur Neuen Münchener Zeitung Nr. 39. 15. Februar 1858. S. 153: Zur Sittengeschichte [Seuchen].

386. **Abendblatt** zur Neuen Münchener Zeitung Nr. 33. 8. Februar 1858. S. 129: Zur Sittengeschichte [Kurfürstliche Mandate gegen Landstreicher, Bettler und müßiges Gesindel].

387. **Abendblatt** zur Neuen Münchener Zeitung Nr. 2. 2. Januar 1858. S. 5–6: Musikalisches mit Beziehung auf die bayerische Hofkapelle.

388. **Katholischer Volkskalender** für das Jahr des alten und neuen Heils 1858. Mit Beiträgen von Isabella Braun, August Lewald, u. m. A. Achtzehnter Jahrgang. Köln und Neuß, Druck und Verlag der L. Schwann'schen Verlagshandlung. Titel, Kalender, Verzeichnis, Regententafel, 154 S. Text, XXXII S. Verzeichnis usw. Von F. P.: S. 1: Christkind mit ausgebreiteten Armen vor Weihnachtsbäumen. S. 118: Musikalischer Sonnenaufgang [aus Nr. 112]. S. 134: St. Alto. Holzschn. [S. Nr. 361].
Das Christkind S. 1 wurde auch als besonderes Blatt verteilt.

389. **Oberbayerische Volkslieder.** Zweite Auflage, sonst genau wie Nr. 209.

390. **Ludwig Schwanthalers Reliquien.** Drin guter Bericht usw. Für Alle, die des Meisters Namen ehren, erzählt von Franz Trautmann. München 1858. Verlag von E. A. Fleischmann. Druck von J. G. Weiß, Universitätsbuchdruckerei. Inhalt, Vorrede u. 156 S. 8°. Von F. P.: Auf Umschlag u. Titelblatt: Wappen Schwanthalers. S. 1, 24, 29, 91, 103, 115, 126, 150. Initialen mit Wappen, Burgen und Figuren reich geschmückt. Holzschn. S. 36: 12 Verszeilen: »Willst Du die alten Helden kennen ...«
F. P. hatte Trautmann Aufzeichnungen aus der »Chronik der Humpenburg« [im A. P. A.] zur Verfügung gestellt, der auch die wiedergegebenen Zeichnungen von L. S. entnommen sind.
[Der 12-Zeiler befindet sich auf S. 56 und nicht, wie angegeben, auf S. 36]

391. **Weihnacht 1858.** Oben das von fünf Engeln angebetete Christkind, unten eine Landschaft mit See, Bergen und einer Burg, in der Mitte ein schlanker Baum. Dazwischen in zwei Spalten eine sechzehnzeilige Strofe in Typendruck: »Kommt zur Krippe, kommt geschwind ...« Holzschn. 9 × 16,2.
F. P. verschenkte auch Probedrucke des Holzschnittes allein.

1859

392. **Allgemeine Zeitung.** Nr. 32, S. 499: München 31. Jan. Vortrag der Königin, zur Unterstützung armer Wöchnerinnen. Nr. 39, Beil. S. 625: München 7. Febr. Hofnachrichten. Nr. 40, Beil. S. 641: München 8. Febr. Hofnachrichten. Nr. 49, Beil. S. 783: München 15. Febr. Über den Violinisten Walter. Nr. 52, S. 822: München 20. Febr. Über den Jugendball am k. Hof. Nr. 51, S. 873: München 22. Febr. Die »maskierte Akademie« im Residenztheater. Nr. 64, Beil. S. 1028: München

3. März. Seidels Konzerte. Nr. 67, S. 1069: München 6. März. Über Prof. Konrad Eberhard. München 7. März. Die Tondichtungen C. M. v. Webers zu Körners Leyer und Schwert. Nr. 73, S. 1171: München 13. März. Über Büste des Freiherrn v. Aufseß von Halbig. Nr. 76, Beil. S. 1228: München 15. März. Über Konzerte. Nr. 113, Beil. S. 1838: München 21. April. Über Odeon-Konzerte. Nr. 120, S. 1942: München 28. April. Verschiebung des Odeon-Konzertes. Nr. 149, S. 2436: München 27. Mai. Eine Waffentat des 18jährigen Sohnes des Grafen Lippe. Nr. 166, Beil. S. 2723: München 2. Juni. Besprechung von Illes Zeichnungen der sieben Todsünden. Nr. 170, Beil. S. 2789: München 18. Juni. Ableben des Hofkapellmeisters Stuntz. Nr. 186, S. 3036: München 4. Juli. Das angekaufte Gemälde Raffaels »Heilige Zaezilia« und Gemälde der Maler Duprés u. Koch. Nr. 199, Beil. S. 3260: München 16. Juli. Über Kriegsnachrichten. Nr. 201, S. 3289: München 20. Juli. Nachruf auf Stuntz. Nr. 251, S. 4082: München 5. Sept. Schulnachrichten. Nr. 271, S. 4414: München 26. Sept. Über das Grab des Grafen Mailath in Münsing. Nr. 285, S. 4645: München 11. Okt. Festspiel der Schillerschen Apotheose von Bodenstedt, musikalischer Teil von Lachner. Nr. 291, S. 4746: München 17. Okt. Konzerte der Hofkapelle. Nr. 305, S. 4973: München 31. Okt. Achtstimmige Messe von Lachner. Nr. 331, S. 5406: München 25. Nov. Vorlesungen von Felix Dahn über deutsche Mythologie. Nr. 332, Beil. S. 5431: München 26. Nov. Über die Rottmannschen Landschaften in den Arkaden. Entgegnung auf die Besprechung des Odeonkonzertes über Bärmann. Nr. 333, S. 5438: München 28. Nov. Schulnachrichten. Nr. 335, S. 5474: München 1. Dez. Über den Auftrag des Königs wegen der Unterstützung junger Talente. Nr. 340, außerordentl. Beil. S. 5571: München 3. Dez. Besprechung der Enzyklopädie des Erziehungswesens. Nr. 352, S. 5770: München 16. Dez. Über den »Nordlichtkalender«. Nr. 355, S. 5821: München 19. Dez. Weihnachtsoratorium von Bach und Lachners Tätigkeit.

393. **Eintrittskarte** zum Marionettentheater. Links Kasperl hinter der Initiale »E« am Vorhang, begrüßt zwei stehende und ein sitzendes Kind. Lith. 11,7 x 8,3.

394. **Eintrittskarte.** Kasperl hält mit beiden Händen den Vorhang auseinander, Blick auf einen Hintergrund: Landschaft mit Burg. Lith. 9,8 x 7,2.

395. **Eintrittskarte** zum Marionettentheater. Kasperl in Begleitung des Nachtwächters. Lithogr. 11,7 x 8,3.

Abdruck der Zeichnung auf der 4. Umschlagseite v. Nr. 258. Farbige Skizze im A. P. A.

396. **Eintrittskarte** zum Marionettentheater. Kasperl auf der linken Kartenseite verneigt sich, in Profil, den Hut in der linken Hand. Lithogr. 5,5 x 4,5.
Aus Nr. 288 S. 32, dort Holzschn.

397. **Fliegende Blätter.** Band XXX. Nr. 705–730, München, o. J. Verlag von Braun & Schneider. Titel, Inhaltsverzeichnis u. 208 S. kl. 2°. Holzschn. Von F. P.: S. 173: Culturhistorische Bemerkung.

398. **Fliegende Blätter.** Band XXXI. Nr. 731–756, München, o. J. Verlag von Braun & Schneider. Titel, Inhaltsverzeichnis u. 208 S. kl. 2°. Holzschn. Von F. P. S. 77: Der Staatshämorrhoidarius im Hofbräuhaus zu München.

399. **Gloria.** Oben die hl. Maria, auf ihrem Schoße das Jesuskind, unter Bäumen sitzend. Links die Hirten, rechts die hl. drei Könige. Darunter in Typendruck »Zu Weihnachten« und eine zwölfzeilige Strofe: »Unerschöpflich reich an Segen, ...« Holzschn. Unten in der Mitte bez.: 18 F. P. 59. 8 x 13,5. F. P. verteilte auch Abdrücke des Holzschnittes vor dem Texte.

400. **Jugendblätter.** Titel wie Nr. 322. [5.] Jahrgang 1859. VII S. und 568 S. gr. 8°. Mit sechs fein kolorierten Bildern nach Originalzeichnungen von Emil Döpler, Ferdinand Rothbart und Franz Pocci. Von F. P. S. 328–336: Zur Geschichte vom Pulver Usufur. S. 416 bis 427: Kasperle's Weihnachten. S. 512–518: Frau Barmherzigkeit. Nach S. 288: Vollbild [nach Skizze von F. P. durch Rothbart auf Stein übertragen und kaum als F. P. erkennbar]. Nach S. 385: Vollbild.

401. **Kasperl, Zauberer und Ritter.** Lithogr. 20,5 x 18,8. Für Zettel des Marionetten-Theaters.

402. **Der Tod von Doctor Sassafras** in den Stuhl gebannt, der Teufel sieht zu. Lithogr. 25x19,5. Für Zettel des Marionetten-Theaters.

403. **Lustiges Komödienbüchlein** von Franz Pocci. München, 1859. Verlag der J. J. Lentner'schen Buchhandlung (E. Stahl). Schalknarr mit vorgehaltener Maske von F. P. Als Manuskript gedruckt. Druck von E. Stahl. Gleicher Innentitel, Inhalt, 272 S. Vor jedem Stück Titelvignette. Holzschn. 12°. Inhalt: Prinz Rosenroth und Prinzessin Lilienweiß. Casperl unter den Wilden. Heinrich von Eichenfels. Casperl in der Türkei. Blaubart. Casperl als Porträtmaler. Dornröslein.

404. **Ein deutsches Lied. 1859.** Verantwortlicher Redakteur P. Rothlauf. Verlag der J. J. Lentner'schen Buchhandlung. Druck von E. Stahl. München: »Schlingt mir einen Kranz von Rosen« ... 9 Vierzeiler.

Ein Einzelblatt, das ich seiner Zeit bei Holland aufnahm. Es soll 1859 verteilt worden sein. Offenbar ein Sonderabdruck aus dem Bayerischen Courier 1859, Beilage S. 199.

1860

405. **Allgemeine Zeitung.** Nr. 8, S. 118: München, 6. Jan. Entgegnung auf das Gerücht von Liszts Berufung als Kapellmeister. Nr. 25, Beil. S. 401: München 25. Jan. Besprechung von Kobells Wildanger. Nr. 31, S. 494: München 29. Jan. Vervielfältigung des Gemäldes »Die Entführung der Europa« von Genelli. Nr. 32, S. 510: München 30. Jan. Odeonkonzerte. Nr. 34, S. 542: München 1. Febr. Über den Jahresbericht armer Wöchnerinnen. Nr. 43, Beil. S. 702: München 9. Febr. Restauration der Domkirche. Nr. 48, S. 778. München 16. Febr. Konzerte der musikalischen Akademie. Nr. 59, S. 958: München 27. Febr. Restaurierung des Karlstores. Schulnachrichten. Nr. 67, Beil. S. 1104: München 5. März. Catarina Cornaro von Lachner. Nr. 97, S. 1606: München 4. April. Jahresgeschenk des Kunstvereins. Nr. 110, S. 1818: München 17. April. Fenster für die Martinskirche. Nr. 122, S. 2018. München 29. April. Konzert der Frau Wapp-Young. Nr. 123, S. 2044: München 1. Mai. Ableben des Grafen Maximilian Arco. Nr. 126, S. 2090: München 3. Mai. Über Genellis Gemälde »Europa«. Nr. 128, S. 2122: Vom Starnberger See 6. Mai. Über des Grafen Mailath Denkmal. Nr. 135, S. 2241: Vom Starnberger See 12. Mai. Über die Dampfschiffahrt. Nr. 140, S. 2330: München 18. Mai. Ableben der Frau Ursula Göttner. Nr. 147, S. 2450: München 26. Mai. Zur Frage des Hoftheater-Intendanten. Nr. 148, S. 2467: München 26. Mai. Aufruf zur Landshuter [Studenten-] Erinnerungs-Feier. Nr. 191, Beil. S. 3186: München 6. Juli. Jakobi- und Michaelisdult in den schönsten Stadtteilen. Nr. 194. S. 3226: München 10. Juli. Erinnerungsfeier der Universitätsstudiengenossen zu Landshut. Nr. 204, Beil. S. 3400: München 20. Juli. Über das Fest der Landshuter Universitätsgenossen. Nr. 208, S. 3458: Landshut 26. Juli. Der Festbericht. Nr. 230, S. 3818: München 16. Aug. Standbild des Kurfürsten Max Emanuel auf dem Promenadeplatz. Nr. 238, Beil. S. 3958: München 21. Aug. Ammergauer Passionsspiel. Nr. 250, S. 4147: München 3. Sept. Über Kleidung der Fischer am Starnberger See. Nr. 298, Beil. S. 4942: München 22. Okt. Fünfzigjähriges Jubiläum der musikalischen Akademie. Nr. 300, Beil. S. 4976: München 23. Okt. Konzerte im Odeon. Nr. 312, S. 5160: München, 6. Nov. Hofnachrichten. Nr. 334, S. 5515: München 26. Nov. Über Seidelsche Konzerte. Nr. 337, S. 5562: München 29. Nov. Über Trachtenbücher bei Ravizza. Nr. 33, Beil. S. 5588: München 1. Dez. Thea-

terbericht. Intendanzfrage. Nr. 356, Beil. S. 5588: München 18. Dez. Erwiderung auf den Artikel »Opernrepertoir«. Lachners neuestes Werk. Nr. 360, S. 5959: München 23. Dez. Über den Christkindlmarkt. Nr. 362, Beilage S. 6000: München 24. Dez. Intendanzfrage. Die Aufgaben und Enttäuschungen, die des Intendanten harren.

406. **»Aus dunklem Grab ist Er erstanden ...«** Sechszeilig. Ostervers in Typendruck. 5 x 6,8.
Der Künstler hatte zu den Versen die Ausgabe eines farbigen Osterbildes beabsichtigt, die jedoch nicht zur Ausführung kam und nur als Skizze im A. P. A. vorhanden ist. Oben steht der auferstandene Christ mit Osterfahne und rotem Mantel. Rechts und links die schlafenden Soldaten. Ein fliegendes Band, das sich um den Text und ein violettes Blumenfeston schlängelt, zeigt von links nach rechts gelesen »1860« »Halleluja« »8. April«. Das Blatt wurde dann photographisch vervielfältigt. 9,5 x 15,5.

407. **»Bemooster Bursche«.** Zweiseitig bedrucktes Blatt mit 6 vierzeiligen Strofen: »Bemooste Häupter kamen wir ...« Am Schlusse bez.: Graf Pocci. Druck v. J. F. Rietsch in Landshut. gr. 8°.
Als Sonderblatt zur Stiftungsfeier in Landshut verteilt; siehe Nr. 409. Das Blatt im A. P. A. trägt von der Hand des Verfassers die Jahreszahl 1860 in Rotstift.

408. **Ein fliegend Blatt** zur Erinnerung an das Universitätsjahr 1825/26. Flug der Liebe. Zu Landshut für die Isaria i. J. 1825 [S. Nr. 5] als Kneiplied in Musik gesetzt von Franz Pocci. 3 zweistimmige Notenzeilen mit untergelegtem Texte »Wenn ich ein Vöglein wär, ...« nebst 2 fünfzeiligen Strofen. Schöne Initiale »W« mit Arabesken und Vögeln. In den Farben des Korps Isaria [grün-weiß-blau] gedr. 1860. Lithogr. bei Wolf, München. gr. 4°.

409. **Gedenkblätter** als Erinnerung an das Universitäts-Studiengenossen-Fest in Landshut am 22. Juli 1860, gesammelt von Dr. Franz Graf Pocci. Verlag J. G. Wölfle (Krüllsche Universitäts-Buchhandlung). Druck von J. F. Rietsch. Umschlag, Titelbild mit Ornamenten [nicht von F. P]. Landshut 1860, 63 S. 8°.
Außer den von F. P. verfaßten Texten enthalten die Blätter folgende Gedichte aus seiner Feder. S. 14: »Bemooster Bursche« [s. Nr. 407], S. 15 a: »Der Erste kam ich« [für Schab gedichtet], S. 15 b: »Sind wir auch nicht mehr jung«, S. 50: »Von so schön verklung'nen Tagen«. Das Exemplar im A. P. A. trägt von der Hand F. P.'s die Widmung: »Vom Verfasser ... dem alten Studenten, der noch nicht ausstudiert hat, seiner lieben Frau. Amrlnd. 19./9. 60. F. P.«

410. **Fliegende Blätter.** Band XXXII. Nr. 757–782. München, o. J. Verlag

von Braun & Schneider. Titel, Inhaltsverzeichnis und 208 S. kl. 2°. Von F. P.: St. Petrus und die Landsknechte. [Gedicht. Zeichnung nicht von F. P.].

411. **Jugendblätter**. Titel wie Nr. 322. [6.] Jahrgang 1860. V S. und 570 S. gr. 8°. Von F. P.: S. 143–144: Charaden. S. 190: Charaden. S. 240: Auflösung. S. 263–267: Ein Kapitel von den Schneidern. S. 309–313: Ein Kapitel von den ehrsamen Schmieden. S. 359: Ein Kapitel von den Drehern oder Drechslern. S. 426–432 [im Inhaltsverzeichnis fälschlich 416]: Ein Kapitel von den Faßbindern.

412. **Der Karfunkel**. Volksdrama in drei Aufzügen nach Hebel's allemanischem Gedicht frei bearbeitet von Franz Pocci. Zum ersten Male mit Musik von Christian Seidel auf der Münchner Hofbühne aufgeführt am 17. Juli 1860. Bühnen gegenüber als Manuskript gedruckt. München. August Rohsold. 1860. Druck der Dr. Wild'schen Buchdruckerei [Parcus]. Umschlag und 95 S. kl. 8°. Umarbeitung von »Michel, der Feldbauer« [s. Nr. 383].

413. **Kinderheimath** in Liedern und Bildern von Friedrich Güll und Franz Pocci. Mit einem Vorwort von Gustav Schwab. Dritte Auflage Stuttgart. Verlag von S. G. Liesching. 1860. Gedr. bei K. Fr. Hering & Comp. in Stuttgart. Vortitel: Kinderheimath in Liedern von Friedrich Güll. Erste Gabe. Mit Bildern von Franz Pocci, sonst wie oben. Umschlag, zwei Titel, Vorwort zur ersten Auflage und Anhang. VI und 232 S. 8°. 2 Umschlagvignetten u. 59 Textzeichnungen. Holzschn.

Einige Gedichte der Nr. 205 in anderer Reihenfolge. Das letzte »Wenn das Kind nicht schlafen will« fehlt, dafür VIII Tagesverse »Anhang«.

414. **Probedruck**. Kasperl auf einem Geisteresel von gespenstischen Müllerburschen mit Mehlsäcken verfolgt. Lithogr. 22 x 11,5. Für Zettel des Marionetten-Theaters gedacht.

415. **Münchener Bilderbogen**. [12. Buch]. Gleicher Druckvermerk wie auf Nr. 247. Holzschn. gr. 2°. Bl. Nr. 277. Komische Scenen (Silhouetten).

416. **Abendblatt** zur Neuen Münchener Zeitung. Nr. 40, 16. Febr. 1860: Vom Büchertisch [Besprechung der »Weihnachtsblümchen« von St. Freiin von Seckendorff].

417. **Abendblatt** zur Neuen Münchener Zeitung. Nr. 1, 2. Jan. 1860: S. 3. Vermischtes. Münchener Puppenspiele in der Prannergasse. Nr. 15, 18. Januar 1860: S. 58. Besprechung von Kobells Wildanger.

418. **Herrn Petermanns Jagdbuch.** 3. Auflage genau wie Nr. 251.
419. **Probedruck.** Kasperl mit den als Pilger verkleideten Räubern. Lithogr. 20 x 16. Für Zettel des Marionettentheaters gedacht.
Verkleinert abgedruckt in Nr. 591.
420. **Schneewittchen im Glassarg** mit trauernden Zwergen. Lithogr. 30 x 19,5. Für Zettel des Marionetten-Theaters.
Stück nicht von F. P.
421. **Sprüchlein mit Bildern für Kinder.** 2. Auflage der Nr. 211. Vom alten Stein abgezogen; einige Bll. nicht mehr so scharf.
Die Zeichnungen auf dem Umschlage nicht von F. P.
422. **Der Staatshämorrhoidarius.** 2. Umschlagausgabe, unterscheidet sich von Nr. 375 nur dadurch, daß auf der vierten Umschlagseite der Staatshämorrhoidarius in Profil dargestellt ist mit Zylinder, Spazierstock, Akten unter dem linken Arme.
423. **Weihnacht** 1860. Oben Hirten mit Kindern zur Krippe ziehend, darunter in Typendruck eine vierzehnzeilige Strofe: »Als einst der Stern erschienen war, ...« In der Mitte unten bez.: F. P. Druck von Dr. C. Wolf & Sohn. Holzschnitt. 8,3 x 15,2.
424. **Das Huldigungsfest** der Königin Karnaval. Thronrede der Königin. 37 Verszeilen, Titelvignette, Überschrift: »Der Staatshämorrhoidarius« mit acht Darstellungen aus dem »Staatshämorrhoidarius«. Gedr. b. J. F. Lutz, o. O. [Stuttgart] u. J. Einseitig bedr. Blatt. Lithogr. gr. 2°. Etwa 1860.
Das mir unbekannte Blatt wurde mir durch Herrn Amtsrichter Rothballer in München nachgewiesen.

1861

425. **Allgemeine Zeitung.** Nr. 4, Beil. S. 60: München Jan. Aufgaben des Intendanten – Personal- und Finanzfrage. Nr. 14, Beil. S. 220: München 10. Jan. Restauration der Domkirche. Nr. 44, Beil. S. 711: München 9. Febr. Intendant? – Schauspiel – Oper. Bevorzugung des Balletts. Nr. 57, S. 918: München 25. Febr. Hofnachrichten. Nr. 85, S. 1387: München 21. März. Gründung eines Zweigvereins des Kunstvereins. Nr. 96, S. 1558: München 5. April. Vorträge von Prof. Döllinger. Nr. 97, S. 1574: München 6. April. Hofnachrichten. Nr. 101, S. 1643: München 9. April. Vorträge von Prof. Döllinger. Nr. 103, Beil. S. 1685: München 12. April. Vorträge von Prof. Döllinger. Nr. 106, S. 1726: München 14. April. Berufung des Violinisten Lauterbach nach Dresden. Nr. 108, Beil. S. 1769: München

16. April. Vortrag von Döllinger. Nr. 160, Beil. S. 2616: München 6. Juni. Domrestauration. Nr. 177, Beil. S. 2891: München 26. Juni. R. Margraffs großdeutsches Liederbuch. Nr. 183, Beil. S. 2991: München 29. Juni. Topographische Geschichte der Städte des Königreichs Bayern [im histor. Verein v. Oberbayern]. Nr. 210, S. 3418: München 26. Juli. Hofnachrichten. Nr. 220, S. 3579: München 7. Aug. Vorbereitungen zur Katholiken-Versammlung. Nr. 293, Außerordentl. Beil. S. 4788: München 16. Okt. Über Prof. Chr. Wurm, Verfasser eines deutschen Wörterbuches. Nr. 305, S.4967: München 31. Okt. »Rückkehr des Tobias« im Odeon. Nr. 307, Beil. S. 5008: München 2. Nov. Über Haydns Oratorium »R. d. T.«. Nr. 315, Beil. S. 5139: München 9. Nov. »Zustand des hiesigen Theaters.«

426. **Buntes A-B-C.** Von Tante Ernestine [Gräfin Thekla Baudissin]. Mit Illustrationen von Franz Pocci. Wien. Druck und Verlag von A. Pichler's Witwe & Sohn. Titel, Einleitungsverse u. 30 S. gr. 8°. Umschlagzeichnung des Originalpappbandes nicht von F. P.

Das Exemplar im A. P. A. enthält die handschr. Bemerkung von F. P.: »NB. Meine nach Wien gelieferten Originalzeichnungen wurden durch die Uebertragung auf Holz ihrer urspr. Charakteristik beraubt, so daß eigentlich nur die Compositionen geblieben und großentheils kleine Modejournalfiguren aus meinen Kindern gemacht wurden. Das Bild auf dem Umschlage ist auch nicht von mir componirt. Gf. Pocci.«

427. **Fliegende Blätter.** Band XXXIV. Nr. 809–834. München, o. J. Verlag von Braun & Schneider. Titel, Inhaltsverzeichnis u. 208 S. kl. 2°. Beitrag von F. P.: S. 143. Staatshämorrhoidarius. Holzschn.

428. **Gaeta Album.** Gedichte an Ihre Majestät Marie Sophie, Königin beider Sicilien, geb. Herzogin in Bayern. Gesammelt und herausgegeben von Johann Baptist Vogl und Friedrich Wolf. Mit dem Porträt Ihrer Majestät der Königin beider Sicilien. München 1861. Druck von Dr. C. Wolf & Sohn. 7 S., 1 Bl., 121 S. kl. 8°. Von F. P.: S. 21 bis 22. An die Königin von Neapel. »Mit den Bomben der Vernichtung …« 5 Vierzeiler.

429. **An die Königin Maria von Neapel.** Fünf vierzeilige Strofen in Typendruck »Mit den Bomben der Vernichtung …« Unten bez.: München, 13. Februar 1861. Franz Pocci. Druck von Dr. C. Wolf & Sohn. 16°.

Als Sonderblatt aus dem »Gaeta-Album« ausgegeben. [Nr. 428.]

430. **Gloria in Exzelsis** (*sic!*). Das Jesuskind in der Krippe im Stalle zu Bethlehem liegend, angebetet von der hl. Maria und dem hl. Josef, darunter eine vierzeilige Strofe: »Dieß Kind ist Gottes Sohn …« Im

Unterrand bez.: 18 F. P. 61. Lithogr. Mit gelbbraunem Unterdruck. 4,8 x 13,4.

431. **Gruß an die Abgeordneten** und Mitglieder zur Versammlung der katholischen Vereine Deutschlands zu München 1861. Einseitig bedrucktes Blatt auf gelbem oder blauem Papier mit acht Vierzeilern: »Seid willkommen, Glaubensfreunde,« »In der altkathol'schen Stadt ...« Unten bez.: München, 8. September 1861. Franz Graf Pocci. Druck von J. G. Weiß, Universitätsbuchdrucker. 8°.

Um etwaigen Kritiken der zweiten Verszeile vorzubeugen, weise ich darauf hin, daß der »Gruß« bereits 1861 und nicht nach 1870 gedichtet wurde. Abdruck im Festblatt zur 62. Generalversammlung der Katholiken Deutschlands in München vom 27. bis 30. August 1922. Nr. 5. 31. Aug. S. 1. Mit Einleitungs-Worten von F. P. (Enkel).

432. **Die Heimkehr des Tobias.** Oratorium von Joseph Haydn. Aus dem italienischen Text übersetzt von Fr. Graf Pocci. München 1861. Druck von C. R. Schurich. 21 S. 12°.

433. **Jugendblätter.** Titel wie Nr. 322. Mit sechs fein kolorierten Bildern nach Original-Zeichnungen von Emil Döpler, Franz Kolb und Julius Nörr. [7.] Jahrgang 1861. 570 S. gr.8°. Von F. P. S. 143/44: Weihnacht: »Das ist die rechte Weihnachtszeit ...«, vier Vierzeiler. Ostern: »Das ist der rechte Ostertag ...«, vier Vierzeiler. Pfingsten: »Das ist die rechte Pfingstenzeit ...«, drei Vierzeiler.

434. **Kinderheimath.** Titel wie Nr. 205, aber Verlagsangabe: Gütersloh. Verlag von C. Bertelsmann, o. J. 8°.

Der Rest der zweiten und dritten Auflage wurde durch den Verleger Liesching an C. Bertelsmann Ende 1860 verkauft. Dieser entfernte den Titel und stellte durch Einfügung eines anderen mit seinem Verlage eine neue (vierte) Ausgabe her. Die eigentliche vierte Auflage 1867 enthält keine Bilder.

435. **Kasperl mit verschiedenen Figuren** seiner Komödien hält ein Band mit dem Aufdruck: »Marionetten-Theater.« Lithogr. 29,5 x 20,7. Für Zettel des Marionetten-Theaters.

436. **Fridolin kommt zu den Knechten** am Schmelzofen gelaufen. Stück nicht von F. P. Lithogr. 25 x 20. Für Zettel des Marionetten-Theaters.

Die Zeichnung auf dem Zettel ist von Joseph Scherer. F. P.'s Probedruck scheint nicht verwendet worden zu sein.

437. **Der Landsknecht.** Von F. Pocci. München, 1861. C. A. Fleischmanns

Buchhandlung. August Rohsold. J. N. Hartmann'sche Buchdruckerei in Augsburg. Umschl. mit Illustr. [Landsknecht mit Fahne] in Holzschn. [Knilling sculp.], Titel, Inhalt, Widmung u. 54 S. 12°.

438. **Liebespaar im Kahne**, das sich umschlungen hält. Der Ritter hat die umgehängte Laute in der linken Hand. Die Dame, einen Kranz von Rosen im flatternden Haar, blickt voll Liebreiz auf den Gefährten; am Steuer sitzt der Tod. Im Hintergrunde eine angedeutete Burg mit Berglandschaft. Rechts unten im Wasser bez.: F. P. Holzschnitt mit gelblichem Unterdruck von Knilling, dessen Name links unten zu lesen ist. 22,5 x 14,5.
Die von Knilling ausgeführten Holzschnitte sind wohl die einzigen, die die Eigenart des Künstlers wiedergeben. Nach Holland war diese Darstellung als Probeblatt für einen Totentanz [s. Nr. 454] gedacht, der anfangs in diesem Format beabsichtigt, dann endgültig 1862 sehr verkleinert ausgegeben wurde. Nr. 4 der erwähnten Ausgabe bringt obiges Bild. 11,9 x 7,7.

439. **Lustiges Komödienbüchlein** von Franz Pocci. Zweites Bändchen. München 1861. Verlag der J. J. Lentner'schen Buchhandlung (E. Stahl), Schalknarr mit vorgehaltener Maske von F. P. Als Manuscript gedruckt. Druck von E. Stahl. XVIII S., 1 Bl., 311 S. Vor jedem Stück eine Titelvignette. Holzsch. 12°. Inhalt: Dr. Sassafras. Der Weihnachtsbrief. Die drei Wünsche. Die Taube. Muzl, der gestiefelte Kater. Prinz Herbed. Kasperl als Garibaldi.

440. **Münchener Bilderbogen** [13. Buch]. Gleicher Druckvermerk wie auf Nr. 247. Holzschn. gr. 2°. Bl. Nr. 303: Sprichwörter für Kinder. Erster Bogen. Bl. Nr. 304: Dasselbe. Zweiter Bogen. (Verse von Fernanda Prätorius.) Auch bunt ausgegeben.

441. **Weihnachtsbaum** für arme Kinder. Gaben deutscher Dichter, eingesammelt von Friedrich Hofmann. Zwanzigste Christbescherung. Preisminimum 25 Kr. = 10 Silbergr. – Mehrzahlung lohnt Gott, ... Hildburghausen. Christgeschenk des Bibliographischen Instituts. 1861. (144 S.) 136 S. Gedichte, 6 S. Bericht, 2 S. Namen der Dichter. kl. 8°. Von F. P. S. 92: An das Kind [»Wo du gehst ...«: 4 Vierzeiler]. S. 93: Gott zum Gruß [3 Vierzeiler].

1862.

442. **Allgemeine Zeitung** Nr. 15, Beil. S. 245: München 15. Jan. Historische Erzählungen aus dem Französischen von Prinzessin Alexandra. Nr. 18, Beil. S. 294: München 18. Jan. Das Restaurationsfieber der Frauenkirche. Nr. 56, Beil. S. 915: München im Februar. Intendanz- und Schauspielpersonal-Fragen. Nr. 74, S. 1208: Mün-

chen 14. März. Hofnachrichten. Nr. 179, Beil. S. 2984: Bad Brückenau 25. Juni. Hofnachrichten. Nr. 186, S. 3090: Bad Brückenau 4. Juli. Hofnachrichten. Nr. 289, Beil. S. 4928: München 22. Okt. Über Konzerte und Lachner.

443. **Christ und Jude.** Eine Erzählung aus dem 16. Jahrhundert für das deutsche Volk in Stadt und Land von Karl Heinrich Caspari. Zweite Auflage. Mit Beigaben von Graf Pocci, Maler Schütz, A. von Harleß und Fr. Delitzsch. Erlangen. Verlag von Theodor Bläsing. 1862. Druck von Junge & Sohn in Erlangen. XI S. u. 260 S., 1 Bl. Noten: Zigeuner-Schlaflied. 8°. Von F. P. nach S. 192 Vollbild: Jüdischer Buchhändler auf Jahrmarkt. Holzschn. *[S. a. PN Nr. 796]*

444. **Jugendblätter.** Titel wie Nr. 322. [8.] Jahrgang 1862. 570 S. gr. 8°. Von F. P.: S. 139–143: Ritter Götz von Berlichingen mit der eisernen Hand. S. 176–177: Lieb und Dank. [Gedicht: »Wenn ein milder Strahl der Sonne ...« 3 Vierzeiler.] S. 379–382: Das Berchtesgadener Kunst- und Holz-Handwerk. S. 560–564: Der Optiker Joseph von Fraunhofer.

445. **Münchener Bilderbogen** [14. Buch]. Gleicher Druckvermerk wie auf Nr. 247. Holzschn. gr. 2°. Bl. Nr. 323: Sprüchwörter für Kinder. Dritter Bogen. Auch bunt ausgegeben.

446. **Münchener Bilderbücher.** Nr. 2. Storch, Mops und Frosch. Der Ziegenbock mit der Schaukel. Der gefangene Hecht. Drei Geschichten in Bildern für lustige Kinder. München. Verlag von Braun & Schneider, o. J. Titel u. 9 Bll. Holzschn. kl. qu. 4°. Von F. P.: Nur die Titelvignette: Kasperl begrüßt Grethl und die jungen Kasperln [aus Kinderheimath S. 177, s. Nr. 205].
Die Münchener Bilderbücher sind Wiedergaben aus den Münchener Bilderbogen und wurden einige Male nach Bedarf mit neuen Umschlägen versehen.

447. **Münchener Bilderbücher.** Nr. 3. Bilder-A.B.C. für kleine Kinder. München. Verlag v. Braun & Schneider, o. J. Titel u. 12 Bll. Initialen mit Versen. Holzschn. Kol. qu. 4°. Von F. P. ist auch die Titelvignette: Hornblasende Jäger vor dem Wirtshause [aus Kinderheimath S. 141, s. Nr. 205].

448. **Münchener Bilderbücher** Nr. 5. Das Einmaleins in Reimen und Bildern. München, o. J. Verlag von Braun & Schneider. Titel [Vignette: Zur Schule laufen sechs kleine Kasperln, Silhouette], dreizehn Bll. Holzschn. Kolor. 4°.

449. **Morgenblatt** zur Bayerischen Zeitung (LVII. Jahrgang der Neuen

Münchener Zeitung) Nr. 112, 8. Mai 1862, S. 421: Über den Hofstaat des Herzogs Maximilian von Bayern.

450. **Morgenblatt** ... Nr. 149 & 150, 17. Juni 1862, S. 545: Ueber Albrechts V., Herzogs von Bayern, Hofhaltung.

451. **Morgenblatt** ... Nr. 339, 24. Dezember 1862, S. 1193–1195: Etwas von der Weihnachtsfeier zu Rom (Übersetzung in Versen der *Canzonetta nuova Sopra la Madonna*). [Vgl. Nr. 462]

452. **Nimm mich mit** ! Kinderbüchlein von Anton Birlinger. Freiburg im Breisgau. Herder'sche Verlagsbuchhandlung 1862. Druck von C. Grumbach in Leipzig. X S. u. 199 S. 12°. Umschlag v. F. P. Vorderseite: Fliegendes Band mit Titel: Vier Kinder. Vierte Seite: Kind mit Puppe und 29 Textzeichnungen. Holzschn.

453. **Prolog**, gedichtet von Franz Graf Pocci, gesprochen bei dem am 28. Juni 1862 im Curhause zu Brückenau gegebenen Conzert. Doppelseitig bedrucktes Blatt. Gedicht von 36 Zeilen: »Nichts Neues ist's, Ihr wißt es längst schon Alle ...« Druck von Ed. Kaußler in Landau. 8°.

454. **Todtentanz** in Bildern und Sprüchen von Franz Pocci. München, E. A. Fleischmann's Buchhandlung. August Rohsold, o. J. Druck von Ph. J. Pfeiffer in Augsburg. Umschlag, Titel mit der gleichen Vignette. Ein Blatt Vorwort, zwölf Bll. Totentanzdarstellungen mit Versen. Holzschn. H. Rühling sculp. gr. 4°. Inhalt: Auf dem Umschl. bezw. Titel der Tod als Hirte, Klarinette blasend. 1. Tod als Schnitter. 2. Tod als Kindsmörderin. 3. Tod als Holzweib. 4. Tod als Fährmann [s. Nr. 438]. 5. Tod als Bogenschütze. 6. Tod als Bergführer. 7. Tod als Glöckner. 8. Tod als Ministrant. 9. Tod als Fähnrich. 10. Tod als Last eines Dürrholzsammlers. 11. Tod als Leichenkutscher. [Wie so oft, kommt auch hier die feine Ironie des Künstlers zum Ausdruck. Der Schalknarr sitzt hinten auf dem Totenwagen.] 12. Tod als Totengräber.

455. **Was sich der Wein erzählt.** Von Arnold Schloenbach. München 1862. E. A. Fleischmann's Buchhandlung (A. Rohsold). Druck der Dr. Wild'schen Buchdruckerei [Parcus]. Umschlagzeichnung von Pocci: »Der Geist des Weines und der Küfer.« Holzschn. H. Rühling sc. 43 S. 12°.

Eines der seltensten Büchlein von F. P.

456. **Weihnachtsbaum** für arme Kinder. Gaben deutscher Dichter, eingesammelt von Friedrich Hofmann. Einundzwanzigste Christbesche-

rung. Preisminimum 35 Kr. = 10 Silbergrosch. – Mehrzahlung lohnt Gott. Hildburghausen. Christgeschenk des Bibliographischen Instituts. 1862. Druck vom Bibliographischen Institut (M. Meyer) in Hildburghausen. Stahlstich v. Ludwig Köhler u. 160 S. Von F. P.: S. 72–73: Weihnacht: »Da ruht ein Kind in schlechter Wiege ...«, drei Vierzeiler. Sirach VII. 40: »Was du thust, bedenk' das Ende ...«, acht Vierzeiler.
Kleine Änderungen gegenüber der Handschrift, auch eine Strofe im 2. Gedichte weggelassen [A. P. A. Gedichte 3, 167].

457. **Weihnachtsblatt.** Das in einem herzförmigen Strahlenkranz stehende Christkind hält die Rechte zum Segen erhoben, darunter im Typendruck eine vierzeilige Strofe: »Wunder wirkt dein Gnadenschein ...« mit der Jahreszahl »1862«. Holzschn. 5,7 x 8,1.

1863

458. **Allgemeine Zeitung.** Nr. 33, Beil. S. 536: München 1. Februar. Über den Ball beim österr. Gesandten Fürst Schönburg. Nr. 36, Beil. S. 583: München im Februar. Rückblick auf das Theater. Nr. 48. Außerord. Beil. S. 790: München im Februar. Die Angestellten der Hofkapelle. Nr. 51, S. 826: München 18. Februar. Kammerball mit Zigeunerquadrille. Nr. 64, Beil. S. 1117: München 9. März. Mozart von L. Nohl. Nr. 82, S. 1348: München 21. März. Hof- und Gesellschaftsnachrichten. Liebhaber-Theater. Nr. 149, S. 2462: München 27. Mai. Sitzung des historischen Vereins (25jähriges Bestehen). Nr. 176, Beil. S. 2916: München im Juni. Beantwortung einer Kritik über schlechte Unterkunft am Starnberger See. Nr. 208, Beil. S. 3452: München 26. Juli. Nachruf auf Kajetan Graf v. Sandizell. Nr. 218, Beil. S. 3616: München 5. Aug. Hofnachricht. Nr. 219, S. 3623: München 5. Aug. Theaterneubau; Hinweis auf das ehemalige Isartortheater.

459. **Fliegende Blätter.** Band XXXVIIII. Nr. 913–938. München, o. J. Verlag von Braun & Schneider. Titel, Inhaltsverzeichnis und 208 S. kl. 2°. Beitrag von F. P.: S. 29–30. Staatshämorrhoidarius an den Titl. Herrn Vorstand ... Holzschn.

460. **Gloria 1863.** Zwei schwebende Engel halten den Stern mit dem »Gloria«, darunter das Band mit der Jahreszahl »1863«, unter diesem das auf den Wolken stehende Christkind mit ausgebreiteten Armen, zu dessen Füßen eine Stadt mit einer Burg und Bergen im Hintergrunde. Links bez.: F. P. Holzschnitt [vom Holzschneider sehr verdorben]. 5 x 10,2. Es gibt auch Abdrücke auf stärkerem, gelblich getöntem Papier.

461. **Initiale** »Christoph« mit Spruchband nach Art der Namenbilder. Holzschn.
Holland (Nr. 324) erwähnt dieses Bl. Ich habe es nie gesehen. Da F. P. seine Namenbilder [s. Nr. 484] anfangs in Holzschn. oder Lithogr. vervielfältigt ausgeben wollte, ist es nicht unmöglich. daß dieses Bl. ein nicht befriedigender Versuch hierfür war.

462. **Jugendblätter.** Titel wie Nr. 322. [9.] Jahrgang 1863. 570 S. gr. 8°. Von F. P.: S. 63-67: Etwas von der Weihnachtsfeier zu Rom. *[Vgl. Nr. 451]* S. 104-111: Ludwig Schwanthaler. [In manchen Exemplaren mit Korrektur vom Schriftsteller.] S. 285: Im Mai. [Gedicht.]

463. **Lother und Maller.** Ein episches Gedicht von Friedrich Beck. München, 1863. E. A. Fleischmann's Buchhandlung. A. Rohsold. Druck der Dr. Wild'schen Buchdruckerei (Parcus). Umschlagzeichnung von F. P. »Die befreundeten Ritter zu Pferd im Walde.« H. Rühling sc. 61 S. 12°.

464. **Sonntagsfreude.** Jahrgang 1863. Freiburg i. Breisgau. Herdersche Verlagshandlung. gr. 4°. Von F. P.: Nr. 2, S. 16: Knabe mit Trommel [aus Nr. 452]. Nr. 4, S. 32: Sechs Zeichn. [aus Nr. 452]. Nr. 7, S. 52: Zeichnung zu St. Eloi. Nr. 8, S. 64: Drei Zeichnungen [aus Nr. 452]. Nr. 14, S. 108: Zeichnung zu Osterlied [aus Nr. 32, 1] von Guido Görres [durch Umzeichnung ganz entstellt, wurde mit anderen Gedichten in Nr. 28, Unterhaltungsblatt d. Augsburger Posttztg. 11. April 1903, auch abgedruckt]. Nr. 15, S. 120: Zwei Zeichn. [aus Nr. 452]. Nr. 16, S. 128: Schlafendes Kind mit zwei Engeln. Nr. 27, S. 216: Eine Zeichnung [aus Nr. 452]. Nr. 37, S. 296: Zwei Zeichnungen [aus Nr. 452].

465. **Weihnachtsbaum.** Zweiundzwanzigste Christbescherung sonst wie Nr. 456. Von F. P.: S. 82: Der Winter: Was soll'n wir Kinder nun im langen Winter thun?
Beiträge von F. P. in späteren Bändchen nicht enthalten.

466. **Weihnacht 1864.** Links in der Initiale »J« das stehende Christkind, in der Rechten die Weltkugel, die Linke segnend erhoben. Zu dessen Füßen die Hirten betend. Links sitzt ein Hirte Schalmei blasend. Oben rechts in Typendruck eine sechszeilige Strofe: »Jesus, der Du bist erschienen ...« Links unten bez.: F. P. Holzschn. 8,2 x 10,9.
Im A. P. A. Probedruck mit den von F. P. mit Bleistift eingesetzten Versen.

467. **Zigeunerwunsch.** 4 Vierzeiler: »Zigeuner sind wir, Glücksprofeten ...«
Auf damals beliebtem (mit Zinkweiß versetzten) »Papier Pelé« gedruckt. Zu einem Maskenfest bei Fürst Schönburg, 3. I. 63. [S. Nr. 458 A. Z. n. 33.]

1864

468. **Allgemeine Zeitung** Nr. 30, S. 475: München, 28. Januar. Festlichkeiten im Karneval. Nr. 31, Beil. S. 499: München, 28. Januar. Einstellung der Dampfschiffahrt auf dem Starnberger See zu befürchten. »Der Staatshämorrhoidarius ist unsterblich.« Nr. 43, Beil. S. 692: München, 10. Februar. Kostümiertes Fest im Residenztheater (Erinnerungsbild der Einweihung des Opernhauses). Nr. 164, S. 2658: Starnberg, 9. Juni. Schiffahrt auf dem Starnberger See. Trübseliger Anblick der Palast-Fragmente auf der Feldafinger Höhe. Nr. 177, Beil. S. 2880: Aschaffenburg, 23. Juni. Hofnachricht. Nr. 193, S. 3131: Aschaffenburg, 8. Juli. Nachricht über König Ludwigs I. Klage über geplanten Abbruch des Hoerstalltores. Nr. 355, Beil. S. 5781: München, 19. Dezember. Hofnachrichten.

469. **Der wahre Hort** oder die Venediger Goldsucher. Drama in vier Aufzügen von Franz Pocci. Als Manuskript gedruckt. München 1864. Druck von W. Weifenbach. 36 S. gr. 8°.

470. **Jugendblätter.** Titel wie Nr. 322. [10.] Jahrgang. 1864. V. und 570 S. gr. 8°. Von F. P.: S. 170–173: Das Ende Königs Carl Stuart I. von England. S. 231–237: Ein Maskenfest am Hofe zu München den 9. Februar 1864. S. 331–335: Der Tod Königs Maximilian II. von Bayern. Am 10. März 1864.

471. **Mother Goose** *from Germany ill. from Ludwig Richter Philadelphia. Frederich Leypoldt 1864.*
Nach Angabe der Verlagsbuchhändler E. H. Lange & P. Memler in Leipzig enthält dieses Buch Zeichnungen von F. P. [Nachdrucke?]. Trotz aller Bemühungen der Staatsbibliothek in München war es nicht möglich, das mir unbekannte Buch zu erlangen.

472. **Sonntagsfreude.** Jahrgang 1864. Freiburg im Breisgau. Herder'sche Verlagshandlung. gr. 4°. Von F. P.: Nr. 25, S. 184: Mutter bei Kind in Wiege [aus Nr. 452, Holzschn.]. Nr. 38, S. 296: Storchennest [aus Nr. 452, Holzschn.]. Nr. 51, S. 405: Winters Einzug [Gedicht].

473. **Der Tod Königs Maximilian II. von Bayern.** Am 10. März 1864. 4 S. Text bez. F. P. Sonderdruck aus den Jugendblättern der Isabella Braun 1864. S. 331–335 [s. Nr. 470].

1865

474. **Allgemeine Zeitung.** Nr. 3, S. 40: München 2. Jan. Hofnachrichten. Nr. 21, Beil. S. 336: München 18. Jan. Klage über die Dult am Maximiliansplatz. Nr. 41, S. 651: München 8. Febr. Hofnachrichten. Nr. 44,

Beil. S. 709: München 12. Febr. Diner beim englischen Gesandten. Nr. 52, Beil. S. 838: München 21. Febr. Ludwig Schwanthalers Charakteristik [gez. E.! P.]. Nr. 62, Beil. S. 1004: München 1. März. Karnevalsnachrichten. Nr. 132, Beil. S. 2147: München 10. Mai. Kunstvereinsnachrichten. Nr. 246, S. 3985: München 2. Sept. Beisetzung Königs Maximilian II. Nr. 257. Beil. S. 4172: München 12. Sept. Vermessung der Ufer des Würmsees. Nr. 262, S. 4246: München 18. Sept. Versteigerung der Gemäldesammlung des Grafen Schönborn. Nr. 279, Beil. S. 4532: München 5. Okt. Eröffnung der Eisenbahnstrecke Tutzing-Penzberg. Nr. 293, Beil. S. 4756: München 18. Okt. Theaterfragen. Nr. 308, Beil. S. 4998: München 2. Nov. Odeonkonzert. Nr. 312, Beil. S. 5060: München 6. Nov. Nachricht über Schwind. Nr. 316, Beil. S. 5124: München 11. Nov. Pilotys Columbus für Herrn v. Schack. Nr. 333, S. 5392: München 27. Nov. Rücktritt des Galeriedirektors Zimmermann. Änderung des Direktor Foltz wegen Zeichenerlaubnis. Nr. 348, S. 5649: München 13. Dez. Erste Erwähnung des Tenoristen Vogel. Nr. 359, S. 5831: München 23. Dez. Über Aretin, Alterthümer und Kunstdenkmale des bayrischen Herrscherhauses.

475. **H. C. Andersen's Sämmtliche Märchen.** Deutsch von Julius Reuscher. Mit Illustrationen in Holzschnitt von Th. Hosemann, Graf Pocci, Raymond de Baux und Ludwig Richter. Dritte vermehrte Auflage. Leipzig. Ernst Julius Günther 1865. Druck von F. A. Brockhaus in Leipzig. VI u. 492 S. 8°. Holzschn. Siebzehn Zeichnungen von F. P.: Einband, Titel, S. 35, 141, 146, 166, 172, 180, 262, 272, 277, 285, 297, 308, 314, 322, 331.

476. **Jugendblätter.** Titel wie Nr. 322. [11.] Jahrgang 1865. V S. u. 602 S. gr. 8°. Von F. P.: S. 549–550. Barmherzigkeit [Gedicht].

477. **Der »fliegende Holländer«** am Maste seines Geisterschiffes stehend. Lithogr. 30 x 22,5. Für Zettel des Marionetten-Theaters. [Stück nicht v. F. P.]
Im A. P. A. Probedruck mit Bleistiftbemerkung des Künstlers: »Marionettenzettel. Der fliegende Holländer 1865.« In die Zeichnung mit Bleistift »F. P.« eingesetzt.

478. **Miß Mary.** Nach einer wahren Begebenheit bearbeitet von Arthur Lutze. Oben Seelandschaft mit mehreren Ruinen [Holzschn.], dann folgen 19 vierzeilige Strofen: »Am grünen Rhein, vor altersgrauem Thurme ...« 2 Bll. Schnellpressendruck von H. Gocht in Cöthen. 8°. Auf der letzten Seite in Klammern: »Der Ertrag ist zum Besten der von Ihrer Königlichen Hoheit Prinzessin Alexandra gestifteten Marien-Armen-Küche bei St. Bonifaz in München bestimmt.«

479. **Sonntagsfreude.** Jahrgang 1865. Freiburg im Breisgau. Herdersche Verlagshandlung. 4°. Zehnter Jahrgang. Von F. P.: Nr. 30, S. 235: Der Todesengel, eine orientalische Sage. Gedicht und Illustration von Franz Pocci: »Auf dem Throne saß der Hohe...«. Holzschn. 16 Vierzeiler. Nr. 48, S. 384. Mutter vor Wiege mit Kind. Abdruck und Holzschnitt aus Nr. 452.

480. **Weihnachtsblatt.** In der Initiale »W«, links mit einem Engelskopf und rechts oben, in eine Arabeske auslaufend, mit einem Vogel, sitzt von Strahlen umgeben das Christkind mit ausgebreiteten Armen. Rechts ein Vierzeiler: »Wird Christus tausendmal ...«, darunter angedeutet die Stadt Jerusalem. Links unten bez.: F. P. 1865. Lithogr. 10,4 x 5,6.
Holland-Pocci 125 sagt mit Recht, daß das Blättchen bei dem Überdruck verdorben und deshalb nicht ausgegeben wurde.«

1866

481. **Allgemeine Zeitung.** Nr. 26, Beil. S. 416: München 24. Jan. Burgers Kupferstich von Genellis »Europa«. Nr. 44, Beil. S. 716: München 11. Febr. »Warum ist der große Calderón ignoriert? ...« Nr. 53, Beil. S. 863: München 20. Febr. Über den Künstler E. Ille. Nr. 54, Beil. S. 880: München 22. Febr. Ersatz für die eingegangene Vorstadtbühne? Nr. 57, S. 917: München 26. Febr. Kaspar Braun und das bürgerliche Zeughaus. Nr. 70, S. 1136: München 10. März. Trauerfeierlichkeiten für König Max II. Nr. 74, S. 1194: München 13. März. Über Maler Fischbach. Nr. 77, S. 1243: München 16. März. Über die Jesuitenmission. Nr. 87, Beil. S. 1424: München 24. März. Über die Jesuitenmission. Nr. 106, S. 1730: München 14. April. Vorschlag, den Gasteigberg Maximilianshöhe zu nennen. Nr. 113, S. 1845: München 21. April. Kaspar Braun und das Zeughaus. Nr. 118, S. 1930: München 25. April. Photographie v. Hanfstängl. Nr. 126, Beil. S. 2075: München 3. Mai. Projekt. Stadthaus durch Prof. Ludwig Lange. Nr. 144, S. 2374: München 22. Mai. Nachricht über König Ludwig I. Nr. 169, S. 2791: München 16. Juni. Aufruf des Johanniter-Ordens. Nr. 173, S. 2855: Aschaffenburg 20. Juni. Nachricht über König Ludwig I. Nr. 215, S. 3540: München 1. Aug. Unterstützung der durch den Krieg geschädigten Unterfranken. N. 247, Beil. S. 4064: München 3. Sept. Unterstützung der durch den Krieg geschädigten Unterfranken. Nr. 253, Beil. S. 4159: München 8. Sept. Theater nach Frieden für ewige Zeiten wieder vollbesetzt – Possart. Christen – Kostümfragen. Nr. 260, Beil. S. 4274. München 13. Sept. Verlangen nach einem Volkstheater. Nr. 263, Beil. S. 4320: München 19. Sept. Nachricht

über den Fischbrunnen. Nr. 300, Beil. S. 4929: München 24. Okt. Theaterbericht. Nr. 333, Beil. S. 5480: München 27. Nov. Odeonkonzert. Nr. 344, S. 5655: München 8. Dez. Baumstudie v. Fischbach.

482. **Jugendblätter.** Titel wie Nr. 322. [12.] Jahrgang 1866. V und 586 S. gr. °. Von F. P.: S. 161: Zu Neujahr [Gedicht]. S. 196–197: Musik [Gedicht].

483. **Schäfflertanz.** Die tanzenden Schäffler, vorne links die komische Figur des Kasperl, rückwärts »Gretl mit der Butten.« Lithogr. 29,5 x 23. Für Zettel des Marionetten-Theaters.

Im A. P. A. auf Probedruck Vermerk des Künstlers: »Auf den Zettel für das Casperltheater. 1866.« In die Zeichnung mit Bleistift eingesetzt: »F. P.«

484. **Namenbilder von Franz Pocci.** In der Initiale »N« auf einem Rosenstrauche stehend ein Herold mit Barett, Stab, Degen und Dolch; unten eine Arabeske mit zwei, ein Buch betrachtenden Kindern, oben Rankenornament mit Vögeln. Lithogr. qu. 4°. [S. Nr. 461].

Diente als Titelblatt für die hundert als Photographien ausgegebenen Namenbilder.

485. **Herrn Petermanns Jagdbuch.** 4. Aufl. Genau wie Nr. 251.

486. **Das deutsche Räthselbuch.** Gesammelt von Karl Simrock. Zweite Auflage. Frankfurt a. M. Verlag von Christian Winter. Gedruckt in diesem Jahr. o. J. VIII. und 251 S. 12°. H. L. Brömer's Druckerei in Frankfurt a. M. Zwei Zeichnungen von F. P.: 1. Auf dem Umschlag [Pappband]: Ein Band mit Titel schlingt sich durch Weinlaub, Hase, Vögel, Kinder, von denen eines oben im »Räthselbuch« liest, unten hält eines den Schlüssel zur Lösung, bez. F. P. H. Rühling sc. 2. S. 4. A E I O U übereinander, mit zu den Versen passenden Darstellungen, Holzschn.

Das Blatt wurde auch gesondert ausgegeben, vermutlich als Lesezeichen, deren F. P. eine große Zahl zeichnete.

487. **Sonntagsfreude.** Jahrgang 1866. Freiburg i. Breisgau. Herdersche Verlagshandlung. kl. 2°. Von F. P.: Nr. 12, S. 96: Bär und Fuchs [aus Nr. 452]. Nr. 18, S. 144: Kind. Holzschn.

488. **Weihnacht 1866.** Links in der Initiale »E« steht das dornengekrönte Christkind im Mantel, in der Rechten das Kreuz, in der Linken die Weltkugel. Rechts eine achtzeilige Strofe in Typendruck: »Ein kleines Kind tritt aus der Nacht, ...« Rechts unten bez.: F. P. Holzschnitt. 10,9 x 6,9.

Von nun ab ließ F. P., der sich zur Vervielfältigung seiner Weihnachtsblätter der Lithographie, des Holzschnittes und der Radierung bedient hatte, die Bilder zur Verteilung an Familie und Freunde bis 1875 nur mehr photographieren.

1867

489. **Allgemeine Zeitung.** Nr. 13, Beil. S. 208: München, 10. Jan. Theaterbericht. Nr. 24, S. 378: München, 22. Januar. Über E. Illes Gemälde »Hans Sachs u. seine Zeit.« Nr. 25, Beil. S. 404: München, 24. Januar. Richard Wagners Rückkehr. – Ausführung des Volkstheaters. Nr. 34, außerordentl. Beil. S. 554: München, 3. Februar. Über Landwehrzeugwart Kaspar Braun, Begr. der Fliegenden Blätter und der Münchener Bilderbogen. Nr. 37, Beil. S. 598: Ende Jan. Aus Pilotys Malerschule. Nr. 46, S. 738: München, 13. Februar. Über verschiedene Neubaue. Nr. 50, Beil. S. 816: München, 18. Febr. Über die Malerin Emilie Linder. Nr. 63, S. 1024: München, 3. März. Fahrt d. Ausstellungs-Kommission z. Pariser Weltausstellung. Nr. 65, Beil. S. 1065: München, Ende Februar. Kupferstich Burgers. Nr. 70, Beil. S. 1143: München, 7. März. Altertümer und Kunstdenkmale des bayer. Hauses. Nr. 94, Beil. S. 1544: München, 3. April. Hof und Personalnachrichten. Nr. 104, Beil. S. 1708: München, 11. April. Über den Grabstein des letzten Fraunhofen im Atelier Zumbusch. Nr. 137, Beil. S. 2244: München, 14. Mai. Metereologische Stationen in Bayern zu forstlichen Zwecken. Nr. 150, S. 2452: München, 29. Mai. Besprechung von *Maximilien II. roi de Bavière par Vaublanc*. Nr. 151, Beilage. S. 2472: München, 30. Mai. Kritik zweier Lenbach-Bilder. Nr. 158, Beil. S. 2583: München, 5. Juni. Ausstellung des Vereins für christliche Kunst. Nr. 166, Beil. S. 2714: München, 12. Juni. Verhältnis von Sodawasser und Bier. Nr. 251, S. 4036: München, 6. September. »Maiglöckchen« von Prinzessin Alexandra. Nr. 260, Beil. S. 4172: München, 16. September. Besprechung der Münch. Bilderbogen. Erwähnung von Busch. Nr. 320, Beilage. S. 5116: München, 13. September. Aus dem Kunstverein. Nr. 325. Außerord. Beil. S. 5198: München, 15. September. Vorträge von Julius Braun über den Orient. Nachricht über das »Handbuch des Königreichs Bayern«. Nr. 331. Außerord. Beil. S. 5295: München, 25. November. Frhr. v. Perfall, Hoftheaterintendant. Eingerissene Gewohnheit. Seine Aufgabe. Sein Eintritt kein beneidenswerter. Nr. 337, S. 5374: München, 30. November. Repertoir-Besprechung. Nr. 351, Beilage. S. 5611: München, 14. Dezember. Ausstellung im Kunstverein. – Schwind. Flüggen. Nr. 354, S. 5656: München, 18. Dez. Über Ludwig Foltz.

490. **Casperl als Prinz**, ganze Figur mit Ordensstern, in Schlafrock und Mütze. Lithogr. 26,5 x 21. Für Zettel des Marionetten-Theaters.

491. **Herbstblätter** von Franz Graf Pocci. München, Verlag von Hermann Manz, 1867. 2 Bl., [Gedichte] 224 S., 2 Bl. kl.8°.
Das durchschossen gebundene Handexemplar des Dichters im A. P. A. trägt auf dem Titel die handschriftl. Bemerkung: »(Correcturen zu etwaiger zweiten Auflage.)« Darin mehrere Textverbesserungen, Einschaltungen und Umdichtungen.

492. **Jugendblätter.** Titel wie Nr. 322, aber Verlag von Braun und Schneider, München. (13. Jahrgang.) 1867. V S. und 568 S. gr. 8°. Von F. P.: S. 42–43: Parabel [Gedicht]. S. 328–330: Legende vom Heiligen mit dem goldenen Scheine [Gedicht, im Inhaltsverz. fälschl. S. 318]. S. 398–404: Der brave Stamperl.

493. **Ein Bauer auf blumen- und bändergeschmückter Mähre** reitend. Lithogr. Farbdruck. 26 x 20. Für Zettel des Marionettentheaters: München, im Gasthaus des Glasgartens, Sonntag den 24. März 1867. Zum Erstenmale: Rochus Pumpernickel. [Stück nicht von F. P.] Druck von E. Stahl in München.

494. **Lustige Gesellschaft.** Bilderbuch von Fr. Pocci. 1867. München bei Braun & Schneider. 59 S. Buntschabl. Illustr. Holzschn. qu. gr.4°. Jede Zeichn. nimmt je 2 S. ein, die begleitenden Verse sind vorausgedruckt. Im A. P. A. die Originalzeichnungen nebst Versen als Buch gebunden. Der Vergleich zeigt, wie wenig der Holzschneider den Vorlagen gerecht wurde.

495. **Poccis lustiges Bilderbuch** wie Nr. 288. 2. Auflage. Bunter Druck des Umschlags und der Zeichnungen im Text.

496. **Münchener Bilderbogen.** Gleicher Druckvermerk wie auf Nr. 247. [19. Buch.] Holzschn. gr. 2°. Bl. Nr. 447: Kindersprüche. 1. Bogen. Bl. Nr. 448: desgl. Auch bunt ausgegeben. Auf dem 2. Bogen Druckvermerk: Hofbuchdruckerei v. Dr. Wolf & Sohn.

497. **Rosengärtlein.** Titel wie Nr. 327. Dritte Auflage.
Von hier ab sind die Illustrationen von Klischees gedruckt.

1868

498. **Allgemeine Zeitung.** Nr. 37, Beil. S. 552: München, 5. Febr. Änderungen durch den neuen Hoftheaterintendanten. Nr. 110, Beilage. S. 1680: München, 18. April. Kunstverein – Makart. Nr. 136, Beilage. S. 2071: München, 11. Mai. Kunstverein – Fischbach – Max. Nr. 148, Beil. S. 2251: München, 24. Mai. Nach Auflösung der Innungen sollen die kostbaren Altertümer der Stadt Augsburg in anderen Besitz übergehen. Nr. 175, Beilage. S. 2660: München, 22. Juni. Personal-

nachrichten. Nr. 243, S. 3685: München, 28. August. Altertümer und Kunstdenkmale des bayerischen Herrscherhauses. Nr. 321, S. 4871: München, 13. November. Kunstverein – Makart. Pest in Florenz. [Mit Korrespondenten F(riedrich) P(echt) nicht einverstanden. Artitel bemerkenswert, da er Graf Pocci gezeichnet ist]. Nr. 366, S. 5594: München, 29. Dezember. Jahresbezug von Isabella Braun durch den König.

499. **200 alte und neue Kinder-, Studenten-, Soldaten- und Volkslieder.** Mit Bildern und Singweisen, herausgegeben u. illustrirt von A. E. Marchner, K. v. Raumer, A. Jürgens, L. Richter und F. Pocci. 43 Kinderlieder, 62 Studentenlieder, 31 Soldatenlieder, 64 Volkslieder. Leipzig. Verlag von G. Mayer. 253 S. mit neuer Seitenzählung. Holzschnitte aus dem Verlag von Händtke & Lehmkuhl in Altona, 1868. gr. 8° [enthält nochmals Abdrucke von Zeichnungen F. P.'s der Nr. 143, 162 und 173].
Gustav Mayer hatte unter andern Werken diese Lieder 1862 an den Verl. Händtke & Lemkuhl in Altona b. Hamburg verkauft. 1874 wurden sie von Alph. Dürr Leipzig erworben.

500. **Jugendblätter.** Titel wie Nr. 322 (14. Jahrgang) 1868. IV und 572 S. gr. 8°. Von F. P.: S. 229: Sprüche. S. 334–336: Ein Frühlingslied: »Der Winter ging durch Berg und Thal«. S. 529–530: Die wandernden Musikanten [Gedicht].

501. **Rotkäppchen und der Wolf.** Lithogr. 22 x 14. Für Zettel des Marionettentheaters.

502. **Der gestiefelte Kater.** Lithogr. 23 x 15. Für Zettel des Marionettentheaters.

503. **Der Menschenfresser Hänsel und Grethel verfolgend.** Lithogr. 29 x 15. Für Zettel des Marionettentheaters.
Verwendung dreier Skizzen von Nr. 494.

1869

504. **Die Domkirche** zu Unserer Lieben Frau in München, beschrieben von Anton Mayer, Benefiziat. 1868. Druck und Verlag von J. G. Weiß, Universitätsbuchdrucker. XIX S., 566 S. u. [139] S. 4°. Von F. P.: Auf dem ersten Titelblatt: Links oben Madonna in der Initiale »D«, hinten die Frauenkirche, über der Madonna ein Engel mit Bandrolle: 1868. In der Mitte des Blattes ein fliegendes Band »Domkirche«, rechts St. Benno mit Bischofsstab, Fisch und Schlüssel, links unten kniender Engel, bez.: F. P. Holzschn. X. G. Gleißner. 10,9 x 24,4.

505. **Allgemeine Zeitung.** Nr. 69, Beil. S. 1047 München 7. März. Aktientheater unselig entschlafen. Hinweis auf das alte Isartortheater.

Volksbühne – Volksstücke! Nr. 233, Beil. S. 3596: München 20. Aug. Enthüllung des Goethestandbildes.

506. **Angliabock.** 1869. Unter dieser Überschrift der Kopf eines Ziegenbocks mit riesigen Hörnern und Rettichen, um die ein Band mit dem Worte »Speiszettel« flattert. Es folgen vierzehn Verszeilen: »Wi [sic!] stets beginnt des Mahles Reih' ...«, in die Karikaturprofile von Angliamitgliedern eingestreut sind; besonders auffallend in der Mitte Kobell auf einem angedeuteten Tisch, sitzend einen Rettich unter dem Arme. Unten als Vignette der Säckel der Gesellschaft; die Seitenteile bilden F. P's und Kochs [Hofmedikus] Profile; als Verschluß des Beutels dient der Kopf des Schatzmeisters Haindl [Münzwardein]. Zu beiden Seiten je ein Bockglas. Einseitig lithogr. Blatt ganz in der Handschrift des Künstlers. 11,3 x 26.

507. **Jugendblätter.** Zur Unterhaltung und Belehrung. Sonst wie Nr. 322. (15. Jahrgang) 1869. V u. 570 S. gr. 8°. Von F. P.: S. 73–74: Die Spinne [Gedicht]. S. 193–198: Der Kanarienvogel. S. 516–517: Viele Wege zu einem Ziele [Gedicht].

508. **Lustiges Komödienbüchlein.** Erstes Bändchen. Zweite Auflage. München. Druck und Verlag von Ernst Stahl. 1869. Ganz wie Nr. 403.

509. **Lustiges Komödienbüchlein** von Franz Pocci. Drittes Bändchen. München 1869. Verlag der J. J. Lentner'schen Buchhandlung (E. Stahl). Schalknarr wie Nr. 403, gleicher Innentitel. Vor jedem Stück Titelvignette. Holzschn. und 285 S. 12°. Inhalt: Hansel und Grethel oder der Menschenfresser. Die stolze Hildegard oder Asprian mit dem Zauberspiegel. Das Märchen vom Rothkäppchen. Albert und Bertha oder Kasperl im Sack. Die Zaubergeige. Kasperl als Prinz.

510. **Odoardo.** Romantisches Schattenspiel in fünf Aufzügen von F. G. Pocci. München. Theodor Ackermann. 1869. Druck von W. Weifenbach in München. Umschlag u. 47 S. 12°.
Im A. P. A. eine lange Rolle [Grisaille]. Darstellung verschiedener Szenen. S. Nr. 690. *[s. a. PN Nr. 763]*

1870

511. **Fliegende Blätter.** Band LIII. Nr. 1303–1328. München, o. J. Verlag von Braun & Schneider. Hierzu eine Beilage. 208 S. Von F. P.: S. 172: Der Bayer im Krieg [Gedicht].

512. **Die in der Schlacht Gefallenen.** 4 Achtzeiler. 9. IX. 1870 im Nürnberger Correspondenten.

[Der Druck dieser Verse war nur aus dem »Handschr. Gedicht« in A. P. A. festzustellen, wo auch das Datum angegeben ist. Die Zeitung konnte nicht nachgeprüft werden.] *[Vgl. PN Nr. 769]*

513. **Jugendblätter.** Titel wie Nr. 322. (16. Jahrg.) 1870. IV u. 570 S. gr. 8°. Von F. P.: S. 26–37. Die geheimnisvolle Pastete. S. 123–124. Beim Jahreswechsel [Gedicht]: »Das Jahr ist um! Der Horen Tanz geendet.« S. 337–339. Der Hanichl.

514. **Lieder zu Schutz und Trutz.** Gabe deutscher Dichter aus der Zeit des Krieges im Jahre 1870. Gesammelt und herausgegeben von Franz Lipperheide. Mit einer Titelzeichnung von Ludwig Burger. Der Reinertrag ist für die Vereine zur Pflege im Felde verwundeter und erkrankter Krieger des gesamten deutschen Heeres bestimmt. Erste u. zweite Sammlung. August und September 1870. Zweite veränderte und vermehrte Auflage Berlin. Verlag von Franz Lipperheide. 1870. kl. 2°. X S., 260 S. [Gedichte, größtenteils faksimiliert wiedergegeben]. 18 S. S. 106: »Was soll der Sänger in den schweren Tagen? ...« Drei Dreizeiler. Unterschr.: München, 1. Aug. 1870. Dr. Franz G. Pocci.
Alles faksimiliert.

515. **Silvia.** Drama »*le Passant*« in einem Aufzuge von François Coppée. Uebersetzt von Franz Graf Pocci. Als Manuscript gedruckt. Druck von W. Weifenbach in München. 16 S. 8°.
Das A. P. A. verwahrt in der Autographen-Abteilung zwei Dankbriefe des Dichters F. C. »Die Beilage zur Allg. Ztg. Nr. 200 bringt einen Artikel über eine Übersetzung vom Grafen W. Baudissin zweier Stücke von Coppée« schrieb F. P. am 19. VII. 1874 an Holland und bat »um die Gefälligkeit, gelegentlich die Notiz ... zu schreiben, daß eines der Dramen bereits vor 3 Jahren von mir übersetzt auf der Hofbühne gegeben ward. Die Rollen waren von Frl. Ziegler und Frau Dahn-Hausmann besetzt. Übersetzung wie Darstellung wurden beifällig aufgenommen. ... Ich möchte die Priorität meiner Übersetzung doch nicht ignorirt wissen.«

1871

516. **Den Manen König Ludwig I. von Bayern.** München 16. Juli 1871. 5 vierzeilige Strofen: »Erhebe dich aus deiner Gruft, mein König ...« Rechts unten bez.: Franz Graf Pocci. 8°.
Bemerkung von F. P. auf dem Blatte im A. P. A. (Handschr. Gedichte 5. Band): »Erschien in der Allgem. Zeitung (18. Juli Beilage), dann ließ ich auch 100 Ver-theilungs-Exemplare drucken.«

517. **»Wahrlich, o Freund,** daß Dir Anglia reichet den Lorbeer, gebührt Dir; ...« Dreizehn in Typendruck ausgeführte Hexameter. München,

6. Nov. 1871. Einseitig bedrucktes Gedenkblatt an L. von Gombart. Unten bez.: F. P. 8°.
Die oberhalb des Gedichtes angebrachte klassisch stilisierte Karikatur wurde zur Verteilung nur photographisch vervielfältigt. Eine mit dem Lordhütchen bedeckte Göttin »Anglia« reicht »L. v. G. *Aetati[s] LXXX.*« den Lorbeerkranz. Die Photographie trägt rechts über einer Lyra die Initialen »F. P.«

518. **Willkomm.** München, 16. Juli 1871. Auf der Vorderseite in Blaudruck ausgeführtes Gedenkblatt zur Rückkehr des bayerischen Heeres aus dem Feldzuge. 6 vierzeilige Strofen: »Die Trommeln wirbeln und die Fahnen wehen! ...« Unten bez.: Franz G. Pocci. Druck v. W. Weifenbach, Neuhauserstraße Nr. 5. 8°.
Bemerkung von F. P. im A. P. A. [Handschr. Gedichte Band 5]: »NB. Als fl. Blatt zur Vertheilung gedruckt (500 Exemplare). Dann ohne mein Wissen im bayer. Curier aufgenommen.«

519. **Jugendblätter.** Titel wie Nr. 322. (17. Jahrgang) 1871. 570 S. gr. 8°. Von F. P.: S. 143–144: Der Kampf mit dem Drachen. S.263: Zum Frieden [Gedicht]. S. 323–324: Auferstehung.

520. **Lustiges Komödienbüchlein** von Franz Pocci. Viertes Bändchen. München 1871. Verlag der J. J. Lentner'schen Buchhandlung (E. Stahl). Schalknarr mit vorgehaltener Maske von F. P. wie bei Nr. 403. 283 S. Inhalt: Kalasiris, die Lotosblume. Das Schusserspiel. Die geheimnisvolle Pastete. Die sieben Raben. Das Glück ist blind. Waldkönig Laurin. Das Eulenschloß. Vor jedem Stück Titelvignette. Holzschn. 12°.

521. **Nimm mich mit** ! Kinderbüchlein von Anton Birlinger. Zweite ganz umgearbeitete Auflage. Freiburg im Breisgau. Herder'sche Verlagsbuchhandlung 1871. Buchdruckerei der Herder'schen Verlagshandlung in Freiburg. Innentitel mit einem Holzschnitt von Franz Pocci, VIII u. 336 S. 12°.
Die gleichen Zeichnungen wie in Nr. 452, aber vermehrter Text.

522. **Giovannina.** Dramatische Novelle in 1 Aufzuge von Franz Graf Pocci (Den Bühnen gegenüber als Manuskript). Deutsche Schaubühne. 2. u. 3. Heft, o. O. 1871. Innentitel wie oben; dann Personen usw. 18 S. 8°.
Das Exemplar in A. P. A. mit Bleistiftkorrekturen des Dichters auf dem Innentitel: Die Campagnuola ... von Alexander. Ferner veränderter Schluß. Unter diesem Titel, aber »Campagnola«, wie es auf dem Theaterzettel heißt, wurde die dramatisirte [sic] Novelle am 27. April 1875 im Kgl. Theater am Gärtnerplatz aufgeführt.

1872

523. **Jugendblätter.** Titel wie Nr. 322. (18. Jahrg.) 1872 VI S. u. 568 S. gr. 8°. Von F. P.: S. 33–37: Die Rebhühnerjagd. S. 144: Spruch.

524. **Rosengärtlein.** Titel wie Nr. 155. Vierte Auflage. Die folgenden Auflagen erschienen in den Jahren von 1874–1906. *[s. a. PN Nr. 778; 862]*

1873

525. **Zum 19. Juli 1873.** (Zu Franz v. Kobells siebenzigstem Geburtstage):

»Heil dir, stets Wehriger,

...

Heil dir, Frohsingender,

...

Heil, Mädchen winkender,

...

Heil dir, Florierender,

...

Heil, Kobell, dir«.

Vier Vierzeiler auf der Rückseite einer Photographie [12,5 x 4,5], die für die Altenglandmitglieder und Freunde nach der Zeichnung von F. P. aufgenommen wurde: Der bekränzte Dichter, die Zither im Arm auf einem von beflügelter Gemse und Reh gezogenen Wagen. Dahinter die Genien der Wissenschaft mit Kristallen und Mineralien. Allegorische humoristische Figuren begleiten den Festzug in der Luft.

Ein Exemplar in der B. St. M.

526. **Jahresbericht,** Vierunddreißigster und Fünfunddreißigster, des Historischen Vereins von und für Oberbayern für die Jahre 1871 und 1872. gr. 8°. Von F. P.: 2. S. 161–167: Freiherr Hans v. Aufseß. Mit eigener Seitenzählung auch besonders abgedruckt.

527. **Jugendblätter.** Titel wie Nr. 322 (19. Jahrgang), 1873. VIII S. und 568 S. gr. 8°. Von F. P: S. 36: Spruch: »Ein Schüler ist der Mensch ...« S. 479–480: Die Tinte.

528. **Neues Kasperl-Theater** von Franz Pocci. Zweite vermehrte Auflage. Stuttgart und Leipzig. Verlag von Otto Risch. 1873. Druck von Alfred Müller (früher Blum & Vogel) in Stuttgart. Farbiger Umschlag,

sonst wie Nr. 323, aber um zwei Stücke (...: 7. Schuriburiburischuribimbampuff oder Kasperl als Bergknappe. 8. Der gefangene Turko. Dazu zwei Vignetten. Holzschn. vermehrt.) Inhalt und 163 S.

529. **Lustige Gesellschaft.** Rest der Nr. 494 als neue Umschlag-Ausgabe. gr. qu. 4°.

530. **Herrn Petermanns Jagdbuch.** 5. Auflage, genau wie Nr. 251.

1874

531. **Briefpapier- und Karten-Vignetten.** Scherzhaftes Alphabet und eine Reihe von anderen komischen Darstellungen. Gedruckt bei F. A. Prantl, München. Stahlstich, gold- und handkoloriert. Durchschnittl. 3 x 3.
Im A. P. A. das Alphabet und 11 andere Scherzzeichnungen. Die von Holland unter Nr. 127 (also Lithographie) erwähnten 24 Briefpapiervignetten und 12 Korrespondenzkarten waren in Wirklichkeit bedeutend zahlreicher. Auch bediente man sich zur Reproduktion nicht nur der Lithographie allein, sondern hauptsächlich des Stahlstichs. Bei der Firma Prantl wurden gelegentlich der Inventur des Jahres 1910 vom damaligen Besitzer Herrn Philipp Hergl noch dreißig Stahlstöckchen gefunden. Herr Hergl hatte die Liebenswürdigkeit, diese Serie für das A. P. A. zusammen auf ein altes Büttenblatt [siehe Nr. 587] abziehen zu lassen; ferner ging er mit der Absicht um, die noch vorhandenen Buchstaben neuerdings als Briefpapier oder Kartenvignetten auszugeben und zum Verkauf zu bringen. Die seinerzeitige 1. Ausgabe dieser Buchstabenserie bestand aus 36 Stück, die sowohl auf Briefpapier als auch auf zwei verschiedenen Kärtchen vorkamen. Außerdem war bei Prantl noch eine ganze Reihe anderer Kärtchen, meist mit sehr komischen Darstellungen, z. B. ein kleiner Chinese mit blau und weißgerautetem Rock, ein Einsiedler mit angefädelten Herzen in einem Tragkorb, ein Bauer, der verlorene Herzen zusammenkehrt, um sie in eine Kippe zu sammeln, ein komischer Kellner, der zwei brennende Herzen als Sorbet serviert, ein Don Quichotte, verschiedene Liebesboten und Anderes. Außer den meisten Original-Skizzen und Pausen, deren Besitz das A. P. A. der liebenswürdigen Spende des Herrn Kommerzienrat Josef Zechbauer verdankt, sind nur noch fünfundzwanzig Stück der Buchstabenserie und zehn Stück verschiedene Karten, ein »N«, sowie der herzenfegende Bauer als Briefbogenausschnitte im Druck vorhanden. Die übrigen vervielfältigten Darstellungen waren nirgends mehr auffindbar.

532. **Deutscher Hausschatz** in Wort und Bild für 1874. Mit Beiträgen von Bernard Altum u. s. w. und Illustrationen ... herausgegeben von Franz Hülskamp. Regensburg, New York und Cincinnati. Druck und Verlag von Friedrich Pustet 1874. S. 1: Initiale »H«. Im Bogen aus fliegendem Band gebildet »*Pax hominibus bonae voluntatis*«,

heilige Familie mit Christuskind. Engel hält das Band. Ein stilisierter Drache als Träger des »H«. Von F. P. S. 65: Gedichte. 1. Im Osten! Zweiundzwanzig Verszeilen. »Hört ihr es nicht brausen und rauschen ...« 2. Am See. 3 Vierzeiler. »Es rauscht am stillen See die Welle ...« 3. Der Sturm. Acht Verszeilen. »Der Sturm will an den Bäumen rütteln ...« S. 120: Gedichte. 4. Am heiligen Grabe. Zwanzig Verszeilen. »O wunderbarer Leib ...« 5. Des Lebens Paradies. 4 Fünfzeiler. »In den üppigen Schattenhängen ...«

F. P. hatte die Gedichte nebst einigen Zeichnungen durch Holland an Dr. Hülskamp geschickt. ... »Zeichnungen sind so deutlich. daß ... der Holzschneider nur durchzupausen bräuchte. ...« Leider ist die Initiale aber doch sehr verdorben.

533. **Fünfzigjähriges Doctor-Jubiläum.** [Franz v. Kobells] am 25. Februar 1874. 21 vierzeilige Strofen in Typendruck: »Wird ein großes Fest gefeiert ...« Unten bez.: 11. März 1874 F. P. Druck der F. S. Hübschmann'schen Buchdruckerei (E. Lintner). 4 Bll. 8°.

534. **Jugendblätter.** Titel wie Nr. 322. (20. Jahrgang). 1874. VI S. und 568 S. gr. 8°. Von F. P.: S. 369: Eine erschreckliche Geschichte [Gedicht]. »O du kohlrabenschwarze Nacht ...« 28 Verszeilen. S. 471 bis 475: Tageszeiten. Die Nacht. Der Morgen. S. 524–526: Tageszeiten. Der Mittag. S. 544–546: Tageszeiten. Der Abend.

535. **Lustiges Komödienbüchlein** von Franz Pocci. Zweites Bändchen. Zweite Auflage. München. Druck und Verlag von Ernst Stahl 1874, ganz wie Nr. 439. Auf der dritten Umschlagseite Inhaltsangabe der 5 Bändchen.

536. **Probedruck**: Drei Könige auf der Rast schauen nach dem Stern aus. Bez. F. P. Holzschn. 19,6 x 12,5.

Die Zeichnung war für den Deutschen Hausschatz gedacht. F. P. schrieb an Holland (17. XII. 73): »... Somit werde ich also ein gr. Hlgdreikönigsbild für Hülskamp auf Holz zeichnen. ... Für diese Zeichnung eignet sich auch das bereits mitgeteilte Gedicht ...« Der Holzschnitt erschien jedoch ebensowenig wie das Gedicht. Ein Probedruck, der gemacht wurde, ging an Holland. Der Holzstock selbst scheint verloren gegangen zu sein, weil er ja sonst in irgend einem Hefte des Hausschatzes wohl abgedruckt wäre. Der Andruck ging später von Holland an die Graphische Sammlung in München über.

537. **Todtentanz** v. Fr. v. Pocci. Kgl. Hofbuchdruckerei von Dr. C. Wolf & Sohn, o. O. u. J. Umschlag und 12 Bll. Holzschn. kl. qu. 8°:

Diese Ausgabe ist ein nicht in den Handel gebrachter Abdruck der geschnittenen Holzstöcke [Nr. 454] unter Weglassung des Bl. 11 »Der Tod als Leichenkutscher«, die F. P. zufällig gefunden hatte.

538. **Trinkspruch** zum fünfzigjährigen Doktor-Jubiläum [Franz v. Kobells] am 25. Februar 1874. Vier vierzeilige Strofen in Typendruck: »Ihm, der vor fünfzig Jahren schon ...« Unten bez.: F. P. 16°.

1875

539. **Jahrbuch** für christliche Unterhaltung herausgegeben von der Diakonissenanstalt zu Kaiserswerth für das Jahr 1875. Kaiserswerth am Rhein, im Verlage der Diakonissen-Anstalt. 120 S. 12°. Von F. P.: S. 31: Zeichnung von S. 9 aus Nr. 172, darunter die Worte: Tages Schuster, Abends Poet [Hans Sachs].

540. **Jugendblätter.** Titel wie Nr. 322. (21. Jahrgang) 1875 VIII S. und 576 S. gr. 8°. Von F. P. S. 574–576: Musikalischer Sonnenaufgang. [Abdruck aus Nr. 112.]

541. **Lustiges Komödienbüchlein.** Fünftes Bändchen. Gleicher Titel mit Vignette wie Nr. 403. München. Druck und Verlag von Ernst Stahl. 1875. 256 S. 12°. Inhalt: Aschenbrödel. Der artesische Brunnen, oder Casperl bei den Leuwutschen. Casperl als Turner. Casperl wird reich. Der Zaubergarten (Zwischenspiel). Crocodilus und Persea oder der verzauberte Krebs. Schimpanse der Darwinaffe. Vor jedem Stück Titelvignette.

542. **Rosenlieder** gesammelt von Gräfin Prokesch-Osten [Friederike Goßmann]. Wien, Druck und Verlag von Carl Gerold's Sohn 1875. 4 Bl., 317 S. 7 Bl. kl. 8°. Von F. P.: S. 186–187: »Die Rose«. »Von der Rose soll ich dichten ...« 4 Vierzeiler.

543. **Thespiskarren.** Eine Sammlung von lustigen Trauerspielen und traurigen Lustspielen. München. Braun & Schneider o. J. kl. 8°. Diese »Sammlung« von Stücken aus den Fliegenden Blättern enthält von F. P.: S. 19–38: Zauberflöte.

1876

544. *Anglia Jubilaeum.* Unten zwischen Buchstaben ein Gewirr von Karikaturen, links angelehnt an das »AE« der Künstler selbst, ein Zeichenbrett auf den Knieen, darüber Girlanden, ausgehend von dem »A« von *Anglia*, in dem ein Herold [Maler Ph. Foltz] steht, über dem mit Perücke der Lordmajor mit erhobenem Champagnerkelch sitzt. Die mit der Jahreszahl 1876 beschriebene Girlande endet in Pokal mit Lordhut. Oben in der Mitte Wappenschild mit Zither und Devise »FOR EVER«. Unten die Jahreszahl 1826. Lithogr. Federzeichnung. 21 x 30.
Letzte, im Auftrage von F. P. wiedergegebene Zeichnung.

545. **Festzug des Königs Drosselbart.** Lithographie. 18,7 x 9,9. Für Zettel des Marionetten-Theaters.

546. **Trumpf aus.** Gedichtet von Ludwig Bechstein, erfunden und radirt von Franz Pocci. Einseitig bedrucktes Bl. 4°. »Saßen einstmals zwei Gesellen« ... 7 neunzeilige Strofen. In der Mitte Abzug der Radierung [Nr. 83].
Spätere Abzüge tragen die Bezeichnung »Radierung von Pozzi« *(sic)*, die auf die Platte geätzt wurde.

547. *Viola Tricolor in Bildern und Versen von Graf Franz Pocci.* München und New-York. Stroefer & Kirchner, 1876. Imp. Lemercier & Cie, Paris. Umschlag, Titel, auf beiden eine Amorette mit Stiefmütterchenkopf, 24 Bll. mit 8 ganzseitigen Darstellungen u. vorausgest. Untertitel u. den Bildern nachfolgenden Versen. Farbige Lithogr. 2°. Inhalt: I. Maler an der Staffelei. II. *Pas de Deux.* III. Don Quixote. IV. Die Facultäten. V. Liebeserklärung. VI. *Concert d' amateurs.* VII. Blocksberg. VIII. Argonautenzug. Zu gleicher Zeit erschien eine engl. Ausgabe mit dem Verlagsvermerk: New York, Stroefer & Kirchner, 865. Broadway. *[Die englische Ausgabe trägt den Titel Count Francis Poccci. Viola Tricolor. In Picture and Rhyme.]*
Einige Zeichnungen gleicher Art im A. P. A. beweisen die reizende und geistreiche Originalität des Gedankens bei entsprechender Ausführung!

II.
Posthume Drucke und Bücher 1876–1926

1876

548. **1. Allerneustes Spruchbüchlein.** 2. Auflage von Nr. 271. Gleicher Titel, o.J. Die Holzschnitte schwarz oder koloriert. Vierte Deckelseite: Kgl. Hof- und Universitäts-Buchdruckerei von Dr. C. Wolf & Sohn in München. Bl. 3 der ersten Ausgabe »Einst in einer stillen Nacht ...«, oben Engel, unten Hirtenknabe, ist in der zweiten ersetzt durch die Verse »Ein schlimmer Meister ...«, Zeichn.: Mädchen vor einem Bildstock. Natürlich fehlt auch das letzte Blatt dieser zweiten Ausgabe: »Ende gut, Alles gut«, das aus den Münchener Bilderbogen [Nr. 440] Bl. 304 übernommen wurde.

549. **Jugendblätter.** Titel wie Nr. 322. (22. Jahrg.) 1876. VIII S. u. 576 S. gr. 8°. Von F. P.: S. 113: Schattenbild: Knecht Ruprecht. S. 450–469: Nekrolog F. P. von Isab. Braun.
Aus Nr. 156 der Münchener Bilderbogen. *[s. a. PN Nr. 770]*

1877

550. **Was du willst.** Ein Büchlein für Kinder. 2. Auflage der Nr. 314. Gleicher Titel, auch inhaltlich vollkommen gleich.
Mehrere Holzschnitte wurden gleich darauf in den Münchener Bilderbogen abgedruckt.

551. **Jugendblätter.** Titel wie Nr. 322. (23. Jahrg.) 1877. VII S. u. 576 S. gr. 8°. S. 144: Kleines Christkind, in der Linken Weihnachtsbaum. S. 410: Drei Schulbuben. [Aus Nr. 276. M.B.B. Bl. 57.]

552. **Lustiges Komödienbüchlein** von Franz Pocci. Sechstes Bändchen. Gleicher Titel mit Vignette wie Nr. 509. München. Druck und Verlag von Ernst Stahl. 1877. Vor dem Titel Photographie von F. P. und faksimilierte Unterschrift. Inhalt: Zur Erinnerung an Franz Pocci [von Hyazinth Holland]. Undine, die Wassernixe. Casperl in der Zauberflöte. Die Erbschaft (Zwischenspiel). Schuriburiburischuribimbampuff oder Casperl als Bergknappe. Der gefangene Turko. König Drosselbart. XXXVI und 264 S. 12°.

1878

553. **Jugendblätter.** Titel wie Nr. 322. (24. Jahrg.) 1878. VII S. u. 568 S. gr. 8°. S. 20: Spruch [Holzschnitt]. S. 567: Kinderspiel [Holzschnitt]. [Aus Nr. 496 M.B.B. Bl. 447].

554. **Herrn Petermanns Jagdbuch.** 6. Auflage genau wie Nr. 251.

1881

555. **Die heilige Weihnacht.** Von Anna Karbe. Mit einem Weihnachtsbilde von Franz Graf Pocci. o. O. u. J. [München] Titel und 10 S. gr. 8°. Sonderabdruck aus den »Jugendblättern«.

Nach einer am Schlusse gedruckten Bemerkung soll das Weihnachtsbild eines der letzten von Pocci sein, was ich nach den im A. P. A. vorhandenen Originalen bezweifeln muß.

1882

556. **Herrn Petermanns Jagdbuch.** 7. Auflage genau wie Nr. 251.

1883

557. **Dramatische Spiele.** 2. Auflage d. Nr. 258. München, Bibliographisch-artistisches Institut. 71 S. ohne Bilder und Singweisen, mit dem Vermerk auf der letzten Seite: Druck von G. Schuh & Cie., München, o. J. 8°.

Es kommen Exemplare vor, denen die Bilder der ersten Ausgabe beigefügt wurden. Mey und Widmayer scheint den Rest der Auflage zurückgekauft zu haben. Er versah die Bücher mit einem neuen Titelblatt: »Dramatische Spiele für Kinder von Franz Pocci 2. Auflage [eigentlich 3.] München. Mey & Widmayer's Verlag« o. J., und überklebte die Verlagsbezeichnung auf dem Umschlage »Bibliogr.-artist. Institut« mit »Mey & Widmayer's Verlag«.

558. **Schön Röslein.** 2. Auflage von Nr. 80, ganz gleich. Regensburg. Georg Joseph Manz 1883. 146 S. 8°.

Die Illustrationen umgezeichnet und verdorben.

1884

559. **Güldenes Weihnacht ABC.** 3. Ausgabe. Gleicher Titel wie Nr. 316, aber Verlagsbez.: Verlag v. Mey & Widmayer. München, o. J. Titel auf dem Umschlage schwarz, rot und golden. Auf dem Innentitel: Mey & Widmayer, München.

Die inhaltlich gleichen Bll. chromolithogr., greller und gröber als Nr. 316.

1885

560. **Das Plauderstüblein.** 2. (Titel) Auflage von Nr. 326. Augsburg, o. J.

Druck des liter. Instituts von Dr. M. Huttler. Links in der Zeichnung statt F. P. »Consée«. Titel ganz gesetzt in schwarz und roten Typen, weshalb unter »Plauderstüblein« auch das Vögelchen mit dem Schnörkel fehlt.

1888

561. **Festkalender** in Bildern und Liedern, geistl. und weltl. von F. Graf v. Pocci, G. Görres und ihren Freunden. Neue [IV.] Ausgabe, vollständig in zwei Theilen oder einem Band. Verlag von Herder in Freiburg. 1888.
1. Theil mit 45 Bildern in Tondruck, X und 78 S. 2. Theil mit 48 Bildern in Tondruck. VIII und 92 S. 4°. *[s. a. PN Nr. 768]*

1890

562. **Bayerische Bibliothek**. Begründet und herausgegeben von Karl von Reinhardtstoettner & Karl Trautmann. 3. Band. Franz Graf Pocci. Ein Dichter- und Künstlerleben von Hyacinth Holland. Mit sechsundzwanzig Bildern nach Zeichnungen von Franz Graf Pocci und dessen Bildnis. Bamberg. Buchnersche Verlagsbuchhandlung. 1890. Untertitel, 84 S. u. Text nebst liter. Belegen u. Verzeichnis der Abbildungen. 8°. Zum ersten Male wiedergegeben (ganzes Blatt:) Burg in Baumumrahmung, in der Mitte fliegendes Blatt: »Franz Pocci«, von drei Narren und Zwergen besetzt. S. 1: Fischender Zwerg in Initiale »D«. S. 5: Burg. S. 17: Zwei Kinder. S. 34: Prähistorischer Hausknecht. S. 40: Sensenmann im Kornfeld. S. 43: Tod als Nachtwächter. S. 49: Abendläuten. S. 51: Goldsuchender »Venediger«. 54: Burg. S. 55: Burg mit faksimil. Handschrift. S. 56: Aus alter Zeit. S. 59: St. Hubertus. S. 61: Niederländ. Bauernkirmes. S. 62: Zwerge bei Regen. S. 65: Heimgang.

563. **Der Osterhas**. 3. Auflage von Nr. 263. Donauwörth: Druck und Verlag der Buchhandlung L. Auer, o. J. gr. 4°. Diese Ausgabe ist inhaltlich die gleiche wie die zweite, Nr. 277, jedoch durch häßliche Kolorierung verunstaltet.

1891

564. **Lustiges Komödienbüchlein** von Franz Pocci. Neue Ausgabe in sechs Bänden mit Bildern vom Verfasser selbst. München. Verlag von E. Stahl sen. (Julius Stahl) 1891. 12°. Innentitel wie Nr. 403. Dritte Auflage. XII S. Zur Einführung dieser neuen Ausgabe. Die sechs Bändchen sonst ganz identisch mit den Nr. 403, 439, 509, 520, 541, 552.

Die mit »Verlagshandlung« gezeichnete Einführung stammt als »neues

Vorwort« aus Hollands Feder, wie einer Bemerkung zu dessen Handexemplar [St. B. M. Hollandiana Z 181] zu entnehmen ist.

565. **Aus der historischen Sammlung** der Münchener Künstler-Genossenschaft Verlag von Jos. Albert. Kunstverlag u. Hofkunstanstalt, o.J. München. 10 Bll. 2°. Von F. P.: Alte Burg. Bez.: 18 F. P. 68. 11,5 x 13,5.

1897

566. **Lustiges Komödienbüchlein** von Franz Graf Pocci. Erstes Bändchen. Dritte Auflage [sic!] Paderborn. Verlag von Bernhard Kleine 1897. Häßlicher Pierrot als Titelvignette, nicht von F. P. Inhaltsverzeichn. wie Nr. 508. 272 S. Titelvignette vor jedem Stück. 12°.

Diese Ausgabe wurde, da unberechtigt [F. P. damals noch nicht frei], untersagt.

566a **Justinus Kerners Briefwechsel mit seinen Freunden.** Hrsg. von seinem Sohn Theobald Kerner. Durch Einl. und Anm. erläutert von Dr. Ernst Müller. 2. Bd. Stuttgart und Leipzig. Deutsche Verlags-Anstalt. 1897. VI und 554 S. 8°. Darin 18 Briefe von F. P. an J. K. unter Nr. 563, 690, 697, 709, 712, 716, 722, 730, 738, 743, 749, 758, 777, 784, 794, 798, 801, 808. Der Brief 712 vom 27. Dezember 1852 ist faksimiliert beigegeben vor S. 383.

1905

567. **Alte und neue Jägerlieder.** 5. erweiterte Auflage der Nr. 162. Hannover-München. Verlag von Hans Augustin. 86 S. 8°.

Die 4. Auflage war nicht festzustellen; sie wird sich von der 3. [Nr. 306] wohl kaum unterscheiden.

1906

568. *Ex-Libris.* **Zeitschrift** für Bibliothekzeichen u.s.w. Jahrgang XVI. Heft 2. 1906. Auftragsweiser Verlag von C. A. Starke. Königl. Hofl., Görlitz. Von F. P.: S. 96 Wiedergabe der Bibliothekzeichen. [S. Nr. 96 und 121.]
Im Text irrige Angaben!

569. **Geschichten und Lieder mit Bildern** von Franz Pocci. Eine Auswahl. Zusammengestellt von Dr. Thalhofer. München. Buchverlag der Jugendblätter. München, o.J. Inhalt: Geschichten, Lieder, Gedichte, Schattenbilder. Pocci-Heft der Jugendblätter. Dem Andenken des Kinderfreundes Grafen Pocci gewidmet. Verlag der Jugendblätter. Preis broschiert 35 Pfg., gebunden 50 Pfg. Original-Pappumschlag mit Titel, 32 S. 8°. Darin »Graf Pocci und die Kinder« von Fr. X. Thalhofer u. Abdrucke aus verschiedenen Werken von F. P. Als ei-

genes Blatt vor der Einführung ist der Rückumschlag des 8. Heftes des Festkalenders [Nr. 41] wiedergegeben, der auch in den Nr. 572 u. 573 aufgenommen ist.

Hier bezeichnet Dr. Thalhofer ebenso wie Dr. Dreyer in seiner ausführlichen Monographie [Nr. 579] »den bei den Kindern sitzenden Lehrer als Pocci selbst«. In der Vorrede schränkt Dr. Th. seine Behauptung allerdings ein, mit dem Hinweis auf einen seitlich stehenden Krug mit der richtigen Selbstkarikatur bez. F. P. »Der etwas ernste aber gütige alte Herr« kann schon deshalb kein Porträt des Künstlers sein, weil dieser 1835 (Erscheinungsjahr v. 8. Heft des Festkalenders) 28 Jahre alt war!

570. **Märchen, Lieder und lustige Komödien** von Franz Pocci. Reich illustriert. Mit einem Geleitgedicht von Martin Greif. München. Verlag Etzold & Co., o. J. Herrosé & Ziemsen, G. m. b. H. Wittenberg. VI und 201 S. kl. 4°. Außentitel (Umschlag) bunte Wiedergabe der Kinder auf B. 1. der Geschichten und Lieder mit Bildern [Nr. 133]. Abdruck einer Auswahl von Werken von F. P. Märlein von Einem, der auszog, das Fürchten zu lernen, n i c h t von F. P.! S. 160. Nr. 723.

571. **Zeitschrift für Bücherfreunde.** IX. Jahrgang. 1905 / 1906. Heft 11 u. 12. S. 431 u. 471: Franz Graf Pocci. I. u. II. von Leopold Hirschberg gibt verschiedene Blätter von F. P. wieder, darunter zum ersten Male nach S. 434: Schreiben an König Ludwig I. von F. P. [als Geschäftsführer d. Gesellsch. f. teutsche Alterthumskunde.] S. 479: Kasperl als Prinz [Theaterzettel-Vignette Nr. 490]. S. 480: Namenbild »Leopold«. S. 481: Desgleichen »Ursula«. S. 482: Buchzeichen. S. 483: Desgleichen.

F. P. irrig zugeschrieben: S. 432 und 433 von Ludwig Schwanthaler, S. 434 von Lebschée, S. 440 Abb. 14 von ? [viell. Völlinger], S. 441 Abb. 15 von Völlinger.

1907

572. **Das Bayerland.** Illustrierte Zeitschrift für Bayerns Volk und Land. Herausgegeben von H. Leher. Druck und Verlag von R. Oldenbourg in München. 18. Jahrgang 1907. Nr. 27 und Nr. 30. »Franz v. Pocci, Der Dichter, Künstler und Kinderfreund« von Alois Dreyer. Darin von F. P. S. 317: Das Titelblatt zum 8. Heft des Festkalenders [Nr. 41]. S. 359: Silhouette [Prozession Nr. 314].

573. **Geschichten und Lieder mit Bildern.** Gleicher Titel wie Nr. 569, aber andere Umschlagzeichnung. Jugendschriften. Herausgegeben vom Verlag der Jugendblätter. Band 2 und 3 (Pocci). Druck und Verlag von Carl Aug. Seyfried & Comp. (C. Schnell). München, o. J. 128 S. kl 8°. Abdruck aus verschiedenen Werken von F. P.

574. **Gottesminne.** Monatsschrift für religiöse Dichtkunst. Verlag der Alphonsus-Buchhandlung (A. Ostendorff) Münster i. W. 1907, 8°. Jhrg. 5, Heft 5, 12: »Franz Pocci«. Erster und zweiter Teil herausgegeben von P. Ansgar Pöllmann O. S. B. I. Teil S. 315–378, II. Teil S. 763–817 bringen zwischen Aufsätzen über F. P. von Popp, Thalhofer, P. Exped. Schmidt, Hyac. Holland und außer vielen nachgedruckten Erzählungen, Versen und Zeichnungen zum ersten Male die Illustrationen als ganzseitige Blätter nach S. 330: Der ewige Jude. S. 340: St. Hubertus. S. 778: Auf dem See. S. 782: Ergebnis einer flüchtigen Laune. S. 794: Zwei Buchzeichen. S. 345: Butzenweib mit Kindern. S. 362: Wo ist der Schlüssel? S. 766: Karikatur von H. Holland. S. 768: Karikatur von F. Kobell. S. 770: Aus Poccis Kinderstube. S. 771: Feldkapelle. S. 772: Burg. S. 775: Steinkreuz auf Felsen. S. 779: Feldkapelle. S. 780: Zwerge. S. 781: Burgruine. S. 784: Italienische Renaissancegestalt. S. 785: Burg. Ferner bis dahin unveröffentlichte Gedichte: S. 315: Kleinigkeiten (der Gattin zum Geburtstag). S. 337–40: Unveröffentlichte Kleinigkeiten. S. 357–59: An Isabella Braun. S. 777–79: »Alte Zeiten sind vergangen ...« S. 817: Ende. »Alles was geschaffen Menschenhände ...«

575. **Hochland.** Monatsschrift für alle Gebiete des Wissens, der Literatur und Kunst. Herausgegeben von Karl Muth. Jos. Kösel'sche Buchhandlung, Kempten und München. IV. Jahrg. 8. Heft. 8°. »Franz Graf von Pocci« von H. Holland. [Auch als Sonderdruck vier eigens numerierte S.] Drei ganzseitige Bild-Beigaben, darunter zum ersten Male: 1. Der Tod als Nachtwächter (farb. Autotypie). 2. Narrenspruch (farb. Autotypie).
Schwarz wiedergegeben Nr. 562. S. 43.

576. **Lustiges Komödienbüchlein** von Franz Pocci. Auswahl in zwei Bänden mit zahlreichen zum Teil unveröffentlichten Zeichnungen. Erster Band. Im Inselverlag zu Leipzig 1907. 8°. Den Druck dieses Bandes besorgte die Spamersche Buchdruckerei in Leipzig. XIV S. [Titel und Geleitwort von Dr. P. Expeditus Schmidt O. *F. M.* und K. v. Róśycki], 356 S.
Vollblatt v. d. Titel: Kasperl und Nachtwächter [n. d. Originalskizze im A. P. A., s. Nr. 391]. S. 1: Kasperl an einem Vorhang mit Kindern mit Aufdruck: Ein Prolog. Das goldene Ei. [Wiedergabe d. Eintrittskarte Nr. 393]. Nach S. 12: Kasperl v. d. Guckkasten [aus Nr. 64]. S. 103: Lautenklang [verkleinerte Figurinenskizze zu »Dornröslein« im A. P. A.]. Nach S. 356: Kasperl verneigt sich [S. Nr. 396].
Inhalt des ersten Bandes: S. V–XIV: Geleitwort. S. 1–12: Ein Pro-

log. Das goldene Ei. S. 13-43: Prinz Rosenrot und Prinzessin Lilienweiß oder die bezauberte Lilie. S. 45-63 Kasperl unter den Wilden. S. 65-101: Blaubart. S. 103-150: Dornröslein. S. 151-190: Doktor Sassafras oder Doktor, Tod und Teufel. S. 191-209: Die drei Wünsche. S. 211-251: Muzl, der gestiefelte Kater. S. 253-283: Hänsel und Gretel oder der Menschenfresser. S. 285-330: Die Zaubergeige. S. 331-356: Kasperl als Prinz.
Zweiter Band. 348 S. u. Inhalt. Inhalt des zweiten Bandes: S. 1-6: Prolog. S. 7-39: Das Glück ist blind oder Kasperl im Schuldturm. S. 41-75: Waldkönig Laurin oder Kasperl unter den Räubern. S. 77 bis 112: Das Eulenschloß. S. 113-152: Der artesische Brunnen oder Kasperl bei den Leuwutschen. S. 153-179: Kasperl wird reich. S. 181 bis 204: Krokodilus und Persea oder der verzauberte Krebs. S. 205 bis 228: Schimpanse, der Darwinaffe. S. 231-274: Undine, die Wassernixe. S. 275-317: Kasperl in der Zauberflöte. S. 319-344: Die Erbschaft. S. 345-348: Anhang. Zwei ungedruckte Kasperllieder. Vollbild v. d. Titel: »Kasperl, der durstige Handwerksbursche«, bez.: F. P. [nach d. Zeichnung in A. P. A.]. S. 1: Kasperl schlägt den Vorhang zurück. [Wiedergabe der Eintrittskarte Nr. 394]. Nach S. 6: Darstellung von dreizehn Figuren aus den Kasperl-Komödien in zwei Friesen [braun auf blau, nach der Zeichnung im A. P. A.], je 6,9 x 18. Nach S. 348: Kasperl auf einem Balken: »Finis« [nach der Skizze im A. P. A.]

577. **März.** Halbmonatsschrift für deutsche Kultur. Herausgeber: Ludwig Thoma, Hermann Hesse, Albert Langen, Kurt Aram. Erster Jahrgang. Erstes März-Heft. 1907. Albert Langen. Verlag für Litteratur und Kunst. München. 4°. S. 398-406: Franz Pocci (zu seinem hundertsten Geburtstag am 7. März 1907) von Karl Schloß. Mit zum Teil unveröffentlichten Zeichnungen Poccis. S. 398: Ansicht vom Würm-See. S. 401: Wiedergabe des seltenen Karikaturenzuges. [S. Nr. 156.]

578. **München im Lied.** I. Gedichte aus dem »goldenen Buch« der Stadt München. II. Sonstige Gedichte über München und Umgebung, herausgegeben von Wilhelm Steuerwald. München und Leipzig. 1907. G. Franz'scher Verlag Jos. Roth, kgl. u. herz. Hofbuchhändler. 104 S. 8°. Von F. P.: In I. S. 23. »Drei Könige führt die göttliche Hand...« Sechzehn Verszeilen zu Zeichnung: Einzug der berittenen drei Könige in mittelalterlichen Burghof. Über die Mauer blicken Reisige. Schalknarr sitzt auf der Zinne. Der Torwart bläst vom Turm. Aus dem Fenster, das die Initiale »D« bildet, blickt der Burgherr. 6,5 x 16,9.

579. **Franz Pocci, der Dichter, Künstler und Kinderfreund** von Aloys Dreyer. Mit zahlreichen Illustrationen. München und Leipzig bei Georg Müller 1907. Druck von M. Müller & Sohn, München V. Bild v. F. P. mit faks. Unterschrift. 3 Bll. u. 215 S. Abdruck vieler Zeichnungen und Texte. Von F. P. zum ersten Male wiedergegeben: S. 14. Der Schnak von Ammerland [Anglia-Album s. Nr. 714]. S. 15: Vierzeiler auf sich selbst [nicht wie Dr. D. meint auf den Vater Fabr. P.]. Nach S. 24: Poccis Rückkehr aus Rom. Die drei Neujahrsritter [beiders. bedr. Bl. aus Anglia-Album]. Nach S. 32: Schalmeiblasendes Kind mit Epheuranke. Rosenranke mit Putten [beiders. bedr. Bl.; Album v. Frau Hartl-Mitius]. Nach S. 50. Daxenberger als Charitas. Dr. Koch im Wagen [Anglia-Album]. [Die auf der Vorderseite des Blattes wiedergegebene Karikatur »Maler Folz« ist von diesem selbst und nicht von F. P.] Nach S. 56: Pocci führt das Hoftheater. Ständchen des Hoforchesters [beiders. bedr. Bl.; Anglia-Album]. Nach S. 61: Verse auf Kobell [einseit. bedr. Bl.], [Zwanglosen-Archiv]. Nach S.64: Haindl als Rotkäppchen. Kobell als Arion [Gärtner, nicht Arco, als Delphin, Anglia-Album]. Nach S. 65: Abdruck eines Briefes an Förster. Nach S. 72: Kobell als Großpapa. Kobell als Gratulant. Kobell als Bischof von Joppe [beiders. bedr. Bl.; Anglia-Album]. S. 76 u. 77: Verse an Kerner. Nach S. 120: Großes Dichter-Steeplechase [eins. bedr. Bl.; Anglia-Album]. Nach S.122: Triumphzug des Dichters [Heyse, eins. bedr. Bl.; Anglia-Album]. S. 128: Der beglückte Höfling [eins. bedr. Bl.; Anglia-Album]. Nach S. 136: Das weinende Stadtwappen Regensburgs. Etruskisches Gebirgsvolk [eins. bedr. Bl.; Anglia-Album]. Nach S. 144: Des Pasquillanten ... Einbläser. Der heilig drei Kunig Kaspar [beiders. bedr. Bl.; Anglia-Album]. S. 145: Theaterzettel-Vignette [Kasperl als Prinz]. S. 152: F. P. als Tartüffe. Faustszene im Haindlgarten [beiders. bedr. Bl.; Anglia-Album]. Nach S. 160: Angliabilder. Herzog Max als Tonsetzer. F. P. als Feuerwehrmann [Anglia-Album]. Nach S. 168: Weibliche Figur flieht vor zwei Putten mit vorgehaltener Chargenmaske. Über Wolke hinfliegender Tod mit Sense [eins. bedr. Bl.; Album v. Frau Hartl-Mitius]. Nach S. 176. »Lustige Compagnie«, an Initiale »L« anschließend, fliegende Bandrolle mit Titel. Lustige Gesellen, Wein kredenzende Mädchen, Putten, Mephisto – Totentanz! [eins. bedr. Bl.; Album v. Frau Hartl-Mitius.] Nach S. 180: Letzter Ritt. Nächtlicher Reiter sprengt vom Felsen in ein Moor. Unten Gestalt im Kahn [eins. bedr. Bl.; Album v. Frau Hartl-Mitius]. Nach S.184: Hebe kredenzt alten Satyren. Luisens Abschied [eins. bedr. Bl.; Anglia-Album]. Nach S.192: *Corpus juris* [v. d. Pfordten]. Reuther als Rumpfkaiser [eins. bedr. Bl.; Anglia-Album].

580. **Das Märlein von Schneeweißchen u. Rosenrot** von Franz Pocci mit vielen Bildern. Druck und Verlag: Georg Koenig, Berlin, N. O. 43. o. J. Schatzgräbers Kinderbuch Nr. 2. (Herausgeber: Leo Freiherr von Egloffstein zu Rebdorf in Bayern.) Umschlag mit Titelbild u. 16 S. 8°.

1908

581. **Hänsel und Gretel ein Märlein.** Mit Bildern von Franz Pocci. Schatzgräbers Kinderbuch No. 3. Druck und Verlag: Georg Koenig, Berlin N. O. 43. o. J. Umschlag mit Zeichnung und 16 S. 8°.

582. **Heitere Lieder,** Kasperliaden und Schattenspiele von Franz Pocci. Zweite Sammlung. Reich illustriert. München. Verlag Etzold & Co. o. J. (1908.) Herrosé & Ziemsen G.m.b.H. Wittenberg. VI u. 145 S. kl. 4°. Außentitel (Umschlag) zum ersten Male. Die 3 Kinder des Künstlers. [Aquarell. Zeichnung.] Abdruck einer Auswahl von Werken v. F. P. zum ersten Male: Ganzseit. Blätter: vor S. 1. Lehrer Holzapfel mit Tochter des Künstlers. [Aus dem Familienbuche.] Nach S. 32: Romantik. [Lesezeichen.] Verse von F. P. (Enkel), nach S. 64: Zur Schule. [Lesezeichen.] Verse v. F. P. (Enkel), nach S. 80: Märchen. [Lesezeichen]. Verse v. F. P. (Enkel), nach S. 112: Brüderlein u. Schwesterlein. Verse von F. P. (Enkel). [Aquarell. Zeichnung.]

583. **Kasperl als Porträtmaler.** Ein malerisches Lustspiel von Franz Pocci. Mit Regiebemerkungen für die Aufführung auf der Volksbühne von Nik. Fey. Verlag der Volksbühne, Val. Höfling, München, Lämmerstraße Nr. 1. 16 S. 8°. Auf dem Umschlage: Heft 9. Preis 50 Pfg. Sept. 1908. [Sammlung Höflings Jungmännerbühne.]

584. **Ueber den Wassern.** Halbmonatsschrift für schöne Literatur. Herausgeber Dr. P. Expeditus Schmidt O. F. M. 1. Jahrgang. 1908. Münster in Westfalen. Verlag der Alphonsus-Buchhandlung (A. Ostendorf). 4°. Heft 2 von F. P.: S. 56–57. Lieder à la Heine. [A. d. handschriftl. Dichtungen i. A. P. A.] 1. àl a Heine. 2. Spanische Romanze. 3. Rose und Lilie.

585. **Franz Pocci's Sämtliche Kasperl-Komödien.** Erster Band. Etzold & Co. München 1909. Sich verneigender Kasperl als Titelvignette, Bild von Franz Pocci [Autotypie], XIV S.: Pocci und das Marionettentheater von Dr. P. Expeditus Schmidt/München. Prolog u. 401 S. 8°. Zweiter Band. Inhaltsverzeichnis u. 418 S. 8°. Dritter Band. Bild von Papa Schmid (Autotypie). Inhaltsverzeichnis u. 385 S. 8°.

586. **Die Puppenspiele** des Grafen Franz Pocci, ausgewählt und einge-

leitet von Karl Schloß. München, bei Georg Müller 1909. Mit der Titelvignette Schalknarr mit Maske von F. P. 284 S. mit Einleitung. 8 Titelvignetten und Illustrationen aus »Komödienbüchlein« und »Kinderheimath«. 8°.

1910

587. **Briefpapiervignetten.** Dreißig Stück auf einem Blatt in geringer Zahl abgezogen bei Prantl, München. [S. No. 531.] Stahlstich.

588. **Hänsel und Gretel** ein Märlein. Mit Bildern von Franz Pocci. Herausgegeben vom Dürerbunde bei Georg D. W. Callwey, München. o.J. Schatzgräber No. 12. Kgl. Hofbuchdruckerei Kastner & Callwey, München. Umschlag u. 14 S. kl. 8°.
Bilder nach den Originalskizzen im A. P. A. etwas abweichend von den Illustrationen Nr. 73.

589. **Das Eulenschloß.** Ein mit unglaublicher Zauberei vermischtes Drama von Franz Pocci. Druck und Verlag von Val. Höfling, München, Lämmerstraße Nr. 1. o.J. Preis 80 Pfg. 22 S. 8°. (Sammlung Höflings Vereins- und Dilettanten-Theater).
Im gleichen Verlage wurde auch, »den jetzigen Verhältnissen angepaßt«, »Die Zaubergeige« und »Kasperl in der Türkei« »von anderen Autoren bearbeitet«, herausgegeben: Die Zaubergeige von J. Perwe. 1909. 1921. Kasperl in der Türkei von Adolf Völckers. 1917. 1925 (in Vorbereitung). *[1926 in München bei V. Höfling erschienen. PN]*

590. **Franz Pocci's Sämtliche Kasperl-Komödien.** Einzige vollständige Ausgabe in sechs Halbbänden. Erster Halbband. Verlag Etzold & Co. München 1910, sich verneigender Kasperl als Titelvignette. 190 S. kl. 8°, desgl. Zweiter Halbband. 401 S. kl. 8° [beide Bände wie Nr. 585], desgl. Dritter Halbband. 199 S. kl. 8°, desgl. Vierter Halbband. 418 S. kl. 8°, [beide Bände wie Nr. 585], desgl. Fünfter Halbband. 171 S. kl. 8°, desgl. Sechster Halbband. kl. 8°, [beide Bände wie Nr. 585].

591. **Franz Pocci Kunterbunt** mit lustigen Versen und Erzählungen von Franz Pocci (Enkel) und Konrad Dreher. München. Georg W. Dietrich. 29 Bll. ganz lithogr. 4°. Alle bisher noch nicht veröffentlichten Zeichnungen aus dem A. P. A. Das Vorsatzpapier Wiedergabe der Nieten zur Hofball-Verlosung [Nr. 191].
Die Luxusausgabe [150 numerierte Exemplare] in Pergament gebunden mit dem von F. P. gezeichneten Wappenstempel und dem von F. P. radierten Exlibris (auf Japan) [s. Nr. 121] enthält 4 Bll. Geleitwort von Dr. Pater Expeditus Schmidt O. F. M. mit fünf Bildchen in Vierfarbendruck (die erste Zeichnung vom sechsjährigen F. P. 1813 und vier Bildchen aus Ammerland in Originalgröße 7,6 x 6,3) sowie als vorletztes Bl. Tod als Lokomotivfüh-

rer. Von den vier Bildchen aus Ammerland wurden drei (Schloß, Kirche von Münsing, Blick auf Münsing) als Postkarten vervielfältigt.

592. **Franz Graf von Pocci. Lager-Katalog VI.** Mit 3 ganzseitigen Abbildungen und 10 Holzschnitten aus dem Komödienbüchlein. J. J. Lentnersche Hofbuchhandlung (E. Stahl) Abteilung Antiquariat. München, Dienerstraße 9. 32 unnumerierte S. qu. 8°. Zum ersten Male nach S. 4 [drei ganzseitige Bll.]. (1) Initiale »B« u. fliegendes Blatt »Bester Dank«. An »B« angelehnt ein Harfe spielender Engel. Singende Frauen und Kinder vor dem Bande. Ein Engelköpfchen blickt aus der Öffnung des B. [Original 32 x 21, Tuschzeichnung, bz. F. Pocci 1872]. (2) Totentanz. *»Omnes horae vulnerant Una necat«* auf fliegendem Bande. »O« als Uhr. Dahinter Tod mit gespanntem Bogen u. Engel mit Buch. Auf dem Band Gefallener; dahinter u. daneben je ein Schildknappe. Berglandschaft, Turm und Distelornament, bz. 18 F. Pocci 62. [Original 25,5 x 17 Tuschzeichnung für Dr. Nagler, Herausgeber d. Künstler-Lexikons; jetzt im Besitze von C. M. Frommel in Düsseldorf]. (3) Kopf eines Ritters mit federgezierter Mütze u. weißem Kragen (Original 20 x 23. Federskizze / 1. I. 62.)
Stahl nennt (3) irrig zu »Blaubart« ausgeführt. Nr. 179.

593. **Puppentheater von Franz Pocci** (Universal-Bibliothek. 5247). Mit einem Vorwort und Fingerzeiger für die Aufführung herausgegeben von Max Eickemeyer. 1. Bändchen. Prolog – Muzl, der gestiefelte Kater – Kasperl unter den Wilden. Leipzig. o. J. Druck und Verlag von Philipp Reclam jun., mit zwei Titelvignetten. 64 S. 12°.

594. **Das Märlein von Schneeweißchen und Rosenrot** von Franz Pocci. Herausgegeben vom Dürer-Bund bei Georg D. W. Callwey, München. o. J. 15 S. kl. 8°. Schatzgräber Nr. 28 [Nachdruck von Nr. 97].

595. **Silhouetten Almanach** für das Jahr 1910. Berlin bei Edmund Meyer. 52 S. Kalendarium, Notizen, Ein verschollener Schwarzkünstler v. Leopold Hirschberg, dann Wiedergabe des Schattenspiels [Nr. 223] 29 Bll. Silhouetten mit gegenüberstehenden Begleitversen. qu. kl. 8°.

596. **Totentanz.** Ca. hundert mehrfarbige völlig originalgetreue Lithographien [nach den Originalen im A. P. A. und anderen Besitz]. Einladung des Hyperion-Verlages Hans von Weber in München zur Subskription. Vier S. [Drei bedruckt]. gr. 2°. Die zwei beigegebenen Probebilder stark verkleinert (n. d. Originalen) in Vierfarbendruck: Netzätzung und Mattkunstdruck. 3. Tod als Fährmann führt im Boot mit zerfetztem Segel die Entschlafenen. 16 x 10,5. 2. Das letzte

Minnelied. Tod als Minnesänger am Bett des sterbenden Mädchens, das von vier Engelchen umgeben ist. 13,6 x 13.
Obwohl diese schöne Totentanz-Ausgabe nicht zur Ausführung kam, ist sie im Katalog Nr. 31 »Aus dem Nachlasse von Otto Julius Bierbaum †« von Ottmar Schönhub Nachfolger (Stobbe, Dultz & Co.) München o.J. 8° auf der letzten Umschlag-Seite unter Nr. 1473, Bücher für Bibliophile, aufgeführt.

597. **Ueber den Wassern.** Titel wie Nr. 584. 3. Jahrg. 1910. Heft 3 von F. P. S. 102. Aus »Meine Gedanken und Betrachtungen« [handschr. Aufzeichnungen im A. P. A.] angfg. August 1850. 1. Anknüpfend an die Stelle von Macaulays kleine Schriften »Die Welt braucht eine gesunde Tugend ...« 2. Was ich meiner Frau niederschrieb ... »Ich danke dir, du bist der gute Geist ...« Zwölf Verszeilen.

598. **Waldkönig Laurin** oder Kasperl unter den Räubern von Franz Pocci. Herausgegeben vom Dürer-Bund bei Georg D. W. Callwey, kgl. Hofbuchdruckerei. München. 40 S. Einleitung [v. Egloffstein] u. Text. kl. 8°. Schatzgräber Nr. 43.

599. **Hellauf**-Merkblatt Nr. 1. Mimir-Verlag für deutsche Kultur und soziale Hygiene. G.m.b.H. Stuttgart o.J. qu. 12°. Druckt auf der Rückseite Illustrationen, die als Warnung vor übermäßigem Essen und Trinken dienen sollen, so aus F. P's Schattenspiel »Den Kranken«. [S. Nr. 223, Bl. 24.]

1911

600. **Allerhand** von Franz Pocci. Herausgegeben vom Dürer-Bund bei Georg D. W. Callwey, München, o.J. 18 S. kl. 8°. Kastner & Callwey, Kgl. Hofbuchdruckerei, München. Schatzgräber Nr. 60. [Abdrucke aus verschiedenen Büchern.]

601. **Das Bayerland.** Illustrierte Wochenschrift für Bayerns Volk und Land. Herausgegeben von Josef Weiß. Verlag von Georg Müller in München. 22. Jahrgang 1911. S. 5. Pferderennen beim Oktoberfest (ganzs. Bl.) [Zum ersten Male wiedergegeben] von F. P., bez.: 6. Oktober 1833. Original-Federzeichnung.

602. **Für fröhliche Kinder.** Kleine Auswahl aus den Werken Franz Poccis. Herausgegeben von Adolf Wildner. Mit einer Einleitung von Franz Pocci (Enkel). Verlegt bei Paul Sollors' Nachf., Reichenberg i. B. o.J. Druck von Gebrüder Stiepel, Reichenberg, 123 S. 8°. Zum ersten Male wiedergegeben ganzseitig Bll. Auf S. 16: Weihnacht (1867). Auf S. 24: Schulknabe. Lesendes Mädchen. Auf S. 40: Angler und Mühle (Lesezeichen). Auf S. 48: Winter und Schneemän-

ner [n. d. Originalzeichn. der lust. Gesellsch. s. Nr. 494]. Auf S. 80: Kasperls Hochzeit [Originalzeichn. der lust. Gesellsch. s. Nr. 494]. Auf S. 96: Don Quixote reitet gegen Windmühlen [Lesezeichen]. S. 55–73: Schneewittchen [n. d. Büchlein m. Exlibris Nr. 40 ganz in der Handschrift des Künstlers für dessen Gattin im A. P. A.].

»Für fröhliche Kinder« wurde auch geteilt herausgegeben, mit gleichem Titel aber »Erstes und Zweites Buch« und: Verlegt beim Lehrerhausvereine für Oberösterreich in Linz o. J. als 59. und 60. Bändchen der Jugendschriften des Lehrerhausvereins. Dann in einem Bande, mit: Verlag von Georg D. W. Callwey, München o. J. und etwas geändertem Schlusse des Vorwortes für Deutschland herausgegeben.

603. **Kinderreime** mit Bildern von Pocci und Schwind. Herausgegeben vom Dürerbund bei Georg D. W. Callwey, München, o. J. Das Umschlagbild ist von Moritz Schwind, die Bilder im Text sind von Franz von Pocci. Druck von Kastner & Callwey, Kgl. Hofbuchdruckerei, München. 16 S. kl. 8°. Schatzgräber Nr. 61.

604. **Zwei Prologe** zur Eröffnung lustiger Komödienabende von Franz Graf Pocci. Mit einem Vorwort versehen und für die Volks- und Jugendbühne eingerichtet von Demetrius Schrutz. Bonn a. Rh. o. J. Druck und Verlag von Anton Heidelmann. 24 S. kl. 8°. Pocci Kasperl-Komödien 1.

605. **Sassafras** oder Doktor, Tod und Teufel. Ein Märchen in drei Aufzügen [Titel ohne Vorwort, sonst wie Nr. 604, Kasperl-Komödie 2]. 33 S. kl. 8°. Der gestiefelte Kater [Titel, sonst wie Nr. 604, Kasperl-Komödie 3]. 34 S. kl. 8°.

606. **Prinz Rosenrot und Prinzessin Lilienweiß** oder Die bezauberte Lilie. Romantisches Zauberspiel in drei Aufzügen [Titel, sonst wie Nr. 604, Kasperl-Komödie 4]. 26 S. kl. 8°.

607. **Die Zaubergeige** oder Kasperl als Virtuos. Märchen-Drama in vier Aufzügen mit Gesang und Tanz [Titel, sonst wie Nr. 604, Kasp.-Komöd. 5] 38 S. kl. 8°.

608. **Wald-König Laurin** oder Kasperl unter den Räubern. Schauerliches Drama mit Gesang in drei Aufzügen [Titel, sonst wie Nr. 604, Kasp.-Komöd. 6] 30 S. kl. 8°.

609. **Das Eulenschloß** oder Kasperl als Minister. Ein mit unglaublicher Zauberei vermischtes Drama in vier Aufzügen [Titel, sonst wie Nr. 604, Kasp.-Komöd. 7] 29 S. kl. 8°.

610. **Ritter Blaubart.** Ein furchtbares Spektakelstück aus dem finstern

Mittelalter in drei Aufzügen. [Titel, sonst wie Nr. 604, Kasp.-Komöd. 8] 29 S. kl. 8°.

611. **Hansel und Gretel** oder der Menschenfresser. Dramatisches Märchen in fünf Aufzügen [Titel, sonst wie Nr. 604, Kasp.-Komöd. 9] 30 S. kl. 8°.

612. **Kasperl als Prinz.** Moralische Komödie in drei Aufzügen [Titel, sonst wie Nr. 604, Kasp.-Komöd. 10] 22 S. kl. 8°.

613. **Die drei Wünsche** oder der Zauberring. Ein lehrreiches Beispiel in zwei Aufzügen [Titel, sonst wie Nr. 604, Kasp.-Komöd. 11] 16 S. kl. 8°.

614. **Undine**, die Wassernixe. Romantische Sage in vier Aufzügen mit Gesang [Titel, sonst wie Nr. 604, Kasp.-Komöd. 12] 38 S. kl. 8°.

615. **Das Märchen vom Rotkäppchen.** Ein Zauberspiel in fünf Aufzügen [Titel, sonst wie Nr. 604, Kasp.-Komöd. 13]. 31 S. kl. 8°.

616. **Aschenbrödel** oder Der goldene Pantoffel. Märchenspiel in fünf Aufzügen nebst einem Vorspiel [Titel, sonst wie Nr. 604, Kasp.-Komöd. 14]. 37 S. kl. 8°.

617. **König Drosselbart.** Märchenspiel in drei Aufzügen mit Musik [Titel, sonst wie Nr. 604, Kasp.-Komöd. 15]. 26 S. kl. 8°.

618. **Die sieben Raben.** Märchendrama in drei Aufzügen mit einem Vorspiel [Titel, sonst wie Nr. 604, Kasp.-Komöd. 16] 29 S. kl. 8°.

619. **Die stolze Hildegard** oder Asprian mit dem Zauberspiegel. Großes Ritterschauspiel in 3 Aufzügen. [Titel, sonst wie Nr. 604, Kasp.-Komöd. 17]. 29 S. kl. 8°.

620. **Herbed**, der vertriebene Prinz. Romantisches Zauberspiel in drei Aufzügen. [Titel, sonst wie Nr. 604, Kasp.-Komöd. 18]. 31 S. kl. 8°.

621. **Albert und Berta** oder Kasperl im Sack. Grausames Ritterschauspiel in drei Aufzügen. [Titel, sonst wie Nr. 604, Kasp.-Komöd. 19]. 30 S. kl. 8°.

622. **Dornröslein.** Romantisch-humoristisches Märchen in drei Aufzügen. [Titel, sonst wie Nr. 604, Kasp.-Komöd. 20]. 40 S. kl. 8°.

623. **Der artesische Brunnen** oder Kasperl bei den Leuwutschen. Patriotisch-musikalisches Drama in 3 Auf- und Zuzügen. [Titel, sonst wie Nr. 604, Kasp. Komöd. 21]. 31 S. kl. 8°.

624. **Kasperl wird reich.** Schicksalsdrama in 4 Aufzügen. [Titel, sonst wie Nr. 604, Kasp. Komöd. 21]. 23 S. kl. 8°.

625. **Die Erbschaft.** Komödie in 2 Abteilungen [Titel, sonst wie Nr. 604, Kasp. Komöd. 23]. 22 S. kl. 8°.

626. **Das Glück ist blind** oder Kasperl im Schuldturm. [Titel, sonst wie Nr. 604, Kasp. Komöd. 24]. 30 S. kl. 8°.

627. **Madam Kasperl.** Ein Schauspiel, in welchem auch der Teufel in Person vorkommt. [Titel, sonst wie Nr. 604, Kasp. Komöd. 25]. 14 S. kl. 8°.

628. **Kasperl ist überall.** Ein Schattenspiel von Franz Pocci. Herausgeben vom Dürer-Bunde bei Georg D. W. Callwey, München o. J. kl. 8°. Kgl. Hofbuchdruckerei Kastner und Callway, München. Schatzgräber. Nr. 53. Titelzeichnung auf Umschlag u. 23 S. mit Silhouetten.

629. **»Missa est.«** Auf blauem Grunde gelbe Arabesken; in der Mitte fliegendes Band mit vorstehender Aufschrift, darüber Ministrant mit Missale. Unten kniender Ministrant auf grünem Kissen. 4,5 x 17,4. Auf der Rückseite: Zur Erinnerung an die Schloßkapelle in Ammerland. »Vollendet ist das Opfer am Altar ...« sechs Verszeilen v. F. P. (Enkel).
Nach dem Original, farbiger Bleistiftzeichnung im A. P. A. in der Art der Lesezeichen vervielfältigt von der Kunstanstalt Graphia, München.

1912

630. **Das Bayerland.** Illustrierte Wochenschrift für Bayerns Land und Volk. Begründet von H. Leher, herausgegeben von Dr. Jos. Weiß. 24. Jahrgang. 14. Dezember 1912. Nr. 11. Weihnachts-Nummer. Wiedergabe von fünf Weihnachtsblättern von F. P. Umschlag, S. 165, 166, 167 und 168.

631. **Efeuranken.** Illustrierte Jugendzeitschrift. Volksvereinsverlag G.m.b.H. M. Gladbach. [Jahrg.] 1911/12. 10. Heft (Juliheft 1912), S. 315–316. Ebenda 11. Heft (Augustheft 1912), S. 354–355: Franz Pocci als Illustrator. Von Dr. P. Expeditus Schmidt O. *F. M.* Enthält 2 Vollbilder und 19 Textzeichnungen, wovon zum ersten Male wiedergegeben: Vollbild *Nescitis qua hora fur veniet* [Federzeichnung]; ferner die Textzeichnungen: S. 320: Knabe. S. 341: Burg. S. 345: Drolliger Chinese mit Laute. S. 348: Karikierte Münchener Typen (darunter der Künstler und seine Frau). S. 353: Menschenfeind. S. 353: Komische Ballszene.

632. **Die schönsten Heiligen-Legenden** in Wort und Bild herausgegeben von Dr. P. Expeditus Schmidt O. *F. M.* unter Mitwirkung von En-

rica von Handel-Mazzetti, Anna Freiin von Krane, Annette Kolb, Franz Freiherrn von Lobkowitz, Kurt Martens, Franz Pocci-Enkel mit den Namenbildern von Franz Pocci, 1912, bei Hans von Weber in München. Mit oberhirtlicher Druckerlaubnis. Den Umschlag entwarf Emil Preetorius. Gedruckt bei Poeschel & Trepte in Leipzig. gr. 8°. [1. Band.] III S. u. 262 S. u. 1 S. [Bemerkungen]: »es sollen nach und nach acht bis zehn Bände erscheinen, so daß ... alle Namenbilder Poccis ... vorliegen werden«. Ganzseitiges Blatt vor S. 1, »Caspar, Melchior, Balth.« auf Standarte, die gotischer kniender Knappe hält. Rechts das Gefolge der hl. drei Könige, die mit ihren Geschenken aus der Initiale »C« treten. Links der Stern. Vor S. 33: »Walpurga«. In der Initiale »W« die Äbtissin mit Stab und Oelkännchen. Rechts das sturmbewegte Segelboot. Kleine Gesellen in Säcken blasen den Wind. Vor S. 49: »Ave Maria« Engel in reich ornamentiertem »A« bringt die Botschaft. Die heilige Jungfrau kniet auf Betstuhl mit Eva in Schnitzwerk. Vor S. 81: »Adalbert« hält in stilisiertem »A« den heidnischen Mördern das Kreuz entgegen. Vor S. 113: »Ferdinand« mit Fahne und Schwert vor dem »F« als reiches heraldisches Säulenornament. Rechts tobt die Schlacht gegen die Mauren. Vor S. 129: »Crescentia« im »C« mit Vitus und Modestus, zu ihren Füßen ein Löwe. Rückwärts überhöht Diocletian. Vor S. 161: »Christoph« trägt das Christuskind durch den Strom. Der Einsiedler leuchtet vom anderen Ufer. Initiale »C« als Baum, hinter dem der Teufel entschwindet. Vor S. 177: »Francisca von Chantal«. Die Ordensstifterin kniet auf Betstuhl Initiale »F«. Hinter ihr singende Nonnen. Oben im Fensterdurchblick wird der auf der Jagd verunglückte Gatte vorbeigetragen. Vor S. 209: »Justina« auf Mauerwerk. Vor dem »J« steigt die Heilige eine Stufe hinauf. Rechts oben Cyprianus vor dem Richtblock. Vor S. 225: »Franciscus Ser^s« kniet vor der Initiale »F« als Bretterhütte, in der ihm der »Gekreuzigte« als geflügelter Seraph erscheint. Rechts lehnt der Heilige, von Menschen, Vögeln und Tieren umgeben. Vor S. 245: »Clemens« in ornamentiertem »C« mit Bischofsstab und Anker. Blick auf das Meer«. Oberhalb durch das Band Clemens getrennt, läßt der Heilige Wasser aus dem Fels hervorquellen. Vor S. 257: »Nikolaus« spricht als Bischof in der Initiale »N« zu Kindern. Rechts oberhalb des fliegenden Bandes Knecht Rupprecht mit Sack und Rute vor ängstlicher Kinderschar.

633. **Die geheimnisvolle Pastete.** Lehrreiche Komödie in zwei Aufzügen. [Titel, sonst wie Nr. 604, Pocci Kasp. Komöd. 26]. 13 S. kl. 8°.

634. **Der Zaubergarten.** Ein Scherzspiel in einem Aufzug. [Titel, sonst wie Nr. 604, Kasp. Komöd. 27]. 12 S. kl. 8°.

635. **Heinrich von Eichenfels** oder das gestohlene Kind. [Titel, sonst wie Nr. 604. Kasp. Komöd. 28]. 31 S. kl. 8°.

636. **Kalasiris**, die verwunschene Lotosblume. Zauberdrama in fünf Aufzügen. [Titel, sonst wie Nr. 604, Kasp. Komöd. 29.] 26 S. kl. 8°.

637. **Schuriburiburischuribimbampuff**, der Berggeist oder Kasperl als Bergknappe. Zauberspiel in vier Aufzügen. [Titel, sonst wie Nr. 604, Kasp. Komöd. 30.] 22 S. kl. 8°.

638. **Die Taube** oder der schwarze Dietrich. Schauspiel in vier Aufzügen, nach einer Erzählung von Christoph Schmid. [Titel, sonst wie Nr. 604, Kasp. Komöd. 31.] 35 S. kl. 8°.

639. **Der gefangene Turko** oder Ein Kasperlstreich aus dem Jahre 1870. Schauderhaftes Drama in einem Akt im Wirtshaus nebst einem Vorspiel im Wald. [Titel, sonst wie Nr. 604, Kasp. Komöd. 32.] 17 S. kl. 8°.

640. **Kasperl in der Türkei** oder der Sultansmörder. Eine konstantinopolitanische Posse in einem Aufzug. [Titel, sonst wie Nr. 604, Kasp. Komöd. 33.] 13 S. kl. 8°.

641. **Kasperl in China.** Ein chinesischer Unsinn in einem Akt. [Titel, sonst wie Nr. 604, Kasp. Komöd. 34.] 8 S. kl. 8°.

642. **Kasperl unter den Wilden.** Ein kulturhistorisches Drama in zwei Aufzügen. [Titel, sonst wie Nr. 604, Kasp. Komöd. 35.] 16 S. kl. 8°.

643. **Die Prüfung** oder der wieder lebendig gewordene Kasperl. [Titel, sonst wie Nr. 604, Kasp. Komöd. 36.] 16 S. kl. 8°.

644. **Kasperl als Professor.** Ein philosophisches Lustspiel in 1 Akt. [Titel, sonst wie Nr. 604, Kasp. Komöd. 37]. 8 S. kl. 8°.

645. **Kasperl als Turner.** Ein frisch-fromm-fröhlich-freies Spiel in 1 Aufzug. [Titel, sonst wie Nr. 604, Kasp. Komöd. 38]. 12 S. kl. 8°.

646. **Kasperl als Porträtmaler.** Ein malerisches Lustspiel in 1 Akt. [Titel, sonst wie Nr. 604, Kasp. Komöd. 39]. 13 S. kl. 8°.

647. **Kasperl als Nachtwächter.** Ein Nachtstück in 1 Akt. [Titel, sonst wie Nr. 604, Kasp. Komöd. 40]. 8 S. kl. 8°.

648. **Schimpanse, der Darwinaffe.** Lustige Komödie in einer Wandlung nebst 3 darauffolgenden Verwandlungen. [Titel, sonst wie Nr. 604, Kasp. Komöd. 41]. 18 S. kl. 8°.

649. **Kasperls Heldentaten.** Ein Ritterstück aus dem finstern Mittelalter in

2 Verwandlungen. [Titel, sonst wie Nr. 604, Kasp. Komöd. 42]. 14 S. kl. 8°.

650. **Krokodilus und Persea** oder der verzauberte Krebs. Ein Zaubermärchen in 3 Akten. [Titel, sonst wie Nr. 604, Kasp. Komöd. 43. 20 S. kl. 8°.

651. **Kasperl in der Zauberflöte.** Europäisch-Ägyptisches Drama mit klassischer Musik und dito Ironie in 3 Aufzügen. [Titel, sonst wie Nr. 604, Kasp. Komödien. 44]. 32 S. kl. 8°.

652. **Kasperl als Garibaldi.** Ein politisches Schauspiel in 3 Verwandlungen aus dem Italienischen übersetzt. [Titel, sonst wie Nr. 604, Kasp. Komöd. 45]. 19 S. kl. 8°.
Die Untertitel sind fast durchweg nicht v. F. P., sondern neu hinzugefügt.

653. **Pocci-Gedenkblatt.** Corpsgeschichtliche Beilage zu Nr. 7 des 3. Jahrganges der Isaren-Zeitung. [Herausg. v. A. Reichel, Augsburg]. A. Huber, Hoflith. & Buchdruckerei, München, Neuthurmstr. 2a. o.J. S. 137–168. 8°. Von F. P. zum ersten Male nach S. 144: F. P's Selbstbildnis als Isaren-Fuchs. Landshut 1826. Ganzs. farbiges Bl. [Original im A. P. A. für die Mutter von F. P. ausgeführt]. Nach S. 160: Mensur zwischen Isaren und Pfälzer. Ganzs. farbiges Bl.
Nicht zu verwechseln mit der nicht auffindbaren Nr. 14.

654. **Puppentheater** von Franz Pocci. (Universal-Bibliothek 5375.) Titel wie Nr. 593. Zweites Bändchen. Die Zaubergeige. – Die drei Wünsche. Druck und Verlag von Philipp Reclam jun. Leipzig, o.J. (1912). 62 S. 12°. Mit 2 Titelvignetten.

1913

655. **Bibliotheca Bavarica.** Vierte Folge. I. Teil: Münchener Künstler-Arbeiten. Lager-Katalog XIV/München 1913. J. J. Lentner'sche Hofbuchhandlung (E. Stahl) Abteilung Antiquariat/Dienerstr. 9. 114 S. 8°. Versch. Abdrucke (n. Zeichn. v. F. P.) S.60–76. Nochmals n. S. 56. Totentanz: *»Omnes horae vulnerant Una necat.«*

656. **Von Landshuts hoher Schule.** Corpsgeschichtliche Beilage zu Nr. 2 des 4. Jahrganges der Isaren-Zeitung. o.O. u. J. [München] 92 S. 8°. Von F. P. S. 90: Abdruck »Isaria von 1826« [s. Nr. 6].

657. **»Ranken«.** Bücher für die Jugend. Band 1: Schattenbilder mit Versen von Graf F. Pocci. Mit Vorwort von Graf F. Pocci (Enkel). Preis des Bändchens 30 Pfg. Düssel-Verlag G.m.b.H. Düsseldorf o.J. 62 S. 12°.

658. **Ranken.** Band 5: Kasperl ist überall und andere Schattenbilder von Franz Pocci. 1.-10. Tausend. Preis des Bändchens 30 Pf. Düssel-Verlag G. m. b. H. Düsseldorf o. J. 63 S. 12°.

659. **Ranken**, Bücher für die Jugend. Herausgegeben von Heinrich Terbrüggen. Band 6. Der Bärentanz und andere Schattenbilder von Franz Pocci. 1.-10. Tausend. Preis des Bändchens 30 Pfg. Düssel-Verlag G. m. b. H. Düsseldorf o. J. 63 S. 12°. Sammlung der Silhouetten aus allen Büchern mit Zeichnungen von F. P. Zum ersten Male. Bd. 1. S. 7. »Poccis Leichenbegängnis.« Stark verkleinert nach dem Original in der graphischen Sammlung zu München. Am Schlusse von Bd. 1 Abdruck in Original-Größe 24 x 6,5 als Beigabe. Linoleumschnitt.

660. **Über den Wassern.** Titel wie Nr. 584. 2. Heft. November 1913. 7. Jahrgang. Schriftleitung: Dr. Johannes Eckardt. Salzburg. Verlag: Görres-Verlag: Bamberg (Dr. J. Kirsch) S. 126. Die Entstehung des Liedes »Wenn ich ein Vöglein wär«. ... v. F. P. (Enkel), darin v. F. P. Abdruck zweier Briefe an Georg Scherer [Orig. in der Handschriftenabt. d. B. St. M.].

In den Akademischen Monatsbl. 15. XII. 13. Nr. 554-56 weist der bekannte Liederforscher Dr. K. Reisert, Würzburg mit s. Liederstudium nach, daß F. P.'s Vertonung des Liedes nicht die erste war. Dies schließt aber die Tatsache nicht aus, daß F. P.'s. Melodie, also die zweite, in Studentenkreisen, besonders bei den Isaren zu München von 1826 bis in die 70er Jahre gesungen wurde, dann allerdings wieder verschwand.

661. **Die Bergstadt.** Paul Kellers Monatsblätter. Korn & Co. Verlag. Breslau. 1913. gr. 8°. Jahrgang I, Heft 8. Aus dem Leben Franz Poccis 1807-1876 von Franz Graf v. Pocci (Enkel). S. 663-679, bringt zahlreiche Zeichnungen früherer Bücher und Blätter. Zum ersten Male: S. 674. Tod mit Wappenschild. Nach der Original-Federzeichnung in A. P. A. auf ein Viertel verkleinert. Auf eigenem Blatte: Wiedergabe der drei Landschaften [aus Nr. 591], aber mit blauer statt goldener Umrahmung. In kleiner Zahl als »Sonderdruck«, aber ohne eigene Seitenzählung ausgegeben.

1914

662. **Bauern ABC** von Franz Pocci. Verlag von Franz X. Seitz in München. Der Buchhandel bezieht durch das Literarische Institut Dr. Max Huttler (Michael Seitz), Augsburg, Domplatz 8 S. Titel, dem Andenken des Verfassers gewidmet. Zum Geleit und Vorwort 1925. gr. 8°. Wie Nr. 338; Umschlagzeichnung aber nicht auf den Innentitel. Vignette des Vorwortes und der Kapitelabschlüsse nicht von F. P. Exemplar im A. P. A. vom Verlage: »In Verehrung gewidmet«

663. **Die schönsten Heiligen-Legenden** in Wort und Bild herausgegeben von Dr. P. Expeditus Schmid O. F. M. unter Mitwirkung von Enrica Freiin von Handel-Mazzetti, Anna Freiin von Krane, Franz Freiherrn von Lobkowitz, Franz Pocci (Enkel), Ludwig Zoepf u.a. mit den Namenbildern von Franz Pocci. Jos. Kösel'sche Buchhandlung, Kempten und München 1914. Mit oberhirtlicher Druckerlaubnis. Den Umschlag entwarf Emil Preetorius. Gedruckt bei Poeschel & Trepte in Leipzig. [2. Band] VII S. u. 239 S. gr. 8°. Ganzseitiges Blatt. Vor S. 1: »Maria« mit dem Kinde vor dem »M« im Walde umgeben von Engeln, Kindern, Eichkätzchen und Vögeln. Vor S. 17: »Dorothea« in dem aus Rosengeäst gebildeten »D«. Engel bei den Rosen. Oberhalb der Heiligen ein Engel mit der Palme des Martyriums. Ein Knäblein hält Theophilus einen Korb mit den Rosen des Himmels entgegen. Vor S. 57: »Kunigundis« auf den glühenden Pflugscharen vor Kaiser Heinrich. Initiale »K« in stilisierter Ornamentik. Vor S. 73: »Genovefa« auf aufgerolltem Band in der aus Baumstamm und Fels gebildeten Initiale »G«, mit Sohn und Hirschkuh, vom Pfalzgrafen im Walde entdeckt. Links rückwärts der gefesselte Golo. Vor S. 97: »Coelestin« als Einsiedler in »C«, das den Eingang zur Klause bildet. Rechts oben segnet Coelestin als Papst (C. V.) einen Zug Mönche. Vor S. 113: »Clotilde« steht betend in der Initiale »C«. Rechts Taufe von »Chlodwig« in Säulenhalle. Oben Fries mit der Schlacht bei Zuelpich. Vor S. 137: »Margaretha« mit dem besiegten Drachen. »M« als Mauerwerk. In der Ferne rechts Palast des Statthalters. Dieser blickt links durch Maueröffnung auf die Heilige. Vor S. 153: »Rosa von Lima« sitzt auf Mauerwerk »R« Fliegendes Band mit »R. v. L.«. Vor der Heiligen Vögelchen auf Arabeske. Blick durch Palmen auf das Meer und die Stadt Lima. Vor S. 169: »Nothburga« mit der Sichel in der reich gezierten Initiale »W«. Rechts Landschaft mit Getreidefeld, das eben abgeerntet wird. Links oben ein Engel als Ährenleser. Vor S. 201: »Eduard« der Bekenner, lineares Band. »E« als Thron, auf dem der König sitzt, umgeben von Hofleuten und Kriegern; rückwärts das Kloster Westminster. Vor S. 217: »Martin« zu Pferde gibt dem Armen seinen Mantel, vor Initiale »M« als Stadttor. Vor S. 233: »Barbara« wird gefesselt; rechts der Turm, in den sie geführt werden soll. »B« reich in Ornamenten.

Die Wiedergaben der Bilder sind zum Unterschiede von denen des 1. Bandes [Nr.632], die nur einheitlich Graubraun gedruckt sind, genau in den Farbtönen der Originale [im A. P. A.] nachgedruckt.

664. **Probedrucke.** Vierundzwanzig Zeichnungen, wovon zwanzig [lustige Szenen, Chinesen, Karik. v. J. Strauß, Initialen u.a.] bisher

noch nicht wiedergegeben waren. Die Klichees wurden bei Bruckmann in München für Herder in Freiburg i. Br. hergestellt zu dem geplanten Buche »Heimatkunden« von Heinrich Mohr.

1915

665. **Kunst und Künstler.** Jahrgang XIII. Berlin 1915, Verlag Bruno Cassirer. Heft XI, S. 505–515: Graf Franz Pocci, ein Illustrator aus dem Biedermeier, von Carl Voll. Darin zum ersten Male veröffentlicht: S. 507. Der Zauberwald [Entwurf zum Titelblatt des Lustigen Bilderbuches Nr. 288]. S. 509. Bildnis des Archivars von Oefele. S. 511. Selbstkarikatur v. F. P. S. 513. Hanswurst.

666. **Puppentheater** von Franz Pocci. (Universal-Bibliothek 5819.) Titel wie Nr. 593. Drittes Bändchen. Kalasiris, die Lotosblume oder Kasperl in Ägypten und Kasperl in der Türkei. Druck u. Verlag von Philipp Reclam jun. Leipzig o. J. Mit zwei Titelvignetten. 44 S. 12°.

667. **Deutsche Schatten- und Scherenbilder** aus drei Jahrhunderten. Mit dreihundert [nur etwa 200!] meist noch nicht veröffentlichten Bildern. Gesammelt und herausgegeben von Martin Knapp. Der gelbe Verlag in Dachau bei München. 127 S. 4°. Von F. P.: S.14: Leichenzug, $^2/_5$ der Originalgröße. Kgl. graphische Sammlungen, München [s. Nr. 659]. S. 71: Das Duett. Freund Hein. Die Quacksalber.

668. *Ex Libris.* »Bibliotheca Patristica. Prov. Germ. S. J.« Altdeutsche Stube. Butzenscheiben-Fenster. Am Tische sitzt lesender Gelehrter von Folianten umgeben. Bez. 18 F. P. 57. 7,8 x 7,7 [Original im A. P. A.]

669. *Ex Libris.* »Nini Gräfin v. Pocci« auf fliegendem Band. An die Initiale angelehnt kleiner lesender Schalknarr auf inselartiger Erhebung, Buschwerk in Schwarz; im Hintergrunde Burg, Berge und Wasser in Blau. Federzeichnung. 7,9 x 5,3.
Das Schriftband, das im Original die Inschrift Franz P. trägt, in obige geändert. [Original im A. P. A.]

1916

670. **Das Liebespaar in der Kunst.** Von Reinhard Piper. Mit 140 Abbildungen. München o. J. R. Piper & Co. Verlag. Spamersche Buchdruckerei in Leipzig. 167 S. gr. 8°. Von F. P.: S. 65. Auf der Alm [Abdruck aus Nr. 192].

671. **Sammlung Arthur Rümann.** Illustrierte Werke und Graphik des neunzehnten Jahrhunderts. Emil Hirsch, Antiquariat, München,

Karlstaße 6, o.J. V S., 88 S. u. XL Tafeln. gr. 8°. Von F. P.: Nr. 629. Rübezahl, der mit Rucksack, Messer und Knüppel den Bergwald hinabsteigt. [Original im Besitz des Archäologen Prof. Dr. Arndt in München]. Federzeichnung bez. F. P. 1862. 20,7 x 16,2.

1917

672. **Kasperl als Porträtmaler.** 2. Auflage genau wie Nr. 583.

673. **Sammlung Prof. Karl Voll.** Graphik des 19. Jahrhunderts. Emil Hirsch, Antiquariat. München, Karlstr. 10, o.J. VI S., 76 S. u. XXXII Tafeln gr. 8°. Von F. P.: Nr. 514. Der Zauberwald. In den einzelnen Buchstaben dieses Titelwerkes Zwerge, Einsiedler, Jäger u. Tiere. Auf dem Original darunter von F. P.: »Skizze des Titelblattes zu einem Kinderbilderbuch.« Der Umschlag dieses Buches [Nr. 288] wurde anders ausgeführt. Aquarellierte Federzeichnung 18,5 x 23. Im Besitz des Kunsthistorikers Dr. Hempel in Graz.

1919

674. **Anno 48.** Revolutionsbilder mit alten Holzschnitten der »Fliegenden Blätter« München 1919. Verlag von Braun & Schneider. 96 S. 8°. Von F. P.: S. 87–89 »Der Staatshämorrhoidarius«. [S. Nr. 375.]

675. **Der Orchideengarten.** Phantastische Blätter. Herausgeber Karl Hans Strobl. Schriftleiter Alf. von Czibulka. Dreiländer-Verlag München o.J. 4°. Erster Jahrgang. Fünftes Heft. Von F. P.: S. 15 ganzseitiges Blatt: Doktor Faust [um 1850]. Alchimisten in einem Burghof. Federzeichnung 15 x 19,5. Original im Besitz des Malers Rolf v. Hörschelmann in Feldafing.

676. **Die Zaubergeige.** Ein Märchendrama. Verlag Erich Matthes Leipzig und Hartenstein in Sa. 1919. Sonderausgabe des Einundvierzigsten Zweifäusterdruckes. Besorgt von E. G. Naumann G.m.b.H. in Leipzig unter Benützung der neugeschnittenen Ungerfraktur. Die Zeichnungen sind von A. Paul Weber, Arnstadt. 103 S. 16°. Der auf dem Rückumschlag angegebene Sonderdruck vom Eulenschloß mit vielen Federzeichnungen im Text wurde nicht ausgeführt.

1920

677. **Das Bayerland.** Illustrierte Halbmonatsschrift für Bayerns Land und Volk. Herausgegeben von Dr. Fridolin Solleder, Verlag Hanns Eder, München, Schellingstr. 41. 31. Jahrgang Nr. 10. 1. Februarheft 1920. Zum ersten Male wiedergegeben. S. 154: Karikaturen. Mit 43 meist Aquarellen von Graf Franz Pocci aus der historischen Kommission der Münchner Künstler-Genossenschaft von Franz Wolter, Mün-

chen. S. 156–159: Festzug der Lords der Gesellschaft »Alt England«. Sieben Karikaturen. S. 160: Vier Geheime Räte. Lordminor Graf als Gypsfiguren-Verkäufer. Am Zollschranken. S. 161: »Bin heute zu lesen verhindert«. Kobell, Famulus. S. 162: Erinnerung an das Studiengenossenfest 1860. Politischer und religiöser Zwist. Feierliche Aufnahme des Herzogs Carl Theodor. S. 163: Patriotische Wahl (1871) Huldigung der Stadt München vor Bürgermeister Steinsdorf. S. 164: Massenauflauf bei Amalia Hohenester. Dieser Kurpfuscherin (A. H.) muß das Handwerk gelegt werden. Geheime Giftmischerei. A. erhält einen anonymen Brief. S. 165: Die ahnungslose Naturheilkünstlerin öffnet den Brief... Satire auf die Friedensanleihe 1861. Ein Lehensritter verschachert das Erbe seiner Ahnen. Gumppenberg dekoriert. 1867. S. 166: Sanitätskommission. Zum Kriegsdienst (1870) einberufene Oberammergauer. Ovation der Hartschiere... S. 167: Wachtstube der K. Hartschierwachtstube. Brand in der Gabelsbergerstraße. Für Kropfleidende. S. 168: *Cincinnatus Miesbacensis.* Niethammer empfängt Hartschier Gumppenberg. Heintz organisiert die Tutzinger Feuerwehr. S. 166: Tunesischer Ruhmesorden für Herzog Karl Theodor: »Gut Heil«. Possenhofer Fischer.

678. **Der Bücherwurm.** Eine Monatsschrift für Bücherfreunde. 6. Jahrgang. Heft 2. 1920. Einhorn Verlag Dachau. Postvertrieb Weimar. 8°. Zu einem Aufsatz »Franz Pocci« v. W. Eggert-Windegg [S. 35.] Abdrucke auf der ersten und zweiten Umschlagseite. S. 36: Ein Brief an Holland. [Urschrift: Handschr.-Abteil. d. B.St.M. *Cgm.* 6430] S. 37, 41, 44, 49, 53: Zeichnungen aus verschied. Büchern.

679. **Das Eulenschloß.** Ein mit unglaublicher Zauberei vermischtes Drama in vier Aufzügen. Verlegt bei Erich Matthes, Leipzig und Hartenstein im Erzgebirge 1920. 64 S. 16°. Einundvierzigster Zweifäusterdruck. Den Druck besorgte C. G. Naumann in Leipzig. Die Zeichnungen sind von A. Paul Weber. Arnstadt. [Wurden nicht ausgeführt.]

680. **Kasperl als Porträtmaler.** 3. Auflage. Genau wie Nr. 583.

681. **Kasperl-Theater.** Franz Graf Pocci. Verlegt bei Ullstein & Co. Berlin 1920. Die Fünfzig Bücher. Band 21. Inhalt: Karl Ettlinger. Zum Geleit. Das goldene Ei. Prinz Rosenrot und Prinzessin Lilienweiß. Kasperl unter den Wilden. Doktor Sassafras. Kasperl als Prinz. Der artesische Brunnen. Kasperl wird reich. 188 S. 12°.

682. **Todtentanz** in Bildern und Sprüchen von Franz Pocci. Einhorn Verlag in Dachau bei München, o.J. Holzschn. Titel, 12 Bll. Zeichnungen und Nachwort v. F. P. (Enkel).

Abdruck von Nr. 454 ohne Verse nach den im A. P. A. befindlichen Originalholzstöcken.

1921

683. *Corps Isaria.* Festgabe zur Hundertjahrfeier. Nr. 8 des XI. Jahrganges der Isaren-Zeitung. Druck b. A. Huber, München. 24 S. 8°. Von F. P. S. 4: Denkspruch. Neun Verszeilen [aus Nr. 409.] S. 8: Abdruck der Isaren von 1826 [s. Nr. 6]. S. 20: Aus handschriftl. Erinnerungen [im A. P. A.] S. 24: Ausklang [aus Nr. 409.]

684. **Das Erbe.** Ein deutsches Lesebuch. Herausgegeben von Tim Klein. Mit 88 Abbildungen nach Zeichnungen, Kupferstichen und Holzschnitten. R. Piper & Co. Verlag/München 1921. Von F. P.: Zum ersten Male S. 187: Landstreicher, Federzeichnung. Bez.: »Gartknecht und Streuner ziehen durch die Haide 1571«. 14 x 10. Original 26,6 x 18,6 im Besitze von Rolf von Hörschelmann, der das Blatt zur Wiedergabe zur Verfügung gestellt hatte.

685. **Kasperl wird reich.** Mit Holzschnitten von Karl Ritter. Braun und Schneider. München, o. J. Druck von den Graphischen Kunstanstalten F. Bruckmann A. G. in München. Die Holzschnitte sind von den Original-Holzstöcken gedruckt. 100 Exemplare des Buches wurden auf Velinpapier gedruckt, nummeriert und vom Künstler signiert. 32 S. gr. 4°.
Die Zeichnungen passen durchaus nicht zu F. P.'s Stil.

686. **Lustiges Komödienbüchlein** von Franz Pocci. Deutsch-Meister-Verlag 1921 o. O. P.'s »L. K.« wurde für den Deutsch-Meister-Verlag, München, im Frühjahr 1921 von der Buchdruckerei J. Schön in München in der Alten Schwabacher gedruckt. Die Herausgabe für den Deutsch-Meister-Bund in München besorgte Franz Graf von Pocci auf Schloß Ammerland. Satzanordnung und Ausstattung übernahm Professor F. H. Ehmcke, Zürich. Dreihundert Stück wurden auf Hadernpapier abgezogen, in der Presse gezählt und vom Herausgeber handschriftlich gezeichnet. 359 S. 8°. Inhalt: S. 11: Die Puppenkomödien und ihr Klassiker von Franz Pocci (Enkel). S. 33: »Vorwort zu den zu druckenden neuesten Marionettenspielen 26. Dezember 1873« [zum ersten Male wiedergegeben]. S. 34: Prolog. S. 37: Kasperl unter den Wilden. S. 51: Kasperl als Porträtmaler. S. 63: Dornröslein. S. 106: Doktor Sassafras. S. 137: Die Zaubergeige. S. 171: Kasperl als Prinz. S. 191: Das Eulenschloß. S. 219: Der artesische Brunnen. S. 247: Kasperl als Turner. S. 257: Der Zaubergarten. S. 265: Schimpanse, der Darwinaffe. S. 283: Undine. S. 323: Kasperl in der Zauberflöte. S. 356: Als Nachwort: »Zu meinem lustigen Komödienbüchlein (fünf Bände)« 22. Februar 1876

[zum ersten Male wiedergegeben]. Beilagen: 1. Titelvignette der ersten Ausgabe mit Maske Franz Poccis S. 5. 2. Brief Franz Poccis an Schmid vom 30. September 1858 (Faksimile) [zum ersten Male wiedergegeben] S. 19. 3. Der Dichter Lautenklang aus Dornröslein (Figurine) [zum ersten Male vollständig, vergl. Nr. 575] S. 103. 4. Theaterzettel vom 5. März 1867 »Kasperl als Prinz« [Nr. 490] S. 173. 5. Sekretär Eulert aus »Eulenschloß« (Figurinenskizze) [zum ersten Male wiedergegeben] S. 205. 6. Randzeichnung aus dem Manuskript »Undine« [zum ersten Male wiedergegeben] S. 285. 7. Kasperl und Huldbrand: Szenenskizze zu »Undine« [zum ersten Male wiedergegeben] S. 289. 8. Figurinenskizze zu »Kasperl in der Zauberflöte« [zum ersten Male wiedergegeben] S. 325. 9. »Zu meinem lustigen Komödienbüchlein (fünf Bände) 22. Februar 1876« (Faksimile) [zum ersten Male wiedergegeben] S. 357. Originale im A. P. A.

In meiner geschichtlichen Einführung S. 24 erwähne ich die F. P. fälschlich zugeschriebenen Kasperlkomödien, darunter auch »Kasperls Tod und Auferstehung«. Es hatte mir ein defektes, unvollständiges Manuskript von unbekannter Hand mit diesem Titel vorgelegen. Der Stil zeigte keine Spur von F. P. Nun findet sich aber im Besitze des Historischen Vereins von und für Oberbayern von F. P.'s Hand: »Zur Eröffnung des neuen Theaters« (In den drei Linden) Casperl Larifaris Tod und Auferstehung, Festprolog mit Musik und Gesang [von Kremplsetzer]. Das von mir s. Z. durchgesehene Rollenheft hatte kaum Anklänge an dieses neu »auferstandene« scherzhafte Eröffnungsspiel.

687. **Die guten Meister** des deutschen Hauses. Mit vielen Gedichten und über 100 Bildern volkstümlicher Meister ausgewählt von Oskar Lang 1921. Erstes bis dreißigstes Tausend. Der gelbe Verlag Dachau bei München. 63 S. 4°. [Ein Vorläufer der romantischen Illustration. Nr. 699]. Von F. P.: Wiedergabe von Illustrationen aus verschiedenen Büchern: S. 6, 28, 31, 32, 34, 37, 38, 44, 46, 48, 51, 53, 54, 59.

688. **Münchner Malerei** unter Ludwig I. Ausstellung der Galerie Heinemann. München 1921. 97 S. kl. 8°. Von F. P. unter anderem dort ausgestellt und zum ersten Male wiedergegeben S. 85: Holzhausen. [Ansicht der Kirche von H. am Würmsee. Aquarell auf blauem Papier. Original 20 x 28 im A. P. A.]

689. **Aus Franz Poccis Nachlaß.** Die Meister. 2. Jahrg. Heft 7. Juli 1921. Deutsch-Meister Verlag München. 27 S. u. Inhalt. 8°. Außer Beiträgen S. 1, 10, 12 und den Bildern ist alles bisher unveröffentlicht. Von diesem Heft wurde eine kleine Anzahl auf Hadernpapier gedruckt ... und ein Abzug »Fliegende Blätter« Nr. 4 [s. Nr. 91] von der Original-Kupferplatte auf echtem Bütten beigelegt.

690. **Vergangenheit und Gegenwart.** Kulturhistorischer Abreißkalender für das Jahr 1921. Herausgegeben von Dr. Johannes Eckardt. Verlagsanstalt Tyrolia/Innsbruck, Wien, München, Bozen. Wiedergaben von Zeichnungen F. P.'s mit erläuternden Texten von F. P. (Enkel). Zum ersten Male auf Bl. 9.–11. Juni: »Der große Saltomortale« (Karikatur auf König Friedrich Wilhelm IV. und den Germanisten Maßmann aus dem »Zwanglosen-Archive«) [S. Nr. 718] auf Bl. 30./31. Dezember: Ausschnitt aus der großen silhouettenartigen Bilderrolle zu Odoardo [s. Nr. 510.]: Figuren der Minister.

691. **Des Knaben Wunderhorn** von Clemens Brentano und Achim von Arnim. Auswahl mit Bildern von Ludwig Richter, Franz von Pocci u. a. O. C. Recht Verlag. München 1921. 118 S. gr. 8°. Von F. P.: Abdrucke aus verschiedenen Büchern [aus Nr. 143, 162 u. 282]. S. 21: Das buckliche Männlein. S. 40–41: Soldatenlied [zwei Zeichnungen]. S. 43–45: Prinz Eugen [drei Zeichnungen]. S. 46: Die Prager Schlacht. S. 66: Erntelied. S. 76: Das St. Hubertuslied. S. 77: Wie kommt's, daß du so traurig bist. S. 78–79: Der ernsthafte Jäger [zwei Zeichnungen]. S. 80–82: Jagdglück [drei Zeichnungen]. S. 102: Hier liegt ein Spielmann begraben. S. 112: Der Streit zwischen Winter und Sommer.

1922

692. **Isaren-Zeitung.** Nr. 23. XII. Jahrg. Febr.–März 1922. Schriftleitung Dr. Edwin Fels München ... Druck von A. Huber, Neuturmstraße 21. S. 17–31. 8°. Im Aufsatze »Was uns Poccis Enkel aus dem Ammerlander Pocci-Archiv (A. P. A.) erzählte« von A. H. Gutleben [Hofrat F. G. in München] von F. P. zum ersten Male S. 20: »Beck und Beilhack sind nicht Dichter...« [Vierzeiler aus dem Zwanglosen-Alphabet im Archiv der Zwanglosen.] S. 21: Zur Verleihung des Corpsburschen-Ehrenbandes. »Uns [in der Handschr. »Und«] so sei'n die Bandesfarben ...« [3 Vierzeiler aus den handschr. Dichtungen im A. P. A.]

693. **Kasperl-Komödien.** Mit Steinzeichnungen v. Alphons Woelfle. Hans Heinrich Fillgner Verlag 1922. Siebenter Band der Reihe »Das Prisma«. Berlin W 35. 139 S. gr. 4°. Inhalt: Kasperl unter den Wilden. Die Zaubergeige. Blaubart. Doktor Sassafras. Kasperl in der Türkei.

694. **Geschichte der Aktienbrauerei zum Löwenbräu** in München 1383 bis 1921. Im Auftrag der Brauerei anläßlich ihres 50 jährigen Bestehens als Aktien-Gesellschaft bearbeitet von Dr. Hermann Diehm.

München 1922. J. Lindauersche Universitätsbuchhandlung (Schöpping) Druck von Max Schmidt & Söhne, Buch- und Kunstdrukkerei, München. Papier von den M.-D.-Papierfabriken. Klichees von Brend'amour, Simhart & Co. München. 59 S. und Schlußwort. gr. 2°. Von F. P. S. 38: Kobell verteidigt den Biertarif [Karikatur aus dem »Zwanglosen-Archiv.«]

695. **Ludwig II. König von Bayern.** Sein Leben und seine Zeit von Gottfried von Böhm. 1922. Verlag Hans Robert Engelmann, Berlin W. 15. XVI S. u. 701 S. 4°. Von F. P.: S. 650–651: Dessen Aufzeichnungen über Odoardo. S. 686–687: Zwei Gedichte an den König. (1) »Sei gesegnet, junger König« ... (1864), 3 Vierzeiler. (2) »Willst Du ein König sein von Gottes Gnaden ...« (1871), 8 Vierzeiler. [Aus d. handschr. Dichtungen im A. P. A.]

696. **Oberbayerisches Archiv** für vaterländische Geschichte. Zugleich Forschungen zur Geschichte Bayerns. Herausgegeben von dem Historischen Vereine von Oberbayern. Dreiundsechzigster Band. München 1922. In Kommission bei G. Franz. S. 1–142: Die Münchener Romantik und Die Gesellschaft von den drei Schilden. Von Dr. Stephan List. Darin von F. P.: S. 9. »Was hallt im Böhmerwald ...« 5 Vierzeiler. S. 138–140: Brief an Hyazinth Holland vom 8. VIII. 1855. [B. St. M. *Cgm.* 6430].

697. **Franz Pocci Aquarelle und Zeichnungen.** Ausstellung in der Bücherstube am Siegestor [H. Stobbe]. München März 1922. O. C. Recht-Verlag, München. 15 S. 8°. [Mit dem Signet der Landesstelle für gemeinnützige Kunstpflege in Bayern]. Von F. P. zum ersten Male nach S. 4: »Heimkehrender Ritter« Text in altdeutscher Schreibweise in Typensatz darunter. [Original im A. P. A. Federzeichnung 15 x 18.]

Der für Holland gezeichnete auf dem Heimritte Überfallene: Anspielung auf die feindliche Kritik von »Altes und Neues«. S. Nr. 318.

698. **Radierungen** von Franz Pocci. Deutsche Meister-Verlag München o. J. Titel, Mein Geleitwort [v. F. P. Enkel] und 12 Bll. Radierungen in Mappe gr. 4°. Verzeichnis der Blätter. 1. Palazzo dei Cesari, [S. Nr. 44]. 2. Devise, [S. Nr. 63]. 3–9 Fliegende Blätter [S. Nr. 91]. 10. Christkind [S. Nr. 141]. 11. Burg [S. Nr. 181]. 12. Die Wein' und der Bacchus [S. Nr. 171]. Von jeder Platte wurden in der Kupferdruckerei von J. B. Obernetter, München, 100 Abzüge hergestellt.

699. **Die romantische Illustration.** Die volkstümlichen Zeichner der deutschen Romantik von Oskar Lang. Mit über 180 Abbildungen.

Einhorn-Verlag in Dachau bei München. Druck von Dietsch & Brückner in Leipzig. 166 S. 4°. Von F. P. S. 71–96: Abdrucke aus verschiedenen Werken. S. 21: Initiale. S. 166: »Inhalt«.

700. **Weihnachtsnummer der Bücherrundschau.** Verlagsort: Regensburg o. J. Ausgabe VI. II. Jahrgang. Nummer 2/3. S. 33–36: Weihnachten in der Kunst deutscher Malerei. Von Dr. Georg Jakob Wolf, München. Es sind von F. P. auf dem Umschlage u. S. 33, 35, 36 u. 65 vier Weihnachtsblätter und eine Initiale wiedergegeben.

1923

701. **Die Chronica des fahrenden Schülers.** Von Clemens Brentano. Urfassung. 1923. Wolkenwanderer-Verlag. Leipzig. XV S. u. 94 S. Von F. P.: Initialen (koloriert) und Zeichnungen [verkleinerte Abdrucke aus Nr. 218].

1924

702. **Die Bücherstube.** Blätter für Freunde des Buches und der zeichnenden Künste. Dritter Jahrgang 1924. Buchenau und Reichert Verlag. 4°. München. 2. Heft. S. 97–160. Gelegenheitsgraphik v. F. H. Ehmke. Von F. P.: S. 122 und 123: Zwei Abdrucke »Geburtsanzeige« der Nr. 47 u. 185. – Dasselbe. 5. Heft. S. 387–405. Alte Kinderbücher von Hanna Kronberger-Frentzen. Von F. P.: S. 400: Abdruck aus Nr. 80. S. 405: Abdruck aus Nr. 282. S. 429: Winter im Schlitten aus Nr. 494.

703. **Deutschland.** Ein Wintermärchen. Atta Troll. Ein Sommernachtstraum von H. Heine. Einleitung von Alfred Döblin. Hamburg–Berlin o. J. Hoffmann und Campe Verlag. XVI S. u. 298 S. 8°. Von F. P.: S. 163: Spottbild auf Maßmann [Ausschnitt einer Karikatur von Nr. 177].

704. **Von Hans Sachs bis Wilhelm Busch.** Ein lustiges Versbuch für Kinder. Herausgegeben von Josefa Metz. Volksverband der Bücherfreunde. Wegweiser-Verlag G. m. b. H. Berlin 1924. Druck der Spamerschen Buchdruckerei in Leipzig. 365 S. 8°. S. 295–297: Unveröffentlichte Gedichte von Franz von Pocci. Der Tau. Abendlied. Gott zum Gruß. Wenn's schneit. [Origin. a. Handschrift. Dichtungen im A. P. A.]

705. **Lustige Gesellschaft.** Ganz wie Nr. 494, aber etwas kleiner. 2. Auflage. qu. gr. 4°.

706. **Probedrucke.** (1.) Porträt (Kopf) von Justinus Kerner, mit dessen faks. Unterschrift und Zweizeiler. Bez. 24. Juli 1841. 11,6 x 15,5.

[Original im A. P. A.]. (2.) Martius kommt von einem Ausfluge zurück. Der Botaniker in einem Boote, von zwei Wilden gerudert; hinter ihm zwei Papageien und Palme; nebenher schwimmt ein Krokodil [Original Zwanglosen-Archiv II. 34]. (3.) Initiale »G« aus Lorbeerkranz gebildet; darin sitzt Geibel mit Laute auf weißem Pegasus. Darunter Vierzeiler: »Geibel kann auf vieles Bitten ...« (4.) »Alwie der edel Lichtenstainer ... mit einem prunffthirsch ...« auf fliegendem Bande; darunter die dazugehörige Darstellung des Grafen von Württemberg mit dem Hirsch auf Lichtenstein. Bez. 8. 11. 55 [Orig. Alt-England-Mappe].

Für ein beabsichtigtes Buch von F. P. (Enkel): Justinus Kerner und sein Münchener Kreis. *[erschienen 1928 s. PN 855a]*

707. **Das Welttheater.** Monatsschrift der Münchener Volksbühne herausgegeben vom Kunstbeirat. Geleitet von Dr. Ernst Leopold Stahl. 1924/25 September/Oktober Nr. 1/2.4°. Verlag: Allgemeine Verlags-Anstalt, München. Druck: Buchdruckerei G. Birk & Co. m. b. H. München. Von F. P.: S. 15 Herr Pimplhuber als Robinson [unveröffentlichte Szenen aus dem Nachlaß im A. P. A.]. S. 21 Aus dem Complimentierlexikon: Flitterwochen – Guter Magen [unveröffentlichte Abschnitte im A. P. A.].

1925

708. **Der Guckkasten.** Kinderglück in Wort und Bild. Für Alt und Jung zusammengestellt von Karl Hobrecker. Mit über 80 Bildern. Erschienen bei Carl Schünemann Verlag, Bremen, o.J. 148 S. und Verzeichnis der Abbildungen. kl. 4°. Werk und Feier. Bücher von deutschem Land, deutscher Art und Arbeit. Fünftes Buch. Der Guckkasten. Von F. P.: S. 33: Lehrer bei den Schülern [aus Nr. 41, 8. Heft.].

709. **Der Sportfischer.** Illustrierte Monatszeitschrift für die gesamte Sportfischerei. Schriftleiter Dr. Hanns Schindler. (Dr. Karl Heintz-Heft.) München 20. März 1925. 63 S. 4°. Auf S. 45 von F. P.: Zwei Karikaturen des Justizministers v. Heintz; Gründung der Tutzinger Feuerwehr 1865 [aus den »Altengland«-Mappen, jetzt Archiv der Künstlergenossenschaft München].

710. **Lustige Kasperl-Komödien** von Franz Pocci. Mit sechs Holzschnitten nach Zeichnungen des Dichters. Im Insel-Verlag zu Leipzig, o.J. (1925). Inselbücherei Nr. 379. Druck der Spamerschen Buchdruckerei in Leipzig. 79 S. kl. 8°. Kasperl als Porträtmaler. Der artesische Brunnen. Kasperl als Prinz. Dornröslein.

711. **Probedrucke.** Daxenberger erscheint als Teufel mit blutiger Redaktionsschere dem zu Bette liegenden Fr. Beck; die Blätter der Neuen Münchener Zeitung als Kopfkissen. [Original im Zwanglosen-Archiv II, 106]. Initiale »D«, an deren Bogen Daxenberger mit Laute lehnt; der Balken des Buchstaben als Hauswand mit offenem Laden. [Original im Zwanglosen-Archiv III, 63]. Für die Isaren-Zeitung.

712. **Die sechs schönsten Puppen-Komödien** von Franz Pocci. Mit Spiel-Anmerkungen herausgegeben von Leo Weismantel als vierte Reihe der Bücherei erneuerter Volks- und Puppenspiele. Figuren von Frau Käthe Rothacker-Heidelberg. Verlag des Bühnenvolksbundes G. m. b. H. Frankfurt am Main o. J. (1925) (Verlagsabteilungen in Berlin, Breslau und Düsseldorf). Originalpappband in Dreifarbendruck mit Kasperl im Bühnenausschnitt. Darauf: »Leo Weismantel erneuert alte Puppenspiele«. Inhalt: Kasperl ist überall. Kasperl als Nachtwächter. Die drei Wünsche. Kasperl wird reich. Der artesische Brunnen. Die Zaubergeige. Anhang: Spielschule. 6 bunte Drucke. 272 S. 12°.

713. **Franz Pocci als Simplizissimus der Romantik** von Franz Wolter. Mit 10 farbigen Tafeln und 144 Abbildungen. Hugo Schmidt Verlag München o. J. Druck F. Bruckmann A. G., München. 146 S. 8°. [Karikaturen aus den Mappen der seinerztg. Gesellschaft Alt-England, jetzt im Archiv der Künstler-Genossenschaft in München.]

Ein kleiner Teil der Auflage erschien mit dem Obertitel: Zeitschrift des Münchener Altertums-Vereins. E. V. v. 1864. Zur Erinnerung an das 60-jährige Jubiläum und den 50-jährigen Todestag unseres Gründungs-Mitgliedes Franz von Pocci. 1925. Hugo Schmidt Verlag München, sonst wie oben. 1 S. Vorwort. Vereinsnachrichten und 165 Ss. Inhalt: 1–146 Franz Pocci. 145–165 Der junge Velasquez.

714. **Welthumor** in sechs Bänden, herausgegeben von Roda Roda und Theodor Etzel. Simplizissimus-Verlag zu München. 1925. 8°. 4. Band. Vier Jahreszeiten. Humor, Satire, Ironie. Von Heine bis Wilhelm Busch. Mit zweiunddreißig Bildern. Von F. P.: S. 72–80 Kasperl unter den Wilden [etwas gekürzt]. S. 80 Dazu gehöriger Holzschnitt. S. 113 Der Jude Mauschel [Zeichnung].

1926

715. **Bayerischer Hauskalender** 1926 der Münchner Neuesten Nachrichten. Knorr und Hirth G. m. b. H. München. VI S. u. 351 S. kl. 8°. S. 197 bis

203: Ein Kapitel Pocci nebst Abdruck v. Kasperl unter den Wilden. [Lustiges Komödienbüchlein 1. B. Nr. 403 u. Silhouetten aus »Nimm mich mit« Nr. 452.]

716. **Probedrucke** von sieben Zeichnungen als Textbilder. 1. Für die Deutsche Corpszeitung, 43. Jahrgang 1926/27. Mai, Nr. 2 zum Aufsatze von Dr. Fritz Kaufmann: Franz Pocci als Landshuter Student. 2. Für die Isaren-Zeitung, 16. Jahrgang. 1926. April (Juni. Nr. 4) 5/6. Zum gleichen Aufsatze. [In Vorbereitung.]

Die Bildchen, zum Teil koloriert (im A. P. A.) wurden von F. P. für dessen Mutter als »Wochenzeichnungen« angefertigt. 1. Fuchsensuite der Isaren. 2. Landshuter Studententypen. 3. Maskenzug von Landshuter Studenten. 4. Zugführer (Chapeau d'honneur). 5. Frhr. v. Schleich (lsariae). 6. Isarenkneipe. 7. Abschied von älteren Semestern.

717. **Die Meister.** Siebenter Jahrgang; Nummer 5; Mai 1926. Herausgegeben vom Deutsche-Meister-Bund E. V., München 2, C. 1. S. 113 bis 140. 8°. Das Heft trägt den Titel: »Franz Pocci. Zum 50. Todestag 7. Mai 1926«. Inhalt: Aphorismen. – Wer ist reich? – Ein Totentanz. – Altertümlicher Spruch.- Hofkammerkonzert auf alten Instrumenten zu Nymphenburg. – Totentanz. – Die blasse Frau. – Auf dem Spaziergang. – Zu Kobells Bockpartie. – Zum 7. März. – Im Walde. – An die »Berufenen« bei den »Zwanglosen«. – Briefe an Hyazinth Holland. – Briefe von F. P. an seine Frau. Die Texte sowohl wie die beigegebenen Abbildungen – vier Zeichnungen und eine Handschriftprobe – wurden von Franz Graf Pocci (Enkel) hiemit zum erstenmal aus dem A. P. A. veröffentlicht.

718. **Probedruck** einer farbigen Karikatur aus Band II 1846 usf. des Zwanglosen-Archives: König Friedrich Wilhelm IV. springt unter dem Kommando des Turners Maßmann [Professor der Germanistik] über die Konstitution [S. Nr. 690].

Als der Kunsthistoriker Professor Voll F. P.'s Karikaturen denen von Daumier und der anderen Franzosen der 60er Jahre des vorigen Jahrhunderts an die Seite stellte, hatte er gerade dieses Blatt im Auge. Probedruck für eine vom Verlag Hugo Schmidt in München beabsichtigte Ausgabe der Zwanglosen-Karikaturen von F. P., herausgegeben von Franz Pocci (Enkel).

719. **Faksimile** eines Briefes [23. Okt. 1833] von F. P. an seine Braut Albertine Gräfin von Marschall in Wien.

Probedruck für eine vom Hugo Schmidt Verlag in München beabsichtigte Ausgabe der Brautbriefe in Faksimiledruck, herausgegeben von Franz Pocci (Enkel).

III.
Erstdrucke nach Schöpfungen von Franz Pocci aus den Jahren 1926–1934

von Franz Pocci (Enkel)

Die freundliche Aufnahme, die meine Arbeit über Franz Pocci in weitesten Kreisen, nicht nur bei Fachleuten, fand, macht es mir zur Aufgabe, eine kleine Zusammenstellung der Drucke nach Schöpfungen meines Großvaters folgen zu lassen, die seit 1926 größtenteils erstmalig erschienen. Um diesen Anhang auch äußerlich als unmittelbare Folge kenntlich zu machen, beginne ich mit der an das Hauptwerk anschließenden Nummer.

1935 Franz Pocci (Enkel)

720. **Das Kränzchen.** Illustrierte Mädchenzeitung. Union deutsche Verlagsgesellschaft. Stuttgart, Berlin, Leipzig: o. J. [1926], kl. 2° bringt im 38. Jahrg., Nr. 36 aus S. 564, 565 und 566 zum Aufsatze: Franz Pocci, der Freund der Jugend, von Franz Pocci (Enkel) vier Illustrationen nach Skizzen aus dem A. P. A.: 2 Initialen, Zwerg auf vorspringendem Fels, 1 Lesezeichen.

721. **Meggendorfer Blätter,** 6. Mai 1926, Nr. 1845, kl. 2° bringt auf S. 94 und 95 zwei Zeichnungen nach Originalskizzen im A. P. A.: 1. Grisaille (ähnl. M. B. B.), 2. »Wir kommen noch früh genug«.

722. **Jugend,** Nr. 19, München 1926, 8. Mai, kl. 2° bringt S. 375, 376 nach Zeichnungen im A. P. A.: 1. Die Prozession (1869), 2. Sinnspruch (1867, richtig 1862), 3. Briefpapiervignetten (s. Nr. 531).

723. **Zum Zeitvertreib!** Ländler-Melodien für 2 Zithern. Seinem Freunde F. Kobell zu Neujahr 1843 gewidmet von Franz Graf Pocci. Nach dem in der Bayerischen Staatsbibliothek befindlichen Original bearbeitet von Fritz Mühlhölzl. Zither I M. 1.–, Zither II M. –.50. Komplett M. 1.20. Verlag und Eigentum: Drei Musen Verlag München. Auslieferung für die Schweiz: A. Smetak, Zürich. Titel mit Illustration: Rolf von Hörschelmann (Apotheose von F. P. aus der Radiozeitung) und 4 Bl. Noten. 2°. (Nr. 172.)

724. **Liederbuch** für den Festkommers anläßlich des 105. Stiftungsfestes des Corps Isaria im Saale der Tonhalle. München, den 18. Juli 1926. 15 S. 8°. Bildschmuck aus Nr. 173 »den Isaren zum Gedächtnis«. Es wurde auch eine Postkarte mit Zeichnung nach Pocci »ça, ça geschmauset ...« ausgegeben.

725. **Die Literarische Welt**, Berlin, Freitag, 7. Mai 1926, bringt S. 7: Franz Pocci und der Bacherlskandal, von Franz Pocci (Enkel), mit sechs Karikaturen von F. P. (verkl. nach den Orig. im Zwanglosen-Archiv).

726. **Der Sammler**, Unterhaltungs- und Literaturbeilage der München-Augsburger Abendzeitung v. 7. V. 1926 bringt in einem Aufsatze: Zu F. P.'s 50. Todestage von F. P. (Enkel) zum ersten Mal: Brief vom 10. (14.) November 1833 von F. P. an seine Braut Albertine Marschall. Gedicht (aus den 30er Jahren) »Was hab' nicht Alles ich gemalt ...«, vier Vierzeiler.

727. **Goldenes Lachen.** Eine Lese köstlichen Humors in Wort und Bild. Eingeleitet von A. Moszkowski. Verlag Neufeld & Henius, Berlin, o. J. Buch-Kupfertiefdruck Gebr. Mann, Berlin. Titelblatt, Zum Geleit, Inhaltsverzeichnis und 308 S., 2°, enthält von F. P. S. 101–106: Kasperl in der Türkei.

728. **Der Feuerreiter**, Verlag Hans Struth Köln-Hochhaus, bringt im 2. Jahrg., Nr. 49, Köln, 4. Dezember 1926, einen Aufsatz: Franz Pocci, von Dr. Kurt Pfister. 5 Bildbeigaben von F. P., davon zum ersten Male: 1. Der letzte Ritt, 2. Charakterköpfe, 3. Nächtliche Erscheinungen. Aus dem A. P. A. Die »Initiale D« nach der Originalskizze zeigt, wie recht F. P. mit seiner Bemerkung (s. Nr. 426) hatte. »Theaterzettel« ist eine verkleinerte Wiedergabe von Nr. 67.

729. **Der Staatshämorrhoidarius.** Neudruck von Nr. 375/422. Wilhelm Heims, Leipzig, Talstr. 17. 1927. gr. 4°.

730. **Die Zaubergeige.** Ein Märchendrama. Bearbeitung für die Kinderbühne, Musik und Szenenentwürfe von Adolf Pfauner. Volksvereins-Verlag G.m.b. H. M.-Gladbach o. J. [1927]. Musik im Haus, Heft 31, 15 S., gr. 4°, Textbeilage zu Musik im Haus, Heft 31, gl. Titel, 24 S. 4°.

731. **Künstlerbriefe über Kunst.** Bekenntnisse von Malern, Architekten und Bildhauern aus fünf Jahrhunderten, herausgegeben von Hermann Uhde-Bernays. Mit sechzig Selbstbildnissen und den Künstler-Unterschriften. Verlag von Wolfgang Jeß, Dresden, o. J [1927], 8° bringt auf S. 461/463 Brief von F. P. an Fr[iedrich]. Hoffstadt »Venedig, am 15. November 1831«.

732. **Hausbücherei der frischen Resi**, Sonderausgabe für die Kinderwelt: Sprichwörter für Kinder und andere Reime von Franz Pocci, o. O. u. J. [Nürnberg, 1927], Umschlag nicht von F. P. und 12 S. (aus M. B. B.). (s. a. PN Nr. 848)

733. **Franz Pocci und das Kinderbuch**. Mit einer Bearbeitung der Schattenspiele von Dr. Anna Lucas. Mit einem kolorierten Faksimile-Kinderbrief, einem vierfarbigen Spruchbild mit Gold und vielen zum Teil noch unveröffentlichten Kinderbildern. 1929. Regensbergische Buchhandlung und Buchdruckerei, Münster i. W., gr 8° bringt einige der Drucke von Nr. 664 (auf S. 5, 16, 19, 23, 26, 48, 56), außerdem zum ersten Mal: S. 11, 13, 15, 17, 18: Acht Kinderbilder, S. 16: Weihnachtsblatt, S. 46: Scherenschnitt Berthold Schwarz, S. 12: Spruchbild, S. 14: Faksimile-Kinderbrief an F. P. (Enkel). (s. a. PN Nr. 1187)

734. **Das Bayerland**, Nr. 12, 40. Jahrgang, 2. Juniheft, 1929, gr. 4° bringt im Aufsatze: Die Maler des Starnbergersees von Prof. Dr. H. Uhde-Bernays auf S. 355: Holzhausen (größere Wiedergabe des Aquarells s. Nr. 688), im Aufsatze: Gäste in Schloß Ammerland von F. P. (Enkel) auf S. 370: »Ammerland«, S. 371: »Auf dem Starnberger See«, S. 372: »1851, Sturm«, S. 373: »1862, Fischer« und im Aufsatze: Legenden, Sagen und Bräuche am Starnberger See von F. P. (Enkel), S. 375: »Ernte-Prozession in Münsing«.

735. **Starnbergersee-Woche**, 27. Juli mit 6. August 1929, offizielles Programm, Preis RM. 1.–, kl. 8° bringt S. 76: Die Roseninsel (1843), nach einem Aquarell im A. P. M., unter Gedicht von F. P. (Enkel).

736. **Jahrbuch deutscher Bibliophilen** und Literaturfreunde, Vierzehnter und fünfzehnter Jahrgang, 1927/28. Herausgegeben von Hans Feigel. Mit Abbildungen. Almalthea-Verlag Zürich-Leipzig-Wien o. J. [1929], gr. 8° bringt zum Aufsatze: Franz Stelzhamer am Vortragstisch von Franz Pocci (Enkel) nach S. 126: Karikatur F. Stelzhamers (das Original-Aquarell im A. P. A.) *[s. a. PN Nr. 1192]*

737. **Eichendorff-Kalender** für das Jahr 1929/30. Ein romantisches Jahrbuch begründet und herausgegeben von Wilhelm Kosch, 19. Bd. Graz 1929, Wächter-Verlag, 8° bringt S. 41 mit Einführung von F. P. (Enkel) von Franz Pocci: Die Gesellschaft Altengland in München.

738. **Pocci-Ausstellung Nürnberg 1930**. Veröffentlichungen der Stadt Nürnberg. Bd. I: Katalog der Pocci-Ausstellung (1807-1876), herausgegeben von der Direktion der Kunstsammlungen der Stadt Nürnberg, Katalog der Pocci-Ausstellung in der städtischen Ga-

lerie Nürnberg vom 7. September bis 9. November 1930, verfaßt von Franz Pocci (Enkel), Inhaltsverzeichnis, Geleitworte, Verzeichnis der Abbildungen, Vorwort von F. P. (Enkel), Text 54 S., 8° bringt zum ersten Male (schwarz wiedergegeben): Nr. 14 »Bei Tölz 1834« (Aquarell-Zeichnung), S. 18/19; Nr. 61 »Blick über den Steg nach Bernried, 1. X. 1869«, S. 22/23; Nr. 89 »Feste Salzburg 1839« (Aquarell), S. 24/25; Nr. 96 »Am Mönchsberg«, 12. VIII. 1839 (Aquarell), S. 26/27; Nr. 128 »Am Main (Aschaffenburg), 13. VI. 1864« (Aquarell), S. 28/29; Nr. 233 »Bei Porta Sussara, 21. XI: 1854« (Aquarell), S. 38/39.

739. Zur **Nürnberger Pocci-Ausstellung** von Dr. K. Eberlein in den Münchner Neuesten Nachrichten: »Die bildenden Künste«, 23. IX. 30, bringt Wiedergabe einer Karikatur aus dem Archive der Zwanglosen als Kopfleiste: Carrière in Filzpantoffeln, Tanzende Paare (Silhouette), Austragsfrau mit den M. N. N. *[s. a. PN Nr. 1194]*

740. **Nürnberger Illustrierte**, 20. IX. 30, Nr. 38, bringt auf S. 5 zum Aufsatze: Graf Pocci-Gedächtnisausstellung in der städtischen Galerie Nürnberg die Wiedergabe der Originale (im A. P. A.): Nr. 197 »Monte Tezio vom Fenster aus« (15. 6. 1833), Aquarell; Nr. 61 »Blick über den Steg nach Bernried« (1. 10. 1869), Aquarell; Nr. 29 »Starnberg, Hügel mit Waldstück« (2. 9. 1838); Nr. 135 »Aschaffenburg« (5. 7. 1864), Aquarell.

741. **Heim und Welt.** Wochenbild-Beilage des Dresdner Anzeigers 8. II. 1931, Nr. 6, bringt auf S. 5 zu kurzem Aufsatz: Graf Pocci die Wiedergabe der Originale (im A. P. A.): Nr. 26 Selbstkarikatur von F. P., der von einem polnischen Bekannten ein Paar Filzstiefel erhält; Nr. 268 Karikatur auf Albertine P. in Droschke: »Mon Dieu, je suis perdue.«

742. Ein **Brautbrief** meines Großvaters von F. P. (Enkel): Die Münchner Neueste Nachrichten vom 7. III. 1932 bringen mit einer Einleitung von F. P. (Enkel), den Brief F. P.'s vom 10./14. XI. 1833 an seine Braut A. M. (s. PE Nr. 726).

743. **Münchener Zeitung**, 2./3. IV. 1932 bringt: »Was Franz Pocci sprach« mit Einführung von F. P. (Enkel): Den Entwurf der Ansprache bei Enthüllung des Goethe-Denkmals 28. VIII. 1869.

744. **»Der Puppenspieler.«** Herausgeber: Deutscher Bund für Puppenspiele, Jahrgang 2, Mai/Juni (1932), Heft 5/6, Schacht-Verlag Bochum, 4°, bringt S. 277 ff: »Franz Pocci und sein Kasperl« von Franz Pocci (Enkel), von Franz Pocci: F. P. als Regisseur (Karikatur aus

den Anglia-Mappen), 17. XII. 1865); zum ersten Male: Vorhangskizze (a. d. A. P. A.): F. P. als »Kasperl und Gevatter Tod« (Karikatur aus den Anglia-Mappen). (s. a. PN Nr. 1195)

745. **Oberbayerisches Archiv** für vaterländische Geschichte. Herausgegeben von dem historischen Verein von Oberbayern. Neunundsechzigster Band. München 1932, Verlag des Historischen Vereins von Oberbayern, Zweibrückenstraße 12/II. Universitätsbuchdruckerei von Dr. C. Wolf & Sohn, München. (Zweiter Titel: Franz Pocci als Musiker von Dr. Kurt Pastor, diese Arbeit ist Inaugural-Dissertation der Universität München, Bilderverzeichnis: nach Originalen von F. P.). Amorette mit Laute in »O« glücklich! Der durchs innere Leben ...‹, Vierzeiler (bunte Bleistiftzeichnung) S. 1. Minnesänger in »D« (Federzeichnung) S. 7. Hirte mit Klarinette in »D« (Aquarell) S. 72. Amor in kurzer Wichs (getuschte Federzeichnung) S. 84. Chinese mit Laute (Federzeichnung) S. 89. »Auf Flügeln der Begeisterung« (Aquarell-Zeichnung, Zwanglosen-Archiv) Tafel 1. Pocci am Flügel (Federzeichnung, A. P. A.) Tafel 2. (Tafel 1 und 2 in der Bezeichnung verwechselt.) »Singlection in Wien« (Federzeichnung) Tafel 3. »Eutherpe scheidet von dem ... ehemaligen Hofmusikanten« (Aquarell-Zeichnung, Anglia-Archiv) Tafel 4. Titel zu »Waldlieder« (Aquarell, A. P. A.) Tafel 5. »*Canzonetta Romana*« (Aquarell, A. P. A.) Tafel 6. Anhang (Notenbeispiele): 1. Siehst du das Meer zu S. 39; 2. Duett ohne Worte zu S. 84; 3. Die Phantastische Sonate zu S. 75; 4. Die Frühlingssonate zu S. 79. 126 S., gr. 8°. (s. a. PN Nr. 1197).

746. **Das Bayerland**, wie Nr. 677, herausgegeben von Ludwig Deubner, Bayerland-Verlag, 43. Jahrgang, 1. November-Heft 1932, Nr. 21 Franz von Kobell mit 25 Abbildungen bringt zum Aufsatze: Franz von Kobell und die Galvanographie von Dr. Ernst Darmstaedter auf S. 649, Wiedergabe von Nr. 106 und 103; ferner zum Aufsatze Franz Kobell und Franz Pocci von F. P. (Enkel) zum ersten Male: S. 652: Kobell verabschiedet sich vom Jagdhütl 25. II. 1874 (Original-Aquarell im A. P. A.); S. 653 »Das Maßliebchen« (Original-Aquarell, Anglia-Album IV 547); S. 654 »Kobell im Talar auf der Gamsjagd« (Original-Aquarell, Zwanglosen-Archiv II. 104); S. 655 Kobell im »Zwanglosen-Alphabet« nebst Vierzeiler (Origin. farb. Zeichnung Zwanglosen-Archiv III. 69). Außerdem im Aufsatze verschiedene Textstellen nach Franz Pocci.

747. **Isaren-Zeitung** Nr. 4, 23. Jahrgang, April 1933, o. O. (München) 8°, zu Franz von Kobells 50. Todestag 11. November 1882. Außer Beiträ-

gen von Kaufmann, Beisler, Gedichte und Handschrift von Kobell, von F. P. (Enkel): S. 56–63 Franz Kobell, der Champagnerdoktor Altenglands und der Zwanglosen zum ersten Male wiedergegebene Karikatur von Franz Pocci. S. 57 Kobell und Pocci auf einem Ziegenbock in die Universität reitend (um 1865), Orig. Buntstift getönte Federzeichnung im A. P. A.; S. 59 »Cobell wird hier mit C geschrieben ...«, Zweizeiler aus dem Altengland-Alphabet mit Zeichnung (Orig.-Aquarell Altengland-Mappen IV. 579 (1852) jetzt Archiv der Künstlergenossenschaft); S. 61 »Zwei bayerische Eingeborene« (Kobell und Pocci), (Orig.-Aquarell Archiv der Zwanglosen V. 42,3).

748. **Die Zaubergeige.** Ein fantastisches Märchendrama von Franz Graf von Pocci. Musik von Christof Dietrich (Dr. Sonntag). Zehn Spiele der Jugend- und Laienbühne. Ludwig Voggenreiter Verlag, Potsdam. Vorbemerkung von Karl Seidelmann o.J. (1934), 56 S., kl. 8°. Zeichnungen von Franz Pocci: Umschlag aus Nr. 288, auf letzter Seite S. 32: Kasperl auf «Finis» aus Nr. 576. (Orig.-Federzeichnung im Ammerlander Pocci-Archiv).

749. **Nachtschatten.** Ein Puppenspiel aus der Nachkriegszeit in acht Bildern von Ernst Pocci. Potsdam, Ludwig Voggenreiter Verlag, o.J. (1934), 31 S., kl. 8°, bringt zum ersten Male auf S. 7 von Pocci Selbstkarikatur »Ein gänzlich unphilosophisches Ich« (Orig.-Zwanglosen-Archiv, Bd. VI). Auf der letzten Seite: Titelvignette zum »Lustigen Komödien-Büchlein« s. Nr. 403. Umschlagzeichnung von Menning.

750. **Süddeutsche Sonntagspost.** Münchner Stadtanzeiger vom 4. III. 1934 bringt S. 3 zur Notiz »Pocci-Ausstellung im Kunstverein« zum ersten Male F. P. Karikatur: Kobell erhält einen russischen Orden (Orig. aquar. Zeichnung in den Anglia-Mappen, Nr. 1159.

(Dr. H. Wilm hat die bedeutendsten Blätter aus den Anglia-Mappen ausgesucht, die jetzt der Künstlergenossenschaft gehören und mit einführenden Worten den hohen Wert dieser F. P.-Karikaturen in künstlerischer und kulturgeschichtlicher Beziehung betont.)

751. **Abendblatt** Nr. 52, 3. III. 1934, bringt zu einem Aufsatze Poccis Humor von Alexander Heilmeyer erstmalig Abdruck von zwei F. P.-Karikaturen: »Wie der Löwe auf den Helm des Hartschiers kam«. (Orig.-Anglia-Mappen VIII. 1262 und 1263.)

752. **Abendblatt** (Münchn. Telegr.-Zeitung), Nr. 55, 7. III. 1934, bringt zu einem Aufsatze von H. Marchand: »Altenglands Pasquillant«, die neue Pocci-Ausstellung erstmalig zum Abdruck von F. P. Ka-

rikatur: »Abschied der Kellnerin Louise von den Lords Alt-Englands.« (Orig.-Anglia-Mappen 12. 2. 65.)

753. **Kasperle** *(sic)* **in der Türkei**, wie Nr. 748, 16 S. (1934), 8°, mit der Titelvignette der ersten Ausgabe Nr. 403.

754. **Kasperle in Genf** von Hans Kraus. Ein politisches Abenteuer in zwei Aufzügen, sonst Titel wie 748, o. J. (1934) 16 S., 8°, druckt auf der letzten Seite von Franz Pocci ab: Silhouette, Kasperl und Jude aus Nr. 288.

755. **Isaren-Zeitung**, 24. Jahrgang, Nr. 1, 2, 3, München Januar-März 1934, bringt im Aufsatze: Kobell und Pocci von Edwin Fels auf S. 8 erstmalige Wiedergabe einer F. P.-Karikatur F. P. als Mönch mit nachfolgendem Teufel in Schellenkappe, nebst einer Erklärung von F. P. (Enkel).

756. **Alte Kunstschätze aus Bayern**, herausgegeben von Hubert Wilm. kl. 2°. Festschrift zum 70jährigen Jubiläum des Münchener Altertumsvereins E. V. von 1864 1934, mit 66 Abbildungen, Verlag Dr. Karl Höhn, Ulm-Donau, bringt zum Aufsatze von F. P. (Enkel) Die Humpenburg, S. 49–52 von Franz Pocci auf S. 49 Schäferszene (farbige Zeichnung aus der Chronik der Humpenburg [A. P. A.]); auf S. 52 Stempel der »Gesellschaft für teutsche Alterthumskunde« (nach der Lithographie s. Nr. 62).

IV.

Literarische und buchgraphische Werke von Franz Pocci
Nachlese zum Werkverzeichnis (Pocci Enkel)
und Fortsetzung bis 2006 (Bearbeitet von M. Nöbel †)

1. Literarische und buchgraphische Werke Nachlese bis 1926
(1845–1900)

757. Pocci, Franz: **Alles ruht im tiefsten Schlummer.** Lied. 1845, 4°.
Concerts. Les Concerts de Société, Nr. 34 [1845, etc.].

758. Jou[Shu]kowski, Wassili Andrejewitch: **Das Mährchen von Ivan Zarewitsch** [dem Feuervogel] und dem grauen Wolf. Vorwort Justinus Kerner. [Übers. ungen.] Stuttgart: Hallbergersche Verlagshandlung 1852 Ill., 88 S. 12°.
Dem Märchen des russischen Romantikers (1783–1852) sind 1 Frontispiz mit Haupt- und 3 Nebenszenen beigegeben, sowie auf dem Vorderdeckel eine ganzseitige Illustration als Holzschnitt. Hierbei handelt es sich zweifellos um ein Werk Franz Poccis, obwohl ihn der Text wenig interessierte.

759. **Kornähren.** Eine Sammlung von Parabeln zur Unterhaltung und Belehrung für alle Stände. Hg. A[nton]. Hungari. Frankfurt/M.: Sauerländer 1856, 560 S., 8°. 1 lithogr. Tafel.
Mit Beiträgen von J. A. Alberti, C. Brentano, A. Cosmar, C. F. Günsburg, H. K. Hensel, F. A. Krummacher, K. G. Pfeffel, Elise Polko, F. v. Pocci, G. Salomon, C. G. Salzmann, J. F. Schlez, C. F. D. Schubart, G. H. v. Schubert, F. Spee, C. M. Wieland u. v. a.

760. **Fürs Haus.** Frühling. Fünfzehn Zeichnungen in Holz geschnitten, hg. von Ludwig Adrian Richter, mit Bildlegenden und Versen von Pocci, Goltz, Storm, Hebel, Eichendorff u. Brentano. A[ugust] Gaber. Dresden: Gaber & Richter 1859 (Druck von Breitkopf und Härtel in Leipzig), 30,5 x 23 cm, 16 Bll., 4°.

761. a) **H. C. Andersens sämmtliche Märchen.** Deutsch von Julius Reuscher, Mit Illustrationen von Th. Hosemann, Graf Pocci, Raymond de Baux und Ludwig Richter, Leipzig: Abel & Müller 1865. = 3. Aufl. (492 S.), von PE Nr. 273.
b) Dass.: 11. verm. Aufl. 1879 (Pracht-Ausg.) 487 S. – 38. Aufl. 1920, 319 S.

762. **Eia-Popeia.** Deutsche Kinderheimath in Wort und Sang und Bild. Mit Illustrationen von Ludwig Richter und Franz Pocci. Philadelphia: Kohler 1868, kl. 8°

763. Pocci, Franz: **Tilia.** Liederspiel mit Chören. Eigenhänd. Manuscript mit Namenszug. 7 Doppelblätter undatiert.
Bisher unveröffentl. Entwurf einer Umarbeitung des »Odoardo. Romantisches Schauspiel in 5 Aufzügen« (1869). Vermutlich aus dem Nachlaß des Komponisten Franz Lachner. [Zu PE Nr. 510]

764. Pocci, Franz: Eigenh. Gedichtmanuskript /18 Zeilen mit U. O.O u. o. J. [Mai 1871], gr. 8°, 1 S.
»Zum Frieden. | Winter, warst du Feindbezwinger, | Sei, o Frühling, Friedensbringer! | Ziehet ein auf Blüthenbahnenn |Mit den laubbekränzten Fahnen | Bei der Maiensonne Schein! […]«. (drei sechszeilige Strophen).
Wohl zur Rückkehr der bayerischen Truppen aus Frankreich in München verfaßt. Nicht bei Pocci (Enkel) und wohl ungedruckt. Zum selben Anlaß ließ Pocci sein Gedenkblatt »Willkomm« (PE Nr. 518) in 500 Exemplaren verteilen.
Aus dem Besitz des Komponisten Franz Lachner.

765. Pocci, Franz: **Lustiges Komödienbüchlein.**
a) als Ms. gedr., München: Lentner (E. Stahl) 1859, 272 S., 15 cm.
b) 1.-3. Bändchen. Zweite Auflage. München: Lentner 1869-1880, (1) 272, (2) XVIII, 311, (3) 285 S. 1 Portrait Pocci. kl. 8°.
Die drei ersten Bändchen (von 6) in einem Band. – III. Bd. der 2. Aufl.

766. **Für die Kinderstube.** Eine Auswahl der besten Ammenscherze, Spielverse, Puppengedichte, Rätsel, Fabeln, Neckmärchen, Kindergebete, altherkömmlichen Reime sowie der neuesten Kinderlieder, zahlreiche Zeichnungen. Mit Illustr. von L. Richter, F. Pocci, E. Bärwinkel, H. Bürkner, C. Offterdinger u. a. Hg. Maximilian Bern. Leipzig: Otto Drewitz Nachf. 1873, 211 S., 6 x 8,5 kart. – 3. Aufl. Berlin 1903.
Enthält über 100 Gedichte, Reime, Rätsel.
Von Pocci: Zahlreiche, nicht immer vollständig wiedergegebene Illustrationen.

767. **Georg Scherer's Illustrirtes Deutsches Kinderbuch.** Alte und neue

Lieder, Märchen, Fabeln, Sprüche und Räthsel. Mit Radierungen u. Holzschnitten nach Zeichnungen von L. Richter, P. Cornelius, W. v. Kaulbach, O. Pletsch, M. v. Schwind F. Pocci u. a. Erster Band. = 5. vermehrte Auflage. Leipzig: Dürr 1873, Ill. z. T. auf Tafeln, VIII, 175 S., 8° (6., vermehrte Auflage. gr. 8 °. VI, 202 S.). – vgl. veränd. Neuausgabe PN Nr. 980 (1978/82). [Zu PE Nr. 246/261]

768. Franz Graf von Pocci, Guido Görres und ihre Freunde: **Festkalender** in Bildern und Liedern, Freiburg i. Br.: Herder 1887. Neue Ausgabe. VI S., 2 Bll., 170 S., Mit chromolith. Titel, getöntem Holzschnitt-Titel und zahlr. meist getönten Holzschnittillustrationen von Franz Pocci. 4°, ill. [München, Cotta u. Wien, bey den Mechitaristen (1835–1837), 4°. Zus. 120 lithograph. Bl. (davon 16 doppelseitig bedruckt)].
Hier wird verschwiegen, daß diese Veröff. von 1886 (nicht 1888, wie PE angibt) oder 1885 kein originaler Nachdruck des Festkalenders in seiner ursprüngl. Gestalt (1833–1837) darstellt: Es fehlen die 15 Titelzeichn. Sämtl. Illustr.. (von Pocci, Kaulbach, L. Grimm, Dietz, Strähuber u. a.) wurden von fremder Hand nachgezeichnet u. mit zeitmodischen Tonflächen unterlegt. Die Reihenfolge der Beiträge ist ohne erkennbaren Sinn neu zusammengestellt (z. B. beginnt Teil II, S. 79–170, mit Beitr. a. d. Heften 2, 15, 7, 15, 8, 15, 6, 3, 8 usw. [Vgl. Pocci (Enkel) 31, 40, 41, 56, 57 und 64.]). – Insgesamt eine verfälschende Ausgabe. [Ergänzung zu PE Nr. 561]

769. Zu PE Nr. 512: **Die in der Schlacht Gefallenen.**
Eigenh. Gedichtmanuskript (32 Zeilen), o. O., 6. IX. 1870, Gr.-4°. 2 Seiten.
»An die in den Schlachten Gefallenen.
Seid gegrüßt! Ihr, die gefallen,
Auf dem Ehrenfeld der Schlacht!
Dank und Segen Allen, Allen,
Die Ihr heilig seid erwacht!
[...] Engel grüßen, die gefallen,
Auf dem blut'gen Feld der Schlacht,
Lorbeerkronen Allen, Allen
Reichen Sie zu ew'ger Pracht!«

Möglicherweise auf die Melodie des »Deutschlandliedes« zu singen, erschien am »9. IX. 1870 im Nürnberger Correspondenten«. Aus dem Nachlaß des Komponisten Franz Lachner.

770. **Franz Graf Pocci als Kinderfreund und Jugendschriftsteller.** Gedenkblätter von Isabella Braun, München, Wolf & Sohn (= Separatdruck aus den Jugendblättern) 1876, 20 S. 8°. [vergl. PE Nr. 549]
Illustriert von Franz Pocci. Als Abdruck nur in 20 Ex. gedruckt.

771. Holland, Hyazinth: **Zur Erinnerung an Franz Pocci.** (Separat-Abdruck aus dem sechsten [letzten?] Bändchen von Pocci's Lustigem Komödienbüchlein). In Fraktur. München, E. Stahl, 1877, XXXII S. u. Pocci-Porträt.

772. **Kasperl in Kamerun** oder der Darwinaffe. Kulturhistorisches Drama in vier Aufzügen. Unter Benutzung des »Komödienbüchleins« von Pocci bearbeitet von H. Kubus. Paderborn/Lingen 1886, 30 S., 8°. (Kleines Theater Nr. 157)

773. **Deutsches Lesebuch** für höhere Mädchenschulen. Ausg. B. Hg. F. C. Paldamus. Bearb. Karl Rehorn. 1. Teil, 2. Schuljahr. Frankfurt a. M.: Diesterweg 1890, 154 S.
Enthält von Pocci: »Nußknacker«.

774. Franz von Pocci: **Lustiges Komödienbüchlein.** Paderborn: Kleine 1897; erschienen sind als »unberechtigte Ausgabe« alle 6 Bände, auch in 3 Bänden, 285,31 S. kl. 8°. – Die Einzelbände sind seitenidentisch mit vorhergehenden Münchener Ausgaben.
Lt. Verlagsangabe lagen bis 1897 vor: Bd. I: 3 Aufl. – Bd. II: 3 Aufl. – Bd. III: 2 Aufl. – Bd. IV: 2 Aufl. – Bd. V: 1 Aufl. – Bd. VI: 1 Aufl. (Bd. 1. u. 2 auch in einem Buch nachweisbar). Dritter Band: Hänsel und Gretel oder der Menschenfresser. Die stolze Hildegard oder Asprian mit dem Zauberspiegel. Das Märchen vom Rotkäppchen. Albert und Bertha oder Kasperl im Sacke. Die Zaubergeige. Kaspel als Prinz (1897); Vierter Band: Kalasiris, die Lotosblume oder Kasperl in Aegypten, Das Schusserspiel, Die geheimnißvolle Pastete, Die sieben Raben, Das Glück ist blind, Waldkönig Laurin, Das Eulenschloss (1897).
In verschied. Ausg. Inhaltsverzeichnis für alle 6 Bde. sowie eine (ungezeichnete) Einführung des Verlags: »[...] Die dramatischen Dichtungen Poccis eignen sich wegen ihres hohen sittlichen Inhaltes nicht nur als Lektüre für die reifere Jugend und für Erwachsene, sondern auch zur Aufführung in Familien, in Gesellen- und Musikvereinen sowie auf Volksbühnen. Etwaige, mit Rücksicht auf die gegebenen Verhältnisse notwendigen kleinen Änderungen sind leicht anzubringen.« [Ergänzung zu PE Nr. 561]

775. **Kasperl ist überall.** Schattenspiel... nach Pocci bearbeitet von Georg Denkler. Paderborn: Lingen 1897, 22 S., 8°. (Kleines Theater Nr. 249) – (3. Aufl.)
Auch: Großes Schattenspiel, betitelt: Kasperl ist überall. (Jugendblätter für christliche Unterhaltung und Belehrung, Jg. 1856, S. 337–353).
Kasperl ist überall. Ein Schattenspiel. Reihe: Der Schatzgräber, herausgegeben vom Dürerbund durch Freiherrn von Egloffstein in Rebdorf i. Bayern. Nr. 53, kl. 8°; 23 S., Georg D. W. Callwey, München um 1910.

776. a) H. Ch. **Andersen's Ausgewählte Märchen.** Übers. Julius Reu-

scher. Ill. von Ludwig Richter, Theodor Hosemann, Franz Pocci u. a. Mit 55 Holzschnitten, 3 Tonbildern u. 1 Farb-Lithogr. Erstauflage: Leipzig: Günther 1871, 208 S., Ill. 8 °; Siebente vermehrte Auflage Leipzig: Abel & Müller [1876], 8 ° 224 S.
b) Dass.: 175.-180. Tsd. [1918], 191 S. - 34.- 36. Aufl. [um 1905]

777. **Justinus Kerners Briefwechsel** mit seinen Freunden. Hsg. von seinem Sohn Theobald Kerner. Durch Einl. und Anm. erläutert von Dr. Ernst Müller. 2. Bd. Stuttgart und Leipzig. Deutsche Verlags-Anstalt. 1897. X, 584 S., VI 554 S., 8°.

Darin 18 Briefe von F. P. an J. K. unter Nr. 563, 690, 697, 709, 712, 716, 722, 730, 738, 743, 749, 758, 777, 784, 794, 798, 801, 808. Der Brief Nr. 172 vom 27. Dezember 1852 ist faksimiliert beigegeben vor S. 383.

1900–1910

778. Pocci, Franz: **Rosengärtlein**. Gebetbuch für Kinder. Sechste Auflage 1883, 8. Aufl. Regensburg/Rom/New York & Cincinnati. Druck u. Friedrich Pustet 1906. 36 S., m. zahlr. Abb., 8°. [Zu PE Nr. 138; 524]
Auch: Landshut [Drucker:] Vogel, 1842, 40 S. ; 8°

779. Pocci, Franz: **Kasperle Larifari**. Spiel f. d. Kasperle-Theater. Berlin: E. Bloch o. J. [1908], 26 S., 8° (Ludwig Blochs Kinder-Theater 125 – Blochs Kasperl-Theater 2) – vgl. PN Nr. 827

780. Pocci, Franz: **Lustiges Komödienbüchlein**. Berlin: August Scherl o. J. [1909], 265 S., o. Abb. kl 8°. (Bibl. August Scherl. Ein Neuer Weg zu guten Büchern. 2. Folge Nr. 538.) Unverkäufl. Eigentum der Bibl. August Scherl. (Käufl. Expl. nur durch den Buchh.)

Enthält: Das goldene Ei – Kasperl wird reich – Schimpanse, der Darwinaffe – Kasperl unter den Wilden – Das Eulenschloß – Der Artesische Brunnen oder Kasperl bei den Leuwutschen – Die Erbschaft – Kasperl als Prinz.

781. Pocci, Franz: **Hansl und Gretl** oder der Menschenfresser. Dramatisches Märchen in zwei Aufzügen. München: Etzold 1909.

1910–1920

782. **Puppentheater** von Franz Pocci (Universal-Bibliothek. 5247). [Zu PE Nr. 593]
a) Dass.: (Universal-Bibliothek 5375), 52 S. 2. Bändchen. Die Zaubergeige – Drei Wünsche. [Zu PE Nr. 593]
b) Dass.: 3. Bändchen (Universal-Bibliothek 5819). [1910–1915]: Mit Fingerzeigen für die Aufführung Hg. v. Max Eickemeyer, 44 S.,

12°, Kalasiris, die Lotosblume, oder Kasperl in Ägypten – Kasperl in der Türkei.

c) Zur gleichen Zeit [1910–1911] erschien beim selben Verlag der obige Titel 3 Bde in 1, mit sechs Titelvignetten. 64 u. 62 u. 44 S. 16°.

Enthält die Stücke: Muzl, der gestiefelte Kater, Kasperl unter den Wilden, Die Zaubergeige, Die drei Wünsche, Kalasaris, die Lotosblume, oder Kasperl in Ägypten u. Kasperl in der Türkei.

783. Kobell, Franz v.: **Schnadahüpfln**. Mit Illustrationen von Franz Pocci. Hg. Walter Schmidkunz. München: Münchner Buchverlag o. J. [um 1910], 15 S., ca. 15 x 10 cm. (Münchner Lesebogen 21) Auswahl aus der Erstausgabe von 1845 [vgl. PE Nr. 192, 224] – s. auch Neuausgabe PN Nr. 893(1941/50)

784. **Geschichten, Lieder und auch Scherz fürs Kinderherz**. Ein neues Buch für die Kinderstube. Volksausg. Hg. Hans Fraungruber. Beiträge von Karl Gerok, Robert Reinick, Johannes Trojan, Franz Graf Pocci u. a. Mit 11 Farbtafeln (davon 3 mehrfarbig). Stuttgart: Loewes o. J. [1910], 160 (159) S., 8°. – 2. Aufl. Ebd. 1920 Enthält von Pocci: Der erste Nußknacker; Das Haus.

785. **Petzmaiers Zitherspiel**. Oberbayerisches von Kobell und Stieler. Ausgew. von Ludwig Thoma. Eingeleitet von Otto Maußer. München: K. A. Lang o. J. [1910], 46 S., 8° (19 cm). Von Pocci: Vign. des Titelblatts.

786. Pocci, Franz: **Die sieben Raben**. Märchendrama in drei Aufzügen mit einem Vorspiel von Franz Graf Pocci ; für die Volks- und Jugendbühne eingerichtet von Demetrius Schrutz, Bonn a. Rh., Anton Heidelmann [1910], 29 S., 8°. (20 cm).
(Lustige Kasperlkomödien 16)

787. Pocci, Franz: **Lustige Märlein und Reime**. Mit vielen Bildern von Franz Pocci. Cöln: Schaffsteins Blaue Bändchen; Bd. 57. [1910], 67 S., kl. 8°. [Vgl. Nr. 794]

788. a) Pocci, Franz: **Märchen, Lieder und lustige Komödien**. Reich illustriert. Mit einem Geleitgedicht von Martin Greif, Planegg b. München u. Leipzig: Etzold & Co. o. J. [um 1911?], 5.-10. Tsd., VI, 187 S. = 2. Aufl. von PE 570 (1906) – 3. Aufl. 11.-13. Tsd. (1919), VI 172 S. – [Verlag gibt auch 15.-20. Tsd. an.]
[Das noch in der 1. Aufl. enthaltene »Märlein von Einem, der auszog, das Fürchten zu lernen« fehlt ab 2. Auflage; damals fälschlich Pocci zugeordnet.]
b) Dass.: erschien auch bei E. E. Meyer, Aarau o. J. [ursprüngl. Verlagsangabe tektiert], 201 S.

789. **Die Fahrt ins Wunderbare**, Märchen deutscher Dichter. Hg. Otto Falckenberg. Zeichnungen von Robert Goeppinger, München: Martin Mörikes Vlg. 1911, 467 S., 8°. (Delphin-Bücher 1)
Enthält von L. Tieck: »Die Elfen« – E. Mörike: »Der Bauer und sein Sohn« – J. W. Goethe: Ein Märchen. – Von Pocci: »Nußknacker« u. »Hanswurst«

790. Weber, Ernst (Hg.): **Der deutsche Spielmann**. Der deutsche Humor, wie er sich zu geben pflegt, wenn er weint und wenn er lacht, Bd. 7: Schalk. Illustriert von Julius Dietz. München: Callwey 1911, 1. ,2. Aufl., 96 S., 8°.
Mit Beiträgen von Gellert, Bürger, Hauff, Grimm, Keller, Pocci u.a.

791. **Töchteralbum.** Unterhaltungen im häuslichen Kreise zur Bildung des Verstandes und Gemüts der heranwachsenden weiblichen Jugend., 59. Jg. Neue Folge Bd. 16. Begr. Thekla v. Gumbert, Hg. von Berta Wegner-Zell. Glogau: Flemming o.J. [1913], m. 12 Farbdrukken u. 68 Text-Abb., 512 S., 8°
Mit Illustr. von Hans R. Schulze, Franz Pocci, Fritz Bergen u v. a.

792. Pocci, Franz: **Geschichten und Lieder mit Bildern** (als Fortsetzung des Festkalenders). Eine Auswahl. Zusammengestellt von Dr. [Franz Xaver] Thalhofer. Buchverlag der Jugendblätter München: Hg. Verlag der Jugendblätter Bd. 2 u. 3 (Pocci). München o.J. [1913], 128 S., 97 Abb., kl. 8°. = Nachaufl. von PE Nr. 573 (1906)
[Fehler im Vorwort von 1906 blieb unverändert.]

793. Terbrüggen, Heinrich [Hg.]: Pocci, Franz: **Der Bärentanz** und andere Schattenbilder. 1. – 10. Tausend. Düsseldorf: Düssel 1913. 63 S., 8°. (»Ranken«, Bücher für die Jugend ; 6)

794. a) Pocci, Franz: **Lustige Märlein und Reime**. Mit Zeichn. des Verfassers. Zusammenstellung. Karl Henniger. Cöln: H. Schaffstein o.J. [1914], 67 S., 8°. (Schaffsteins Blaue Bändchen 57)
Enthält: 67 Schattenrisse, Zeichn., Vign. Auswahl aus: Märlein vom kleinen Frieder – Gesch. u. Lieder in Bildern – Schattenspiel – Lustiges Bilderbuch – Was du willst.
Außentitel, Vor- u. Nachsatz-Gestaltung nicht von Pocci.
b) Nachaufl. 1939 (31.-35. Tsd.) – jetzt m. farb. Deckel. [Vgl. Nr. 787]

795. Pocci, Franz: **Das Märlein von Schneeweißchen und Rosenrot** und andere Geschichten. Mit Bildern von Franz Pocci und einem Titelbild von Karl Mühlmeister. Hg. v. d. freien Lehrervereinigung für Kunstpflege in Berlin. Reutlingen: Enßlin & Laiblin o.J. [1914], 32 S., 8°. (Bunte Jugendbücher 79) [– vgl. PE Nr. 594 auch PN Nr. 818 (1922)]

796. Pocci, Franz: Holzschnitt »**Jüdischer Buchhändler** auf dem Jahrmarkt«. In: Carl Heinrich Caspari: Christ und Jude. Eine Erzählung aus dem 16. Jahrhundert für das deutsche Volk in Stadt und Land. Mit Beigaben von Graf Pocci, Maler Schütz, A. von Harleß und Fr. Delitzsch. 4. Aufl. (Volksausgabe) Leipzig: Deichert 1915, XI S., 260 S., kl. 8°. = Nachaufl. von PE Nr. 443 (1862)

797. **Das vergnügte Büchel.** Des »Fröhlichen Buches« von Ferdinand Avenarius. 61.-70 Tsd. als bedenklich verkleinerte Taschenausgabe. Herausgegeben vom Kunstwart. Verlegt bei Georg D. W. Callwey (Kunstwart Verlag) zu München o.J. [1916], 366 S., kl. 8° (18 x 13cm).

Mit Scherenschnitten u. Zeichnungen von L. Burger, W. Busch, Fidus, P. Konewka, F. Flinzer, F. Pocci, R. Wilke u. v. a. – Von Pocci: 4 Abb. aus Was du willst: Die Kasperlfamilie – Der geraubte Kasperl – 2 Nachtwächter.

798. Pocci, Franz: **Alle sollt ihr fröhlich sein!** Märlein, Reime und Kasperstücke. Mit Bildern von ihm selbst. Ausgewählt und eingeleitet von Wilhelm Müller-Rüdersdorf. Titelzeichnung Richard Flockenhaus. Leipzig: Fr. Seybold o.J. [ca. 1918], 95 S., 50 Abb., 8°. (Reihe: Unsere Kinderdichter Bd. 1) – unveränd. Nachdruck?(1940)

Vgl. dagegen: Dass. ohne die Bilder von Pocci u. unter veränd. Titel in PN Nr. 873 (1931).

799. **Es weihnachtet.** Der deutschen Jugend gewidmet von Johann Baptist Laßleben. – 1. Aufl. Stuttgart-Kallmünz: Hochwald 1919, 80 S., 2 farb. Vollbildern u. 38 Text-Ill., kl. 8° (15,5 x 12,5). – Veränd. Neuausg. [um 1930]. Mit neuem Untertitel: Für die Jugend ausgewählt. (Hochwald-Jugendbücher Bd. 1).

Mit Bildern von Albert Reich, Anton Rausch. Geschichten von Th. Storm, F. v. Kobell, F. v. Pocci, F. Güll, J. v. Eichendorff, A. Stifter, Chr. v. Schmid u. a.

Enthält von Pocci: »Ein Weihnachtsmärchen«.

800. **Alte und neue Jägerlieder.** Mit Bildern und Singweisen. Hg. F. v. Pocci und F. v. Kobell. Hannover,München: Hans Augustin 1919 – 6. Aufl. Mit zahlr. Illustr. 86 S., 8°. = s. PE Nr. 306 (1854) u. PE 567 (1919) – vgl. auch Faks.-Neudruck PN Nr. 944 (1978) und EA von 1843: Vier Hefte in einem Band. Leipzig/Landshut, Mayer u. Wigand u.a., 48 S., Mit Titelbild u. 36 Illustrationen von Pocci, kl. 4° [8°?].

801. a) Pocci, Franz: **Heitere Lieder, Kasperliaden und Schattenspiele.** Zweite Sammlung. München,Planegg: Etzold & Co. (Rudolf Jas-

persen) o. J. [ca. 1920]. 3 Bl. mit zahlr. sw. Abb., 5 z. T. farb. Tafeln mit Versen von Pocci-Enkel; VI 145 S., 19,3 x 17 cm. (Bücher f. d. Familie u. d. Jugend Bd. 9) = Nachaufl. von PE 582 (1908) – 7. bis 10. Tsd. 1929???
b) Teilaufl. parallel auch bei: Frankh, Stuttgart o. J [1920]

802. **Heraldik.** Münchner Kalender für 1918, 1920. München-Regensburg: Verlagsanstalt ehemals G. J. Manz, 36 ungez. S., mit 13 gr. mehrfarb. Wappentafeln, 32 x 16,5.
Enthält die von Otto Hupp gezeichneten Wappen von Pocci, v. Pöllnitz, v. Reden u. a.

803. Sächs.Pestalozzi-Verein (Hg.): **Im Kinderland.** Jg. 1: Gute Freunde. Ernst Thiene, W. Tischendorf u. a. (Bearb.), Dresden: Meinhold 1920, 48 S., m. Text-Illustr. versch. zeitgenöss. Künstler.
Enthält: 26 Beitr. v. Rud. Löwenstein, K. A. Findeisen, Franz von Pocci, Otto Ernst, Aug. Kopisch, Gebr. Grimm, Robert Reinick u. a. m., illustriert von Alfred Löschner, Maria Hohneck, Hans Kappler, Emil Lohse, Kurt Rübner u. a. – Von Pocci: Die Kinder im Walde. S. 13–15.

804. **Kinderland**, Heft 7. Mit Versen von Hans Pförtner, Fr. Güll, F. Pocci u. a. Mit Bildern von M. v. Schwind, L. Richter u. a., München: Paul Müller o. J. [1920], 16 S., gr. 8°.

805. Pocci, Franz: **Für fröhliche Kinder.** Eine kleine Auswahl aus den Werken Franz Poccis. Mit einer Einleitung von Franz Pocci (Enkel). Hg. v. Adolf Wildner. München: Callwey 1920 [Nachaufl.], 125 S., m. 6 z. T. farb. Bildtafeln u. über 100 Illustr. u. Noten, 8°. – 4. Aufl. 1926.
Die 1. Aufl. 1911. Erscheinungsort: Reichenberg i. Br., Gollor, 66 S., 1 Bl. mit vielen hübschen Illustrationen, hg. v. Deutschen Landeslehrerverein in Böhmen, 7. Bändchen. – vgl. PE Nr. 602.
Enthält: Gedichte, Erzählungen, Märchen aus: Geschichten und Lieder, Bauern-ABC, Lustiges Bilderbuch, Kinderlieder, Was du willst (Kasperl bei den Menschenfressern) u. 2 Puppenkomödien (Prinz Rosenrot – Kasperl wird reich).

806. **Fröhliche Jugend.** Hg. Fritz Heyder. Ein Volksbuch aus dem Reichtum deutscher Dichtung mit 40 zumeist farbigen Bildern u. 8 ganzseit. Holzschnitten u. Vign. v. Rudolf Schiestl. 2 Bde.: 1.: Lieder und Märchen; 2.: Schnurren, Schwänke und Gedichte. Berlin-Zehlendorf, Vlg. F. Hedyer, 1919/1920. 128 S. (2 x 64 S.), 8° (23 x 17,5).
Enthält: Lieder, Märchen, Schnurren u. Schwänke von L. Andersen, J. W. Goethe, Gebr. Grimm, W. Hey, A. Kopisch, Reinick, K. Simrock u. a. – Von Pocci: Der erste Nußknacker – Das Haus.

807. **Der Stichel.** Originalholzschnitte der Kunstgewerbeschule Essen. 1. Jg. H. 5 u. 6. Essen: G. D. Baedecker [um 1920] o. Pgn., quer 4°.
Enthält: 20 Originalholzschnitte in Halbleinenmappe mit Illustr. zu Texten von Pocci, Gogol, Tolstoi, Andersen, Hauff, E. T. A. Hoffmann u. a.

808. **Das Ferienbuch.** Hg. Josefa Metz, Buchausstattung u. Bilder nach Entwürfen von Hanns Anker. Hannover: A. Molling & Comp. o. J. [um 1915/1920], m. Ill., 135 S., gr. 4°.
Anthologie mit Beiträgen von Walter Bloem, Richard Dehmel, Otto Ernst, Charlotte Niese, Paula Dehmel, Fritz Engel, Ludwig Fulda, Franz Pocci, Rudolf Presber u. a.

809. **Die schöne alte Zeit.** Ein Bilderbuch mit Kinderliedern und Gedichten, Märchen, Sagen und Geschichten, den Großen eine liebe Erinnerung , den Kleinen eine tapfere Hoffnung von Ludwig Richter, Moritz v. Schwind, Oskar Petsch, Fedor Flinzer, Franz Pocci mit Kinderliedern und Gedichten, Märchen, Sagen und Geschichten. Hg. Carl v. Ferdinands [d. i. Karl Ferdinand van Vleuthen]. Leipzig: Hegel & Schade 1920, 120 S., 30 x 23 4°, m. farb. Deckelbild u. zahlr. z. T. ganzseit. Holzstichen. – s. PN Nr. 959: Faks.-Neudruck (1979/87/88)
Enthält von Pocci (ungenannt!) nur die Erzählung »Das fremde Kind« u. 1 Vignette.

1920–1926

810. Pocci, Franz: **Sämtliche Kasperlkomödien.** Einl. Dr. P. Expeditus Schmidt. München, Leipzig, Hamburg: Etzold 1921–1924, 19 x 12 kl. 8° = Nachaufl. von PE 585 u. 590 (1909):
a) 1. u. 2. Halbband in einem Band. (3.-6. Aufl.) München: Etzold & Co. 1921, 132 u. 146 S. + Verlagsseite.
b) 3. u. 4. Halbband in einem Band 4.-6. Aufl.). München, Leipzig: Etzold 1924, 188 u. 184 S.
c) 5. u. 6. Halbband in einem Band (4.-6. Aufl.) München, Leipzig: Etzold 1924, 127 u. 126 S. + Verlagsseite.
d) 5. Halbband. 3.-6. Tsd. München: Etzold 1924, 127 S. Pbd.
e) 6. Halbband. 3.-6. Tsd. München, Hamburg: Etzold 1924, 126 S. Pbd.
f) 4 in 2 Bänden. München, Leipzig: Etzold 1921/24, insges. 670 S.
[Die Verlagsangaben zu o. g. Nachaufl. sind mitunter widersprüchlich oder willkürlich!]

811. **Fliegendes Blatt** zur Erinnerung an Poccis Landshuter Universitätsjahr 1825-26. [München]: Corps Isaria 1921

Zusammen mit einem Blatt zur Jahrhundertfeier des Corps Isaria, 20. Juli, Landshut 1921. – Nicht im Handel ersch.

812. **Die drei Wünsche**, oder De Wooeschnas. Ein ergötzliches Zauberspiel in zwei Akten [nach Franz Pocci]. Für das Aachener Puppentheater bearbeitet von Will Hermanns, Aachen: Creuzer 1921, 13 S., 8°. (Aachener Puppenspiele 2)

813. Hermanns, Will (Berab.): **Die Trinkerkur** oder Prënz Schengche. Ein Münchener Marionettenspiel [nach Franz Pocci]. Für das Aachener Puppentheater bearbeitet von Will Hermanns, Aachen: Creuzer 1921, 12 S., 8°. (Aachener Puppenspiele 3)

814. Pocci, Franz: **Kasperl ist überall**. Ein Schattenspiel. München: Georg G. W. Callwey o. J. [1921]. M. 8 Schattenbildern v. Franz Pocci sowie Dialogen f. ein Puppenspiel., 23 S., kl. 8° (Der Schatzgräber Nr. 53, hg. v. Dürer-Bund durch Freiherrn von Egloffstein in Rebdorf i. Bayern) = Nachaufl. von PE Nr. 628 (1911)

815. **Kinderreime**. Mit Bildern von Franz Pocci. München: Callwey 1921, 16 S., kl. 8°. (Der Schatzgräber Nr. 61) = Nachaufl. von PE Nr. 603 (1911)
Enthält: 5 Abb. aus Poccis Illustr. d. Kinderlieder, Vignetten u. Initialen.

816. Pocci, Franz: **Die Zaubergeige**. Märchendrama in 4 Aufzügen. Für die Volksbühne bearbeitet von J. Perwe. = 2. durchges. Aufl. München: Höfling [1921], 39 S., kl. 8°. (Vereins- u. Dilettantentheater. Höflings Jungmännerbühne Nr. 39) – 3. Aufl. 1930

817. Brentano, Clemens: **Rothkehlchens Liebseelchens Ermordung und Begräbniß** (Hg. und mit einem Nachwort von Pocci (Enkel). Mit 16 Lithographien von Franz Pocci. 20 x 14 cm (8°), Berlin-Wilmersdorf: Bibliophiler Verl. (Goldschmidt-Gabrielli) 1921.
15 einseitig bedruckte faksimilierte von Franz Pocci illustrierte Blätter, 2 S. Nachwort.
Faksimile der 1843 bei Veith in Zürich erschienenen Originalausgabe. Aus der Bibliothek Pocci photographisch wiederhergestellt.
Hier schildert Pocci (Enkel), wie er an das Büchlein aus dem Besitz seines Großvaters gekommen ist und womit er dessen vermutete Urheberschaft begründet. Er weist darin auch auf eine zwischenzeitlich erschienene, schlecht ausgestattete und erfolglose Ausgabe (Karlsruhe, Veith, 1849) hin. Demnach handelt es sich hier um eine dritte Ausgabe.

818. **Allerhand** von Franz Pocci. München: Callwey 1922, 18 S., kl. 8°. (Der Schatzgräber Nr. 60) = Nachaufl. von PE Nr. 600 (1911).
Enthält: 9 Abb. aus Poccis Illustr. d. Kinderlieder – 1 Illustr. zu »Der Menschenfresser« – 6 Notenbeigaben.

819. **Was das Münchner Kindl erzählt.** Eine Stadtchronik in Geschichten, Gedichten, Sagen, Charakter- u. Geschichtsbildern. Für Schule und Haus gesammelt und hg. von Joseph Meyer. München: J. Lindauer (Schöpping), 1922, 288 S., 16 Tafeln Abb., 22 x 16 cm, 8°.
Mit 100 Beiträgen v. C. v. Destouches, F. v. Kobell, H. Lingg, F. Trautmann u. v. a. – Von Pocci S. 124–126: Der Schäfflertanz – S. 199–201: Eine Jugenderinnerung an Westenrieder (aus Dt. Hausbuch 1846, PE Nr. 218).

820. Zu PE Nr. 699: Von Oskar Langs »**Die romantische Illustration**« Die volkstümlichen Zeichner der deutschen Romantik. Dachau: Einhorn (1922). 165 S., 4°, über 180 Abb., erschien eine Vorzugsausgabe.
Den 400 numerierten Expl. war je ein Originalholzschnitt Poccis einmontiert.

821. Pocci, Franz: **Waldkönig Laurin** oder Kasperl unter den Räubern. München: Callwey [1922]. 40 S., kl. 8°. (Der Schatzgräber 43, hg. v. Dürer-Bund) = Nachaufl. von PE Nr. 598 (1910)

822. Pocci, Franz: **Das Märlein von Schneeweißchen und Rosenrot.** 6. bis 10. Tsd. Limburg a. d. Lahn: Limburger Vereinsdruckerei [1922], 14 S., 16°. (Erzählungen f. Schulkinder, Heft 4) – vgl. auch PN Nr. 795

823. a) **Heimatgarten.** Lesebuch für das 3. und 4. Schuljahr. Bearb. u. hg. im Auftrag d. Reg. Komm. [Bildschm. von Oskar Pletsch, Franz Graf Pocci, Ludwig Richter u. a.] – Kathol. Ausg. Saarlouis: Haufen, 1923, 287 S., 8°.
b) Dass. – Evangel. Ausg. Ebd., 275 S.

824. **Die Wundergeige**, oder, Hopp Marjännche! Ein Zauberdrama in 4 Aufzügen mit Gesang, Tanz und Keilerei. Nach einer Kasperkomödie des Grafen Pocci f. d. Aachener Puppenbühne frei bearb. v. Wilhelm Hermanns, Aachen, Wilh. Siemes 1923, 28 S., 8°.

825. Westenrieder, Lorenz: **Beschreibung der Haupt- und Residenzstadt München** im Zustande des Jahres 1783 ... Erneut in Auswahl editieret [zum 10jähr. Bestehen d. Vereinigung Münchener Verleger e. V.] München: Oldenbourg [1924], 35 S., 8°.
Nicht im Handel ersch.
Vignetten nach Holzschnitten des Plantin-Moretus-Museums Antwerpen. Die Karikatur Westenrieders nach einer Federzeichnung von Pocci.

826. **Kasperl Larifari.** Spiel für das Kasperl-Theater von Franz Pozzi[!]. Neubearb. 2. Aufl. Berlin: E. Bloch o.J. [1924], 23 S., 8°. (Eduard Blochs Kasperl-Theater 2) = veränd. Nachaufl. v. PN Nr. 779 (1908).

827. Brentano, Clemens/Arnim, Achim von: **Des Knaben Wunderhorn.** Eine Auswahl. Mit Bildern von Ludwig Richter, Franz v. Pocci u. a., München: Allgemeine Verlagsgesellschaft o. J. [1924], 155 S., m. 77 sw. Abb., 8°. – 2. erweit. Aufl. u. Übernahme von PE Nr. 691 (1921) a. d. Recht-Verlag.
Enthält von Pocci: 12 Holzstiche aus den Jäger-, Soldaten- u. Studentenliedern.

828. Pocci, Franz: **Hansel und Gretel.** Ein Märlein. Mit Bildern von Franz Pocci. München: Callwey 1924, 14 (2) S., kl. 8°. (Der Schatzgräber 12) = Neuausg. von PE Nr. 588 (1910)

829. Pocci, Franz: **Das Eulenschloß.** Ein mit unglaublicher Zauberei vermischtes Drama in vier Aufzügen. Im Verlage des Marionetten-Theaters Münchner Künstler o. J. [um 1925]. Umschlagzeichnung Eule von Pocci, 47 S., kl. 8°.

830. Pocci, Franz: **Die Zaubergeige.** Märchendrama in 4 Akten und 9 Bildern mit Gesang und Tanz [auf dem Umschlag fälschlich: in 5 Aufzügen]. Verlag des Marionetten-Theaters Münchner Künstler o. J. [um 1925], farb. Umschlag-Zeichnung von J. D. [Julius Diez]. 48 S., kl. 8°. Vermerk auf S. 4: Die von Richard Trunk komponierten Arien, Duette und Chöre zur »Zaubergeige« sind ausschließlich für die Aufführungen des »Marionetten-Theaters Münchner Künstler« bestimmt.
Auf S. 48: Schluß-Duett (Worte von Goethe aus Jery und Bätely): »Es rauschet das Wasser und bleibet nicht stehn ...«

831. Fadrus, Victor: **Puppen- und Kasperlspiele.** Ausgew. f. Schule u. Haus. Wien: Deutscher Verlag für Jugend und Volk 1925, 126 S., 12 x 18 cm, kl. 8°. – Neue Ausg. 1946
Inhalt: Theodor Storm: Schneewittchen, ein Märchenspiel in 7 Szenen; Mathilde Peyrer: Im Schlaraffenlande, ein Märchenspiel in 3 Bildern; Franz Pocci: Der artesische Brunnen oder Kasperl bei den Leuwutschen, Lustspiel; Die Bühne. Mit zahlr. Bühnen-Abb. von Franz Wacik und 4 Geschichten von Theodor Storm, Franz Pocci u. a.

832. Pocci, Franz: **Kasperlstücke für das Handpuppentheater.** Mit einem Anhange »Vom Handpuppentheater« von A[lfred] Laßmann. Wien: Österreichischer Schulbücherverlag 1923, 105 S., 8°. (Deutsche Hausbücherei Bd. 71)
Enthält: Schattenriß (Polichinellbude mit Publikum) – Kasperl unter den Wilden – Kasperl in China – Kasperl in der Türkei – Die Prüfung – Kasperl, der [!] Porträtmaler – Kasperl als Professor – Schimpanse, der Darwinaffe – Der gefangene Turko – Anhang: (14 S.) – [Auf dem Außentitel wird Pocci als Autor nicht genannt.]

833. **Hänsel und Gretel.** Ein Märchen in fünf Aufzügen. Fassung des Marionettentheaters St. Gallen. Auf Grund der Bearbeitung Franz v. Poccis märchengetreu wiederhergestellt. Nachw. Max Scherrer, Leipzig: Lehmann & Schüppel 1925, [später Übernahme: A. Strauch Leipzig], 31 S. (m. 5 Foto-Beil. d. Auff.), 8°.
Wie M. S. im Nachwort betont, »ist von Poccis Stück außer der allgemeinen Artung der Kasperlrolle und einigen kleinen Zügen kaum etwas geblieben. Dennoch ist es der Ausgangspunkt der neuen Fassung.«

834. Wolf, Georg Jacob/Wolter, Franz (Hg.): **Münchner Künstlerfeste.** Münchner Künstlerchroniken. München: Bruckmann 1925, 228 S., gr. 8°.
Mit 8 Farbtafeln u. zahlr. z. T. farb. Abb. von Busch, Gulbransson, Kaulbach, Pocci, Schwind u. a.

835. a) **Kinderheimat in Liedern** in Friedrich Güll. Erste Gabe: Kinderheimat, mit Bildern von Franz Pocci. Zehnte Aufl. Gütersloh: Druck C. Bertelsmann 1925.
b) Kinderheimat in Liedern und Bildern von Friedrich Güll und Franz Pocci. Zehnte Aufl. Mit einem Vorwort von Gustav Schwab u. Vorwort zur 6. Aufl. (1889). [Überkleber:] Leipzig: Georg Görtitz o. J. Druck: Bertelsmann Gütersloh 1925. 160 S., 61 Abb., 8°. = vgl. PE Nr. 205, 434 (1846/1861) – vgl. kolor. Ausg. PN Nr. 913.
Holzstiche schwarz-weiß. – S. 154–157 als Anhang: Morgen- und Tischgebete I-VIII

836. Pocci, Franz: **Kasperl auf der Jagd** – Hasenvorwitz [beigefügt: Das Wachsfigurenkabinett von Amalie Poß]. Limburg a. d. Lahn: Limburger Vereinsdruckerei [1925], 16 S., 16°. (Erzählungen für Schulkinder, H. 3)
Auch: Koch, Joseph und Maria (Hg.): Kasperl auf der Jagd. Lustige Geschichten und Bilder von Franz Pocci. Essen (Ruhr): Fredebeul & Koenen o. J. (ca. 1925), Kindersonntag-Bücher Bd. 1, 40 S., 16 x 24 cm, kl.4°. Text 2spaltig mit zahlreichen sw. Illustrationen. = Nr. 841

837. **Die fidele Kommode.** 400 Jahre deutscher Humordichtung. Ein kurzweiliges und scherzhaftes Album deutscher Humordichtung mit vielen hundert lustigen Reim-Episteln und launigen Versstükken. Illustriert mit 1140 Federzeichn. u. 24 Kunstblättern. Hg. Hermann Siegfried Rehm. Berlin: Klemm o. J. (um 1925), VIII u. 504 S., 4°.
Auch: Mit 630 Federzeichnungen und 18 farbigen Kunstblättern von führenden deutschen Meistern.
7. Kapitel: Schnadahüpfeln. Ill. von W. Busch, F. Pocci, J. P. Hasenclever u. a.

2. Literarische und buchgraphische Werke
1926–2006

1926–1930

838. Pocci, Franz: **Kasperl als Professor** – Kasperl als Nachtwächter. München: Staatl. Kunstgewebeschule 1926, 17 S. m. Abb., 8°. Text u. Holzschnitte nach: Neues Kasperl-Theater. – Satz u. Druck: Werkstätten der Münchener Kunstgewerbeschule, ausgeführt von Georg Winkler.
Entn. aus: Pocci: »Neues Kasperl-Theater«

839. **Zum Kasperl.** Text nach Pocci und Bilder von Erwin Tintner. Wien: Carl Koenegen 1926, 16 S. mit farb. Abb. [ausgestanzt], 4°. (Stabillo 2).

840. **Gereimte Geschichten von deutschen Dichtern.** Scherenschnitte von Josefine Allmayer und Schattenbilder von Franz Pocci. Hg. Vereinigung für Arbeitsunterricht u. Kunsterziehung. Wien/Österreich. Bundesverlag f. Unterricht, Wissenschaft u. Kunst, 1926, 107 S., 8°. (Bunte Jugendschriften Nr. 39)
Enthält von Pocci: Der Jahrmarkt, S. 88–92. Kasperl bei den Menschenfressern, S. 93–104. – Nach Pocci: Nikolo und Krampus, S. 23–25.

841. Pocci, Franz: **Kasperl auf der Jagd**. Lustige Geschichten und Bilder. Ausgewählt von Joseph und Maria Koch. Mit zahlr. Illustr. u. farb. Einband. Essen: Fredebeul & Koenen, o. J. [1926], 40 S., 4°. – (Reihe: Kindersonntag-Bücher, Hg. v. Joseph u. Maria Koch)
Enthält: Kasperl auf der Jagd – Mein Hans ist ein Jäger – Der fremde Herr – Die Hirschjagd – Die Hasenjagd – Nußknacker – Weihnachtslied – König Drosselbart – Aus dem Bilderbogen-Alphabet – Das Einmaleins in Reimen und Bildern – In der Schule – Auf dem Jahrmarkt – Der schwarze Mann – Der Dieb.

842. Hennecke, A. (Bearb.): **Das große Ei.** Ein Scherzspiel nach Pocci. Berlin: E. Bloch o. J. [um 1926], 31 S., 8°. (Jugend-Bühne 46; Die Spielschar Nr 9).

843. Effa, J. (Bearb.): **Der Zauberring.** Ein lehrreiches Beispiel nach Franz Pocci.. Berlin: E. Bloch. o. J. [1926], 30 S. mit Abb., 8° (E. Blochs Kasperl-Theater 22).

844. **Liederbuch für den Festkommers** anläßlich des 105. Stiftungsfestes des Corps Isaria [Landshut] im Saale der Tonhalle, den 18. Juli

1926, 16 S. – Dem Isaren Franz Graf v. Pocci zum Gedächtnis der 50. Wiederkehr seines Todes 1876.
Bildschmuck entnommen aus Franz Pocci: Alte und Neue Studentenlieder (1844), vgl. Nr. 137.

845. Pocci, Franz: **Schnacken und Märchen**. [Mit 44 Ill. von Pocci]. Essen: Fredebeul & Koenen o.J. [um 1926], 62 S., m. 43 Abb., 12°. (Deutsches Gut. Erste Reihe: Dichtung Nr. 56).
Enthält: 6 S. Vorwort »Der Kinderfreund Graf Franz Pocci« von H. P. [d. i. Helene Pagés, Münster] – Der Pelzmärtel – Das fremde Kind – Weihnachtsmusik – Nußknacker – Spazzokamino – Der dicke Herr – Die Ernte – Kasperl auf der Jagd – Der Jahrmarkt – Kasperl bei den Menschenfressern – Der Dieb – In der Schule – Ich blas' auf meinem Dudelsack.

846. Pocci, Franz: **Kasperlkomödien** (erste Auswahl) Essen: Fredebeul & Koenen o.J. [um 1926], 80 S., 12°. (Deutsches Gut. Erste Reihe: Dichtung Nr. 57).
Enthält: 10 S. Vorwort »Vom Puppenspiel und dem Kaspar oder Hanswurstl« von H. P. [s. PN Nr. 845.] – Die Stücke: Kasperl unter den Wilden – Die drei Wünsche – Kasperl als Prinz.

847. Pocci, Franz: **Kasperl in der Türkei**. Burleske in zwei Aufzügen; bearbeitet von Adolf Völckers. München: V. Höfling [1926]. 2. Auflage, 24 S., gr 8°.
(Höflings Jungmännerbühne Nr. 3158, bildete früher Nr. 158 der Sammlung Höflings Jungmännerbühne).

848. **Hausbücherei der frischen Resi**. Nürnberg: Vereinigte Margarine-Werke, vorm. H. Lang & Söhne, vorm. Salb & Wohl o.J., je 28 S., 12°. Vergl.: PE Nr. 732
Ermittelt werden konnten bisher:
- Das Eulenschloß.
- Kasperl wird reich – Kasperl in China.
- Kasperl als Porträtmaler – Die Erbschaft.
Diese Werbe- u. Groschenhefte erschienen in den 20er Jahren. Sie enthielten (neben anderen Themen) auch einige Puppenspieltexte von Franz Pocci als: »Bearbeitung für die Hausbücherei der ›Frischen Resi‹«; vorn je 1 Titelzeichnung von fremder Hand, hinten Reklame-Zeichnung.

849. Pocci, Franz: **Der schwarze Mann**. Bunte Reime für junge Resi-Freunde. Mannheim: Gebr. Bauer [1927], 16 S. m. farb. Abb., 8°. (Hausbücherei der frischen Resi: Sonderausgabe für die Kinderwelt)

850. **Jugendlust**. Halbmonatsschrift. Hg. Bayer. Lehrerverein, Red. Ge-

org Ostertag. Nürnberg: 53. Jahrgang 1927–1928, 380 S., gr. 8°, m. zahlr. Illustr. u. 12 Kunstdruck-Beilagen.

Mit Texten der Gebr. Grimm, F. Pocci, L. Bechstein, F. Timmermans u. a.

851. Koch, Joseph u. Maria (Hg.): **Der heilige Garten**. Ein Büchlein frommer Freude und religiöser Belehrung für Mütter und Kinder. Mit vielen [eingedr.] Bildern von Richter, Pocci, Dürer u. a. Düsseldorf: Zentralstelle der kathol. Schulorganisation Deutschlands 1927, 118 S., 8°.

852. Pocci, Franz: **Prinz Rosenrot und andere Kasperlkomödien** [zweite Auswahl]. Essen: Fredebeul & Koenen [um 1927], 78 S., 8°. (Deutsches Gut. Erste Reihe: Dichtung. Nr. 87).

Enthält: 4 S. Vorwort »Poccis Kasperlkomödien« von H. P. [s. PN Nr. 845] – Die Stücke: Prinz Rosenrot und Prinzessin Lilienweiß – Der gefangene Turko – Kasperl in der Türkei – Kasperl wird reich.

853. Stemmle, R[obert] A[dolf] (Bearb.): **Die Geburt der Komödie**. Sieben lustige Bilder nach dem Schattenspiel von Franz Pocci. Für die Personenbühne eingerichtet. Leipzig: Arwed Strauch o. J. [ca. 1927], 48 S., 8°. (Der Karren. Eine Reihe neuer Spiele. Hg. Kurt Riemann, H. 1) – 2. Aufl. 1936. Neuausg. s. PN Nr. 896 (1950)

[1. Auff. 1925. – Stemmles Prolog frei nach Pocci zur Eröffnung 1858. Hanswursts Schluß-Verse neu mit einer lachenden u. weinenden Maske. Ansonsten folgt Stemmle der Vorlage. Zusätze an einigen Stellen; die Verse zumeist unberührt.]

854. Riemann, Kurt (Bearb.): **Die Zaubergeige**. Märchendrama in vier Aufzügen mit Gesang und Tanz von Franz Pocci. Für die Personenbühne neu eingerichtet. Leipzig: Arwed Strauch o. J. [1927], 48 S., 8°. (Der Karren Heft 2)

[1. Auff. 1926. – »Der Karren« war die Spielschar einer Magdeburger Schule, für deren Gebrauch Texte geschrieben bzw. umgeschrieben wurden. Leiter war K. Riemann.]

855. Andersen, H. Ch.: **Märchen**. Hg. von Dr. Karl Martin Schiller. Mit den Abbildungen der Holzschnitte nach Originalzeichnungen von Ludwig Richter, Graf Pocci, Theodor Hosemann u. Raymond de Baux u. 12 Kunstblättern von Otto Speckter u. Graf Pocci. Leipzig: F. W. Hendel 1927, 332 S., gr. 8°. – 7 Aufl. bis 1985.

Von Pocci (gez. F. P.): 12 Ill. u. Vign. zu: Däumelinchen – Des Kaisers neue Kleider – Die kleine Seejungfrau – Die Nachtigall – Der Reisekamerad – Die Schneekönigin (1., 2., 3., 6. u. 7. Gesch.) – Der Schatten (Kunstbeilage).

855a Pocci, Franz (Enkel) Hrsg.: **Justinus Kerner und sein Münchener Freundeskreis.** Eine Sammlung von Briefen. Leipzig. Insel-Verl. 1928; 399 S., 8° Bl. : Ill. (S. PN 1185).

856. Pocci, Franz: **Schattenspiele.** Bilder und Verse. Fürth/Bayern: G. Löwensohn o.J. [um 1928/30], 8 unpag. Bl., kl. 8°. (Das Rheingold Nr. 203., Ein Jugendhort in Bild und Wort, Hg. Albert Sergel).

857. Pocci, Franz: **Dornröslein.** Romantisch-humoristisches Märchen in drei Aufzügen. Mit Titelbild von G. L. Matthei-Schmidt und einer Zeichnung von Franz Pocci. Frankfurt a. M.: Diesterweg 1928, 30 (2) S., 8° (Kranz-Bücherei H. 118).

Die Originalfassung des Dichters ist hier um einige »für die Jugendbühne entbehrliche Szenen und Stellen« gekürzt; die Textgestaltung besorgte Fritz Grebenstein in Frankfurt am Main. (vgl. S. 4)

858. Pocci, Franz: **Die Prüfung.** Ein Handpuppenspiel. Berlin: Eduard Bloch o.J. [1928], 24 S., 8°. (Das Handpuppentheater. Eine Reihe alter und neuer Komödien für die Handpuppenbühne. Hg. Robert Adolf Stemmle, Das Handpuppentheater Nr. 5)

859. a) Koch, Joseph u. Maria (Hg.): **Zwölf Glocken klingen.** Ein frischfröhliches Hausbuch für Mutter und Kind. Mit Bildern von Franz von Pocci. Düsseldorf: Kathol. Schulorganisation Deutschlands 1928, 160 S., gr. 8°, m. zahlr. Abb. u. Noten.

Gegliedert in: Neujahrsglöckchen – Fastenglöckchen – Frühlingsglöckchen – Osterglöckchen – Maiglöckchen – Herzjesuglöckchen – Sommerglöckchen – Ferienglöckchen – Herbstglöckchen – Rosenkranzglöckchen – Allerheiligenglöckchen – Weihnachtsglöckchen.
Anthologie ganz mit Pocci-Illustrationen ausgestattet: ca. 120 Abb. Vign. u. Initialen aus verschiedenen Werken: Festkalender – Geschichten und Lieder – Kinderlieder – Deutsches Hausbuch – Büchlein A bis Z – Was du willst. – Sowie 10 Texte: Nun treiben wir den Winter aus – Schullied – Himmelfahrt – Bei Gewitter – Legende von der hl. Notburga – Schutzengelwacht – Der arme Spielmann – Sankt Martin – Hubertuslied – Weihnachtslied.

b) Übernahme als: Wahlband der Buchgemeinde, Bonn 1930.

860. Kalkschmidt, Eugen: **Deutsche Freiheit und deutscher Witz.** Ein Kapitel Revolutions-Satire aus der Zeit von 1830–1950. Hamburg, Berlin,Leipzig: Hanseatische Verlagsanstalt 1928. Mit 160 Bildern im Text und auf Tafeln, 156 S., 25 x 19 cm, gr. 8°.

Von Pocci auf S. 103: 4 Text-Abb. a. d. Fliegenden Blättern: »Der Staatshämorrhoidarius vertieft sich in die Politik«. (In der Buch-Ausg. nicht enthalten)

861. **Kinder- und Hausmärchen** gesammelt durch die Brüder Grimm. Hg. Karl Martin Schiller. Mit den Bildern von Ludwig Emil Grimm, Otto Speckter, Franz Pocci, Moritz von Schwind, Ludwig Richter, Johann Peter Lyser, George Cruikshank, Bertall und anderen Meistern des 19. Jahrhunderts. Meersburg/Leipzig: F. W. Hendel o.J. [1929/30], 431 S., zahlr. Ill., gr. 8°.

(Märchen nach Illustratoren geordnet. Verzeichnis der Illustratoren u. Bibliographisches zu den Illustr. u. d. Abb.).

Von Pocci: Bilder zu: Der Gevatter Tod – Fundevogel – König Drosselbart – Hänsel und Gretel – Blaubart – Das Hirtenbüblein – Armut und Demut führen zum Himmel (dazu 20 Abb. von unbekannten Zeichnern in Poccis Art).

862. Pocci, Franz: **Rosengärtlein**. Den kleinen Kindern neu geöffnet von Maria Koch-Doll. Nach Poccis Jardin de Roses. Essen: Fredebeul & Koenen o.J. [vor 1930] 40 S., m. 34 Illustr., 13,5 x 10,5, 8°.

Einzige moderne Neuausgabe. – vgl. PE Nr. 138 (1841) u. 524 (1906)

1930–1940

863. **Schattenspielbuch.** Schattenspiele des weltlichen und geistigen Jahres und Anleitung zur Herstellung einer Schattenbühne und zum Schattenspiel von Leo Weismantel. Augsburg: Filser 1930, 284 S., m. zahlr. Textabb., 78 Zeichn., 31 S. Bildbeigaben u. 6 losen Bastelbögen in Büchertasche, 8°. (Bücherei der Adventstube Bd. 2).

Von Pocci: S. 17–34: Kasperl ist überall (mit 8 Text-Abb.) – S. 5/6: 3 Schattenrisse von Pocci m. Erläut. (s. PN Nr. 863).

864. Pocci, Franz: **Kasperl ist überall**. Oder die Geburt der Komödie. Ein Schattenspiel. In: Leo Weismantel: Schattenspielbuch. Schattenspiele des weltlichen u. geistlichen Jahres ... Augsburg: Filser o.J. 1930, 284 S., m. 40 Textabb., 31 Fotos, zahlr. Schattenrissen u. Beigaben, 24 x 16.

865. Schütze, Wolfgang (Bearb.): **Jorinde und Joringel**. Kasperstück in 1 Aufzug: Kasper als Kunstmaler. Nach einem Marionettenspiel von Franz Pocci frei bearbeitet. Leipzig: Strauch 1930, 31 S., 8°. (Radirullala, Kasper ist wieder da H. 15)

866. **Jägerlieder,** in schöner Schrift geschrieben von Hertha v. Gumppenberg. München: Drei Masken o.J. [um 1930], 16 unpag. S., 8°. (Münchener Scriptor Drucke).

Enthält: Jägerlieder u. -gedichte von J. D. Falk, J. v. Eichendorff, N. Lenau, F. v. Kobell, F. Pocci u.a.

867. Deutsches Rotes Kreuz (Hg.): **Deutsche Jugend**. Zs. f. d. Jugendrotkreuz, Febr. 1930, Berlin, 15 S., 4°.
Ausg. u. d.. Motto »Scherz und Spiel«. – Enthält: Illustr. von M. Slevogt u. W. Trier; Texte von M. Claudius, F. Rückert, R. Kipling. – Von Pocci: 2 Schattenrisse mit Text zu »Der Vielfraß« u. »Der Dicke Herr«.

868. Deutsches Rotes Kreuz (Hg.): **Deutsche Jugend**. Zs. f. d. Jugendrotkreuz, Dez. 1930, Berlin, 15 S., 4°.
Ausg. u. d. Motto »Weihnachten«. Enthält: z. T. farb. Kinderzeichnungen, Gemälde, Photogr. von Unold, H. Thoma u. a. – Von Pocci: Abb. »Der Pelzmärtel« zu Sudermann-Text [!]; Gedicht »St. Niklaus kommt« zur Abb. von Siegfried Böck.

869. Andersen, H. Ch.: **Gesammelte Märchen**. Illustriert von L. Richter, Th. Hosemann, O. Pletsch, Graf Pocci, V. Pedersen, P. Thumann u. a.. Mit 150 in den Text gedr. Holzschnitten u. 11 ganzseit. getönten Kunstblättern sowie 6 Feder-Lithogr. von Th. Hosemann. Leipzig: Schmidt & Günther o. J. [1931], 746 S., 22,5 x 15,5. (Märchen- und Sagenschatz f. d. dt. Jugend Bd. 2) – Nachaufl. 1939.
Nur wenige Stiche sind eindeutig F. P. zuzuordnen, z. B. 1 zur »Schneekönigin«, 1 – »Die Nachtigall«, 1 – »Des Kaisers neue Kleider«, 1 – »Fliedermütterchen« [Vergleich mit Hendel-Ausg. Nr. 855!]

870. Deutsches Rotes Kreuz (Hg.): **Deutsche Jugend**. Zs. f. d. Jugendrotkreuz, Jan. 1931, Berlin, 15 S., 4°.
Ausg. u. d. Motto »Musik im Märchenland«. Enthält: Reproduktionen von Rembrandt, Dürer, Feuerbach; Lieder, gesungene Märchensprüche; Geschichten u. Gedichte von J. W. Goethe, H. Ch. Andersen, S. Lagerlöf u. a. – Von Pocci:. »Das Märlein vom Frieder« mit Abb. von Manet [!]; Schattenriß Hornbläser zu »Jägerlied« aus Was du willst.

871. Pocci Franz: **Lustig sollt ihr sein!** Märlein, Reime und Kasperlstücke. Mit bunten Bildern von Hans Brombach. Ausgewählt u. eingeleitet v. Wilhelm Müller-Rüdersdorf. Berlin: Axia 1931, 96 S., farb. Einband u. 2 farb. Ill., 19 x 14 cm, kl. 8°. (Axia-Kinderdichter 1. Bd., Hg. Wilhelm Müller-Rüdersdorf).
Textgestaltung und Vorwort sind identisch mit PN Nr. 799 – Jedoch fehlen hier sämtl. Pocci-Zeichnungen. = Neu illustriert!

872. **Das unendliche Ziel**. Ein Buch von Liebe, Welt und Gott. Hg. Hermann Wiechmann. München: Wiechmann 1931, 92 S., 25,5 x 19, 4°. (Vom deutschen Leben, 10. Folge).
Enthält: Gedichte, 10 Wiedergaben volkstüml. Gemälde u. Zeichn. Mit Beitr. von L. Richter, M. v. Schwind, F. v. Pocci; M. Claudius, J. W. Goethe, F. Rückert, P. Gerhardt.

873. **Im Märchenreich.** Mit zahlr. Textzeichnungen u. 4 ganzseit. farb. Bildern v. Rolf Winkler, Ernst Kutzer u. a. Leipzig: Hahn o. J. [um 1930], 92 S.
Anthologie mit Texten der Br. Grimm, H. Ch. Andersen, V. Blüthgen, R. Volkmann-Leander, Franz Pocci, Märchen aus Tirol u. Odenwald.
Von Pocci: Das lustige Märlein vom kleinen Frieder mit seinem Vogelrohr und seiner Geige. S. 7–14.

874. **Spaßige Geschichten von Kleinen Leuten.** Nach Grimm [u. a.]. Hg. Walther Günther. Fürth i. B.: Löwensohn 1931, 48 S., 4°, m. Abb., 6 Taf.
Enthält Geschichten nach Grimm, Andersen, Reinicke, Güll, Franz Pocci, Volkmann, Leander.

875. **Die schönsten Tiermärchen und Tierfabeln.** Hg. Walther Günther. Fürth i. B.: Löwensohn 1931, 48 S., 4°, mit Abbildungen.
Enthält Beiträge nach: Grimm, Simrock, Reinicke, Lessing, Lafontaine, Franz Poci u. v. a.

876. **Der gestiefelte Kater.** Eine Märchenkomödie in acht Bildern von Franz Pocci. In der Überarbeitung von Karl Jacobs. Vorwort: Rudolf Mirbt. München: Kaiser, 1932, 48 S., kl. 8°. (Münchener Laienspiele. Hg. Rudolf Mirbt, Heft 82).

877. a) **Wer hat nur das Ei auf den Marktplatz gelegt?** Nach Franz Pocci als Schattenspiel bearbeitet von Alfred Entzian. Leipzig: Strauch 1932, 42 S., kl. 8°.
Mit 16 Schattenrissen im Text von A. Entzian u. 4 Lichtbildern von Elfriede Köhler. – 3 S. Nachwort »Das Handwerk des Schattenspiels« nebst 3 Figurinen.

b) Dass.: 2. Ausg. 3.-4. Tsd.. München: Chr. Kaiser 1937, 43 S., kl. 8°. (Münchener Laienspiele. Hg. Rudolf Mirbt, H. 83).

878. **Der nächste Morgen** [Die Erbschaft]. Lustspiel in zwei Bildern von Franz Pocci. In der Überarbeitung von Karl Jacobs. München: Kaiser 1932, 32 S., kl. 8°. (Münchener Laienspiele. Hg. Rudolf Mirbt, H. 84).
Nachaufl. 1935 u. 1938.

879. **Jugendlust.** Halbmonats-Zeitschrift. Hg. Bayer. Lehrerverein, Red. Georg Ostertag, 59. Jg., Nürnberg 1933/34, IV, 380 S., 25 x 18, gr. 8°.
Mit zahlr. Illustr. auf 11 Kunstdrucktafeln von H. Baluschek, O. Pletsch, F. Pocci, H. Thoma, H. Wazik u. a.

880. **Fliegende Blätter.** Vierundzwanzig Nummern aus dem Jahre

1845. Braun & Schneider, München. Bd. I. – Faksimile-Ausg. Berlin, Wien, Leipzig: Paul Zsolnay 1934, 192 S. m. zahlr. sw. Abb., 22 x 26,5, 4°.
(Photomechan. Nachdruck d. kartograph., früher Militärgeograph. Instituts in Wien).
Enthält von Pocci: Künstlers Wanderjahre: Nr. III 20–23 (4 Abb.) – Der Staatshämorrhoidarius: Nr. VIII 62–63 (9 Abb.), Nr. XXI 166–67 (8 Abb.) – Buchhändleranzeige: Der neue Robinson: Nr. XIV 108–110 (9 Abb.) – Der kurzsichtige Schütz. Ob der Fuchs lateinisch versteht? Nr. XXIV 191 (2 Abb.).

881. Pocci, Franz: **Die Zaubergeige**. Ein fantastisches Märchendrama nunmehr in der Ausgabe von 1934. Musik von Christoph Dietrich. Potsdam: Voggenreiter 1934, 56 S., 8°. (Spiele der Jugend- u. Laienbühne 10).
Titelbild, Textzeichnung u. Schlußvignette nach Pocci. – Im Text beigefügt 12 Notenbeispiele der Bühnenmusik von Christoph Dietrich. – s. PN Nr. 1106.
Text an vielen Stellen von K. Seidelmann überarbeitet: »An nahezu drei Dutzend Textstellen habe ich die Rosinen seines Kuchens herausgepickt und neue hineingestopft, wie sie unserem heutigen Geschmack vielleicht besser munden.« (S. 5) – z. B. Kasperl letzte Szene: »Also wird' ich nicht gehenkt? ... Und ich komm auch nicht ins Konzentrationslager?« [sic!] (S. 55).

882. **Die Zaubergeige**. Spieloper in drei Akten nach Pocci von Ludwig Andersen [d. i. Ludwig Strecker] und Werner Egk. Textbuch. – [1. Fass.] Mainz: Schott [1935], 47 S., kl. 8°.
– Klavierauszug [1. Fass.] s. PN Nr. 1107

883. **Die Fahrt ins Wunderland**. Märchen deutscher Dichter. Mit Bildern von Elsa Eisgruber. Berlin: Williams & Co. o. J. [1935], 383 S., gr. 8°, m. 4 Vollbildern und zahlr. sw. Abb. im Text.
Anthologie mit Texten von E. T. A. Hoffmann, R. Reinick, Cl. v. Brentano, L. Tieck, J. v. Eichendorff, J. Kerner, A. Chamisso, J. Mosen, E. M. Arndt, W. Hauff, E. Möricke, Graf Pocci u. v. a. – Von Pocci: Zwei Märlein: Nußknacker – Hanswurst.

884. Pocci, Franz: **Lustige Kasperlkomödien**. Mit 6 Holzschnitten nach Zeichnungen des Dichters. 2. Aufl. Leipzig: Insel 1935 (IB 379), 79 S., 18 x 12 cm, kl. 8°. = Nachaufl. von PE Nr. 710 (1925) – 3. Aufl. 1941 (14–16. Tsd.)
Enthält: Kasperl als Porträtmaler – Der artesische Brunnen – Kasperl als Prinz – Dornröslein.

885. Kästner, Erhart: **Scherenschnitt-Illustrationen.** Mit 1 Farbtafel, 20 Text-Illustrationen nach Scherenschnitten von L. Duttendorfer, P. Konewka, F. Pocci u. a., Dresden: Wolfgang Jeß 1936, 32 S., 23,5 x 17 cm, 8°.
Darstellung von Scherenschnitten verschiedener Künstler. Deckelillustration Alphabet von Adele Schopenhauer. Künstler: Luise Duttenhofer, Paul Konewka, Emma Eggel, Franz von Pocci, Moritz von Schwind, Karl Fröhlich, Wilhelm Busch. Mit 21 Scherenschnittillustrationen [1 Klapptafel]

886. **Die Zaubergeige.** Ein Märchenspiel in 5 Bildern nach Franz Pocci. Für die Schul- und Jugendbühne bearbeitet von Franz Bauer. München: V. Höfling 1936, 32 S., kl. 8°. (Höflings Kinderbühne Nr. 1428)

887. **Das goldene Kinderbuch.** Kurzweilige Erzählungen und Schwänke. Hg. Karl Hobrecker u. Else Steup. Reutlingen: Enßlin & Laiblin o. J. [1939], 387 S., mit 6 ganzseit. Farb-Tafeln v. Kurt Rübner u. zahlr. Text-Illustr., gr. 8°.
Nachaufl. 1940 – Neue Ausg. s. PN Nr. 898 (1950)
Mit Beiträgen v. H. Ch. Andersen, H. Campe, J. W. Goethe, F. Gerstäcker, J. P. Hebel u. v. a. – Von Pocci: Der Nürnberger Trichter (ohne Abb.).

1940–1950

888. Kobell, Franz v.: **Schnadahüpfln** mit [16] Bildern von F. Pocci. München: Münchner Buchverl. (Gerber) 1940/41, 15 S., 12°. (Münchner Lesebogen 21, Hg. Walter Schmidkunz) – Nachaufl.: 1950
Neuausgabe von PN Nr. 783 [um 1910] – Auswahl v. 95 Versen als »Feldpostausgabe« auf Kriegspapier.

889. Pocci, Franz: **Puppenspiel.** Mit Zeichnungen von Robert Pudlich. Düsseldorf: Marliani 1941, 16 Bl., gr. 8°

890. a) Hirschbold, Benedikt: **Münchner Heimatbuch.** Ein Jugendbuch von der Großstadt München und ihren Landschaften. 4. Aufl., München: Ehrenwirth 1942, 155 S., 15 x 21 cm. (s. a. PN 1210a)
Mit Beiträgen von Franziska Meier und Ferdinand Denzel, Zeichnungen von Anton Tröndle. Im Buch für den Heimatkunde-Unterricht an Münchner Volksschulen ist S. 21–22 das Gedicht »Der Schäfflertanz« abgedruckt (vgl. Meyer PN Nr. 819), S. 38–39 Kapitel »Im Marionettentheater«.
b) Dass. Ebd. 1949, S. 155 S., 8°.
c) Dass. 1950 bei Ehrenwirth/Hugendubel, 149 S. s. PN Nr. 1208

891. Pocci, Franz: **Der Jugendfreund mit Geschichten, Märlein, Gedichten und vielen lustigen Bildern.** Ausgewählt u. geordnet von Eduard Fischer. Olten: Walter 1943, 203 S., ca. 200 sw. Abb., 15,5 x 22,5.

Gegliedert in die Kapitel: Großmutter erzählt Märchen – Gedichte durchs ganze Jahr – Zur lieben Weihnachtszeit – Lustige Schattenspiele – Zur Schule gehen wir gern – Fröhliche Geschichten und Kasperliaden.
Die Bilder stammen aus den unterschiedlichsten Pocci-Publikationen und wurden mitunter seitenverkehrt eingespiegelt.
Als Textautoren sind (entgegen der Ankündigung auf dem Haupttitel!) außer Pocci auch der Hg. E. Fischer, sowie die Br. Grimm, Ch. Perrault, A. Stifter, E. Fröhlich, R. Reinick, J. P. Hebel, F. Güll, J. Staub, R. Löwenstein, W. Hey u. Ch. v. Schmid beteiligt. Bei Pocci wurde gelegentlich eine falsche Autorschaft angegeben (z. B. beim Grimmschen »Fundevogel« oder »Der Schneider von Burgund« v. K. Braun). – Eine liebevoll gemachte, aber auch problematische Ausgabe.

892. **Grimms Märchen.** Eingeleitet von Karl Hobrecker. Mit z. T. farb. Bildern von Franz Pocci und Leopold Völlinger. Nürnberg: Sebaldus 1944, 64 S., 8 farb. Abb., 20,5 x 13,5, 8°. (Märchen der Weltliteratur, I. Reihe, 1. Bändchen) – Nachaufl. 1946, 1950 u. 1954 (41.-46. Tsd.)
Von Pocci: Ill. zu Hänsel und Gretel u. Das Märlein von Schneeweißchen und Rosenrot – Von Völlinger: Fundevogel.

893. Molander, Michael [d. i. Herbert Bauer]: **Die drei Wünsche** nach Graf Pocci frei bearb. u. in Verse gebracht. Mit Scherenschnitten von Eva van Blericq. Stuttgart: Wolfram Körner 1946, 38 S, 8°. [limit. Aufl.].

894. Steub, Ludwig: **Sommer in Oberbayern.** [Auswahl aus Steubs Reiseschilderungen u. a. Werken]. München: Heimeran 1947, 198 S., kl. 8°. – Nachaufl.: 1949, 1960, 1973.
Enthält: 18 zeitgenöss. Holzstiche von W. Busch, L. Bechstein u. a. – Titel- u. Schlußvignette von F. Pocci. Einband A. Wölfle.

895. a) Pocci, Franz: **Schattenspiel.** [Auf d. Titelblatt keine weiteren Angaben. Auf letzter Seite Vermerk]: Zürich: Ernst Witzig o. J. [ca. 1949]. 32 Bl. unpag. Mit 29 Tafeln, qu. 8°.
Am Schluß: kurze Charakteristik aus Kunst u. Künstler, XIII. Jg., H. 11 (1915) Verf. ungenannt [Carl Voll].
b) Pocci, Franz: **Schattenspiel.** Neudruck nach der Originalausgabe von 1847. Zürich: 1949. 32 Bl. unpag., mit 29 Tafeln, 8°.
Vorzugsausgabe in 300 Expl. für die Freunde der Buchbinderei AG, in deren eigenen Werkstätten gedruckt u. gebunden.
[vermutl. Sonderdruck nach Glanz, Luzia, PN Nr. 1207]

1950 BIS 1960

896. Stemmle, Robert Adolf (Bearb.): **Die Geburt der Komödie.** Sieben lustige Bilder nach Franz Pocci. Rotenburg a. d. Fulda: Deutscher

Laienspiel-Verlag 1950, 19 S., 1 S. Noten (K. Riemann), 8°. (Das Volksspiel H. 17, Hg. Oskar Seidat).

= Neuausgabe von PN Nr. 853 (1927/1936)

897. Weismantel, Leo (Hg.): **Wir treten auf die Kette**. Ein Lesebuch für das 2. Schuljahr im Rahmen des Lesebuchwerkes »Der Rosengarten«. Fulda: Rose 1950, 176 S. m. zahlr. Abb. u. 6 farb. Tafeln nach Zeichnungen von Andreas Meier, Franz Graf Pocci u. a.

auch hg.: Wiesbaden: Lesebuch-Verwaltungskommission (Verl. d. Lesebuch-Stiftung) 1950.

898. **Das goldene Kinderbuch**. Kurzweilige Erzählungen und Schwänke. Reutlingen [Innenbilder: Kurt Rübner]: Enßlin&Laiblin o.J. [ca. 1950], 410 S., mit 6 ganzseit. Farb-Tafeln u. zahlr. Text-Ill. v. Kurt Rübner, gr. 8°.

= Erweit. Neuausg. (49.-58. Tsd. d. Gesamtaufl.) ohne Nennung der urprüngl. Hg. Karl Hobrecker u. Else Steup, vgl. PN Nr. 887 (1939) – Nachaufl. 1952 (81.-101. Tsd.)

Mit Beiträgen v. H. Ch. Andersen, H. Campe, J. W. Goethe, F. Gerstäcker, J. P. Hebel u. v. a. – Von F. Pocci: Der Nürnberger Trichter (ohne Abb.)

899. a) **Hausschatz deutscher Märchen**. Redaktion: Edith Krüger. Mit Ill. von L. Richter, M. v. Schwind, F. v. Pocci, Th. Hosemann, O. Speckter. Berlin: Kinderbuchverlag 1954, 272 S., gr 8°. – 4. Aufl. 1957.

Von Pocci: 3 Ill. zu Andersen (Des Kaisers neue Kleider – Die Nachtigall – Die Schneekönigin).

b) Dass.: Teilauflage bei Edition Pan, Düsseldorf 1955.

900. **Die Zaubergeige** (Neufassung 1954). Spieloper in drei Akten nach Pocci von Ludwig Andersen und Werner Egk. [Textbuch]. Mainz/ London/ Paris/New York: Schott [1954], 43 S., kl. 8°. – vgl. auch PN Nr. 1108 der Erstfass. (1935)

(Text geschrieben unter Verwendung deutscher Barockdichtung.)

Neuer Klavierauszug Die Zaubergeige – s. PN Nr. 1107

Erste Ausgabe des Textbuches dieser Fassung, die 1954 in Stuttgart erstmals aufgeführt wurde.

901. **Spannenlanger Hansel**. Lieder, Fabeln und Reime für Kinder mit Bildern v. Moritz v. Schwind, Ernst Neureuther, Wilhelm v. Kaulbach und Franz v. Pocci. Hamburg: Agentur d. Rauhen Hauses, 1954, 40 S., kl. 8°.

902. Schepelmann-Rieder, Erika (Bearb.): **Lustige Kasperlstücke für Jung und Alt**. Ravensburg: Otto Maier 1955, 46 S., 1 Bl. farb. Ill., 14 x 19 cm, 8°. – Bis 1966 8. Aufl.

Kasperle-Theater nach Stücken v. Franz Pocci in freier Bearbeitung. Enthält eine »Spielanleitung« u. 7 Kasperlspiele nach Pocci in freier Bearbeitung: Kasperl als Sommerfrischler, als Zauberer, als Zeichner, als Kinderfreund u. s. w.

903. **Hausschatz schöner Märchen.** Mit farb. Frontispiz und zahlreichen Abbildungen im Text von Ludwig Richter, Moritz von Schwind, Graf Franz von Pocci, Theodor Hosemann, Otto Speckter, Berlin: Kinderbuchverlag 1957, 272 S., 2 Bll., gr. 8°.

904. Grüger, Heribert (Bearb.): **Das geheimnisvolle Ei.** Ein Märchen vom Kasperle, wie er zur Welt gekommen. Einer Versdichtung von Franz Graf v. Pocci nacherzählt und neugestaltet. Mit Bildern von Johannes Grüger. Bad Honnef/Rhein: Dr. Hans Peters 1959, 32 unpag. S. mit Text u. farb. Ill., 19 x 20,5. – Nachaufl. [um] 1966.

905. Killy, Walther (Hg.): a) **Zeichen der Zeit.** Ein deutsches Lesebuch in vier Bänden. Band 3: 1832–1880, Frankfurt a. M: Fischer (Tb 276), 376 S., kl. 8°. – Nachaufl. bis 1970: 112. Tsd.
b) Dass.: Lizenz Deutscher Bücherbund, Stuttgart 1962
c) Dass.: Neuausg. in Sammlung Luchterhand 1981 (SL 353), 405 S., kl. 8°.
Im Kap. 5 »Wissenschaft« Texte von J. J. Bachofen, H. Schliemann, W. R. Riehl, E. Curtius, A. v. Platen u. a.
Von Pocci S. 227–235: Auszug aus »Hansel und Gretel«, I. Akt/Vorw. »Haus mit dem Häuschen des Professors Fleischmann«. (Im Inhaltsverzeichnis blieb falsche Jahreszahl stets unkorrigiert: 1869 statt 1838).

1960–1970

906. **Dichtung der Romantik.** Standard-Klassiker-Ausgabe in zwölf Bänden. Hg. K. Balser, R. Buchwald und K. F. Reinking. Mit Ill. v. L. Richter, M. v. Schwind, F. Pocci u. a., Hamburg: Standard-Verlag 1960, 3900 S., 11,5 x 19 cm, 8°.
auch: Dichtung der Romantik (Diese Ausg. wurde hg. v. Karl Balser, Reinhard Buchwald u. Karl Franz Reinking) (1–12.), Wiesbaden, Berlin: Vollmer 1960, 8°.

907. Pocci, Franz: **Kasperls Reise übers Meer.** Mit 300 farb., teilw. ganzseit. Illustrationen von Wanda Zacharias. Gütersloh: Sigbert Mohn f. Bertelsmann Lesering 1960, unpag. 32 S., 21 x 23,5 cm, gr. 8°.

908. Klein, Ruth (Hg.): **Almanach der Dame auf das Jahr 1961.** Monatsbilder – Zeitgenössische Lyrik – Sechs Liebesgeschichten aus dem Alten Testament – »Astrologika«. Baden-Baden: Woldemar Klein 1960. Mit zahlr. Abb. in Farbe u. sw., 144 S., kl. 8°.

Anthologie. Neben Illustr. von A. Oberländer, P. Picasso, W. Kandinsky, G. Klimt, H. Rössing u. a. von Pocci S. 61: »Das Flaschenkonzil« als Illustration für ein Koch-Rezept (Pfeffersteak »nach meiner Art«)

909. a) Avanti Club (Hg.): **Märchenbuch in 3 Bänden.** Bd. II: Bechstein – Pocci – Hauff – Gebr. Grimm – Andersen – Alte Schweizermärchen. Sammelbilderalbum. Illustriert von Ilse Berger. Neuenburg: Avanti Club 1961, m. 36 einmontierten Aquarellen u. 36 Federzeichnungen, 114 S., 24,5 x 17 cm, gr. 8°.

Von Pocci: Schneeweißchen und Rosenrot (recte: Das Märlein von Schneeweißchen und Rosenrot) mit 5 Aquar. u. 5 Federzeichn.

b) Dass.: Contes II, Neuchâtel 1961, in franz. Sprache.

910. **Mein erstes großes Märchenbuch.** Hg. Richard Bamberger, Emanuela Wallenta (Bilder). Stuttgart: Boje 1961, 220 S., m. sw. u. farb. ganzseit. Abb., 8°.

Enthält: 74 Märchen d. Br. Grimm, von Bechstein, Storm, Pocci u. a.

auch: Wien: Jugend und Volk 1962.

auch: Slncové dievcatko / [Richard Bamberger. Z nem. orig. (grécka rozprávka z knihy Mein erstes großes Märchenbuch) prel. Hana Ferková. Ill. Anna Bartosová], Bratislava: Mladé Letá 1967, 14 S., kl. 8.

auch: Bamberger, Richard: Il mio primo libro di fiabe, Magliano, Lydia [Übers.] ; Wallenta, Emanuela [Ill.], Brescia : La Scuola Ed. 1962, 213 S.

auch: Bamberger, Richard: My first big story-book, Thin, James [Übers.] ; Wallenta, Emanuela [Ill.], Edinburgh : Oliver & Boyd 1965, 219 S.

911. a) Kunze, Horst (Hg.): **Schatzbehalter.** Vom Besten aus der älteren deutschen Kinderliteratur. Berlin: Der Kinderbuchverlag o. J. [1964/65], m. zahlr. z. T. farb. Abb., 437 S., 27 x 19. – 3. durchges. u. erg. Aufl. 1969, 441 S. – 5. verbess. Aufl. 1976, 447 S. – letzte Aufl. 1988.

Dokumentiert werden 42 Kinderbuch-Autoren und ihre Werke vom ausgehenden. 18. Jh. bis zum beginnenden 20. Jh. – Von Pocci: kommentierte Text- u. Illustrationsproben aus: Kinderheimath (2 S.), Kasperl als Porträtmaler (12 S.), Kasperl unter den Wilden (1 S.), Geschichten und Lieder (1 S.), Der fremde Herr (4 S.), Buntes ABC (1 S.), 2 Vignetten.

b) Dass.: 2 veränd. Mitdrucke für Verlag Werner Dausien, Hanau/M. 1965 u. 1981, 444 S., 27 cm, 4°.

912. Pocci, Franz: **Lustiges Komödienbüchlein.** Hg. Marianne Kesting. Köln, Berlin: Kiepenheuer & Witsch 1965, 219 S., m. 9 Illustr., kl. 8°. (Die kleine Kiepe).

Enthält: Vorwort – Ein Prolog: Das goldene Ei – Kasperl unter den Wilden – Das Eulenschloß – Krokodilus und Persea oder der verzauberte Krebs – Die Zaubergeige – Kasperl in der Türkei.

913. a) Güll, Friedrich/Pocci, Franz: **Kinderheimath in Liedern und Bildern.** – Faksimiledruck der Originalausgabe aus dem Jahre 1846. Stuttgart: Liesching, 1846. Handkoloriert. Mit einem Nachwort von Horst Kunze. Leipzig: Edition Leipzig 1966, VI, 232 S., 60 kol. Abb., 13,5 x 19. (Histor. Kinderbücher Bd. 3)
Mit dem Vorwort zur 1. Aufl. 1836 von G. Schwab. – 1 handkolorierter Buchtitel u. Schlußvignette, 60 handkol. Holzschnitte nach Franz Pocci. Faks. d. Titelblatts 1846.
[Es war, wie H. Kunze in seiner Nachbemerkung betont, »eine schwere Entscheidung für Herausgeber und Verlag, ob der eigentlichen, ganz auf Schwarz-Weiß-Kunst des Holzschnittes abgestellten Originalausgabe oder einem zugänglicheren, besonders schön kolorierten Exemplar der Vorzug dabei zu geben sei. Die leuchtende Buntheit des kolorierten Exemplars der ›Kinderheimath‹ hat schließlich den Ausschlag gegeben.« – vgl. Schwarzweiß-Ausgabe PN Nr. 835
b) Dass.: Mitdruck als »Reinbeker historische Kinderbücher« im Carlsen Verlag, Kopenhagen u. Reinbek 1966.

914. Pocci, Franz: **(Das) Gaukel-Linchen und andere Kindergeschichten.** Zürich/Freiburg i. Br.: Atlantis 1966, m. 33 z. T. farb. Abb., 24 unpag. S., 13 x 13, kl. 8. (Atlantis Zwergenbücher 11)
Enthält: Der Schwarze Mann – Allerneuestes Schattenspiel für die lieben Kinder. Erste Folge: Gaukel-Linchen – Allerneuestes Schattenspiel für die lieben Kinder. Zweite Folge: Kinderleben – kurze Nachbemerkung.
Die Bildgeschichten sind den Mitte des 19. Jahrhunderts entstandenen »Münchner Bilderbogen« entnommen und erinnern an den Struwwelpeter.

915. Pocci, Franz: **Der Staatshämorrhoidarius** [Auszüge]. In: Fliegende Blätter. Faksimile-Querschnitt. Hg. Eva Zahn. Einl. Erich Pfeiffer-Belli. München, Bern, Wien: Scherz o. J. [1966], 207 S., 23 x 31 cm.
Von Pocci: Jg. 1846 Nr. 62/63 (9 Abb.) – Jg. 1852 Nr. 46/47 (5 Abb.).

916. Faulbaum, Paul (Hg.): **Die klingende Kette.** Vierzehn Schock schöne alte Kinderreime und Rätsel, mit Illustrationen von Franz Pocci. München: Ehrenwirth 1966, 1970 [Sonderausg.], 285 S., 8°.
Mit Literaturverz.
Als Textquelle wurden für einige Reime »Alte und neue Kinderlieder« von Pocci/Raumer angegeben. – Die 88 ausgewählten Abbildungen Poccis wurden nicht gesondert nachgewiesen. (Einige nicht von ihm.) Sie stammen aus: Alte und neue Kinderlieder – Lustiges Bilderbuch – Das Einmaleins in Reimen und Bildern – Harlekin und Kolumbine – Was Du willst – Geschichten und Lieder in Bildern.

917. Mencken, Franz Erich (Hg.): **Briefe an Kinder und junge Menschen.** München: Heimeran 1967. Mit 6 Text-Abb. u. 4 Bildtafeln, 312 S., 8°.

Von Pocci S. 168–169: An den vierjährigen Enkel in Baden-Baden. Ammerland, Juli 1974. Dazu Bildtafel mit 2 Briefstellen nebst dazugehöriger Zeichnung. Quelle: Aus dem Besitz von Konrad Graf Pocci, Ammerland. – vgl. PE Nr. 733 und Nachdruck in PN Nr. 975 (1981)

918. Purschke, Hans Richard: **Das allerzierlichste Theater**. Alte und neue Geschichten vom Puppenspiel. München: Heimeran 1968, 264 S. m. Illustr., kl. 8°.
Von Pocci: Titelvignette (aus: Kasperl auf der Jagd).
Enthält von Wolfgang Grözinger: Liebe zu Pocci. Die Beschreibung einer fiktiven Begegnung zwischen Pocci und Spitzweg, S. 236–244. (In: Zwiebelturm 1. Jg., H. 5/6, Regensburg 1946 veröffentlicht.)

919. **Auch Deutsche lachen**. Ein vergnügliches Inventarium des deutschsprachigen Humors. Hg. Eugen Skasa-Weiß. Tübingen, Basel: Horst Erdmann 1969, 495 S., 8°. – 2. Aufl. 1970.
Mit vielen Zeichn. v. Hürlimann, Simmel, Busch, Pocci, Gulbrannson, Loriot, Grosz u. a. – Von Pocci: 1 Zeichnung »Der Staatshämorrhoidarius schließt die Akten«.

920. **Weihnachtsgeschichten zum Vorlesen und Erzählen**. Texte von R. Tröster-Engelhardt, B. Breuer-Weber u. Franz v. Pocci. Ill. v. U. Zehe-Weinberg. München: Franz Schneider 1969, 31 S., kl. 8°.
Von Pocci: Das Christkind.

1970–1980

921. Pocci, Franz: **Kasperl- und Gedankensprünge**. In Erinnerung gebracht und mit einer Einleitung versehen von Ludwig Krafft. München, Wien: Langen-Müller 1970, 231 S., 25 Abb. u. Faks., 8°. (Bibliotheca Bavarica).
Enthält: Heiteres (Eröffnungs-Prolog, Kasperl-Prolog, Prinz Rosenrot und Prinzessin Lilienweiß, Kasperl wird reich, Kasperl bei den Menschenfressern, Kasperl auf der Jagd) – Nachdenkliches (z. T. unveröffentl. Prosa: Aus dem Complimentierlexikon, Über die absolute Wahrheit, Über den Verfall der Kunst in München, Gedanken und Betrachtungen, Über die Unsterblichkeit) – Das Volksdrama »Gevatter Tod« (1855) nach dem von Pocci handkorrigierten, in dieser Fassung bisher unveröffentlichten Druck. s. PN Nr. 1223.

922. **Bayerisches Lesebuch** – Geschichten, Szenen und Gedichte aus fünf Jahrhunderten, Nachwort von Martin Sperr, Gerald Deckart und Günther Kapfhammer (Hrsg.), München: Piper 1971, 453 S., 8°. (Literaturlandschaften deutscher Sprache).
Franz v. Pocci: Casperl unter den Wilden, S. 60–71.

923. a) Günzel, Klaus (Hg.): **Alte deutsche Puppenspiele**. Mit theaterwissenschaftl. u. literar. Zeugnissen. Berlin: Henschel 1971, 471 S., m. 12 Faks. u. 30 Abb., 8°.

14 bedeutende Stücke der deutschen Puppenspiel-Literatur, von uralten volkstümlichen Spielen über Faust-, Wagner-, Don-Juan- und Genovefa-Spiel, über Beiträge von Goethe, Eichendorff, Mahlmann bis hin zu Franz Pocci. Mit zeitgenössischen Abbbildungen und Dokumenten. Enthält von Pocci: Muzl, der gestiefelte Kater – Kasperl als Turner – Kasperl in der Zauberflöte u. 7 Fotos.

b) Dass.: Mitdruck/ Lizenzausg. für F. A. Herbig, München, Berlin 1971/1972, 471 S., 8°.

924. Pocci, Franz: **Die lustigen Abenteuer des Kasperls Larifari** – mit [8] Zeichnungen von Janosch. Vorwort für die Eltern von Reinhild Schoeller. München: Heyne 1972, 125 S., kl. 8°. (Heyne-Jugend-Taschenbücher Nr. 7)

Enthält: Die drei Wünsche – Krokodilus und Persea – Kasperl unter den Wilden – Kasperl in der Türkei – Kasperl als Porträtmaler – Kasperl wird reich – Kasperl als Prinz.

925. Pocci, Franz: **Kasperlkomödien**. Hg. Karl Pörnbacher. Stuttgart: Reclam 1972 (UB 5272), 95 S., m. 10 sw. Abb., 16 cm, kl. 8°. (Universal-Bibliothek Nr. 5247) – Nachaufl. 1982.

Enthält: Kasperl in der Türkei – Kasperl unter den Wilden – Das Eulenschloß – Der artesische Brunnen – Nachwort.

926. Kobell, Franz von: **Ausgewählte Werke**. Eingeleitet u. herausg. v. Günter Goepfert. München: Süddeutscher Verlag. o.J. [1972], Mit zahlr. Abb., 278 S., 8°. – vgl. erweit. Neuausg. PN Nr. 1006 (1991)

927. **Weihnachtsmärchen**. Nach Graf Pocci. Bilder von Sara Ball. München: Josef Müller 1972, [20] S., 10 Bl. m. Abb. u. Tafeln, 8°.

928. **Das große Erzähl- und Vorlesebuch**. Hg. Peter Gogen. Stuttgart: Moderne Verlagsgesellschaft, Wien: Buchgemeinschaft Donauland, Gütersloh: Bertelsmann [-Lesering] 1973, 448 S., m. zahlr. Abb., 4°.

Gedichte und Geschichten, Textbeiträge von 73 Autoren, Bilder von 43 Illustratoren, Lizenzausgabe.

Geschichten, Verse, Abzählreime von Pocci, Perrault, Busch, Hebel, Morgenstern, Janosch, Krüss, Preußler u.v.a.

929. a) Pocci, Franz: **Die gesamte Druckgraphik**. Hg. Marianne Bernhard. Vorwort Eugen Roth. München: Rogner & Bernhard 1974, 654 S., 21, 5 x 14 cm, 8°. [1.-7. Tsd.]

Titel unzutreffend! Dokumentiert werden oft nur in Auswahl die hauptsächlichen graph. u. bildner. Werke als Schwarzweiß-Reproduktionen in zeitl. Abfolge. Der Rest wird (unvollständig) auf 37 S. in Regestenform verzeichnet. – Einige Zuordnungen Poccis im »Festkalender« sind fraglich. Gegliedert in: Lithographien (Illustrationen) – Lithographien (Einzelblätter) – Holzschnitte (Illustrationen) – Radierungen (Illustrationen) – Radierungen (Einzelblätter) – Zeichnungen und Aquarelle – Lebenslauf und Bibliographie – Dokumentation – Nicht abgebildete Graphik.

b) Dass.: Lizenz-Ausg. f. Manfred Pawlak, Herrsching o. J. [1979/80].

930. Güll, Friedrich/Pocci, Franz: **Kinderheimat in Liedern und Bildern.** Frankfurt a. M.: Insel 1975, 190 S., kl. 8°. (Insel Taschenbuch 111)
Mit dem Vorwort von Gustav Schwab zur 1. Aufl. (1836). – Sämtl. 78 Abb. in sw.

931. Pocci, Franz: **Der Staatshämorrhoidarius.** – Neudruck der Ausgabe München 1857. München: Theodor Ackermann Antiquariat, in Kommission b. Verlag Werner Fritsch 1975, 36 S., 4°.
(nach der Originalausgabe von Braun & Schneider 1857 = PE Nr. 375)

932. **Das große Kasperlebuch.** Hg. Heinrich Maria Denneborg. Nachwort Ludwig Krafft. Illustrationen von Rolf Rettich. München: Annette Betz 1975, 159 S., m. z. T. ganzseit. sw. Illustr., 8°.
Vorhang auf für Kasperle! Geschichten, Spiele und Gedichte mit und vom Kasperle, gesammelt von Heinrich Maria Denneborg.
Mit Beitr. von J. Bierbaum, J. Krüss, J. Guggenmos, M. Jacob u. a. – Von B(P)occi [sic!]: Kasperl auf der Jagd (m. 12 Ill. von Rettich) – Kasperl in der Türkei (m. 4 Ill. v. Rettich).

933. **Bayern.** Ein Lesebuch. Begründet von Ludwig Thoma und Georg Queri. Neu herausgegeben von Hans E. Valentin. München: F. A. Herbig, 1913, 649 S., 8°.
Lizenzausgabe für Manfred Pawlak Verlagsgesellschaft, Herrsching 1975.
Enthält von Pocci: Kasperl in der Türkei, S. 350–358.
Über Pocci: Kurzvita und Darstellung seiner wichtigsten Werke sowie Angaben zur Sekundärliteratur, S. 603.

934. Kobell, Franz: **Schnadahüpfln und Sprüchln.** Mit Bildern von Franz Pocci. München: Süddeutscher Verlag 1976 (Bavarica Reprint), 88 S., kl. 8°. – vgl. PE Nr. 192 u. Nr. 224.
[Nachdr. d. Ausg. München 1846].

935. Pocci, Franz: **Kindereien.** Ausgewählt und mit einem Nachwort von Dietrich Leube. Frankfurt a. M.: Insel 1976, 165 S., zahlr. sw. Abb. im Text, kl. 8°. (Insel-Taschenbuch 215). s. PN Nr. 1245.

Enthält Texte u. Abb. in Auszügen aus: Geschichten u. Lieder in Bildern Bd. II (Schattenspiel 1843, 1847; Hanswurst) u. Bd. III (Puppenspiel) – versch. Lieder – Lustiges Bilderbuch (Kasperl auf der Jagd) – Das Einmaleins in Reimen und Bildern – Der Osterhas (Der Pelzemärtel) – Frühlingslaube (Nußknacker) – Münchener Bilderbogen (Komische Szenen) – Was Du willst (Der Nürnberger Trichter) – Ein neues Schattenspiel (Kasperl bei den Menschenfressern, Kasperl in der Türkei) – Nimm mich mit (Abb.).

936. a) **Vetter Franz auf dem Esel.** Heitere Bilderbogen schwarz auf weiß. Hg. Werner Hirte. Berlin: Eulenspiegel 1976, 175 S., m. 163 sw. Abb., 33,5 x 23. – Nachaufl. 1978 u. 1989.

Enthält: Bilderbogen, Schattenbilder, Bildergeschichten, Sprichwörter f. Kinder, Münchener Bilderbogen m. Beitr. v. W. Busch, A. Oberländer, C. Stauber, K. Braun u. a. – Von Pocci: Harlekin und Kolumbine, Allerneustes Schauspiel für die lieben Kinder. Mit schönen Sprüchlein (Zweiter und Dritter Bogen), Sprichwörter für Kinder (Erster, Zweiter und Dritter Bogen), Das Einmaleins in Reimen und Bildern (Erster, Zweiter und Dritter Bogen), Bilderbogen-Alphabet (Erster und Zweiter Bogen), Das lüsterne Wildschwein.

b) Dass.: Unveränd. Mitdruck d. 1. Aufl.: f. d. Insel Verlag, Frankfurt a. M. 1977.

937. **Schattenspiele der Münchener Bilderbogen** [Auswahl]. Hg. Marianne Bernhard. München: L. Staackmann 1977/78, 112 S. m. zahlr. sw. Abb., 24 x 22, gr. 8°.

Enthält von Pocci S. 47: Komische Szenen Nr. 277 (mit Verweis auf Nr. 232).

938. **Schattenrisse.** Silhouetten und Scherenschnitte in Deutschland im 18. und 19. Jahrhundert. Hg. Marianne Bernhard. München: L. Staackmann 1977/78, 151 S., ca. 250 z. T. ganzseit. Abb., 22 x 24, gr. 8°.

Enthält: Werke von W. Busch, L. Duttenhofer, P. Konewka, J. C. Lavater, Ph. O. Runge u. a. – Von Pocci S. 119–132: 48 Abb. aus Schattenspiel, Münchener Bilderbogen, Was Du willst.

939. **Die schönsten deutschen Kinderlieder.** In Originaltexten und Noten, Hg. von Günter Pössiger. (Originalausgabe). Mit Ill. von F. Pocci. München: W. Heyne 1977, 126 S., m. zahlr. Noten u. Spielanweisungen, kl. 8°. (Heyne Ratgeber 08/4553) – 8. Aufl. 1988.

Von Pocci 25 sw. Abb. aus versch. Publ.: Schattenspiele, Was Du willst, Kinderlieder, Einmaleins u. a. (einige im Ausschnitt).

940. **Stör nicht den Traum der Kinder.** Eine Sammlung der schönsten deutschen Kinderreime und Kinderlieder. Mit vielen Illustr. von Franz Pocci sowie Holzschnitten von Thomas Bewick u. seinen

Schülern. Hg. Monika Koster/Jürgen Naumann, Köln: Lingen 1977, 360 S., m. ca. 150 Text-Abb. u. Noten-Beisp., 8°.
Anthologie in 12 Kap. Kinderreime seit der Romantik. – Von Pocci: Zeichn. aus allen verfügbaren Lied- u. Kinder-Publ. als Vign. Auf Schutzumschlag Kindergruppe aus »Schattenspiel« (ohne Angabe).
Dem Hg. »schien es reizvoll, Illustrationen zu wählen, die zu der Zeit entstanden sind, als der Kinderreim erstmals mit Ernsthaftigkeit beachtet wurde. Wir empfanden die Illustrationen von Franz Graf von Pocci [...] als gute Ergänzung« (S. 347).

941. Pocci, Franz: **Die Zaubergeige und andere Märchenkomödien.** Neu herausgegeben und mit einem Nachwort versehen von Manfred Nöbel. Berlin: Henschel 1977, 385 S., Pocci-Foto als Frontispiz, zahlr. Text-Abb. n. alten Vorlagen, kl. 8°. – 2. durchges. Aufl. 1980.
Enthält: Das goldene Ei – Prinz Rosenrot und Prinzessin Lilienweiß – Blaubart – Doktor Sassafras – Dornröslein – Muzl, der gestiefelte Kater – Hansel und Gretel – Rotkäppchen – Die Zaubergeige –Das Eulenschloß – Aschenbrödel – König Drosselbart – Nachwort: Pocci redivivus – Anmerkungen zu den Stücken – Bibliographie.

942. Pocci, Franz: **Viola Tricolor.** In Bildern und Versen. Mit einer Vorrede Poccis und einem Nachwort von Dietrich Leube. Frankfurt a. M.: Insel 1977, 53 S., m. 8 farb. Illustr., kl. 8°. (Insel-Bücherei Nr. 988). Verkl. Nachdr. von PE Nr. 547.
Ergänzt wird diese Publ. durch eine Vorrede, die Pocci im November 1873 vor der Gesellschaft der »Zwanglosen« in München gehalten hat. Im Manuskript der Vorrede Poccis lautet der Titel »Viola Tricolor oder Der Gipfel der Realistik in der Malerei, eine Kunststudie«. Die Lesart »... oder Der Gipfel der Seligkeit in der Malerei« geht schon auf PE Nr. 689 zurück. Drei Jahre später erschienen 8 Blätter in Buchform, vom Pariser Lithographen Lemercier in Stein übertragen.

943. **Deutsche Studentenlieder.** Mit Bildern und Singweisen. Hg. Georg Scherer. Illustriert von Franz Pocci und Ludwig Richter. – Reprint. Mit einem Vorwort von Rolf Wilhelm Brednich. Zürich: Edition Olms 1978, IV, 170 S., m. 65 Holzstichen u. Notensatz, 19,5 x 14. – Nachaufl. 1981.
Nachdruck der Ausgabe: Gustav Mayer, Leipzig 1856 (vgl. PE Nr. 343, auch PE Nr. 173).
Enthält: 129 Lieder. Titelbild von L. Richter [anderes Motiv als von Pocci!]. Von Pocci einige Illustr. gez., die meisten ungez.

944. **Alte und neue Jägerlieder.** Mit Bildern und Singweisen. Hg. Franz Graf von Pocci, Ludwig Richter, G. Scherer – Reprint [d. Ausg. Landshut] 1843 Repr. der Ausg. Leipzig 1854. Pfaffenhofen: W. Ludwig 1978, 80 S., m. 59 Holzstichen u. Notensatz, 20,5 x 14. – Nachaufl. als Tb.

ebd. 1982 = Nachdruck der Ausgabe: Gustav Mayer, Leipzig 1854, 3. Aufl.
vgl. PE Nr. 306, auch Nr. 162
Enthält: 56 Lieder. Titelbild u. einige Illustr. von Pocci gez., die meisten Abb. ungez. – Entgegen PE Nr. 162 sind 3 Lieder als Komp. von Pocci »erkennbar« gez.

945. **Märchenschatz der Brüder Grimm**: mit vielen bunten Bildern aus d. Münchener Bilderbogen. Ges. u. hg. von René Rilz, Bayreuth: Loewes 1978, 128 S., gr. 8°. (Das schöne Kinderbuch)
Mit zahlreichen farbigen Illustrationen von Pocci.

946. **Das große Geschichtenbuch** zum Vorlesen und Erzählen für Kinder von 2 bis 8 Jahren. Hg. Peter Gogen. Red., Bild u. Text: Ingo F. Walther. Sonderausg. Köln: Kaufhof AG 1978, Welsermühl, Wels. 447 S., gr. 8°.
Texte von 73 Autoren, z.B. Janos, J. Krüss, E. Kästner, W. Hey, F. Pocci, m. Ill. von 43 Künstlern, z.B. Rettich, W. Busch, L. Richter, F. Pocci.

947. a) Pocci, Franz: **Lustige Gesellschaft**. Reime, Märchen und viele bunte Bilder aus den »Münchener Bilderbogen«, gesammelt und hg. v. René Rilz. Bayreuth: Loewes 1978, 128 S., farb. Außentitel, zahlr. meist farb. Abb., kl. 8°. (Edition »Das schöne Kinderbuch«, Hg. René Rilz)
s. PN Nr. 1252.
Frontispiz aus: »Der Osterhas« – Bilder u. Texte aus: Poccis »Lustiges Bilderbuch« u. »Was Du willst« – Die Holzschnitte wurden nachträglich vom Verlag eingefärbt und wirken hier unnatürlich und fremd.
b) Dass.: Taschenbuch-Ausgabe, ebd. 1982, 128 S., kl. 8°.
c) Dass.: Taschenbuch-Ausgabe Berlin/Herrsching: Manfred Pawlak 1984, (Pawlak Jugendbuch 512).
In beiden Tb-Ausg. sind alle Text-Abb. original schwarzweiß; nur der Außentitel ist farbig.

948. **Eine lustige Gesellschaft**. 100 Münchener Bilderbogen in einem Band. Mit einem Vorwort von Michael Schwarze, Zürich: Edition Olms 1978, 106 unpag. S., 38 x 28. – Repr. Auswahl von 1849 bis 1868 erschienener Bilderbogen. Mit Ill. von W. Busch, K. Braun, M. v. Schwind, C. Reinhardt, E. Ille u.v.a. (Nach e. Expl. d. Landesbibliothek Stuttgart.)
Von Pocci: Nr. 2: Der schwarze Mann – Nr. 4: Gaukel-Linchen – Nr. 34: Eine gemischte Gesellschaft – Nr. 82: Bilder und Sprüche – Nr. 95: Blaubart – Nr. 114: Harlekin und Kolumbine – Nr. 115-117: Das Einmaleins in Reimen und Bildern – Nr. 154-156: Allerneuestes Schattenspiel – Nr. 277: Komische Szenen.

949. **Kasperletheater für Erwachsene.** Hg. Norbert Miller und Karl Riha. Mit Abbildungen. Frankfurt a. M.: Insel 1978, 439 S., 18 sw. Abb., kl. 8°. (Insel Taschenbuch 339). s. PN Nr. 1251.
Enthält: 17 Stücke oder Auszüge aus der Hanswurst- u. Kasperl-Tradition vom 17. bis ins 20. Jh.: J. Perinet, K. F. Hensler, A. Schnitzler, W. Benjamin, J. Ringelnatz, M. Kommerell u. a. – Von Pocci: Kasperl unter den Wilden. Als Abb. Pocci als Regisseur u. Kasperl empfängt ein Ms. von Lord Koch, 1865.

950. Andersen, H. C.: **Märchen.** Ausgewählt aus der von Ernst Stein hg. Andersen-Ausgabe des Kinderbuchverlages. Die Ill. zu den Märchen schufen: Th. Hosemann, F. Pocci, L. Richter, P. Thumann. Berlin: Der Kinderbuchverlag 1978, 205 S., 8°. – 7 Aufl. bis 1985.

951. **Alte und neue Kinderlieder, Fabeln, Sprüche und Räthsel.** Mit Bildern nach Orig.-Zeichn. von C. v. Heideck, hg. von Georg Scherer. Leipzig: Gustav Mayer 1849. – Reprint in der Reihe »Die blioph. Taschenbücher Nr. 65«. Hg. u. Nachwort Hubert Göbels, Dortmund: Harenberg 1978, 207 S., 80 Abb., kl. 8°. – 2. Aufl. 1982.
Mit Bildern nach Originalzeichnungen von P. v. Cornelius, W. v. Kaulbach, E. Neureuther, O. Pletsch, Fr. Graf v. Pocci, L. Richter, M. v. Schwind, C. Stauber, A. Strähhuber u. a.
Nachdruck als verkleinerte Taschenbuch-Ausg. der 1. Buch-Veröffentl. 1849. – Von Pocci: zahlr. Kinderzeichnungen.

952. **Kinderlieder, Reime, Sprüche und Abzählverse.** Gesammelt und hg. von Karl Simrock. o. O. [Printed in Austria]: Lothar Borowsky, o. J. [1979/1980], 350 S., m. zahlr. Abb., 8°.
Als vermutliche Text-Quelle ist eine »geringfügig gekürzte« Publikation Simrocks »Das deutsche Kinderbuch. Altherkömmliche Reime, Lieder, Erzählungen, Übungen, Rätsel und Scherze für Kinder«, Frankfurt a. M. 1856 u. 1879 anzusehen. Auf dem Klappentext erfährt man lediglich, daß diese »mit Illustrationen von Franz von Pocci, Ludwig Richter, Moritz von Schwindt[!], Oskar[!] Pletsch u. a. neu versehen« wurde.
Von Pocci wurden ca. 30–50 Abbildungen und einige Texte (aus den unterschiedlichsten Veröffentlichungen wahllos darunter gemischt. Sie sind (wie bei den anderen Künstlern) nicht nachgewiesen und wurden mitunter verstümmelt wiedergegeben.

953. **Poesieverse und Kindervorträge für alle Gelegenheiten.** Hg. Helga Hahn. Mit ganzseit. Illustr. von J. Koch, H. Lüders, O. Pletsch, F. Pocci, L. Richter, P. Thumann. Wiesbaden: Englisch 1979, 285 S., 8°.

954. **Die schönsten Mundharmonika-Lieder.** Frohe Stunden mit der Mundorgel in Originaltexten und Noten, hg. v. Günter Pössiger

(Originalausgabe). Mit Ill.. v. F. Pocci. München: W. Heyne 1979, 190 S., m. zahlr. Noten, kl. 8°. (Heyne-Buch 4601)
Von Pocci 36 z.T. ganzseit. sw. Abb. aus versch. Publ.: Festkalender – Schattenspiele – Das Einmaleins – Kinderlieder – Soldatenlieder – Totentanz – Blaubart – Was Du willst u. a.

955. **Für d'Muadda.** Bairische Gedichte zum Lob & Trost der Mutter. Hg. Ludwig Merkle, Ill. v. Franz Pocci. München: Heimeran 1979, 94 S., 8°.
Sämtliche 54 Illustr. von Pocci aus: Kinderheimat – Alte und neue Kinderlieder – Lustiges Bilderbuch – Andersen-Ill. u. a. Titelbild: Geschichten und Lieder in Bildern III.

956. Andersen, H. C.: **Märchen.** Mit 196 Illustrationen aus alten Ausgaben nach Zeichnungen von R. de Beaux, L. Fröhlich, Th. Hosemann, P. Thumann, V. Pedersen, O. Pletsch, F. Pocci, L. Richter u. O. Speckter. Sprachl. überarb. u. modernisiert von A. Horn. Hg. R. W. Pinson. Bayreuth: Gondrom 1979, 636 S., 23 x 15. – 4. Aufl. 2003.
Von Pocci 4 Ill. aus früheren Ausg. in mäßiger Qualität.

957. Pocci, Franz: **Der Staatshämorrhoidarius.** Faksimile-Nachdruck in der Reihe »Die biblioph. Taschenbücher« Nr. 126. Nachwort Marianne Bernhard. Dortmund: Harenberg 1979, 126 S., 122 sw. Abb., kl. 8°.
Verkleinerte Taschenbuch-Ausg. der 1. Buch-Veröff. 1857. = PE Nr. 375.

958. **Die schönsten Kneipenlieder.** Zusammengestellt von Rüdiger Felix Wieland, mit Illustrationen von J. Füllhaas, Franz von Pocci, Ludwig Richter. Wiesbaden: F. Englisch 1979, 208 S., 15 x 7,5. (Die kleine Bibliothek) – Nachaufl. Ebd. 1986.
Meist mit schwach reproduzierten Abb. aus den Studenten- u. Volksliedern, dem Einmaleins III u. den Flieg. Blättern, 3 davon von Pocci.

b) Dass.: Lizenzausgabe (Mitdruck) für Verlag BiduLes Hans J. Heilgeist, Wolfenbüttel 1986.

959. **Die schöne alte Zeit**, ein Bilderbuch von Ludwig Richter, Moritz v. Schwind, Oscar Pletsch, Fedor Flinzer, Franz Pocci, mit Kinderliedern und Gedichten, Märchen, Sagen und Geschichten. Faksimile-Edition. Wiesbaden: F. Englisch 1979, 120 S., m. zahlr. sw. Holzstichen, 4° farb. Deckelbild – s. PN Nr. 809 (1920) – Nachaufl. Ebd. 1987 sowie als Tb. 1988.
Unveränderte Neuausgabe (Reprint) des 1920 von Carl v. Ferdinands hg. Buches, bei der weder Original-Verlag noch Hg. genannt werden. – Enthält

von Pocci (ohne Namensnennung) nur die Erzählung »Das fremde Kind« u. 1 Vign.

960. a) **Unsere schönsten Volkslieder.** Mit Noten zum Singen und Spielen am Klavier. Hg. Gerhard Haffner. Gitarrenbegleitung von Martin Krüger. München, Zürich: Delphin 1979, 174 S., m. farb. Frontispiz u. z. T. ganzseit. sw. u. farb. Abb. von L. Richter, F. Pocci u. a. sowie Noten, 28 x 21,5. – Nachaufl. 1983.
Enthält von Pocci 20 Holzstiche u. Vign. aus verschied. Lied-Publ. – Titelbild u. ganzseit. Holzschnitte sind vom Verlag nachträglich koloriert u. wirken unnatürlich.
b) Dass.: Lizenz-Ausgabe für Deutsche Buchgemeinschaft, Bertelsmann Club, Buchgemeinschaft Donauland u. a.

961. a) Pocci, Franz: **Lustige Gesellschaft.** Neudruck der 1867 ersch. Ausgabe. Nachwort: Roland Jäger. Leipzig: Edition Leipzig 1979, 59 (5) S., m. farb. Titelbild u. 30 Farb-Ill., qu. 4°. (Histor. Kinderbücher Nr. 22) – vgl. PE 494. s. PN 1254.
b) Dass.: Mitdruck f. Edition Popp, Würzburg 1979.

962. Bogenhauser, Bärbel: **Besinnliche Weihnachtszeit.** Die schönsten Geschichten, Heiligenlegenden, Gedichte, Lieder, Rezepte und Bastelvorschläge. Mit (z. T. farb.) Ill. v. Ludwig Richter und Franz von Pocci. München: Delphin 1979, 159 S., 4°.

1980–1990

963. Pocci, Franz: **Gevatter Tod.** In: Bayerische Bibliothek, Bd. 4: Von der Romantik bis zum Naturalismus. Ausgewählt und eingeleitet von Eberhard Dünninger. München: Süddeutscher Verlag 1980, 1111 S., gr. 8°. – vgl. PE Nr. 320.

964. **Auf den Knien meines Herzens.** Klassische deutsche Liebesgeschichten von Auerbach, Brentano, Eichendorff, Fontane, Goethe, Grillparzer u. a., hg. Diethard Klein. Mit weit über 100 Illustrationen nach alten Vorlagen von D. Chodowiecki, C. D. Friedrich, F. v. Kobell, A. Menzel, F. Pocci, L. Richter u. a., Freiburg i. Br.: Rombach & Co. 1980, 639 S., gr. 8°. (Ein Hausbuch der »Bibliothek Rombach«)
Von Pocci: 4 Abb. als beliebigen Buchschmuck aus Münchener Bilderbogen – Was Du willst – Minnelieder.

965. **Deutscher Liederschatz.** Hg. Roland W. Pinson. Mit 379 Liedern aus Deutschland, Österreich und der Schweiz und 369 Abb. n. Zeichn. v. Th. Hosemann, C. Piloty, F. Pocci, A. v. Ramberg, L. Richter, M. v. Schwind u. v. a. Künstlern, Bayreuth: Gondrom 1980, 640 S., 8°.
Enthält von Pocci einige Zeichnungen als beliebigen Buchschmuck.

966. **Die Spinnstube.** Kalendergeschichten und Volkserzählungen. Mit 205 Abb., hg. Roland W. Pinson. Bayreuth: Gondrom 1980, 638 S., 15,5 x 23,5. (Bibliophile Ausg.)

Mit 205 Holzschnitten nach Zeichn. von A. Grell, Th. Grosse, F. W. Gubitz A. v. Ramberg, L. Richter u. v. a. – Einige Pocci-Zeichn. als beliebiger Buchschmuck.

967. **Heiterer Hausschatz.** Deutscher Humor aus fünf Jahrhunderten. Hg. R. W. Pinson. Bayreuth: Gondrom 1980., 638 S., 8°.

Mit 532 zeitgenöss. Abb., Vign. u. Bildergesch. Abb. von J. Amman, K. Braun, W. Busch, D. Chodowiecki, A. Dürer, F. Pocci, Th. Hosemann, W. v. Kaulbach u. v. a. –
Von Pocci einige beliebige Illustr. als Buchschmuck.

968. **Herold's großes Kasperlebuch.** Hg. Hanna Bautze. Mit vielen Bildern von Ernst Kutzer u. a., Stuttgart: Herold 1980. 319 S., gr. 8°.

Enthält: Kasperle-Geschichten – Streiche – Spiele. Bastelanl. – Versch. Autoren u. Illustr. wie H. M. Denneborg, J. Siebe, F. Pocci, Th. Storm u. v. a.

969. a) Pocci, Franz: **Kasperls Heldentaten.** 19 Puppenkomödien u. Kasperliaden. Neu hg. u. m. einem Vorwort von Manfred Nöbel. Berlin: Henschel 1981, 454 S., Frontispiz, m. zahlr. Vign. u. Zeichn. aus zeitgenöss. Ed., 17 x 11. Sch. – 2. Aufl. 1984. s. PN Nr. 1267.

Enthält: Vorwort »Kasperl redivivus? (30 S.). I. Teil: Kasperliaden (Hanswurst – Puppenspiel – Kasperl auf der Jagd – Kasperl bei den Menschenfressern – Kasperl in der Türkei, 1. Fass.). II. Teil: Aus dem Neuen Kasperl-Theater: Kasperl als Nachtwächter – Kasperls Heldentaten – Kasperl in China – Die Prüfung. III. Teil: Aus dem Lustigen Komödienbüchlein: Vorspiel – Kasperl unter den Wilden – Kasperl in der Türkei, 2. Fass – Kasperl als Garibaldi – Kasperl als Prinz – Das Glück ist blind oder Kasperl im Schuldturm – Kasperl wird reich – Crocodilus und Persea oder Der verzauberte Krebs – Schimpanse der Darwinaffe – Kasperl in der Zauberflöte – Die Erbschaft. Anmerkungen zu den Stücken mit zahlr. Illustr.

b) Dass.: Unveränd. Mitdruck für Hanser, München.

970. a) **Am Brunnen vor dem Tore.** Die schönsten Volks- und Kinderlieder mit Noten zum Singen und Spielen am Klavier. Hg. Gerhard Haffner. Mit sw. u. kolor. Ill. von L. Richter, F. Pocci u. a., München, Zürich: Delphin 1981, 255 S., 28 x 20,5. – Nachaufl. 1983, 1985 u. 1987.

Enthält von Pocci 22 Holzstiche aus den Kinder-, Jäger-, u. Soldatenliedern, aus Was du willst, Einmaleins in Bildern u a.

b) Dass.: Taschenbuch-Ausgabe im Delphin-Verlag, Köln 1985.

971. **Ein Männlein steht im Walde**: Die schönsten Kinderlieder mit No-

ten zum Singen und Spielen am Klavier. Hg. Gerhard Haffner, m. zahlr. sw. u. kol. Ill. von L. Richter, F. Pocci u. a., München, Zürich: Delphin 1981, 61 S., 8°.

972. **Theodor Storm Hausbuch.** Die schönsten Erzählungen u. Gedichte. Hg. Marianne Bernhard. Mit Ill. von L. Richter, F. Pocci, O. Pletsch. Bindlach: Gondrom 1981, 639 S., 230 sw. Abb., 23,5 x 15. – Nachaufl. 1984, 1997.

973. **Hundertsiebenundfünfzig alte und neue Lieder.** Mit Bildern und Singweisen. Hg. v. L. Richter, A. E. Marschner, Fr. Pocci und A. Jürgens – Faksimile-Ausgabe, Mainz: Schott's Söhne/München: W. Goldmann 1981, 205 S., m. 65, 37, 65 Ill. u. Notensatz, 18 x 13,5. (Goldmann 33049: Goldmann-Schott)

Nachdruck der Ausgabe: Gustav Mayer, Leipzig 1847. Dort als »Alte und neue Studenten-, Soldaten- und Volkslieder« in einem Band zusammengefaßt [in PE nicht verzeichnet!]. – S. 1–76: 62 Alte und neue Studentenlieder (Hg. L. Richter u. a. E. Marschner); S. 77–124: 77 Alte und neue Soldatenlieder (Hg. F. Pocci u. A. Jürgens); S. 125–202: 125 Alte und neue Volkslieder (Hg. L. Richter u. A. E. Marschner): bei PE nur getrennt vermerkt! – Titelbild von L. Richter; die meisten Ill. ungez. (Poccis Titelbild der Studentenlieder von 1844 hier ausgewechselt).

974. **Alte und neue Kinderlieder.** Mit Bildern und Singweisen. Nach Ausgaben von K. v. Raumer und Franz v. Pocci, Georg Scherer, Robert Reinick und Ferdinand Hiller. – Faksimile-Ausgabe. Mainz: Schott's Söhne/München: W. Goldmann 1981, VI, 141 S., 18 x 13. – Nachaufl. 1987.
Taschenbuch-Reprint nach div. Ausgaben 1849/52/62/76. Zusammenstellung von 77 Kinderliedern. 6 S. Editionsbericht.

975. **Alles Gute für den lieben Opa.** Geschichten von heute und Anno dazumal. Ausgewählt v. Anneliese u. Hans Eckart Rübesamen. München, Berlin: Herbig 1981, 157 S., kl. 8°. – 3. Aufl. 1994.
Von Pocci S. 20/21: An seinen Enkel Franz. Brief hier undatiert [=Ammerland, Juli 1874]. Quellenvermerk: Privatbesitz. – Entnommen aus: Briefe an Kinder und junge Menschen, hg. von F. E. Mencken – vgl. PN Nr. 918 (1967)

976. **Bayrisches Hausbuch.** Alte Bilder, Lieder und Geschichten aus Ober- und Niederbayern, Schwaben und der Oberpfalz. Hg. Diethard H. Klein. Freiburg i. Br.: Rombach 1981, 640 S., zahlr. Abb., gr. 8°.
Anthologie m. Beitr. von B. Auerbach, F. v. Kobell, H. Lingg, Ch. Morgenstern, F. v. Pocci, Ch. v. Schmid u. a.

977. **Brevier der Heiterkeit.** Humor, Satire und Anekdoten aus der guten alten Zeit. Zusammengestellt u. m. zahlr. Ill. versehen von Ulrich Riemer-Schmidt. Bayreuth: Gondrom 1981, 216 S., kl. 8°. 3 Nachaufl. bis 1984

Anthologie mit Texten von J. G. A. Galetti, J. P. Hebel, W. Busch, F. v. Kobell, A. Glasbrenner, J. Trojan, Th. Fontane, F. Kempner u.v.a., Abb. (meist ungenannt) von Grandville, W. Busch, zeitgenöss. Witzblättern u.a. – Von Pocci: Kasperl bei den Menschenfressern – Kasperl auf der Jagd – Abb. aus: Studentenlieder, Gülls Kinderheimat, Komische Szenen.

978. Pocci, Franz: **Schattenspiel.** München: Literarisch-artististsche Anstalt o.J. – Faksimile der Erstausgabe 1849 [recte: 1847!]. Nachwort Marianne Bernhard. Stuttgart: J. G. Cotta'sche Buchhandlung Nachf. 1982, m. 29 Scherenschnitten u. Versen auf 30 unpag. S. u. IX S. Nachwort, 14 x 21,5.

Faksimile von PE Nr. 223. Eine auf 800 Expl. limitierte Ausgabe. – Fehlerhafte Angabe im Verlagsimpressum (letzte S.). M. Bernhard hat dagegen in ihrem Nachwort das Erscheinungsjahr 1847 korrekt vermerkt.

979. **Der Osterhas.** Eine Festgabe für Kinder in Bildern von Franz Pocci und Reimen von Georg Scherer – Faksimile der Ausgabe: Nördlingen 1850 [s. PE 263]. Tokio: Holp Shuppan Publishers 1982, 12 Bl. mit Zeichn. u. dazugeh. Versen, 4°.

980. **Deutsche Ritter- und Burgensagen.** Hg. R. W. Pinson. Bayreuth: Gondrom 1982, 639 S., gr.8°.

Mit 300 Ill. von L. Cranach, G. Doré, A. Dürer, Klimsch, F. Pocci, L. Richter u.v.a.

981. Schneider, Ernst: **Aschaffenburg: Stift, Schloß und alte Gärten.** Mit z.T. farb. Bildern von Franz Graf v. Pocci u.a.. Amorbach: Hermann Emig, 1982, 166 S., 8°.

982. **Im Zauberreich der Elfen, Zwerge und Kobolde.** Die Welt der Geister in Märchen, Sagen, Gedichten und Balladen Europas. Hg. R. W. Pinson, Bayreuth: Gondrom 1983, 576, S., gr. 8°.

Mit über 200 Illustrationen von Bertall, Cruikshank, Pocci, Richter u.a.

983. a) **O du fröhliche, o du selige Weihnachtszeit.** Die schönsten deutschen Weihnachtslieder und –gedichte von Walther von der Vogelweide bis Wilhelm Buch. Mit Illustrationen von Cranach, Dürer, Richter, Pocci u.a., hg. Anne Schmucke. Zürich: Diogenes 1983 (Diogenes Evergreens), 103 S., kl. 8°.

Von Pocci: 5 Holzschnitte u. Schattenbilder aus: Was Du willst, Lustige Gesellschaft u. Schattenspiel.

b) Dass. als: Diogenes Taschenbuch (detebe 21833), 1989, 1998; 104 S., kl. 8°.

984. a) **Die schönsten Advents- und Weihnachtslieder.** Hg. Marianne Mehling. Zweistimmig, mit Gitarrengriffen und vollständigen Texten. Mit Bildern von Ludwig Richter und Franz Graf v. Pocci. Eigenverlag o. J., 64 S., 4°.

b) Dass.: bei Drömer/Knaur, München 1983.
(Titel: Kleines Buch der Weihnachtslieder)

985. a) Morgenstern, Christian: **Galgenlieder.** Ausgewählt von Christian Strich. Ill. von Franz Graf v. Pocci. Zürich: Diogenes 1983, 134 S., kl. 8°. (Krisenbibl. der Weltlit. 6)

Die 30 kleinen Schattenrisse dieser Edition wurden zumeist Poccis »Einmaleins in Reimen und Bildern«, div. »Schattenspielen«, »Komische Szenen« u. »Was Du willst« entnommen. Titelbild: Kasperl u. d. Adler.

b) Dass. in: Kleine Diogenes Taschenbücher (detebe 70009), 1983, 16°. Nachaufl. 1995, 1997.

986. Pearl S. Buck: **Eine kleine Weihnachtsgeschichte** und andere Erzählungen um die Heilige Nacht. München: Heyne 1984, 158 S., m. zahlr. hist. Ill. (Heyne ex libris 6) – 10. Aufl.
Texte von Dostojewski, Andersen, Daudet, Stifter – Abb. von Dürer, Cranach, Pocci, Richter, Schongauer u. a.

987. **Das große Familienbuch für die Osterzeit.** Mit vielen Farbfotos und Farbill. (u. a. von F. Pocci u. L. Richter). München: Engel 1984, 127 S., 4°.
Von Pocci: Der Osterhas.

988. **Bayreuther Hausbuch.** Stadt und Land in Geschichten, Sagen und Liedern, in Brauchtum und seiner Vergangenheit. Hg. Gustav Schmidt. Texte über M. Luther, R. Wagner, Jean Paul u. a., m. Ill. von L. Richter, F. Pocci, W. Camphausen u. a. Bayreuth: Gondrom 1984, 480 S., 4°.

989. **Kinder- und Jugendliteratur der Romantik.** Eine Textsammlung. Mit 25 Abbildungen. Hg. Hans-Heino Ewers, Stuttgart: Reclam 1984 (UB 8026), 640 S., kl. 8°.
Enthält von Pocci/Görres: aus dem Festkalender V, VIII: Kinderlied (S. 102) – Der Schutzengel (S. 103 f.) – Von Pocci/Güll: aus: Kinderheimat 2. Aufl.: Vom Büblein auf dem Eis (S. 151 f.) – Von Pocci/Raumer: aus den Kinder-Liedern: Titelblatt u. Die fleißigen Kinder (S. 177; 176) – Von Pocci: Aus: Neues Kasperl-Theater: Titelblatt u. Kasperls Heldentaten (S. 497; 495–510) – Aus dem Lustigen Komödienbüchlein Bd. 1. Prinz Rosenrot und Prinzessin Lilienweiß (S. 511–535).

Über Pocci: Einführung in Kasperlkomödien und Puppenspiele (S. 495 f.) Angaben zu Person u. Werk (S. 585–587). s. PN Nr. 1275.

990. **An Dichterhand durchs Bayernland.** Ein Gang durch die Jahreszeiten. Hg. Hans Pörnbacher. Stuttgart: Konrad Theiß 1984, 128 S., kl. 8°.

Enthält von Pocci: Fasching, S. 13.

991. Haffner, Gerhard (Hg.): **Die schönsten Volkslieder** mit Noten zum Singen und Spielen am Klavier. München/Zürich: Delphin 1984. 255 S., 16 cm.

Mit zahlreichen Illustrationen von Ludwig Richter und Franz Pocci.

992. Kobell, Franz v.: **Die Geschicht' vom Brandner Kasper.** Stuttgart: Reclam 1985, 87 S., kl. 8°.

Beigefügtes Werk: Schnadahüpfln, Gedichte und Jagdskizzen. Mit 16 Ill. von Franz von Pocci, Noten. Hg. Karl Pörnbacher.

993. **Weihnachtsbrevier.** Die schönsten Geschichten, Gedichte, Märchen und Lieder. Zusammengestellt und mit zahlr. Ill. versehen von Netti van Dok, Bindlach: Gondrom 1985, 216 S., m. 106 sw. Ill. u. Vign. versch. Künstler, kl. 8°.

Anthologie mit Texten von F. Güll, M. v. Schwind, N. Lenau, J. P. Hebel, J. Gotthelf, H. Löns, W. Raabe, Ch. v. Schmid, J. Stinde, A. Tschechow u. v. a. – Von Pocci: div.: Gloria – Der Pelzemärtel – Hansl heiß ich – Das fremde Kind [m. Textvariante!]. Sowie 14 Abb. aus: Was Du willst, Alte und neue Kinderlieder, Geschichten und Lieder.

994. Pocci, Franz: **Hereinspaziert.** Schattenspiele, Bilder und Reime. Zusammengestellt von Barbara Teutsch. München: Domino 1985, 46 S., m. zahlr. Ill. u. Notenbeisp., 12°. (Ein Domino-Buch. Die goldenen Kinderbuchklassiker)

Die 8 Ill. stammen von L. Richter, F. Staeger, O. Überlohe. – Von Pocci 1 Abb. als Vign. (Schüler mit Schiefertafel).

[Die kl. Bücher vermerken: »Ein Lesewerk unter dem Protektorat des Bayr. Lehrer- u. Lehrerinnenverbandes« unter Nennung hochgestellter Protektoren. Hg. Günther Brinek, Verleger der Domino-Bücher. Als solche erschienen in gleicher Aufmachung 1993/94 weitere Kinder-Märchen: »König Drosselbart« – »Der Traum des kleinen Hirten« – »Das Dukaten-Angele« oder »Wo Not ist, ist auch Hilfe« – »Hans in der Schule oder: Lernen macht reich«. Darin wird (neben anderen Illustratoren) wiederum Pocci angegeben; doch wo Pocci draufsteht, ist nicht immer Pocci drin!]

995. **Kinderkaleidoskop** II. Ein Sammelsurium klassischer Bilder, Reime, Geschichten für Leseratten. Ein Domino-Buch, München: Domino 1985, 47,(1) S. (Die goldenen Kinderbuchklassiker Nr. 8201) 12°.

S. 22–35: Pocci, Kasperltheater, Der grausame Schurimuri, aus Jugendlust 1928, bearbeitet von Josephine Bienath; Titel und 7 Illustrationen von Pocci.

996. **Heut Nacht steigt der Mond übers Dach.** Leises und Lautes, Gereimtes und Ungereimtes vor dem Schlafengehen. Hg. Dorothee Kreusch-Jacob. München: Ellermann 1986, 128 S., m. zahlr. Ill. v. Renate Seelig, 24,5 x 17.
auch: München: Dt. Taschenbuch-Verl. 1989, Lizenz d. Ellermann Verlags, München.
Gutenachtbuch mit Texten von H. Ch. Andersen, W. Bergengruen, M. Ende, G. B. Fuchs, K. Krolow, Ch. Morgenstern, F. Pocci u. a. sowie Abendliedern zum Singen u. Spielen m. Flöte u. Gitarre.

997. Andersen, H. Ch.: **Märchen** [Auswahl]. Übersetzung Heinrich Denhardt. Mit Ill. v. Th. Hosemann, F. Pocci, R. de Baux, L. Richter, O. Speckter. Auswahl und Nachwort von Leif Ludwig Albertsen. Stuttgart: Reclam 1986 (UB 680), 452 S., kl.8°. – Nachaufl. 1994, 2004.

998. Bornemann, Winfried: **Bornemanns Blödelmacken**: total bescheuert. Mit Ill. v. Franz Pocci. München: Heyne 1987, 128 S., Ill., 16°.

999. a) Waller, Klaus: **Das Große Buch des Lachens.** Eine Reise durch die Welt des Humors. Gütersloh: Bertelsmann 1987, 382 S., gr. 8°.
Enthält von Pocci: Der Staatshämorrhoidarius auf dem Bureau, S. 35–38.
b) Dass.: Reinbek: Rowohlt 1995, 395 S., (rororo tb)
Zeichnungen, Geschichten, Sketche von Klabund, L. Thoma, F. Pocci, Ch. Morgenstern, J. N. Nestroy u. v. a.
c) In den 90er Jahren Ausgaben für diverse Buchgemeinschaften.

1000. Michael Henker u. a. (Hg.): **De Senefelder à Daumier.** Les débuts de l'art lithographique = Veröffentlichungen zur Bayerischen Geschichte und Kultur Nr. 16/88 = Ausstellungskatalog Paris 1988. S. 101-102 Katalogeintrag und Abb. des Theaterzettels PE 67.

1001. **Bayerische Lausbuben und Lausdirndln**: Geschichten und Erinnerungen. Hg. Günter Goepfert. Mit Zeichnungen von Franz v. Pocci. Pfaffenhofen: Ludwig, 1988, 191 S., kl. 8°. (Reihe Bavarica Bd. 35.)

1002. a) Pocci, Franz/Meggendorfer, Lothar: **Das lüsterne Wildschwein** und andere Bildergeschichten auf Münchener Bilderbogen. Einf. Reimar Dänhardt. Berlin: Der Kinderbuchverl. 1989, 32 S., m. 13 ganzseit. Farb-Abb., 4°.
Von Pocci: Kinderleben – Die Geschichte vom Peter, der die Schule versäumt hat – Bilder und Sprüche – Gaukel-Linchen – Der schwarze Mann – Das Einmaleins in Reimen und Bildern.
b) Dass.: Mitdruck für »buchclub 65«, Berlin 1989

1003. a) **Die schönsten Kinderreime**. Hg. Ute Bogner, Herrsching: Manfred Pawlak 1989, 351 S., m. zahlr. Abb., kl. 8°. (Edition Albatros).

Die Ill. dieses Bandes stammen von: Wilhelm Busch, Karl Fröhlich, Franz v. Pocci, Ludwig Richter, aus dem Münchener Bilderbogen u. a.

Die rund 50 Pocci-Abb. sind unkritisch der »Gesamten Druckgraphik« (PN Nr. 929) und Gülls »Kinderheimath« entnommen. Sie wurden erheblich verkleinert, mitunter verstümmelt oder sind in Ausschnitten wiedergegeben. – Von den Pocci-Texten wurden ganz »Das Einmaleins in Reimen und Bildern« (anfangs mit Initial u. Anfangsversen aus dem »ABC«) abgedruckt sowie »Der Dieb« u. »Nachtwächterlied«. Aus dem »Neuen Schattenspiel« fanden (ohne Nennung des Autors) einige Bruchstücke der Schattenbilder mit nicht dazugehörigen Texten Aufnahme.

b) Dass.: Ausg. für Zweiburgen Verlag, Weinheim o. J., in verbess. Ausstattung.

1004. **Märchen auf einen Blick**. Münchener Bilderbogen des 19. Jahrhunderts. Berlin: Der Kinderbuchverl. 1989, m. 2 farb. Titel, 14 farb. ganzseit. Abb. zu Texten, 32 S., 4°. (Nach Vorlagen a. d. Sammlung Heiner Vogel).

Mit Ill. von O. Speckter, K. Appold, A. Adamo, E. Ille, Fr. Schuhwerk, H. Kraus, M. v. Schwind. – Von Pocci: Blaubart (Nr. 95) – König Drosselbart (Nr. 220) – Fundevogel (Nr. 204) [sic! Diese Völlinger-Illustr. wird noch immer Pocci zugeschrieben.]

1990–2000

1005. a) Andersen, H. C.: **Gesammelte Märchen**. Ausw. u. Bearb. n. d. älteren Übertr. u. Zusammenst. d. Ill. durch: edition pro libris. Erlangen: Karl Müller 1990, 540 S., gr. 8°.

Mit 280 Holzschnitten nach Zeichnungen von Lorenz Frolich, Theodor Hosemann, Vilhelm Perdersen, O. Pletsch, Graf v. Pocci, Ludwig Richter, Otto Speckter, P. Thumann u. a.

Von Pocci: Einige schlecht reproduzierte Bilder u. Vign. nach Andersen's Danish Story-Book, translated by Ch. Boner – Andersen's Bilderbuch ohne Bilder (Der Engel, Das Feuerzeug, Der Rosenelf, Fliedermütterchen u. a.)

b) Dass.: Sonderausgabe: (Mitdruck) für d. Nebel Verl., o. O. [Erlangen], o. J. [1990].

1006. Kobell, Franz v.: **Ausgewählte Werke**. Eingel. und hg. v. Günter Goepfert. München: W. Ludwig 1991, 327 S., m. Titelbild, 65 Bildtafeln u. 60 Text-Abb., 8°. Erweit. Neuausg. v. PN Nr. 927.

Über 70 zeitgenöss. Abb. von J. Adam, F. Barth, Fallscheer & Liederwald, E. Fröhlich, A. Gabl, M. Haider, A. v. Ramberg, M. v. Schwind, C. Spitzweg, F. v. Kobell.

Von Pocci 26 Illustr.: Erstürmung der Improvisierleier – Der Alchimist, Kobell als Gentleman – Kobell als Zitherspieler – Buchstabe K. – Kobell als Gratulant – Kobell-Gams-Denkmal – Großes Dichter-Hindernisrennen – Kobell als Freund des Maßkruges – Pocci und Kobell – Anglia-Diner 1868 – Kobell als Großpapa – Finis-Vign. – Schattenriß Kasperltheater – Junger Hochzeitslader – Jäger u. schlafendes Mädchen – Abschiednehmender Soldat – Schutzengel mit Kind – Bergsteiger – Mädchen u. Jäger – Zither-Vignette Hasenjagd – Galanter Antrag – Gemsenjagd u. Zecher – Vivat Anglia – Schattenriß Hirsch.

1007. a) **Im Wechsel des Jahres.** Die vier Jahreszeiten in Liedern, Gedichten und Erzählungen aus alter Zeit. Ausgew. u. zsgest. v. Almut Gaugler. Stuttgart: Edition Stuttgart 1991, 223 S. (Reihe: Exlibris)

Anthologie mit Beiträgen von Mörike, Löns, Lenau, Hölty, Heine, Geibel, Pocci, Claudius, Trakl, Spee u. v. a. – Namensschreibung schwankend. Illustratoren u. Komponisten alle ungenannt.

Von Pocci: S. 175: »Der Winter« (aus Altes und Neues I) hier als »Winters Einzug« mit fehlerhaftem Text. (Abb. dazu nicht von Pocci).

b) Dass.: Lizenz-Ausg. f. Bertelsmann Club, Buchgemeinschaft Donauland u. a. 1991.

1008. Osterloh, Albert Leo (Hg.): **Hallesches Schimpfwörterbuch.** Halle: Fliegenkopf 1992, m. Ill., 64 S., 8 x 11 cm.

Mit sechs Abb. aus dem »Staatshämorrhoidarius«; Deckelbild nicht von Pocci.

1009 Pocci, Franz von: **Der Nußknacker,** In: Vogtländische Heimatblätter 1992, Vogtland 1992, Heft 6, S. 3.

1010. a) **Goldene Kinderzeit.** Lieder, Gedichte und Erzählungen aus alter Zeit. Ausgew. u. zsgest. v. Almut Gaugler für Jan Paul. Stuttgart: Edition Stuttgart o. J. [1993], 224 S., gr. 8°.

Anthologie mit Texten der Br. Grimm, L. Bechstein, O. Pletsch, H. Seidel, F. Güll, R. Löwenstein, aus: Des Knaben Wunderhorn, versch. Volkslieder u. v. a. Mit 132 Zeichn. u. Vign. ungenannter Künstler (meist von O. Pletsch, auch von L. Richter, O. Speckter u. a.).

Von Pocci: Zum Eingang (mit Zeichn.) – Von der Henne und vom Hahn – Das Märchen vom Goldlaub – Abb. zu Vom buckligen Männle.

b) Dass.: Lizenzausgabe f. Bertelsmann Club Gütersloh, Buchgemeinschaft Donauland Wien, Deutscher Bücherbund u. a. Buchgemeinschaften 1993.

1011. a) **(Deutsche) Märchen.** Hg. Almut Gaugler, Gütersloh, München: Wissen Media 1993, 319 S., 8°.

Alle romant. Illustratoren von Rang sind hier ungenannt u. in schlechter Repro-Qualität vertreten, darunter auch ein Dutzend Abb. von Pocci. (Ob-

wohl im Impressum vermerkt: »Bildnachweis: Archiv Almut Gaugler«, fehlt dieser!). – Auch hier Pocci-Vermarktung in Billigbüchern!
b) Dass.: Sonderausgabe f. Bassermann München 2004.

1012. **Hans in der Schule** oder: Lernen macht reich. Mit Illustrationen aus hundert Jahren. München: Domino 1993, 47 S., 12°. (Die goldenen Kinderbuch-Klassiker. Domino-Klassen-Texte)
Die 8 Ill. stammen von L. Richter, F. Staeger, O. Ubbelohde. – Von Pocci: 1 Abb. als Vign. (Schüler m. Schiefertafel).
[Vgl. Kommentar zu PN Nr. 994.]

1013. Wickert, Ulrich: **Das Wetter**. Eine Auswahl ironischer Geschichten. Ausw. d. Abb. u. Gest.: Gudrun Fröba, Berlin: Transit 1994, 125 S., gr. 8°. 5 Aufl. u. veränd. Tb.-Ausg.
Neben altertümelnden Stahlstichen 5 verkleinerte Abb. von Pocci aus versch. Werken als »graph. Beilage«.

1014. **Die Zwerge im Schweckhäuserberge** und andere Sagen aus ganz Deutschland von Wichteln, Kobolden & Co., Hg. Klaus Hoffmann/ Rosemarie Künzler-Behncke, Würzburg: Echter 1994, 88 S., 23 x 14.
Von Pocci: 1 Radierung, 6 Lithographien, 19 Holzschnitte: 2 x 2 ist vier, 3 x 3 ist sechs, Schön Röslein, Initial B mit Kräuterweiblein, Der große Fisch, Initial A mit Häuschen, Der Dieb, Die Zwerge, Kasperl auf der Jagd, 6 x 8 ist achtundvierzig, Frau Bas', Das Segelboot, Der Frosch, Hubertus und das Waldmännlein, Das Schloß, das Waldmännlein, Staatshämorrhoidarius, u.a.

1015. **Deutsches Weihnachtsbuch**. Ausw.: Gundel Paulsen. Husum: Husum 1994, 469 S., 8°.
Anthologie mit Texten von Th. Fontane, H. Fallada, M. Hausmann, A. Miegel, F. Rückert, W. Scharrelmann, Th. Storm, E. Wiechert u.a. – Mit Illustr. von A. Dürer, W. Caspari, F. Pocci u.v.a.

1016. **Goldene Weihnachtszeit**. Geschichten und Lieder zur Advents- und Weihnachtszeit. Ausgew. und hg. v. Roland W. Pinson. Bindlach: Gondrom 1995, 639 S., 8°.
Mit Texten von H. J. Ch. v. Grimmelshausen, J. P. Hebel, B. Auerbach, L. Anzengruber u.a. - Mit 210 Illustr. von D. Chodowiecki, X. Bertall, X. Nisle, F. Pocci u.v.a.

1017. **Damals... Geschichten aus der guten, alten Zeit**. Hg. Roland W. Pinson. Bindlach: Gondrom 1997, 638 S., gr. 8°.
Anthologie. Texte von Ch. Grimmelshausen, J. P. Hebel, B. Auerbach, L. Anzengruber u.a. – Mit 205 Holzschnitten nach Zeichn. von F. W. Gubitz, E. Ille, P. Meyerheim, F. Pocci, A. v. Ramberg, L. Richter, B. Vautier u.a.

1018. Goepfert, Günter: **Franz von Pocci.** Vom Zeremonienmeister zum »Kasperlgrafen«. Lebens- und Schaffenswege eines universellen Talents. Dachau: Bayerland 1999, 132 S., m. farb. Titelbild, Frontispiz, 8 ganzseit. farb. Abb., 138 sw. Fotos, Graphiken, Vign., Faks. u. Noten; 2 Aquarelle auf dem Vorsatz, 23 x 23,5.
Inhalt: S. 9–64: Einleitung d. Verf.: Lebensgeschichte eines Multitalents (vgl. auch Goepfert. PN Nr. 1286, 1313) – S. 131: Literatur- und Quellenübersicht. – Die Abb. enth. meist unbekannte Malereien Poccis und Reproduktionen bisher unveröffentlichter Ahnenporträts.
Von Pocci: S. 65–96: Texte, Bilder, Lieder (Erinnerungen aus meinem Leben – Aus dem Gästebuch im Ammerland – Notizen über Ludwig I. aus meinem Umgang mit ihm – Die letzten Stunden von König Maximilian II. – Betrachtungen am Ende des Jahres – Über den Verfall der Kunst in München – Gedanken und Betrachtungen – Komplimentierbuch – Viola tricolor oder Der Gipfel der Seligkeit in der Malerei – Der Staatshämorrhoidarius – Spanische Romanze – Puppenspiel – Der Schäfflertanz zu München – Die Münchner Bierbeschau – Fasching – Der Wundersäckel – Der Sandmann). S. 97–108: Musikbeispiele, Lieder, Mysterien (Hubertuslied – Minnelied – Bayrisch Almalied – Frühlingssonate – Musik zum Weihnachtslied – Mysterium Sprache – Glaube und Unsterblichkeit – Totentanz – Herbstblät-ter). S. 109–130: Kasperl-Komödien (Zur Eröffnung des Marionettentheaters – Prolog des Münchner Kindls – Prinz Rosenrot und Prinzessin Lilienweiß – Das Glück ist blind oder Kasperl im Schuldturm).

2000–2006

1019. **Der Lustigmacher auf der deutschen Bühne.** Über die Traditionen der komischen Theaterfiguren. Hg. Ingrid Ramm-Bonitt. Frankfurt a. M.: Wilfried Nold 2000, 271 S., m. zahlr. Abb., 8°. (Die komische Tragödie Bd. 3).
Von Pocci: S. 133–135: Kasperl aus dem Ei (m. 4 Text-Abb.) – S. 142–155: Kasperl als Prinz – S. 166–173: Kasperl bei den Menschenfressern (m. 9 Text-Abb.).
Über Pocci und Schmid: S. 122–155: m. zahlr. sw. Abb. u. Fotos – S. 127: 2 Briefwechsel Pocci-Schmid Sept. 1858 – S. 128–131 u. 137: Auszüge a. d. Essay M. Nöbel in: Spiele der Puppe. Hg. M. Wegner (m. 6 Abb.).

1020. **Der Nußknacker.** Zeichnung von Franz Pocci. In: Der Adventskalender 2003 von pegasus/design – 15. Dezember.

1021. **Deutscher Kinderschatz.** Schöne alte Kinderreime, Lieder, Märchen, Zungenbrecher und Rätsel. Mit 700 Holzschnitten nach Zeichnungen von C. Andreae, F. Flinzer, W. v. Kaulbach, P. Konewka, F. v. Pocci, L. Richter, M. v. Schwind, O. Speckter u. v. a. – Hg. Roland W. Pinson, ges., ausgew. u. bearb. v. Brigitte Vetter. Bindlach: Gondrom 2003, 638 S., 8°.

Von Pocci: über 50 Holzschnitte, Grafiken u. Vignetten aus versch. Werken (mitunter seitenverkehrt u. immer ohne Namensnennung!) sowie mehrere Bildergeschichten u. Erzählungen ebenfalls immer ohne Verfasser-Angabe: z. B. S. 229 f.: Der Nürnberger Trichter; S. 371 f.: Geschichten und Lieder mit Bildern; S. 538 f.: Kasperl auf der Jagd; S. 578 f.: Teile aus »Was Du willst«; S. 592 f.: Das Einmaleins in Reimen und Bildern.

1022. Reinfrank, Arno: **Der Weg zum Ruhm**. Reime zu Zeichnungen von Franz von Pocci. Rohrbach/Pfalz: Guhl 2004, 17 unpag. Bl., 8°.

Mod. witzige Klapphornverse zu 14 Zeichn. aus Poccis »Staatshämorrhoidarius«, m. biograph. Notizen u. Foto d. Verf.

1023. **Franz Pocci. Zum 50. Todestag**. – Reprint: Die Meister, 7. Jg. Nr. 5, Mai 1926. Hg. Deutscher Meisterbund e. V. München, S. 113–140. – Neu hg. v. d. Franz-Graf-von-Pocci-Gesellschaft Münsing 2005 [erscheint nicht im Handel] – vgl. PE 717.

1024. Andersen, Hans Christian: **Märchen**. o. O.: Lampertz 2005, m. zahlr. Illustr., 640 S., 8°.

Alle romant. Illustratoren zu diesem Thema sind ohne Nachweis in schlechter Repro-Qualität vertreten; Pocci: z. B. m. Des Kaisers neue Kleider, Die kleine Seejungfrau.

1025. **Das Hausbuch der Geschichten vom Land**. 38 Erzählungen. Hg. Walter Hansen. Köln: Komet o. J. [2005], m. zahlr. sw. Abb., 362 S., gr. 8°.

9 Illustratoren, alle ungenannt. – Von Pocci S. 25–35: 4 Ill. zu Benno und Krimhilde von Ludwig Steub.

1026. Glötzner, Johannes: »… und abends tu ich dichten« **Ein Gelegenheits-Florilegium** zum 199. Geburtstag von Carl Spitzweg und zum 200. Geburtstag von Franz Graf von Pocci. München: 2006, 43 S., 8°.

Enthält von Pocci: Portrait, zahlreiche Ill. und Auszüge aus verschiedenen Werken.

1026a. Glötzner, Johannes: **Der nackerte Larifari**. Franz Graf von Poccis Satire: Über absolute Wahrheit als ideale Nacktheit in relativer Beziehung auf die Nudität der gefallenen Kreatur, als einer dem absoluten Moralprinzipe widersprechenden realen Notwendigkeit. München: Edition Enhuber, 2006, 20 S., 8°.

Kompilation aus Goepfert PN 1286, Valenta PN 1296 und Krafft PN 921.

1027. **O du fröhliche, o du selige Weihnachtszeit**. Die schönsten deutschen

Weihnachtslieder und -gedichte von Walther von der Vogelweide bis Wilhelm Busch, hg. v. Anne Schmucke. Zürich: Diogenes 2005, 112 S., 18 x 11 cm
Ill. v. Lucas Cranach, Albrecht Dürer, Ludwig Richter, Franz von Pocci, .

1028. **Wagners Welten.** Ausstellungskatalog, hg. v. Jürgen Kolbe, Norbert Götz, Gunther Joppig, Max Oppel, 372 S. mit 344 farbigen u. 94 sw. Abb., Wolfratshausen: Edition Minerva 2003.

Ausstellung im Münchner Stadtmuseum vom 17.10.03 bis 25.01.04; Katalog mit Einführungstexten zu den einzelnen Ausstellungsstationen. Von Pocci: Kat. 404, S. 281 m. Abb.: Franz von Kobell als Alberich mit Weißbierglas als »Rheingold«.

V.
Fremdsprachige Ausgaben
1846–1900

1029. **Rhymes and Pictures for Children.** Translated from the German of F. Pocci. Littlemore: A. A. Masson 1850, 29 S., 16°.
Übersetzung von »Sprüchlein mit Bildern für Kinder«, München [1846] – vgl. PE Nr. 211.

1030. **La mère l'oie.** Poésies, énigmes, chansons et rondes enfantines. Illustrations et Vignettes par L. Richter et F. Pocci. New York : Henry Holt and Company. F. W. Christern. Boston : Cyrl Schoenhof o. J. [um 1850]. (Gedruckt und gebunden : New York). Mit 40 Illustr., 80 S., 8°.
Die meisten Pocci-Illustrationen stammen aus den »Kinderliedern«.

1031. **La Mère L'Oie.** Poésies, énigmes, chansons et rondes enfantines. Avec illustrations et vignettes par L. Richter et F. Pocci. Paris: Reinwald 1866, 80 S., gr. 8°.
Die meisten Pocci-Illustrationen stammen aus den »Kinderliedern«.

1032. Andersen, H. C.: **The Story Teller and other Tales.** Übers. u. Vorwort Charles Boner, einige Illustr. »by his Friend Count Pocci of Munich« sowie von Warren und Mason, 2 ill. Titelblätter von Miller u. Brothers. New York: James Miller & Allen Brothers 1869, 160 S. [mit 8 S. Anzeigen] 12°.
= Veränderte US-amerikan. Ausg. von PE 201 u. PE 207 (1846).

1033. Lehmann, Ágoston: **A bethlehemi essillag.** Énckes karácsonyi játék [Der Stern von Bethlehem. Sänger-Weihnachtsspiel]. Nach Pocci und Schwabl für die ungarische Bühne adaptiert. Budapest: Hunyadi Mátyás Int. 1883, 49 S., 8°.
(Stücke f. Kathol. Gesellvereine 1) – vgl. PN Nr. 1098.

1034. Hoffmann, Heinrich: **Slovenly Peter or Cheerful Stories** and Funny Pictures for Good Little Folks. With Colored Illustrations After the Original Style. Philadelphia: The John Winston Comp., o. J. [um 1890], 46 Bl. m. zahlr. farb. teils sw. Illustr., 25 x 20.
US-amerikan. Struwwelpeter-Ausg. u. Var. nach versch. Vorlagen. – Von Pocci: aus den Münchener Bilderbogen »Truant Peter« – »The crowbiddy«.

1910—1920

1035. Pocci, Franz: **Kašpárek princem** [Kasperl als Prinz] Übers. M. Záhoř. Prag: Springer 1912, 26 S. (Bibl. vzorných loutkových her 3).

1036. Pocci, Franz: **Prinz Červánek** [Prinz Rosenrot] Übers. J. Hloušek. Prag: Springer 1912, 32 S. (Bibl. vzorných loutkových her 5).

1037. Pocci, Franz: **Soví hrad** [Das Eulenschloß] Übers. K. Mašek. Prag: Springer 1912, 38 S. (Bibl. vzorných loutkových her 8).

1038. Pocci, Franz: **Zajatý Turek** [Der gefangene Turko]. 17 S. – Psaní Ježíškovi [Der Weihnachtsbrief]. S. 19-32. Bearb. F. Vysoký. Prag: Verlag Springer 1912, 17 S. (Bibl. vzorných loutkových her 21).

1039. Pocci, Franz: **Kašpárek v Tureku** [Kasperl in der Türkei] In: Bramborové divadlo [Kartoffeltheater]. Prag: Hlavatá [1913]

1040. **Good Stories for Great Holydays**, arranged for Story-telling and Reading Aloud and for the Children's Own Reading by Frances Jenkins Olcott. Texte von Dickens, Irving, Lamartine, Ovid, Peyps, Pocci u. a., zahlr. Ill. von Clara M. Burd. Boston: Houghton Miffin Company [1914]. 461 S. – Nachaufl. in wechselnder Ausstattung u. veränd. Inhalt bis 1995, 1999, 2004
Von Pocci: The Nutcracker (S. 285/6) – The Stranger Child. A Legend (S. 301).

1041. Pocci, Franz: **Tři přání hoda** [Die drei Wünsche] Übers. K. Kobrle. Choceň: Loutkář [um 1916], 16 S. (Bibl. »Českých loutkářů« 16).

1042. Pocci, Franz: **Jeník a Mařenka**, čili, Lidojed [Hansel und Gretel, oder Der Menschenfresser] Übers. J. Hloušek. Choceň: »Loutkář« [um 1917], 20 S. (Bibl. českých loutkářů 37).

1043. a) Pocci, Franz: **Kašpárek Garibaldim** [Kasperl als Garibaldi] Übers. J. Bartoš. Choceň: Loutkář S. 63-75 [1917] (Hry měsíčníku »Loutkáře« 7).
b) Dass. Choceň: Mojžíš [um 1917?], 14 S.

1044. Pocci, Franz: **Kocour v botách** [Der gestiefelte Kater] Übers. J. Bartoš. Prag: Verlag Münzberg 1917, 34 S., 1 Abb. (Sammlung Alešova loutkového divadla II, 4).

1045. Pocci, Franz: **Výbor loutkových her** [Ausgewählte Puppenspiele]. Einleitung JindřichVeselý. Regie-Anmerk. K. Kobrle. Prag: Verlag A. Storch o. J. [um 1917], 244 S. Enthält: Král Lesů [Waldkönig Laurin] Übers. J. Hloušek – Červená karkulka [Rotkäppchen] Übers. J. Hloušek – Undina, vodní víla [Undine, die Wassernixe] Übers. L. Kocourek – Šipková Růžinka [Dornröslein] Übers. K. Mašek – Kouzelné housle [Die Zaubergeige] Übers. J. Bartoš – Doktor Zimostráz, anebo, Doktor, smrt a čert [Doktor Sassafras oder Doktor, Tod und Teufel] Übers. V. J. Soyka.

1046. Pocci, Franz: **Šimpanz Darwina opice** [Schimpanse, der Darwinaffe] Übers. J. Bartoš. Prag: Vaněk & Votava o.J. [um 1918], 20 S. (Bibl. vybraných loutkových her 31).

1047. Pocci, Franz: **Krokodilus a Persea.** Übers. J. Bartoš. Prag: Vaněk & Votava [um 1918], 20 S. (Bibl. vybraných loutkových her 34).

1048. Pocci, Franz: **Král Ptakobrad** [König Drosselbart] Übers. J. Bartoš. Prag: Vaněk & Votova [um 1918], 28 S. (Bibl. vybraných loutkových her 39).

1049. Pocci, Franz: **Kalasiris, květ lotosu**, anebo, Kašpárek v Egyptě [Kalasiris, die Lotosblume oder Kasperl in Ägypten] Übers. J. Bartoš. Prag: Vaněk & Votava [um 1918], 24 S. (Bibl. vybraných loutkových her 40).

1050. Pocci, Franz: **Prinz Červánek a Princesna Lilinka**, anebo, Začarovaná Lilie [Prinz Rosenrot und Prinzessin Lilienweiß oder Die bezauberte Lilie] Übers. J. Bartoš. Prag: Vaněk & Votava [um 1918], 24 S. (Bibl. vybraných loutkových her 64).

1051. Pocci, Franz: **Popelka** [Aschenbrödel] Übers. J. Bartoš. Prag: Vaněk & Votava [um 1918], 24 S. (Bibl. vybraných loutkových her 67).

1920–1930

1052. Pocci, Franz: **Slepé štěstí**, aneb, Zadlužený Kašpárek [Das Glück ist blind oder Kasperl im Schuldturm] Übers. J. Soyka. Praha: »Loutkář« [20er J.], 24 S. (Bibl. »Českých loutkářů« 76).

1053. Pocci, Franz: **Kašpárek a strašidlo** [Kasperl als Gespenst] Übers. A. Langlamer. Prag: Münzberg [1924], S. 10-20. (Bibl. Beilage »Naše loutky«, Hra 4).

1054. Pocci, Franz: **Červena karkulka** [Rotkäppchen] Übers. J. Hloušek. Prag: Storch 1925, 29 S. (»Loutkové divadlo« 8).

1055. Pocci, Franz: **Doktor Zimostráz**, anebo, Doktor, smrt a čert [Doktor Sassafras oder Doktor, Tod und Teufel] Übers. V. J. Soyka. Prag: Storch 1925, 33 S. (Vyzkoušené hry pro Alšovy loutky 9).

1056. Pocci, Franz: **Šipková Růžinka** [Dornröschen] Übers. K. Mašek. Prag: Storch 1925, 43 S. (»Loutkové divadlo« 10).

1057. Pocci, Franz: **Král lesů** (Laurin) [Waldkönig Laurin] Übers. J. Hloušek. Prag: Storch 1925, 28 S. (»Loutkové divadlo« 11).

1060. Pocci, Franz: **Kouzelné housle** [Die Zaubergeige] Übers. J. Bartoš. Prag: Storch 1925, 40 S. (»Loutkové divadlo« 12).

1059. Pocci, Franz: **Undina**, vodní víla [Undine, die Wassernixe] Übers. L. Kocourek. Prag: Storch 1925, 41 S. (»Loutkové divadlo« 13).

1060. Pocci, F./Čech, F./Míšek, E.: **Čtverlístek loutkových** [Vier Puppenspiele]. Übers. J. Bartoš. Prag: Münzberg o.J. [?], 76 S.

Enthält von Pocci: S. 3-27: Kašpárkovo sylvestrovské dobrodružství [Kasperls Silvester-Abenteuer] – S. 29-36: Tajemná paštika [Die geheimnisvolle Pastete] – S. 61-76 Modrovous [Blaubart].

1061. Pocci, Franz: **Čtryři loutkové hry** [Vier Puppenspiele]. Übers. A. Langlammer/J. Bartoš. Prag: Münzberger 1927, 87 S. (Beilage: »Našich loutek« 1)

Enthält: Kašpárek mezi divochy [Kasperl unter den Wilden] – Kašpárek ponocným [Kasperl als Nachtwächter] – Kašpárek v Tureku [Kasperl in der Türkei] – Kouszelná zahrada [Der Zaubergarten]

1062. Pocci, Franz: **Artéská studna** neb Kašpárek u Lajvučů. [Der artesische Brunnen oder Kasper bei den Leuwutschen]. Prag: Dr. Jindřich Veselý, 1927, 30 S.

1063. Pocci, Franz: **Pyšná Hildegardis** aneb Asprianovo kouzelné zrcadlo. [Die stolze Hildegard oder Asprian mit dem Zauberspiegel]. Prag: Dr. Jindřich Veselý, 1928, 42 S.

1064. Pocci, Franz: **Zkouška** [Die Prüfung] Übers. J. Bartoš. Prag: Vaněk & Votava [1928], 16 S. (Bibl. vybraných loutkových her 32).

1065. Pocci, Franz: **Šuryburyburyšurybimbampuf**, aneb Kašpárek havířem [Schuriburiburischuribimbampuff oder Kasperl als Bergknappe] Übers. J. Bartoš. Prag: Vaněk & Votava, 1928, 23 S. (Bibl. vybraných loutkových her 35).

1066. Pocci, Franz: **Sedm havranů** [Die sieben Raben] Übers. J. Bartoš. Prag: Vaněk & Votava, 1928, 28 S. (Bibl. vybraných loutkových her 37).

1067. Pocci, Franz: **Albert a Berta**, aneb Kašpárek v pytli [Albert und Berta oder Kasperl im Sack] Übers. J. Bartoš. Prag: Vaněk & Votava, 1928, 27 S. (Bibl. vybraných loutkových her 36).

1068. Pocci, Franz: **Herbed**, zapuzený princ [Herbed, der vertriebene Prinz] Übers. J. Bartoš. Prag: Vaněk & Votava 1928, 32 S. (Bibl. vybraných loutkových her 38).

1069. Pocci, Franz: **Dědictví** [Die Erbschaft] Übers. J. Bartoš. Prag: Vaněk & Votava, 1928, 20 S. (Bibl. vybraných loutkových her 33).

1070. Pocci, Franz: **Kalasiris, květ lotosu** aneb kašpárek v Egyptě. [Kalasiris die Lotosblume oder Kasperl in Ägypten] Prag: Vaněk & Votava 1928, 28 S. (Bibl. vybraných loutkových her).

1071. Pocci, Franz: **Kašpárkova hrdinství** [Kasperls Heldentaten] Übs. J. Bartoš. Prag: Münzberg 1929, 12 S. (Bibl. »Našich loutek« 19).

1072. Pocci, Franz: Kašpárek mezi divochy [Kasperl unter den Wilden] Übers. J. Bartoš. Prag: Münzberg 1929, 19 S. (Bibl. »Našich loutek« 20).

1073. Pocci, Franz: Artézská studna, neb, Kašpárek u Lajvuců [Der artesische Brunnen oder Kasperl bei den Leuwutschen]. Prag: Veselý o. J. [20er J.] (Bibl. »Českých loutkářů« 169).

1074. Pocci, Franz: **Pyšná Hildegardis**, aneb, Asprianovo kouzelné zrcadlo [Die stolze Hildegard oder Asprian mit dem Zauberspiegel] Übers. J. Bartoš. Prag: Veselý o.J. [20er J.], 42 S. (Bibl. »Českých loutkářů« 187).

1075. Pocci, Franz: **Casper among the Savages** [Kasperl unter den Wilden]. An edifying drama in two acts. In: A Repertory of Marionette Plays; chosen and translated with notes, bibliography and lists of marionette play producers in England and America by Paul McPharlin. New York: Vicking Press 1929, 372 S., 14 S. Einleitung, m. zahlr. sw. Abb.
Pocci: S. 275-290. [Enthält auch Stücke von Mourguet, Goethe, M. Sand, Maeterlinck, Tom Fool, Bonneschkys »Faust« u. a.]

1076. Pocci, Franz: **Krokodilus a Persea**. Übers. J. Bartoš. Prag: Vaněk & Votava, 1929, 20 S. (Bibl. vybraných loutkových her).

1930–1940

1077. Pocci, Franz: **Popelka** [Aschenbrödel] Übers. J. Bartoš. Prag: Vaněk & Votava 1932, 31 S. (Knihovna vybraných loutkových her 67).

1078. Pocci, Franz: **Prinz Červánek a Princesna Lilinka**, anebo, Začarovaná Lilie [Prinz Rosenrot und Prinzessin Lilienweiß oder Die bezauberte Lilie] Übers. J. Bartoš. Prag: Vaněk & Votava [um 1932], 24 S. (Knihovna vybraných loutkových her).

1079. Pocci, Franz: **Lári-Fári Tamás**. Mesekomédia [Thomas Lari-Fari. Märchenkomödie]. Neufassung: Oskár Rogoz. Budapest: Rottmann [1935], 31 S., 8°. (Kindertheater-Serie 1).

1950–1960

1080. Pocci, Franz: **De toverviool** [Die Zaubergeige]. Sprokjesdrama in 4 schufjes met zang eng dans. – Übersetzung Ant. van Hoogenbemt. In: Het Poppenspel, 2. Jg. Nr. 9. (Mechelen 1950), 28 S., 8°.

1081. Pocci, Franz: **De drie Wensen** [Die drei Wünsche]. Bearbeitet von Johan Schaake. Amsterdam, Toneelfonds »Het Masker« o.J. 16 S.

1082. Pocci, Franz: **Kasperl milliomos lesz** [Kasperl wird Millionär]. Neufassung: Jenő Tersánszky Józsi. Redaktion: Dezső Szilágyi. Budapest: Művelt Nep Athenaeum 1953, 93 S., kl. 8°.

1083. Pocci, Franz: **A három kivánság** [Die drei Wünsche]. Bearb. u. Übers. István Lakatos. Budapest: Művelt Nep Athenaeum 1953, 103 S., kl. 8°. (Reihe: Amateur-Puppentheater 18).

Erschien zusammen mit einer Bearb. von Gozzis »Liebe zu den drei Orangen«.

1084. Pocci, Franz: **A varázshegedű** [Die Zaubergeige]. Übersetzung: Béla Szokolay, Neufassung: Jenő Tersánszky Józsi. Budapest: Művelt Nep Athenaeum 1954, 120 S., kl. 8°. (Reihe: Puppentheater. Stücke f. Amateurbühnen 15-16).

Erschien hier zusammen mit anderen Stücken. – 1973/75 im Puppentheater Budapest zusammen mit der Volkskomödie »Der Stöberer« von Gyula Illyés aufgeführt.

1960–1970

1085. Pocci, Franz: **Kasper, the Portrait Painter**. [Kasperl als Porträtmaler]. A play for hand puppets. The Silver Series of Puppet Plays. Boston: Branden Press 1961, 30 S. m. Ill. Übersetzung Lisl Beer.

1086. Pocci, Franz: **The Wishing Fairy**: The Silver Series of Puppet Plays. Boston: Branden Press 1965, 30 S. Übersetzung Lisl Beer.

1087. Pocci, Franz: **The Darwin Ape**. The Silver Series of Puppet Plays. Boston: Branden Press 1973, 30 S. Übersetzung Jagna Zahl.

1980–1990

1088. Pocci, Franz: **Kasperl tornászni tanul** [Kasperl lernt turnen / Kasperl der Darwin-Affe]. Übersetzung: Magda Lázár. Budapest: Tarbay Ed. 1983, 92 S., m. Ill. (Ausgabe f. Amateure 82).

Unter dem Titel »Jahrmarktsschwänke« wurde es zusammen mit einem Punch-Spiel u. einer ungar. László-Komödie 1977 vom Staatl. Puppentheater Budapest aufgeführt.

1089. Grimm, Jacob: **Bajke i price** / Bra'ca Grimm's njemackoga preveo Josip Tabak; mit Illustrationen von Theodor Hosemann, Franz Pocci, Max von Beckerath i drugi. Zagreb, Graficki zavod Hrvatske, 1988, 275 S. Gr8°. Übers. ins Serbokroatische der Kinder- und Hausmärchen der Brüder Grimm. Berlin 1812.

1990—2000

1090. Godnič, Stanka: Dobro staro gledališče. Pocci, Franz, **Sovji grad** [Das Eulenschloß]. 1990. Režiser Matjaž Loboda. Predstava Lutkovnega gledališča Ljubljana. Übers. ins Slowenische.

1091. Ostojíc, Ljubica: Pocci, Franz, »**Sovji grad**« [Das Eulenschloß], lutkarsko izvodenje. Übers. Ins Serbokroatische.

1092. Pocci, Franz: **Lotosov cvijet ili Marinko u. Egiptu** [Kalisiris, die verwunschene Lotosblume oder Kasperl in Ägypten]. In: Tragom lutke princala, povijst medunarodnog lutkarstva. Hg. von Antonija Bogner-Sabsan. Übers. ins Serbokroatische. Zagreb: Djencje carstvo 1994, 277 S., m. Illustr.

1093. Čeh, Darka: Pocci, Franz: **Čarobne gosli**. [Die Zaubergeige] Režija Matjaž Loboda. Predstava Lutkovnega gledališča Ljubljana.

1094. Pezdir, Slavko: Ožlahtne dedišine. Franz Pocci: **Čarobne gosli** [Die Zaubergeige]. Priredbam režija in dramaturgija Matjaž Loboda. Premiera v Lukovnem gledališču Ljubljana. 29. X. 1997. Übers. ins Slowenische.

2000

1095. Putala, Alison C. (Ed.): **Christmas in Prose and Verse**. New York: Platinium Press 2000, 758 S. 16 x 24.

Trad. Anthologie. – Von Pocci S. 458-461: The Stranger Child (A Legend). [ältere] Übers. ungenannt.

VI.
WERKE IN ANDEREN MEDIEN

1858–1900

1096. Seidel, Christian: **Musik zu Franz Poccis »Gevatter Tod«**. Op. 2. Historisches Aufführungsmaterial der Bayerischen Staatsoper. [ca. 1858]. 1 Bd., 46 S., 24,5 x 32,5. Partitur. Kopistenabschrift von zwei Schreibern. Als Gattung ist im Theaterzettel angegeben: »Volksdrama in drei Aufzügen und einem Vorspiel von Franz Pocci«.

1097. Pocci. Franz: **Frühlingseinzug**. Dichtung von Franz Pocci. Für 3 Singstimmen mit oder ohne Begleitung durch Pianoforte. Christian Seidel: Jugendlieder, op. 7. München: Aibl, o. J., 11 S. Partitur und Stimmen.

1098. Rampis, M.: **Der Stern von Bethlehem**. Ein Weihnachtsspiel unter Zugrundelegung des Krippenspieles von Pocci bearbeitet von Joseph Schwabl. Schlußchor von Ignaz Mitterer. Paderborn: Kleine o. J. [um 1885], 15 S. Partitur u. Stimmen. 4. Aufl. Paderborn: Lingen 1897. 36 S., 8°. (Kleines Theater 242) – vgl. PE Nr. 311 u. Nr. 109

1099. Pocci, Franz: »**Nachtlied**« zu 3 Stimmen. Deutscher Liederverlag [um 1890], je 1 gestochenes Blatt mit Umschlag.

1900–1910

1100. Gropp, Wilhelm: **Der schönste Christbaum**. Eine Weihnachtsdichtung mit Deklamation, Solo- und Chorgesang nach Franz Graf Poccis »Weihnachtsmärchen«. Text von Eres. Musik von Wilhelm Gropp, Op. 56. [Textbuch]. Leipzig-Connewitz: Arno Spitzner's Verlag [um 1905], 13 S., kl. 8°.

1910–1920

1101. Hindemith, Paul: **Ungedruckte Bühnenmusiken zu Puppenstücken** von Franz Pocci:
- Das Glück ist blind, für Klavier [1915?]
- Kasperls Heldentaten, für Gesang und Violoncello [1915?]
- Kasperl unter den Wilden, für Kindertrompete, Triangel, Bekken, kl. Trommel u. Violoncello [1915?]
- Die Zaubergeige [1915?]

Komponiert für das Hauspuppentheater der Familie Ronnefeldt, Frankfurt/M.

1102. »Holy Child«/»We welcome thee«. – Text Franz Pocci. Übers. H. Brückner. Musik A. H. Wenk/O. Hardwig. In: Wartburg Publishing House, Chicago 1918. (Wartburg Hymnal)

1103. Trunk, Richard: **Bühnenmusik zur »Zaubergeige«** für Branns Marionetten-Theater Münchner Künstler [ungedruckt].

1920–1930

1104. Welcker, Max: **Ein kleines Krippenspiel**: für 1–3-stimm. Frauen-(Kinder)Chor, 1–4-stimm. Männer- u. 4-stimm. gem. Chor, mit 2 Schalmeien oder Klarinetten und Orgel (Harmonium) oder Klavierbegleitung aufführbar. Op. 23. Dichtung [gekürzt] von Franz v. Pocci. Augsburg: Böhm [1927], 13 S., 5 St., Regiebuch.

1930–1940

1105. Pocci, Franz: **6 Kinderlieder** mit Klavier. Text vom Komponisten. Aufnahme des Bayerischen Rundfunks München, vom 15. Februar 1933:
Im Walde – Der Jägersmann – Das letzte Mal im Walde – Der Herbst – Mägdleins Klage – Kuckuck. Mit Carola Willeitner (Gesang), Johanna Höfl (Klavier), Kinderchor unter Leitung von Dr. Kurt Pastor. 5' 10. 78. NCPB 02389

1106. Dietrich, Christoph: **Bühnenmusik zu Poccis »Zaubergeige«** [1934] für Flöte, Klarinette, 2 Geigen, Laute, Klavier u. Schlagzeug. – Partitur u. Stimmen bei Voggenreiter Potsdam.

1107. **Die Zaubergeige.** Spieloper in drei Akten nach Pocci von Ludwig Andersen und Werner Egk. Klavierauszug: Hans F. Redlich. [1. Fass.] Mainz: Schott [1935], 262 S.
s. auch: Neufassung PN Nr. 1121 (1954).

1108. **Die Zaubergeige.** Spieloper in drei Akten nach Pocci von Ludwig Andersen und Werner Egk. [1. Fass.] – Partitur und Stimmen als Leihmaterial bei Mainz: Schott.

1940–1950

1109. **Die Zaubergeige.** Oper in 4 Aufzügen von Oswald Jaeggi [1913 bis 1963] U: Einsiedeln 1944.

1950–1960

1110. **Die Zaubergeige** (Neue Fassung). Oper in drei Akten nach Pocci von Werner Egk und Ludwig Andersen. Klavierauszug: Hans Blümer. Mainz: Schott's Söhne [1954], Ed. 3979; 261 S., 34 x 27.

1111. **Die Zaubergeige.** Szenen aus der Oper von Werner Egk. 1 LP, rec. 1955: Deutsche Grammophon Gesellschaft LPEM 19062. [Schallplatte]
Cover m. Einl. v. Reinhold Kreile, 3 Bühnenfotos der Münchener Auff. (1954) u. 5 Probenfotos der Plattenaufnahme sowie Gesangstexte. (Von dieser Aufn. wurden die ersten 1000 numerierten Exemplare vom Komponisten handsigniert.)
Besetzung: Marcel Cordes (Kaspar), Erika Köth (Gretl), Elisabeth Lindermeier (Ninabella), Richard Holm (Amandus), Gottlob Frick (Cuperus), Max Pröbstl (Guldensack) u. a. Chor u. Orch. d. Bayr. Staatsoper. Dirigent: Werner Egk.
Enthält: Ouvertüre -Vagabunden-Duett – Cuperus-Szene – Auftritt Guldensack – Schluß-Duett 1. Akt – Arie der Ninabella – Lied des Kaspar – Arioso der Gretl – Schluß-Szene 2. Akt – Spaniola – Duett Ninabella-Kaspar – Quartett u. Finale – Schlußszene.

1112. »Unsere Anekdote«: **Beethoven-Anekdote** von Franz v. Pocci, gelesen von Gerhard Murche. U: 16. 3. 1956, DS 5' [Hörfunksendung]

1113. Weyr, Franz: **Kasperl Larifari und der Oberhofbeamte Graf Pocci.** In: Unbekanntes Bayern. Bayerischer Rundfunk. 1961 [Hörfunksendung]
Redaktion: Alois Fink.

1960–1970

1114. Syberberg, Hans Jürgen: **Die Grafen Pocci** – Einige Kapitel zur Geschichte einer Familie. Syberberg Filmproduktion München 1966/67. Drehbuch u. Regie: Hans Jürgen Syberberg, Kamera: Kurt Lorenz/Martin Lippl, 35 mm, Color, 90'
Der Film beschreibt auch die Geschichte des Schlosses Ammerland am Starnberger See.

1115. **Die wunderbaren Abenteuer des Kasperl Larifari** von Axel Muck, Philipp Heinzelmann. Eine FFF Heinzelmann-Produktion. FASS: Für alle Schallplattten-Sammler. Phonogramm o.J. [um 1967] 1465 WY – ca. 50'.
Mit Axel Muck – Ado Rieder – Bernd-Holger Bonsels – Brigitte Koesters u. a.
Bemerkenswert ist hier sowohl die sehr freie Mixtur von Pocci-Texten, als auch die kitschige Benutzung einer Pocci-Zeichnung auf dem Plattenkover (Eintrittskarte: Kasperl schlägt den Vorhang auseinander).

1116. **Kasperl Larifari und die Zaubergeige** – Kasperl fängt die frechen Diebe. Eine lustige Geschichte aus der Puppenspielserie »HÖR ZU – SPIEL MIT« mit Musik und fröhlichen Liedern von Philipp Heinzelmann nach Graf Pocci. Regie und Gesamtleitung: Philipp Heinzelmann. FASS: Für alle Schallplatten-Sammler. Philips o. J. [1968/69]. (Reihe: Das bunte Märchenkarussel. St. 1507 WY) – ca. 50'
Kasperl: Axel Muck – Gretel: Brigitte Koesters – Der Stoffelbauer: Peter Brand – Der Berggeist Nepomuk Kupferius: Ado Riegler – Fangauf: Max Strassberg – Schnapper: Harry van Lyck – Wiesenfest-Ausrufer: Till Berger. – Eine verknappte u. freie »Verkasperung« der Vorlage zur Kinder-Unterhaltung der 60er J, die kaum Pocci-Text bringt.

1117. **Die Zaubergeige.** Ein Märchendrama von Pocci, bearbeitet für die Kinderbühne. Musik und Szenenentwürfe von Adolf Pfanner. Notenheft mit Texten, Op. 51. M.-Gladbach:Volksvereins-Verlag o.J. [60er J.] kl. 8° (Musik im Haus, H. 31).

1970–1980

1118. Pocci, Franz: **Musik des Grafen Franz von Pocci**: München, Musica Bavarica 807, [1975]. Musik aus Bayerischen Städten 7. 1 Schallplatte, 45 UpM.
Enth.: Cavatina der Sylvia aus der Operette »Der Alchymist«. Lied des Weichselberger aus der Posse »Der neue Robinson«. Nachtgesang. Voga, voga op. 8, 3. – Interpr. U.a.: Erika Rüggeberg (Sopr), Heinz Maria Lins (Ten.), Renate Freyer (Alt), Albert Gassner (Ten.), Peter Schranner (Baß.), Jutta Müller-Vornehm (Kl.), Karl-Heinz Klein (Kl.), Münchner Philharmoniker.

1119. a) Fernsehen der DDR 1975: **Der Eiertanz**. Minioper nach Pocci für einen Sänger, fünf Puppen, sieben Musiker und einen Dirigenten.. Libretto: Susanne Böhmel und Rainer Kunad. Musik: Rainer Kunad. Arens-Musikverlage Rimsting – weit. Auff. 1986 Bautzen u. Ostberlin; Tübingen – s. PN Nr. 1123.
Personen: Hans Wurst (Bariton); Bürgermeister, Astronom, dicker u. dünner Mann (Puppen, diese von Hans Wurst gesungen).
b) Dass.: Klavierauszug von Wilhelm Hübner. Leipzig, Edition Peters; New York, C. F. Peters, 1983. 27 S., 4°.

1120. ZDF 16. Mai 1976: **Die Zaubergeige**. Oper in 3 Akten (2. Fass. 1954). Text: Werner Egk u. Ludwig Andersen [Strecker] nach Franz Pocci. Musik: Werner Egk. Regie: Hans Hartleb. Musikal. Leitung: Heinz Wallberg.

RO d. BR München – Mit Bernd Weikel (Kaspar) – Jutta-Renate Ihhoff (Gretel) – Karl Ridderbusch (Cuperus) – Norma Sharp (Ninabella) – René Kollo (Amandus) – Alexander Malta (Guldensack) – Kurt Marschner (Fangauf) – Toni Blankenheim (Schnapper).

1121. **Die Zaubergeige**, Oper in drei Akten von Werner Eck und Ludwig Strecker nach Franz Pocci (Neufassung 1954). Klavierauszug. Nachwort: Karl Heinz Viertel. Leipzig: Peters 1979, 265 S. 4°.

1980–1990

1122. **Prinz Rosenrot und Prinzessin Lilienweiß** oder die bezauberte Lilie. [Hörspiel] nach einer Märchenkomödie von Franz Pocci. Bearb. Elisabeth Panknin. R: Joachim Staritz. U: 30.5. 1980 Berl. R., 44'35.
Katja Paryla (Kaspar) – Wolf-Dieter Link (Prinz) – Bärbel Bolle (Prinzessin) – Karin Gregorek (Fee) – Peter Dommisch (Bär) – Edwin Marian (Negromanticus) – Käthe Reichel (Drache Feuerrachen) u.a.

1123. **Der Eiertanz.** Minioper nach Pocci für einen Sänger, fünf Puppen, sieben Musiker und einen Dirigenten. Libretto: Susanne Böhmel und Rainer Kunad. Musik: Rainer Kunad. [1975] Klavierauszug Wilhelm Hübner. Arens-Musikverlage Rimsting – Leipzig: Edition Peters / New York C. F. Peters [1983], 27 S, 4°. – s. PN Nr. 1119.

1124. **Der verlorene Schuh.** Kinderoper. Musik Meinrad Schmitt. Text frei nach Franz v. Pocci. Urauff. 1984. [Auff. Mat. beim Komponisten]. – Sprechtext mit Musiknummern. – 60'

1125. Feldhütter, Wilfried: **K[öni]gl[ich]-Bayerisches Hoftheater.** Franz von Pocci, Karl von Perfall; eine kritische Bestandsaufnahme. München: Bayerischer Rundfunk, U.: 14.4.1985. 21 Bl. Ms. der Rundfunksendung.

1126. a) »Abschied im Herbste«. »Nachtgesang«. »Voga, voga« – Drei Pocci-Lieder auf Gedichte Ludwig I. In: **Kompositionen für König Ludwig I. von Bayern** von Giacomo Meyerbeer, Joseph Fröhlich, Franz Graf v. Pocci, Eduard Rottmanner, Joseph Hartmann Stuntz, Walter v. Goethe, Johann Nepomuk v. Poissl. Ausführende: Div. Solisten, Chöre u. Kammermusikensembles, Leitung: Max Frey – Musica Bavarica MB 75123 CD
Co-Produktion Musica Bavarica, Haus der Bayerischen Geschichte, Bayerischer Rundfunk. Rec. 2 u. 3. Mai 1986.
b) »Abschied im Herbste« – komponiert von Pocci. (2'20) Ausführende: Starnberger Musikkreis, Leitung: Max Frey. In: **Kompositionen für König Ludwig I.** von Giacomo Meyerbeer, Joseph Fröhlich,

Franz Graf v. Pocci, Eduard Rottmanner, Joseph Hartmann Stuntz, Walter v. Goethe, Johann Nepomuk v. Poissl – Musica Bavarica MC 75051 St. [gekürzte Auswahl von a].

1127. »Gondoliera«. »Abschied im Herbste« – komponiert von Pocci. In:»Lieben muß ich, immer lieben«. **Lieder nach Gedichten von König Ludwig I. von Bayern.** Die Singphoniker / Christoph Hammer: Alfons Brandl, Hubert Nettinger, Ludwig Thomas, Michael Mantaj, Christian Schmidt, Gesang. – Musikproduktion Oehms Classics OC 314

1128. Weyr, Franz: **Kasperl Larifari und der Oberhofbeamte Graf Pocci.** Aus der Sendereihe: Unbekanntes Bayern. Red. Alois Fink. Bayerischer Rundfunk [Prod. 8. 2. 1960]. Abgedruckt in PN Nr. 1215. Weyr = Pseudonym für Wilfried Feldhüter, vgl. PN 1125

1129. a) »**O heil'ges Kind, wir grüßen dich**«. Text Franz Pocci. Musik Franz Biebl. Christmas song for mixed choir. Saaleck 1986.
b) Dass.: For TTBB with two tenor and two bass soli. Merseburger EM 784 TTBB Includes.

1130. **Kasperl bei den Leuwutschen** nach Pocci. Komponiert von Franz Zebinger, 1986. – 6 St. Tast. Perc.

1131. **Hubertus Serenade**: für Horn-Quartett, Op. 102 von Bernhard Krol. Bearbeitung des Hubertus-Liedes von Franz Pocci. Partitur und Stimmen. 1987, Berlin Bote & Bock, 19 S. 4°.

1132. **1858 eröffnet – »Großes Marionettentheater«.** Ein Film von Sabine Raub. Es spielten: Franz Leonhard Schadt, Otto Bille, Siegfried Böhmke u. d. Marionettentheaterstudio »Kleines Spiel«. Kamera: Holger Faber/Michael Becker. WDR 1988. 15'

1133. **Die Zaubergeige.** [Hörspiel]. Bearb. u. R.: Norbert Speer. Musik: Reiner Bredemeyer. U: 6. 10. 1989, Berl. R., 48'30.
Klaus Manchen (Kasperl), Juliane Koren (Grethe), Horst Lampe (Cuprus), Horst Drinda (Herzog), Lothar Förster (Baron Trüffel), Hans-Joachim Hegewald (Mauschl).

1990 BIS 2000

1134. **Das Eulenschloß.** [Hörspiel]. Märchendrama mit Zauberei von Franz Pocci. Funk-Bearb.: Norbert Speer, R: Christa Kowalki. Musik: Reiner Bredemeyer. U: 15. 6. 1990, Berl. R., 41'47.
Martin Seifert (Kasperl) – Franziska Troegner (Grethi) – Victor Deiß (Kauzenveit) -Horst Weinheimer (v. Walther) u. a.

1135. **Franz v. Pocci** – Der berühmte »Kasperlgraf« und seine Zeit.

Eine Dokumentation von Susanne Strohmeyer. Kamera: Abo Schmid / Hans Fischer. Sprecher: Wolf Euba. Marionettenspiel-Regie: Leonhard Schadt. BR 1996, 43' (Reihe Zeitreisen – Geschichte im Bayr. Fernsehen).
Enthält auch einige Darbietungen von Poccis Kompositionen.

1136. »**Ich schieß den Hirsch**«, Text und Musik von Franz Pocci. In: Hermann Prey »Meine schönsten Lieder« – Capriccio 49.23.99 (Delta Music), Doppel-CD 1999. Enthält d. weit. Lieder von Brahms, Gluck, Lyra, Reichardt, Schubert, Schütz u. a.

1137. Krafft, Barbara: **Erst Batistmännchen, dann Bärenritter.** Jugenderinnerungen des Grafen Franz von Pocci. München, Bayerischer Rundfunk, 1999. Ms. 34 S.; U. 16. 2. 1999.

2000–2006

1138. Reinecke, Carl: **3 Vertonungen von Pocci-Liedern**: Vöglein und Englein (1'30) – Puppenwiegenlied (1'01) – Zugvögelein (1'55) – Mein Pudel (1'05). In: Ders.: Sämtliche Kinderlieder. Cybelerecords 550.301, um 2001 / 2 (61').
Interpreten: Caroline Isabel Merz, Marta Marques (Gesang), Thomas Leander (Klavier).

1139. »**Spissi Spassi Kasperladi** oder Wixilipixilitschaotschao mit Nierenbratl und Bier«. Aus den Stücken des Kasperlgrafen Franz v. Pocci. Hg. von der Franz-Graf-von-Pocci-Gesellschaft Münsing o. J. [2003] 60' [Nicht im Handel erschienen].
Mit Maria Reiter (Akkordeon), Stefan Blum (Schlagzeug) u. Wolf Euba als Kasperl Larifari u. v. a.

1140. Urbach, Tilman: **Kasperlgraf und Hofbeamter Franz Graf Pocci.** Fernsehfilm: Die großen Bayern. U: 5. 11. 2006, 43'. Redakteur: Rudolf Bitter.

VII.
Veröffentlichungen über Franz Pocci

1848–1890

1141. [gez. I...]: **Fr. Graf von Pocci.** In: Allgemeine Schulzeitung Nr. 161, Dienstag 10. Oktober 1848, Sp. 1297–1300, 4°.
   Mit 9 bibliograph. Angaben vom Festkalender bis zu den Güll-Illustrationen. – Eine der frühen Zustimmungen zu Poccis pädagogischem Wirken als Schriftsteller und Zeichner: »Zu den besonders erfreulichen Erscheinungen im Fache der Jugendschriften und Bilderbücher für Belebung und Erheiterung des jugendlichen Gemüthes und zur Weckung der Phantasie müssen wir nun ebenfalls mit vollem Rechte die oben bezeichneten Werke des Grafen von Pocci zählen.«

1142. Heindl, Joh. Bapt.: **Galerie berühmter Pädagogen**, verdienter Schulmänner, Jugend- und Volksschriftsteller und Componisten aus der Gegenwart in Biographien und biographischen Skizzen, München: Finsterlin 1859.
   Über Pocci: Bd. II, S. 105–109 (Das Verzeichnis der bis dahin erschienenen Schriften Poccis umfaßte 37 Nummern.).

1143. Pocci, Franz (Enkel): **Die Humpenburg.** In: Alte Kunstschätze aus Bayern. Festschrift zum 70jährigen Jubiläum des Münchner Altertumsvereins e. V. von 1864, Hg. v. Hubert Wilm, Ulm 1934.
   Über Pocci: S. 49–52 mit Abb. des Stempels der »Gesellschaft für teutsche Alterthumskunde« von Pocci.

1144. Holland, Hyazinth: **Franz Pocci's Jugendschriften und Komödienbüchlein.** In: Literarischer Handweiser zunächst für das katholische Deutschland. Kritische Monatsschrift. Hg. von Franz Hülskamp und Hermann Rump, Freiburg i. Br.: Herder, Nr. 135, 1873, S. 201–203.

1145. Trautmann, Franz: **Über Franz Graf Pocci.** In: Deutscher Hausschatz in Wort und Bild, II. Jg., Regensburg 1876, S. 695–98 (mit Portrait), 4°.

1146. Braun, Isabella: **Franz Graf Pocci als Kinderfreund** und Jugendschriftsteller. Gedenkblätter, München: C. Wolf 1876, 21 S., 8°.
   Mit 21 Holzschnitten aus den Münchener Bilderbogen u. v. a. (bes. Abdruck in nur 20 Expl. aus Jg. XXII, S. 450 bis 469 der Jugendblätter). =PE 549

1147. a) Holland, Hyazinth: **Franz Graf Pocci als Dichter** und Künstler. In: Oberbayerisches Archiv, Band XXXVI, München 1877, S. 281 bis 331, gr. 8°.
S. 281–292: I.) Biographischer Abriß – S. 292–331: II.) Erstes Werkverzeichnis (A. Lithographie, B. Radierungen, C. Druckwerke mit Holzschnitten und einzelne Blätter, D. Photographien – Biographisches – Portraite). Verzeichnet sind 526 Werke Poccis, 25 biographische Hinweise und Nekrologe sowie 28 Portraits.
b) Dass.: als Separat-Druck

1148. Keiter, Heinrich: **Zeitgenössische katholische Dichter** Deutschlands. Paderborn: Kleine 1884. VI, 270 S., 8°.
Über Pocci: S. 240–246.

1890–1900

1149. Zu PE 562: Hyacinth **Hollands Pocci-Biographie** in: Bayerische Bibliothek 3. Bd., Bamberg 1890 erschien im gleichen Jahr mit 2 anderen Titeln der Bayer. Bibl. in einen Band: K. v. Reinhardtstoettner: Martinus Balticus (Bayer. Bibl. 1); J. P. Ree: Peter Candid (Bayer. Bibl. 5). Bamberg: Buchnersche Verlagsbuchh. 1890, 85, 70, 86 S. 8°., zahlr. Abb., 3 Titelporträts. s. a. Neuaufl. (1930), PN 1193.

1150. Schmidt, P. Expeditus: **Jahresberichte für neuere Literaturgeschichte**, Bd. 1, 2, 14, 16, 17, 18. Stuttgart, Berlin: Göschen und Behr, 1890–1918. Ab 1. 1921 bis 15. 1935 erschienen unter: Jahresbericht über die wissenschaftlichen Erscheinungen auf dem Gebiete der neueren deutschen Literatur. Hg. von der Literaturarchiv-Gesellschaft in Berlin. Berlin, Leipzig: Walter de Gruyter & Co., 8°.
Zu Pocci zahlreiche kommentierte bibliographische Angaben in den einzelnen Bänden.

1151. a) Riedelsheimer, Anton: **Die Geschichte des J. Schmidschen Marionettentheaters** in München von der Gründung 1858 [bis zum Beginn der 40. Saison] bis zum heutigen Tage. 1. Aufl. München: o. V. 1897, Neuaufl.: Ebd. 1906.
b) Dass.: Erweit. Neuaufl. Zum 100. Geburtstag des Gründers Joseph Leonhard Schmid. Ebd. 1922: 55 S., m. 23. Abb., 8°.
Über Pocci und Schmid: S. 9-13; 17-23.

1900–1910

1152. Roeßler, Arthur: **Das Münchener Marionetten-Theater**. In: Bühne und Welt, III. Jg. 2. Hbd., (1900/01), 27 x 15 cm.
Über Pocci: S. 563–567, m. 5 Ill.

1153. Herrmann, Georg: **Die deutsche Karikatur** im 19. Jahrhundert. Bielefeld, Leipzig: Velhagen & Klasing 1901, 132 S., mit 6 Kunstbeilagen und 177 Abbildungen, gr. 8°.
Über Pocci: S. 69.

1154. Rehm, Hermann Siegfried: **Das Buch der Marionetten**. Ein Beitrag zur Geschichte des Theaters aller Völker. Mit 130 Vollbildern, Textillustrationen und Vignetten nach Zeichnungen des Verfassers. Berlin: Ernst Frensdorff o.J. [1905], 307 S. [m. zahlr. Abb. als Nachzeichnungen], gr. 8°.
Über Pocci und Schmid: S. 210-212 (m. 3 Abb.)

1155. Hirschberg, Leopold: **Franz Graf Pocci**. In: Zeitschr. f. Bücherfreunde. 9. Jg., Bielefeld, Leipzig: Velhagen & Klasing 1906, S. 431 bis 455, 4 Taf., 1 Faks., S. 471–485, 2 Taf. = PE 571.

1156. Benzmann, H.: **Graf Pocci** und das Kindertheater. In: Bühne u. Welt, IX. Jg. (1907), S. 491–500, 27 x 19 cm.

1157. Benzmann, Hans.: **Graf Franz Pocci, ein Spätromantiker**. In: Wächter 5, o.J., S. 315–319.

1158. Schloß, Karl: **Franz Pocci**. Ein Gedenkblatt zu seinem 100. Geburtstag. In: Jugend 12. Jg. (1907), S. 189–190.

1910–1920

1159. a) Schott, Georg: **Die Puppenspiele** des Grafen Pocci. Ihre Quellen und ihr Stil. – Phil. Diss. Frankfurt a. M. 9. März 1911.
b) Druck: Frankfurt a. M. 1911 o. Vlg.: Ch. Schack. IIX, 94 S.

1160. Schott, Georg: **Zur Einführung in die Puppenspiele** des Grafen Pocci. In: Germanist.-roman. Monatszeitschrift Bd. 3 (1911), S. 529–542.

1161. Müller-Rüdersdorf, Wilhelm: **Franz Pocci**. In: Deutscher Volkswart, I. Jg., H. 12 (1914).

1162. Filscher, E.: **Isabella Braun** und die Jugendblätter. In: Die Bücherwelt 3, 1915.
Im Text zahlreiche Anmerkungen zu Pocci.

1163. a) Rapp, Eleonore: **Die Marionette** in der deutschen Dichtung vom Sturm und Drang bis zur Romantik. – Phil. Diss. München 1917.
b) Dass.: Teilveröfftl. Leipzig: Lehmann & Schüppel 1924, 53 S. Vgl. erweit. Neuausgabe: Bochum 1964 – s. PN Nr. 1218.

1164. Hirschberg, Leopold: **Franz Pocci, der Musiker**. In: Zeitschrift für Mu-

sikwissenschaft, I. Jg., H. 1 (1918), Leipzig: Breitkopf & Härtel, gr. 8°.
Über Pocci: S. 40–70.

1920–1930

1165. Wolf, Georg Jakob: **Ein Jahrhundert München** 1800–1900, 2. verm. Aufl. München 1921, S. 189 f.

1166. Holland, Hyazinth: **Lebenserinnerungen eines 90jähr. Altmüncheners.** Hg. Alois Dreyer. Mit 16 Bildern. München: Parcus & Co 1921, 151 S., gr.8°.
Über Pocci: S. 98–106: Kap. Freundschaft mit Pocci und Isabella Braun. – S. 122–128: Kap. Die Zwanglosen / Die Berufenen sowie weitere Erwähnungen. (Die meisten Abb. entstammen Mallingers Münchener Bilder-Chronik.)

1167. Benzmann, Hans: **Graf Franz Pocci** und das Kindertheater. In: Drama 4, S. 130–137, S. 191–196 (1921).

1168. Born, Herbert: **Franz Graf Pocci.** Eine Untersuchung zur Kunst der deutschen Romantik. – Phil. Diss. Würzburg 23. Juli 1923, 79/89 S. [Msch. Ms.]

1169. Hobrecker, Karl: **Ein Fund bei Fundevogel.** In: Zeitschr. f. Bücherfreunde, Leipzig: Seemann 1923, H. 5/6, S. 143.

1170. Hobrecker, Karl: **Alte vergessene Kinderbücher.** Berlin: Mauritius 1924, 159 S., zahlr. sw. u. farb. Abb., 8°. – Neuausg. (1981) s. PN Nr. 1265.
Über Pocci: S. 110f., S. 131. Von Pocci: Auszug aus »Kasperl in der Türkei«.

1171. Wolf, Georg Jakob: **Die Münchnerin.** Kultur- und Sittenbilder aus dem alten und neuen München. München: Hanfstaengel 1924, 259 S.

1172. Stahl, Ernst Leopold: **Kasperl auf der »großen« Bühne.** Anläßlich der 25. Aufführung des Pocci-Abends im Münchner Residenztheater. In: Das Welttheater, Monatsschr. d. Münchener Volksbühne, H. 2/1925, S. 43–45.

1173. **Zeitschrift des Münchener Altertums-Vereins** e. V. von 1864. Zur Erinnerung an das 60jährige Jubiläum und den 50jährigen Todestag unseres Gründungsmitgliedes Franz von Pocci. München: Hugo Schmidt 1925, m. zahlr. Abb., (4) 165 (5) S., 4°. – vgl. PE Nr. 713.
Inhalt: Franz Wolter: Franz von Pocci als Simplizissimus der Romantik. Mit 10 farb. Tafeln u. 144 Abb.), sowie Franz Wolter: Der junge Velasquez. Mit 3 Abb.

1174. Schott, Georg: **Pocci und das deutsche Puppenspiel.** In: Das Puppentheater II. Jg., H. 8, Leipzig 1925 / 1926, S. 131–135.

1175. Schmidt, Hugo: **Über das Marionettentheater.** In: Das Puppentheater II. Jg., Heft 8, Leipzig 1925 / 1926, S. 135–137.
Anmerkungen zu Pocci in einem Brief der Puppenspielerfamilie Wünsch.

1176. Anonym: **Dem Grafen Pocci zum 50. Todestag.** In: Das Puppentheater II. Jg., H. 8, Leipzig 1925 / 1926, I.
[8 Vierzeiler]

1177. Blanck, Karl: **Der Puppengraf.** Zur 50. Wiederkehr von Franz Poccis Todestag. In: Reclams Universum XLII, 34, Leipzig [1926], S. 903 bis 904.
Mit 2 Abb. und 1 Autographen-Faksimile

1179 a. Pocci, Franz (Enkel): **F. Pocci als Mitglied** künstl. u. wissenschaftl. Gesellschaften. In: Propyläen, 25. Jg., 17. V. (1926).

1178. Born, Herbert: **Der romantische Künstlerdilettant: Franz Pocci.** In: Antiquitäten-Rundschau 24, 1926, S. 221–223.

1179. Schott, Georg: **Zum 50. Todestag Franz v. Poccis.** In: Correspondenz für Kunst und Wissenschaft, 28. Jg., Nr. 8548, Berlin 1926.

1180. Kaufmann, Fr.: Franz **Pocci als Landshuter Student.** In: Isaren-Zeitung, 16. Jg. 1926, Nr. 4, 5.

1181. Pocci, Franz (Enkel): **Das Werk des Künstlers Franz Pocci.** Ein Verzeichnis seiner Schriften, Kompositionen und graphischen Arbeiten. Mit zwei Bildnissen und einer Handschriftprobe. München: Horst Stobbe 1926, 175 S., 4° (Einzelschriften zur Bücher- u. Handschriftenkunde. 5. Bd. Hg. Georg Leidinger u. Ernst Schulte-Strathaus)
Verzeichnet: 724 Eintragungen. – S. 3–5: Zur Einführung. S. 6-15: Von meinem Großvater. 2 Register.

1182. Pocci, Franz (Enkel): **Franz Pocci und der Bacherl-Skandal.** In: Lit. Welt 2, Nr. 19, S. 7, (1926) – s. a. PE Nr. 725.

1183. Schmidt, F. H. W. (Hg.): **Moderne Marionettenspiele.** Leipzig: Hachmeister & Thal [um 1927], 92 S., m. 22 Abb. (Lehrmeister-Bücherei 881 / 92).
Die Abb. bringen Beispiele zur Anfertigung von Bühnenbild u. Puppen sowie einen Text zu Poccis »Eulenschloß«.

1184. **Geschichte der deutschen Jugendliteratur** in Monographien, Hg. von Hermann Leopold Köster, 4. Aufl., Braunschweig, Berlin,

Hamburg: Georg Westermann 1927; 2. Nachdruck 1971, hg. v. Walter Scherf. München-Pullach, Berlin: Saur, S. 24.

1185. Pocci, Franz (Enkel) (Hg.): **Justinus Kerner** und sein Münchener Freundeskreis. Eine Sammlung von Briefen. Leipzig: Insel 1928, 399 S., m. 8 Bildtafeln, 8°.
4 Aquarelle von Pocci u. 4 »Klecksographien« J. Kerners. – Enthält dessen Briefe an Pocci: Nr. 59, 61, 63–65, 85, 87–89, 95, 98, 105, 108 sowie Kommentare u. Zitate über beider Verhältnis zueinander. s. a. PE 855a.

1186. Schneider, Ilse: **Puppen- und Schattenspiel** in der Romantik. – Phil. Diss. Wien 1929, V, 159 S. [Msch. Ms.].

1187. a) Lucas, Anna: **Franz Pocci und das Kinderbuch.** Phil. Diss. Münster i. W. März 1929.
b) Dass.: Druckfassung: Mit einer Bearbeitung der Schattenspiele. Mit 1 kolor. Faks.-Kinderbrief, 1 vierfarb. Spruchbild u. vielen z. T. noch unveröffentl. Kinderbildern. Münster: Regensbergische Buchhandlung 1929, 92 S., 6 ganzseit. Abb., 15 Textillustr., gr. 8°.
Enthält: I.) Poccis Weg zur Kinderdichtung – II.) Poccis Schaffen für das Kind, dargelegt an den Schattenspielen.
S. 59–90: eine nach Genre u. Sachgebiet chronologisch geordnete Bibliographie seiner Werke für Kinder und Schattenspiel, = PE Nr. 733.

1188. Pocci, Franz (Enkel): **Gäste in Schloß Ammerland.** In: Bayerland, 40. Jg., H. 12 (1929), S. 370–375.

1189. Hirschberg, Leopold: **Die hundert Kindermusiken des Kindergrafen.** In: Der Kindergarten, 70. Jg., Nr. 7, Leipzig 1929.

1190. Pocci, Franz (Enkel): **Die Gesellschaft »Altengland«** in München. In: Eichendorff-Kalender 1929/30. Ein romantisches Jahrbuch Bd. 19., Hg. Wilhelm Kosch, Graz: Wächter 1929, 102 S. m. 6 Bildtafeln, 4°.

1191. Dreher, Konrad: **Der Abreißkalender meines Lebens.** München: Kommissionsverlag Knorr & Hirth 1929, 295 S., m. 2 Bildtafeln u. 74 Abb., gr. 8°.
Über Pocci und Schmid: S. 17–18.

1930–1940

1192. Pocci, Franz (Enkel): **Franz Stelzhamer am Vortragstisch.** In: Jahrbuch Deutscher Bibliophilen und Literaturfreunde, 14./15. Jg., Zürich, Leipzig, Wien: Amalthea 1930, 206 S., m. Abb. auf 4 Tafeln, 8°, S. 126–127. = PE 736.

1193. Holland, Hyacinth: **Franz Pocci.** Ein Dichter- und Künstlerleben (Bayer. Bibl. 3). In: Sammelband, Hg. v. Verband d. Schleswig-Holst.-Lauenb. Bäder u. Sommerfrische, zus. m. 2 Werken von Karl v. Reinhardtstoettner u. J. P. Ree [3 Titel in einem Band], Kiel: Donath [um 1930], 104 S., 8°. Vgl. PN 1149.

= Neudruck von PE Nr. 562 (1890) – als Sammelband im PE nicht verzeichnet.

1194. Pocci (Enkel), Franz: Vorwort [u. Zusammenst.] der **Pocci-Ausstellung,** Nürnberg 1930 – s. PE Nr. 738.

1195. Pocci (Enkel), Franz: **Franz Pocci und sein Kasperl.** Ein Gedenkblatt zum 125. Geburtstag Poccis. In: Der Puppenspieler II, 5/6, Bochum 1931, S. 277–281.

Von Pocci: 2 Karikaturen für die Gesellschaft Altengland, und eine Skizze zum neuzumalenden Vorhang des Puppentheaters. Vgl.: PE Nr. 744.

1196. Pocci, Franz (Enkel): **Franz v. Kobell und Franz Pocci.** In: Das Bayerland Nr. 21 (1932).

Vergl. PE Nr. 746.

1197. a) Pastor, Kurt: **Franz Pocci als Musiker.** – Phil. Diss. München 1932. [Msch. Ms.]

b) Druckfass. in: Oberbayerisches Archiv für vaterländische Geschichte Bd. 69. München: Histor. Verein v. Oberbayern 1932, 126 S., 8°, m. 7 z. T. farb. Tafeln, 4 Textabb. u. 19 Musikbeispielen. Vergl. PE Nr. 745.

S. 106–122: Bibliograph. Verzeichnis sämtl. Kompositionen Poccis nach Genres geordnet.

1198. Pocci, Franz (Enkel): **Erstdrucke nach Schöpfungen von Franz Pocci** 1807–1876 aus den Jahren 1926–1934. Ergänzungen zu »Das Werk des Künstlers Franz Pocci«. In: Historischer Verein von und für Oberbayern. Oberbayerisches Archiv, Bd. 71, München 1935, S. 123–129, 8°. (Hier abgedruckt unter Nr. PE 720–756.)

1199. a) Vierlinger, Emil: **Münchener Puppentheater.** Ein Beitrag zur Theatergeschichte. – Phil. Diss. München 1935.

b) Druckfass.: **München – Stadt der Puppenspiele.** München: Filser 1943, 160 S., 8°.

Über Pocci und Schmid bis Karl Winkler: S. 73–102 (Die Vereinigung des Volkspuppenspiels mit dem romantischen Marionettenstil in dem von Franz v. Pocci und Papa Schmid gegründeten volkstümlich-literarischen Münchener Marionetten-Theater) – S. 103 f. (Neugründungen von Marionettentheatern nach dem Vorbild der Schmid'schen Bühne).

1200. Morzee, Ingeborg v.: **Das »Gesamtkunstwerk«** im Schaffen Franz Poccis. – Phil. Diss. Wien 1936, 109 S. [Msch. Ms.]

1201. a) Elchinger, Richard: Pocci, **München und die Marionette**. In: Das künstlerische Puppenspiel in München, Hg. Verein Freunde des Puppenspiels e. V., München o. J. [1937], S. 97–128.
b) Dass. in: Das Bayerland, 48. Jg. (1937), H. 4, S. 98–103.

1202. Rümann, Arthur: **Alte deutsche Kinderbücher**. Mit Bibliographie. Wien / Leipzig / Zürich: Reicher 1937, 101 S., m. 150 Tafeln.
Über Pocci: S. 245 u. a.

1203. **Die Zwanglose Gesellschaft** in München 1837–1937. Als Ms. gedr. Vorwort u. Red. Gustav Rohmer. Satz u. Druck: Nördlingen 1937, VIII, 167 S., gr. 8°.
Mit farb. Frontispiz von Pocci, 34 ganzseit. Porträts, Aquarelle u. Zeichn. in Kupfertiefdruck, einige in Farbe; hinten Bilderfolge von Pocci als Leporello. [Mitunter als Beilage: sechsseit. Gedicht »Die zehn Gebote der Zwanglosen« von Max Haushofer, Dreikönigstag 1892.]
Inhalt: Geschichtlicher Abriß. Aus dem Archiv der Zwanglosen Gesellschaft. Vortrags- u. Mitgliederverzeichnis seit 1855.
Abb. von Pocci: 17 sw-Aquarell-Abb. von Mitgliedern u. Selbstkarikaturen, 1 Hanfstaengl-Foto. – Texte von Pocci: Erstürmung der Improvisierleier (1839) – Cincinnatus (1846) – Der »Millibrunn« (1846) – Erwiderung an Mirza Schaffy (1858).
Über Pocci: s. Geschichtl. Abriß S. 9 f.

1204. Werner, Johannes: **Maxe von Arnim**. Tochter Bettinas / Gräfin von Oriola. 1818–1894. Ein Lebens- und Zeitbild aus alten Quellen geschöpft. Leipzig: Koehler und Amelang 1937.
Über Pocci: S. 124–126, 266, 276.

1205. Günther, Herbert: **Künstlerische Doppelbegabungen**. München: Heimeran 1938. Mit 125 meist unveröffentl. Abb., 163 S., Hln. – Erweit. Neufassung s. PN Nr. 1212 (1960).
Enthält guten Überblick über Werke deutschsprach. Künstler vom 16. bis 20. Jh. – Von Pocci 3 Text-Abb.: »Liedl« (Notenblatt), Erstveröfftl. – Am Klavier – Erdinger Moos. – 1 Kunstdruck-Repro Freiherr u. Freifrau v. Kaeser (Erstveröfftl.), München: Heimeran 1938. Mit 125 meist unveröffentl. Abb., 163 S.

1206. **Jugend marschiert** / Kameradschaft der Arbeit / Das große Festspiel… [NS-Schulungsmaterial für Theater- u. Singspiel im 3. Reich]. o. O., o. J., 166 S.
Enthält in 44 Kap. Annotationen zu den Themen: Marionetten- u. Schattenspiele, Kasperle kommt, Klass. Märchenschatz, Rüpeleien- u.

Landknechtspiele usw. Genannt werden u.a. die Werke von W. Eckart, H. Franck, Cervantes, W. Shakespeare, M. Luserke, L. Weismantel u.v.a. – Von Pocci werden neben 4 Kasperspielen »Die Zaubergeige« propagandistisch empfohlen.

1940–1950

1207. a) Glanz, Luzia: Das Puppenspiel und sein Publikum, Diss. Phil. Münster 1940.
b) Gedr.: Berlin: Junker & Dünnhaupt 1941, 98 S, 8°. (Neue dt. Forschungen, Abt. Neue Dt. Lit.gesch., Bd. 33, Hg. Heinz Kindermann)
S. 76–79: Die Puppenspiele des Grafen Pocci (u.a. Untersuchungen zum Schattenspiel »Odoardo«).

1208. a) Hirschbold, Benedikt: **Münchner Heimatbuch.** Ein Jugendbuch von der Großstadt München und ihren Landschaften, 4. Aufl., München: Ehrenwirth 1942. (s.a. PN 890)
Im Buch für den Heimatkunde-Unterricht an Münchner Volksschulen ist S. 21-22 das Gedicht »Der Schäfflertanz« abgedruckt (vgl. Meyer PN Nr. 819,), S. 38–39: Kapitel »Im Marionettentheater«.
b) Dass.: 1949.
c) Dass.: 1950 bei Ehrenwirth/Hugendubel.

1209. **Hinaus in die Ferne.** Mit Butterbrot und Speck. Die schönsten Parodien auf Goethe bis George. Nebst einem Kapitel zeitgenössischer Selbstparodien und einem Bilderanhang. Ges. v. Ernst Heimeran, München: Heimeran 1943, 275 S., 1. Aufl.
S. 255–257 drei Karikaturen Poccis in Gegenüberstellung mit den parodierten mythologischen Darstellungen von Bonaventura Genelli.
– 2. unv. Aufl. 1944; 3. Aufl. 1952; 4. Aufl. 1962.

1210. Lang, Oskar: **Deutsche Romantik.** Die volkstümlichen Zeichner der deutschen Romantik. Deutsche Romantik in der Buchillustration. Mit 75 Abbildungen. Diessen: Einhorn o.J. [nach 1945], 93 S., 94 [!] Abb. = Veränderte (gekürzte) Neuausg. von PE 699 (1922)
Behandelt werden Ph. Otto Runge, E. N. Neureuther, L. Richter, F. Pocci, M. v. Schwind, O. Speckter, Th. Hosemann u.a. – Von Pocci: 10 Abb. aus: Kinderlieder, Totentanz, Was Du willst, Bilderbogen A-B-C u. Lustiges Komödienbüchlein.

1950–1960

1211. Fischer, Otto: **Geschichte der deutschen Zeichnung und Graphik.** München: Bruckmann o.J. [1951], 528 S., m. 16 farb. Tafeln u. 440 (z.T. ganzseit.) Abb., 4°.
Enthält u.a. Abb. aus Poccis »Totentanz« (1862).

1960–1970

1212. Günther, Herbert: **Künstlerische Doppelbegabungen.** Erweiterte Neufassung mit 156 meist erstveröffentlichten Abbildungen nach Werken deutschsprachiger Künstler vom 16.–20. Jahrhundert. München: Ernst Heimeran, 2. Aufl. 1960–87, 279 S., 20 x 17 cm. Vgl. PN Nr. 1205.

Von Pocci 3 Text-Abb.: »Liedl« (Notenblatt), Erstveröfftl. – Am Klavier – Erdinger Moos. 1 Kunstdruck-Repro Freiherr u. Freifrau v. Kaeser (Erstveröfftl.) – Über Pocci: S. 104–106.

1213. Kramberg, Karl Heinz: **Der Clown.** Marginalien zur Narretei. München: Rinn o.J. [um 1960], 59 S. m. Ill., 8°.

Mit 12 Bildtafeln u. Illustr. zum Thema »Clown« von P. Picasso, M. Marceau, F. Pocci u. a.

1214. a) Schrott, Ludwig: **Münchner Alltag in acht Jahrhunderten.** München: Gräfe und Unzer o.J. [1960], 314 S., gr. 8°.

Mehrfache Erwähnung Poccis als Zeitzeuge, S. 176: Abb. von zwei Zeichnungen (Kinderleben) aus den »Münchner Bilderbogen«.

b) Dass.: 1974 ebd.

c) Dass.: München: Hugendubel 1975.

1215. Weyr, Franz: **Kasperl Larifari und der Oberhofbeamte Graf Pocci.** In: Unbekanntes Bayern, Bd. 6, München: Süddeutscher Verlag 1961, S. 170–192. Druckfassung der Rundfunksendung PN 1128

1216. Krafft, Ludwig: **München und das Puppenspiel.** Kleine Liebe einer großen Stadt. München: Akademie f. d. graph. Gewerbe 1961, 142 S., 22 x 29 cm, m. 10 Farbtafeln, 32 sw. Bildtafeln u. 3 Faksimile.

Über Pocci und Schmid S. 35–60: Die neue Ära. Nicht im Handel.

1217. Schrott, Ludwig: **Biedermeier in München.** Dokumente einer schöpferischen Zeit. München: Süddeutscher Verlag. 1963, 444 S., m. zahlr. Text-Ill. u. 66 Abb. auf Tafeln, gr. 8°. – Neuausg. 1987

Mehrfache Erwähnung Poccis als Zeitzeuge: S. 184, S. 187, S. 191, S. 196 bis 197, S. 278, S. 352–353, S. 358–359, S. 413.

Von Pocci mehrere Illustrationen: – S. 73 Der Staatshämorrhoidarius – S. 108 Dem Staatshämorrhoidarius wird der Puls gefühlt – S. 143 »Monsieur le Maigre« – S. 264 »Festkalender« – S. 267 Aus »Geschichten und Lieder mit Bildern« – S. 198 Abdruck der Noten der Hauptthemen der Frühlingssonate.

1218. Rapp, Eleonore: **Die Marionette im romantischen Weltgefühl.** Ein

Beitrag zur deutschen Geistesgeschichte, Bochum: Deutsches Institut für Puppenspiel 1964, 189 S., m. div. Tafeln, 8°. (Forschung u. Lehre Bd. 1)
Erweiterte Neuveröffentlichung der Druckfass. (1924) ihrer Diss. (1917) – vgl. PN Nr. 1163.

1219. Dyhrenfurth, Irene.: **Geschichte des deutschen Jugendbuches.** Zürich: Atlantis 1967.
Über Pocci: S. 107–108.
Von Pocci: Bildgeschichte aus »Geschichten mit Bildern«.

1220. Pörnbacher, Hans.: **Romantisches Biedermeier in Bayern** – Franz Graf Pocci und sein Kreis. In: Bayerische Literaturgeschichte in ausgewählten Beispielen. München: Süddeutscher Verlag. Bd. 2 1967.

1221. Weichselgartner, A.: **Der Schnak von Ammerland.** Vor 160 Jahren wurde Graf von Pocci geboren. In: Bayerland Heft 3, 1967.

1222. a) **Puppentheater.** Figuren und Dokumente aus der Puppentheater-Sammlung der Stadt München. Gestaltung: Günter Böhmer, München: F. Bruckmann 1969, 156 S. m. zahlr. Textabb., 173 sw. Abb. auf Tafeln u. XVI Farbtafeln, gr. 8°. (Schriftenreihe des Münchner Stadtmuseums)
b) Dass.: 2. überarb. u. erweit. Aufl., ebd. 1976/77, 183 S., zahlr. Textabb., 187 Abb. auf Tafeln, 24 Farbtafeln, gr. 8°.
Von Pocci: 2 Vign. u. 1 ganzseit. Abb. (Theaterzettel »Hansel und Grethel«) Pocci u. Schmid in zahlr. Eintr.

1970 –1980

1223. Krafft, Ludwig: **Franz Pocci in eigener Sache.** In: Kasperl- und Gedankensprünge. München, Wien 1970, S. 7-62. – s. PN Nr. 921

1224. Laturell, Volker D.: **Theater und Jugend in München.** Eine Zusammenstellung aus 500 Jahren Münchener Theatergeschichte, München: Benno Tins 1970, 240 S., m. div. sw. Abb., 8°.
Über Pocci: S. 42-64 Kap. IV: Der Kasperlgraf, Papa Schmid und das Münchner Marionettentheater.

1225. Krause, Ernst: **Werner Egk.** Oper und Ballett. Berlin: Henschel 1971, 232 S. m. 30 Abb., zahlr. Notenbeispielen u. Werkverzeichnis, 8°.
Über die Vertonung von Poccis »Zaubergeige«: S. 21; S. 77-87 (Kap. Heitere Volksoper); S. 205f.

1226. Sengle, Friedrich: **Biedermeierzeit.** Deutsche Literatur im Spannungsfeld zwischen Restaurationszeit und Revolution 1815–1848. 3 Bde., Stuttgart: Metzler 1971-1980.
Über Pocci: Bd. 2, S. 528 f.

1227. **Bayern. Kunst und Kultur,** München: Prestel 1972, 574 S., über 500 Abb., davon 36 in Farbe. (Ausstellung d. Freistaates Bayern u. d. Landeshauptstadt München im Stadtmuseum 9. 6. bis 15. 10. 1972)
Pocci: Vielfache Erwähnungen, z. T. m. Abb.

1228. **Die Welt im Puppenspiel.** Text: René Simmen/Fotos: Leonardo Bezzola. Zürich: Silva 1972, 119 S. m. zahlr. Farbtafeln u. sw. Abb., 30 x 22 cm.
Enthält von Pocci 2 Abb. (Schattenriß Kasperletheater; Kasperl m. Verbeugung) u. Theaterzettel »Hansel und Grethel«, ganzseit. Farbfoto m. Fig. v. Heideck/Schmid a. d. Sammlung St. Gallen.

1229. a) Eichler, Ulrike: **Münchner Bilderbogen.** – Phil. Diss. Karlsruhe 1972.
b) Dass.: Oberbayerisches Archiv Bd. 99. Verlag des Historischen Vereins von Oberbayern, München 1974, 127 S., 43 S.Abb. (8 farb. u. 35 sw. Abb. auf Tafeln) gr. 8°.
Über Pocci: fortlaufend im Text u. Komm. – Autorin verzeichnet 29 Pocci-Beiträge für Brauns »Bilderbogen« – Von Pocci abgeb.: Das Einmaleins in Reimen und Bildern in Farbe (Nr. 114-117); Bilderbogen-Alphabet 1. Bg. in sw. (Nr. 171).

1230. a) Egk, Werner: **Die Zeit wartet nicht.** Percha am Starnberger See: R. S. Schulz o.J. [1973], 535 S., 8°.
S. 211–256: Über Entstehung u. Komposition von Poccis »Zaubergeige«.
b) Die Zeit wartet nicht. Künstlerisches, Zeitgeschichtliches, Privates aus meinem Leben. München: Goldmann 1981, 583 S, m. Abb., 8°. (Lizenz Verlag R. S. Schulz) – 2. erg. Aufl.
c) Dass.: Taschenbuch-Ausg. Goldmann Schott 1981 (Tb 33059). – Nachaufl. ebd. 2001.

1231. Doderer, Klaus: **Das poetische Bilderbuch** im 19. Jahrhundert. In: Geschichte und Entwicklung des Kinderbuchs in Deutschland von den Anfängen bis zur Gegenwart. Hg. K. Doderer u. H. Müller. Weinheim, Basel: Beltz 1973, VIII 542 S., m. 248 teils farb. Abb., gr. 8°. – 2. Aufl. 1975.
Über Pocci: S. 18f.

1232. Alckens, August: **München in Erz und Stein.** Gedenktafeln, Denkmäler, Gedenkbrunnen. Mainburg: Pinsker 1973, 8°.

Nr. 333: Gedenktafel an Poccis Geburtshaus am Promenadeplatz.

1233. Schedler, Melchior: **Schlachtet die blauen Elefanten!** Bemerkungen über das Kinderstück. Weinheim, Basel: Beltz 1973, 226 S., 8°.

S. 60–168: Der Kasperl, das Kasperle, die Kasperei. – Über Pocci: S. 100 bis 108.

1234. Kunze, Horst: **Alles für das Buch.** Leipzig: Bibliographisches Institut 1974, 404 S., 8°

Sammelband zu Sprache und Literatur anläßlich des 25. Jahrestages der Wiedereröffnung der Dt. Staatsbibliothek Berlin. – Über Pocci: Kunzes Nachwort zu Friedrich Güll und Franz Pocci, Kinderheimat in Liedern und Bildern (1966). – s. PN Nr. 913.

1235. Rall, Roland: **Kasperl – Ein Plebejer auf dem Theater.** Bemerkungen zu den Kasperlstücken von Franz Pocci, Walter Benjamin und Max Kommerell. In: J. Drews (Hg.): Zum Kinderbuch. Betrachtungen. Kritisches. Praktisches, Frankfurt a. M., Insel 1975 (it 92).

Über Pocci: S. 60–85.

1236. Unger, Helga: **Zwölf Jahrhunderte Literatur in Bayern.** Ausstellung. d. Bayer. Staatsbibliothek März bis Mai 1975, München: Ehrenwirth 1975, 172 S., zahlr. Abb., 8°.

Über Pocci: S. 129-131, farb. Abb. 54.

1237. Zacharias, Alfred: **Franz von Pocci im Rahmen der Illustration des 19. Jahrhunderts.** In: Illustration 63. Zs. f. d. Buchillustration, 12. Jg. in 3 H., Memmingen: Visel 1975, 108 S., 4°.

Beitrag über Pocci, S. 21 -24. (H. 1)

1238. Pörnbacher, Hans u. Karl: **Romantik in Altbayern.** In: Handbuch der Bayerischen Geschichte, Bd. 4/II, Hg. Max Spindler, München: C. H. Beck 1975.

Über Pocci: S. 1105 f.

1239. **Bayern. Ein Lesebuch.** Begründet von Ludwig Thoma und Georg Queri. Neu herausgegeben von Hans E. Valentin, München: Langen Müller 1975, 649 S., 8°.

Lizenzausgabe für Manfred Pawlak Verlagsgesellschaft, Herrsching 1975. Enthält von Pocci: Kasperl in der Türkei, S. 350–358.

Über Pocci: Kurzvita und Darstellung seiner wichtigsten Werke sowie Angaben zur Sekundärliteratur, S. 603.

1240. Semrau, E.: **Graf Pocci und das kulturelle München**. In: Weltkunst 12/1976. Kunst und Technik, München 1976, S. 1230f.

1241. Beckenbauer, Alfons: **Landshuter Motive im graphischen Werk des Studenten Franz Graf v. Pocci**. In: Verhandl. d. Histor. Vereins f. Niederbayern, Bd. 102, Landshut 1976, 204 S., m. zahlr. Abb., gr. 8°.
Über Pocci: S. 160–178 [Todestag fälschlich mit 7. Mai angegeben.]

1242. Döbrich, Rainer W.: **Franz von Pocci. Kasperlkomödien**. Stuttgart: Reclam 1976 (UB 5247), 32. S., kl. 8°. (Lehrpraktische Analyse 43) Nachaufl. 1983.
Biograph. Bedingungen – Puppenspiel u. Kasperltheater – Didaktische Aspekte – Arbeitshinweise – Wort- u. Sacherklärungen.

1243. a) Jurkowski, Henryk: **Das romantische Puppentheater für Kinder**. In: Dzieje teatru lalek (Część II). Od romantyzmu do wielkiej reformy teatru. Warszawa: Państwowy Instytut Wydawniczy 1976, 305 S., m. zahlr. Abb., 24 x 16,5.
Über Pocci: S. 54–61 (Romantyczny teatr lalek dla dzieci)
b) Dass.: Das romantische Puppentheater in Deutschland. (Übersetzung Helga Albrecht). In: Material zum Theater 121. Reihe Puppentheater H. 10., Hg. Verband der Theaterschaffenden der DDR 1976, 152 S., kl. 8°.
Über Pocci u. Schmid: S. 117–124 (dt.) – Auszug aus PN Nr. 1246a.
c) Dass.: Dzieje teatru lalek w europie. (Część I). Egzemplarz do użytku wewnętrznego [Als Lehrmaterial], Białystok 1986, 253 S., gr. 8°.
Über Pocci u. Schmid: S. 219–227

1244. Karlinger, Felix: **Franz v. Pocci**. In: Schönere Heimat, 65. Jg., H. 4, München 1976, S. 297/298.

1245. Leube, Dietrich: **»Wozu der Quark?«** Nachwort zu: Pocci, Franz: Kindereien, Frankfurt a. M. 1976. – s. PN Nr. 937.

1246. Stubbe, Wolf: **Illustrationen und Illustratoren**. In: Buchkunst und Literatur in Deutschland 1750-1850, Hamburg: Maximilian Gesellschaft 1976, 369 S.
Über Pocci: Bd. 1, S. 58–144

1247. Asper, Helmut G.: **Das Puppenspiel in Deutschland** im 19. und 20. Jahrhundert. In: Kölner Geschichtsjournal Nr. 1, Köln 1976, S. 12–27.

1248. Moisy, Sigrid v.: **Graf Pocci und das kulturelle München**. Gedächtnisausstellung der bayerischen Staatsbibliothek in Verbindung mit dem Staatsarchiv München aus Anlaß des 100. Todestages Poccis. München 19.5. bis 25.6.1976, Faltblatt zur Ausstellung, 12 S. mit Illustrationen.

1249. Garnerius, H.: **Zu einigen unveröffentlichten Blättern Pocci's** und dem Problem des Dilettantismus. In: Die Kunst 1976, S. 93–96.

1250. Busse, Joachim: **Internationales Handbuch aller Maler** und Bildhauer des 19. Jahrhunderts, Wiesbaden: Busse Kunst-Dokumentation 1977, 1. Aufl., 1408 S., 4°.

1251. Riha, Karl: **Kaspers Wiederkehr**: Vom Grafen Pocci zu H. C. Artmann. In: Kasperletheater für Erwachsene. Frankfurt a. M. 1978 – s. PN Nr. 949.

1252. Rilz, René: **Pocci – Künstler und Kinderfreund.** In: Lustige Gesellschaft, Bayreuth 1978. – s. PN Nr. 947.

1253. Czettritz, Annemarie: **Franz Graf Pocci.** Freund der Kinder und der Musen (Bavarica Antiqua – Verborgene Kostbarkeiten der bayerischen Kulturgeschichte), München: Bayerische Vereinsbank 1979, 47 S., m. 56 sw. u. farb. Abb. von Pocci. – 2. Aufl. 1983.

1254. Jäger, Roland: **Ritter und Eisenbahn.** Nachwort zu: Lustige Gesellschaft, Leipzig 1979. – s. PN Nr. 961.

1255. Göbels, Hubert: **Hundert alte Kinderbücher** aus dem 19. Jahrhundert. Eine illustrierte Bibliographie. Dortmund: Harenberg 1979 (Biblioph. Tb. Nr. 123), 427 S., m. zahlr. sw. Abb., 8°. – 2. überarb. Aufl. 1990.
Über Pocci: S. 296 u. 3 ganzseit. Titelseiten aus dem Lustigen Komödienbüchlein.

1256. **Pocci, Franz Graf von**: In: Brockhaus Riemann Musiklexikon in zwei Bänden. Hg. von Carl Dahlhaus und Hans Heinz Eggebrecht, 2. Band, Wiesbaden: Brockhaus, Mainz: B. Schott's Söhne 1979, S. 313.

1257. **Münchner Landschaftsmalerei** 1800–1850. Katalog zur Ausstellung Städt. Galerie Lenbachhaus, München 1979. Hg. Armin Zweite, 466 S., viele z. T. farb. u. ganzseit. Abb.
Enthält Abb. von W. v. Heideck, F. v. Kobell, F. v. Pocci, J. Schnorr v. Carolsfeld, M. v. Schwind, C. Spitzweg u. v. a.

1258. Schober, Gerhard: **Bilder aus dem Fünf-Seen-Land**, Starnberg: Landkreis Starnberg 1979.
Abb. 184-191 nach Aquarellen und Zeichnungen Poccis mit Ortsansichten und Bauernhäusern.

1259. Nickel, H.-W.: **Puppenspiel**, Puppentheater (Figurentheater). In: K. Doderer (Hg.): Lexikon der Kinder- und Jugendliteratur, 3. Bd.: P–Z, Weinheim 1979.
Erwähnung Poccis an mehreren Stellen.

1260. Doderer, K. (Hg.): **Lexikon der Kinder- und Jugendliteratur**, 3. Bd.: P–Z, Weinheim 1979.
Erwähnung Poccis an mehreren Stellen.

1261. Pape, W.: **Pocci, Franz Graf von**. In: K. Doderer (Hg.): Lexikon der Kinder- und Jugendliteratur, 3. Bd.: P–Z. Weinheim 1979, S. 61–63.

1980–1990

1262. **Pocci, Franz von**. In: The World Encyclopedia of Cartoons, Ed. Maurice Horn, Detroit: Gale Research 1980, S. 450–451.

1263. Pressler, Christine: **Schöne alte Kinderbücher**, München: Bruckmann 1980.
6 Abbildungen und 2 Vignetten nach Kinderbüchern Poccis, mehrfache Texterwähnung.

1264. Moisy, Sigrid v./Krätz, Otto Paul: **»Seine Majestät machten sich einen Knopf ins Schupftuch«**. Die Rolle Justus von Liebigs im München König Max II. In: Kultur und Technik 4, 1980, S. 32–39.
Über Pocci: S. 36f., 39.
Von Pocci: S. 36, 38: zwei Karikaturen aus dem Album der »Zwanglosen Gesellschaft« und für die Gesellschaft »Altengland«.

1265. Hobrecker, Karl: **Alte vergessene Kinderbücher**. Nachdruck der Ausgabe von 1924. Hg. Hubert Göbels, Dortmund: Harenberg 1981 (Die bibliophilen Taschenbücher Nr. 287), m. zahlr. sw u. farb. Abb., 215 S., kl.8°. – s. PN Nr. 1170 (1924).
Als Anhang: 29 S. H. Göbels Nachwort mit weiterführ. Bibliogr. – Über Pocci: S. 110f., S. 131. Von Pocci: Auszug aus »Kasperl in der Türkei«.

1266. Pape, Walter: **Das literarische Kinderbuch**. Studien zur Entstehung und Typologie. Berlin, New York: Walter de Gruyter 1981, XI, 462 S., 4 Vign., 8°.
Druckfassung der Habilschrift, Köln 1980.– Analysen von Chr. F. Weiße, F. Pocci, W. Busch, F. H. Burnett.
Darin: Der naive Improvisator: Franz von Pocci oder die Befreiung im Spiel. S. 237–302: Restauration und Unsterblichkeitsglaube – Der Volksschriftsteller – Improvisationen – Die Werke für Kinder (a. Die Publikationsformen, b. Die Gattungen) – Die Kasperlkomödien.

1267. Nöbel, Manfred: **Kasperl redivivus?** Zur lustigen Figur bei Franz Pocci. In: Kasperls Heldentaten, Berlin 1981, München 1984. – s. PN Nr. 969.

1268. Wieninger, Karl: **Franz Graf Pocci, der Vater des Kasperl Larifari.** In: Bayerische Gestalten. 74 Lebensbilder bedeutender Bayern von Herzog Tassilo III bis Werner Heisenberg. München: Hugendubel 1981, 399 S., 8°.
Über Pocci: S. 243–247

1269. Moisy, Sigrid v.: **Paul Heyse.** Münchner Dichterfürst im bürgerlichen Zeitalter. Ausstellung der Bayerischen Staatsbibliothek 23.1. bis 11.4.1981, München: Beck 1981. 254 S.
Über Pocci: S. 68, 71, 75, 80f.
Von Pocci: S. 73: Karikatur für die Gesellschaft »Altengland«

1270. **Licht und Schatten.** Scherenschnitt und Schattenspiel im Zwanzigsten Jahrhundert. [Katalog zur] Ausstellung des Puppentheatermuseums im Münchner Stadtmuseum vom 15.10.1982 bis 9.1.1983. Konzeption: Alfred Happ, Dettenhausen, 183 S., 23 x 21 cm.
Von Pocci S. 113: aus dem Münchner Bilderbogen Nr. 156 »Allerneuestes Schattenspiel«. Katalog u. Bibliographie.

1271. Krahé, Hildegard (Hg.): **Lothar Meggendorfers Spielwelt**, München: Hugendubel 1983, 198 S., m. 193 teils farb. Abb.
Über Pocci S. 47–51: Kasperl Larifari und das Münchner Puppenspiel (m. 1 Theaterzettel, 1 Foto Schmid) – 6 Zeichn. d. Meggendorfer Kasperl.

1272. Moisy, Sigrid v./Krätz, Otto Paul: **Die Rolle Justus von Liebigs im München König Max II.** In: Liebigs Experimentalvorlesung. Vorlesungsbuch und Kekulés Mitschrift. Hg. u. komm. von Otto Krätz und Claus Priesner unter Mitarbeit von Otto Krätz, Annemarie Diem u. Sigrid von Moisy, Weinheim u.a. 1983, S. 47–61.
Über Pocci: S. 54, 56–58.
Von Pocci: S. 54, 56: zwei Karikaturen für die Gesellschaft »Altengland« und aus den Alben der »Zwanglosen Gesellschaft«.

1273. Dirrigl, Michael: **Maximilian II. König von Bayern** 1848–1864, Bd. 2, München: Hugendubel 1984, 6, 2095 S., gr. 8°.
Darin S. 1078–1184: Franz Graf Pocci, Zeremonienmeister und Hofmusikintendant Maximilians II, »drîer küniege getriuwer kameraere« – s. auch Separatdruck PN Nr. 1320 (2001).

1274. Gebhardt, Heinz: **Franz Hanfstaengl.** Von der Lithographie zur

Photographie. Ausstellungskatalog, München: Münchner Stadtmuseum 1984.

Abb. mehrerer Karikaturen von Pocci, insbesondere im Kapitel »Graf Litho, alias Hofrat Columbus«: Lord Hanfstaengl als »Zwangloser« in der Gesellschaft »Alt England« (S. 178–183, dort auch die Portraitphotographie Poccis von Hanfstaengl).

1275 **Kinder- und Jugendliteratur** der Romantik. Eine Textsammlung. Mit 25 Abbildungen. Hg. Hans-Heino Ewers, Stuttgart: Reclam 1984 (UB 8026), 640 S., kl. 8°.

Enthält von Pocci/Görres: aus dem Festkalender V, VIII: Kinderlied (S. 102) – Der Schutzengel (S. 103f.) – Von Pocci/Güll: aus: Kinderheimat 2. Aufl.: Vom Büblein auf dem Eis (S. 151f) – Von Pocci/Raumer: aus den Kinder-Liedern: Titelblatt u. Die fleißigen Kinder (S. 177; 176) – Von Pocci: aus Neues Kasperl-Theater: Titelblatt u. Kasperl's Heldentaten (S. 497; 495–510 – Aus dem Lustigen Komödienbüchlein Bd. 1. Prinz Rosenrot und Prinzessin Lilienweiß (S. 511–535).

Über Pocci: Einführung in Kasperlkomödien und Puppenspiele (S. 495f.) – Angaben zu Person u. Werk (S. 585–587). s. PN Nr. 989

1276. Moisy, Sigrid v.: **Von der Aufklärung zur Romantik:** Geistige Strömungen in München. Bayerische Staatsbibliothek. Ausstellung München 26.6. bis 24.8.1984. Regensburg: Pustet 1984, 248 S.

Über Pocci: S. 9, 34, 116, 200–205, 208, 217, 220–222, 224.

Von Pocci: S. 220: Karikatur aus den Alben der »Zwanglosen Gesellschaft«.

1277. a) Wegehaupt, Heinz (Hg.): **Mein Vöglein mit dem Ringlein rot.** Hundert Illustrationen aus zwei Jahrhunderten zu Märchen der Brüder Grimm, Berlin: Der Kinderbuchverlag 1985, 224 S., m. zahlr. sw. u. farb., z. T. ganzseit. Abb., 4°. – 2. Aufl. 1986.

Enthält: 15 Märchen der Br. Grimm, illustriert von namhaften Künstlern aus aller Welt: G. Cruikshank, Th. Hosemann, L. Richter, M. v. Schwind, M. Slevogt u. v. a. – Von Pocci: Titelblatt zu »Sneewittchen« u. 1. Illustr. zu »Hänsel und Gretel«. – Über Pocci u. d. Brüder Grimm (S. 21–23).

Befremdlich Wegehaupts Beurteilung: Poccis »Zeichnungen wirkten oft ungelenk, eckig und kantig, doch das sei bewußt angewandtes Gestaltungsmittel. Pocci bemühte sich absichtlich wenig um künstlerische Perfektion.« (Einf. S. 21)

b) Dass.: Unveränd. Mitdruck der 2. Aufl. f. Verlag Werner Dausien, Hanau o.J. [1986].

1278. a) Fontaine, Cary-Madelaine: **Das romantische Märchen.** Eine Synthese aus Kunst und Poesie. Diss. München 1982.

b) Druckfassung: München: Tuduv 1985.

1279. Frühwald, Wolfgang: **Katholische Literatur im 19. und 20. Jahrhundert in Deutschland**. In: Religiös-kulturelle Bewegungen im deutschen Katholizismus seit 1800. Hg. Anton Rauscher, Paderborn, München, Wien, Zürich: Schöningh 1986, 202 S.
Über Pocci: S. 9–26.

1280. Till, Wolfgang (Hg.): **Puppentheater**. Bilder. Figuren. Dokumente, München: Handbuch des Puppentheatermuseums im Münchner Stadtmuseum 1986, 200 S., m. zahlr. meist farb. Abb., 27 x 21 cm.
Über Pocci und Schmid: S. 83–92, m. 12 z.T. ganzseit. u. farb. Fotos, 2 Vign.

1281. Schmitz, Walther: **Jugendträume und Gevatter Tod**. Zum Werk von Franz Graf Pocci nach 1848. In: Literatur in Bayern Bd. 5., Hg.: Institut f. Bayr. Literaturgesch. d. Universität München, Pfaffenhofen 1986.
Über Pocci: S. 19–25.

1282. Miehle, Renate: **Die braune Bill**. Aus dem Leben der Jugendschriftstellerin Isabella Braun aus Jettingen (1815/1886). Hg. Marktgemeinde Jettingen-Scheppach 1986.
Über Pocci: S. 96–100, mit mehreren Abbildungen und 1 Portrait.

1283. **Hundertfünfzig Jahre Zwanglose Gesellschaft**. München 1837-1987. Red. Alfons Frank u.a. [Festschrift und zur Ausstellung im Ignaz-Günther-Haus]. Zwanglose Gesellschaft, München 1987, m. farb. Frontispiz von Pocci u. 36 z.T. ganzseit. Abb. u. Dok., 192 S., gr. 8°.
Inhalt: Historia Zwanglosiana – Aus dem Archiv der Zwanglosen – Literarische Beiträge – Vortrags- u. Mitgliederverzeichnis 1837-1987.
Von Pocci: 13 sw. Aquarell-Abb., 1 Porträt von A. Selb u. 1 Selbstkarikatur. Texte von Pocci: Erstürmung der Improvisierleyer durch die Zwanglosen (1839) – Zu Maßmanns Kinderstube – Brief an Ernst Förster (1856) – Erwiderung an Mirza Schaffy (1858).
Über Pocci: Im Kap. Leidenschaft zu dichten / Quelle geistiger Anregung (m. Zitaten) – Als literar. Beitrag von Heinrich Künzler (S. 95-104): »Die Zwanglose Gesellschaft, gesehen in Zeichnungen von Franz Graf v. Pocci« (m. Text- u. Bildbeigaben) u.a.

1284. Hollweck, Ludwig (Hg.): **Karikaturen von den Fliegenden Blättern bis zum Simplicissimus** 1844–1914. Mit Ill. von F. Pocci, C. Stauber, M. v. Schwind, W. Schulz u.a., Herrsching: Pawlak o. J. [1987?], 233 S., 8°.
Enthält Zeichn. von C. Stauber, F. Pocci, M. v. Schwind, W. Schulz u. v. a.

1285. **Kasperl Larifari. Blumenstraße 29a**. Das Münchner Marionetten-

Theater 1858–1988. Hg. Münchner Stadtmuseum und Stadtarchiv. Redaktion: Florian Dering u. Manfred Wegner. München: Hugendubel 1988, 103 S. Mit 93 Abb., davon 11 in Farbe, 28 x 21 cm.

S. 9–50: Beitrag von Anne Feuchter-Schawelka über Franz Pocci und die Gründerära Josef Leonhard Schmid. – Enthält auch ein Verzeichnis der Inszenierungen u. der Bühnennachlässe.

1286. Goepfert, Günter: **Franz von Pocci.** Zeremonienmeister – Künstler – Kasperlgraf. Weilheim: Stöppel 1988, 95 S., m. 36 sw. Abb. u. farb. Grafiken, kl. 8°. (Stöppel-Kaleidoskop 202. Reihe: Persönlichkeiten)

Gegliedert in die Abschnitte: Die Herkunft – Kindheit – Jugendjahre – Vom Studiosus zum Zeremonienmeister – Albertine – Görres-Kreis und »Fliegende Blätter« – Schloß Ammerland – Hofmusikintendant und Komponist – König Max II. und die »Nordlichter« – Pocci als Dichter – Oberstkämmerer unter Ludwig II. – Künstlerfreundschaften und »Alt-England« – Die »Zwanglosen« – »Kasperlgraf« und Puppenspiel-Klassiker – Gevatter Tod.

1287. Nöbel, Manfred: **Franz Pocci – Ein Klassiker und sein Theater.** In: Spiele der Puppe. Beiträge zur Kunst- und Sozialgeschichte des Figurentheaters im 19. und 20. Jahrhundert. Hg. Manfred Wegner. Köln: Prometh 1989, 272 S., m. zahlr. Abb., gr. 8°. (Festschrift zum 50jährigen Bestehen des Puppentheatermuseums im Münchner Stadtmuseum)

Über Pocci und Schmid: S. 48–66, m. 5 Abb.

1288. Schug, Albert (Hg.): **Die Bilderwelt im Kinderbuch.** Kinder- und Jugendbücher aus fünf Jahrhunderten. Katalog zur Ausstellung der Kunst- und Museumsbibliothek und des Rheinischen Bildarchivs der Stadt Köln. Stadt Köln 1988, m. über 1500 farb. Abb., 539 S., 4°.

Dokumentiert werden insgesamt 3000 Titel in nat. u. themat. Anordnung, m. Essays u. Sek. Lit. – S. 53, 339–340: Bibl. Nachweise über Pocci. – Von Pocci: Abb. S. 157 u. Bibliogr. Nr. 251–258: Blumenlieder – Festkalender VI – Jardinet de roses – Blaubart – Alte und neue Kinderlieder – Bauern ABC – Güldenes Weihnachts-ABC – Lustige Gesellschaft.

1289. Hans Ries: **Dilettantismus als Kunstform.** Franz Graf Pocci als Illustrator. In: Börsenblatt für den Deutschen Buchhandel, Frankfurter Ausgabe, Nr. 26, 31. März 1988, S. A 81–A 85.

mit 4 Abb. nach Buchillustrationen

1290. Wegehaupt, Heinz (Hg.): **Rose, Prinz und Nachtigall.** Hundert Illustrationen aus anderthalb Jahrhunderten zu Märchen von Hans Christian Andersen. Berlin: Der Kinderbuchverlag 1989, 303 S., m. zahlr. sw. u. farb. z. T. ganzseit. Abb., 4°.

Enthält: 15 Andersen-Märchen von namhaften Künstlern illustriert. – Über Pocci: Einführung S. 18-21 u.a. – Von Pocci: 2 Illustr. zur engl. Ausg. v. Boner 1847/48.
b) Dass.: unveränd. Mitdruck f. Verlag Werner Dausien, Hanau o.J. [1989].

1990–2000

1291. Woeller, Waltraud u. Matthias (Hg.): **Es war einmal...** Illustrierte Geschichte des Märchens. Edition Leipzig 1990, 275 S., m. 47 z.T. ganzseit. Farb-Abb. u. 170 z.T. ganzseit. sw.-Abb., 27,5 x 21 cm.
Von Pocci: Gestiefelte Kater (Lustige Gesellschaft), Schneewittchen (A. L. Grimms Kindermährchen).

1292. M(arilyn) M(urphy): **Franz Graf von Pocci.** In: Deutsches Literatur Lexikon, Biographisch-bibliographisches Handbuch. Begr. v. Wilhelm Kosch. 3. völlig neu bearb. Auflage. 12. Band. Hg. v. Heinz Rupp und Carl Ludwig Lang. Bern/Stuttgart: Francke 1990, Spalte 82–85.

1293. Krafft, Barbara/Nefzger, Ulrich: **Das Hohe Schloß zu Füssen als neue Heimstatt für den Grafen Pocci.** Eine Entdeckungsreise durch die Pocciana-Sammlung in Familienbesitz. In: Charivari H. 10, 1990, S. 20–25.
(mit zwei Aquarellen und einer Federzeichnung, bisher unveröffentlicht)

1294. **Franz von Pocci 1807-1876. Phantasien, Scherze und Veduten.** Die Pocciana-Sammlung in Familienbesitz im Hohen Schloß Füssen. Faltblatt zur Ausstellung 1990, Text Barbara Krafft und Ulrich Nefzger, 10 S. gefaltet, 17 farbige Abb. nach meist unveröffentlichten Arbeiten Poccis.
Überblick über die Gesamtheit der graphischen Blätter Poccis in Familienbesitz.

1295. Ewers, H.-H.: Romantik. In: R. Wild (Hg.): **Geschichte der deutschen Kinder- und Jugendliteratur.** Stuttgart: Metzler 1990. – Stuttgart, Weimar: Ebd. 2002.
Über Pocci zahlreiche Eintragungen.

1296. a) Valenta, Reinhard: **Franz von Poccis Münchener Kulturrebellion.** Alternatives Theater in der Zeit des bürgerlichen Realismus. Phil. Diss. München 1991.
b) Dass.: gedruckt in: Literatur aus Bayern und Österreich. Literaturhistor. Studien Bd. IV. (Hg. v. Dietz-Rüdiger Moser u. Herbert Zemann), München: W. Ludwig 1991, 404 S., 8°.
Untersucht werden vor allem Poccis Verhältnis zur zeitgenöss. Kunst- u.

Kulturszene, seine Suche nach Alternativen zum Theater des bürgerl. Realismus und seine Stellung in der deutschen Lachkultur.
Pocci: Entdeckung. Biographie – Alterität als Alternative: Zur Situation des Dramas in der Zeit des bürgerl. Realismus – Poccis Theater- u. Dramenkritik in ihrem biographisch-zeitgeschichtl. Kontext – Alterität als prakt. Alternative: Calderón-Rezeption im »Gevatter Tod« – Das Volkstheater: Eine Alternative zur Hofbühne (»Michel der Feldbauer«) – Karnevalisierung des Dramas aus dem Geiste der Dult: Das »Neue Kasperl-Theater« – Schmids Marionettentheater als Forum der Komödie Poccis: Entstehung u. Eingliederung in die Münchner Kulturgeselligkeit – Die Krise des Dramas als Sujet der Märchenkomödie: Poccis »Dornröslein« – Die Demontage der »moralischen Komödie«: »Kasperl als Prinz« – Verarbeitungsformen des Münchener Diskurses: Richard Wagner u. Ludwig II. im Werk Poccis unter bes. Berücksichtigung der Märchenfarce »Die Zaubergeige« – Der Wissenschaftsdiskurs in Poccis Marionettenkomödien: Ein »Jux« auf dunkler Folie – Zusammenfassung.

1297. Feustel, Gotthart (Hg.): **Prinzessin und Spaßmacher.** Eine Kulturgeschichte des Figurentheaters der Welt. Leipzig: Leipzig 1991, 228 S., 220 z. T. farb. Abb., 27,5 x 24,4 cm. (Sammlung Kulturgeschichte)

Über Pocci und Schmid: S. 98-99; 117f. – Theaterzettel »Hansel und Grethel« – Abb. 72 Foto: Papa Schmid vor seiner Bühne.

1298. Pape, W.: **Pocci, Franz Graf von**: In: Walther Killy (Hg.): Literaturlexikon. Autoren und Werke deutscher Sprache, Bd. 9, Gütersloh 1991.

1299. Wegehaupt, Heinz (Hg.): **Robinson und Struwwelpeter,** Bücher für Kinder aus fünf Jahrhunderten. – Ausstellungskatalog der Berliner Deutschen Staatsbibliothek. Ausstellungen vom August 1991 bis September 1992 in Bonn-Bad Godesberg, Schloß Cappenberg u. Staatsbibliothek zu Berlin. 175 S. m. 30 Farbtafeln, 38, z. T. ganzseit. Textabb., 8°. – 2 Aufl.

Von den 342 Nummern deutschsprach. Kinder- u. Jugendbüchern wurden 8 Exponate von Pocci gezeigt. Im Katalog: als Farbtafel Weihnacht (Lust. Bilderbuch) u. sw. Vom bucklichen Männle (Alte u. neue Lieder f. Kinder). – Wegehaupt räumte Pocci zwar ein eigenes Kapitel ein, wiederholte jedoch seine These, daß seine Zeichnungen »oft ungelenk, eckig und kantig« wirken. (S. 115) – vgl. PN 1277.

1300. »**Pfui, ruft da ein jeder**« – Alte Kinderbücher aus der Vordomme-Sammlung der Universität Göttingen. Ausstellungskatalog. Hg. Wolfgang Wangerin, Göttingen: o. V. 1992, 132 S. m. 100 Abb., davon 62 in Farbe, gr. 8°. (Ein Projekt der Arbeitsgruppe Historische Jugendbuchforschung der Universität Göttingen)

Mit Beitr. von Comenius, Campe, Pocci, Nieritz, Spyri u. v. a.

1301. Ries, Hans: **Illustration und Illustratoren des Kinder- und Jugendbuchs im deutschsprachigen Raum** 1871–1914. Osnabrück: H. Th. Wenner 1992.

Über Pocci: S. 782–784 und zahlreiche Erwähnungen.

1302. Moisy, Sigrid v.: »**Geibel ein Bayer**«. Aus der Geschichte der »Zwanglosen Gesellschaft« in München. In: Literatur in Bayern 30, München 1992, S. 40–52.

Über Pocci: S. 42f., 47, 50, 52
Von Pocci: 7 Karikaturen aus den Alben der »Zwanglosen Gesellschaft«.

1303. Fleming, Kurt: **Karikaturisten-Lexikon**, München, London, New York, Paris: Saur 1993.

Über Pocci: S. 219–220.
[Eine Sammlung fehlerhafter Angaben!]

1304. **Brasilianische Reise 1817–1820**. Carl Friedrich Philipp von Martius zum 200. Geburtstag. [Schirn Kunsthalle Frankfurt 16.9. bis 16.10.1994; Staatliches Museum für Völkerkunde München, Dezember 1994 bis April 1995]. Hg. v. Jörg Helbig. München: Hirmer 1994.

Über Pocci: S. 94, 111f, 178.
Von Pocci: S. 38 Tafel 6: Karikatur aus den Alben der »Zwanglosen Gesellschaft«.

1305. Eichler, Ulrike: **Kunst bringt Gunst**. Randbemerkungen zu dem in München versteigerten Gemälde »Kaiser Maximilian bei Albrecht Dürer«. In: pinxit/sculpsit/fecit, Kunsthistorische Studien, Festschrift für Bruno Bushart, hg. v. Bärbel Hamacher u. Christel Karnehm. München: Deutscher Kunstverlag 1994.

Pocci: S. 332–343. (Gedicht und Illustration Poccis zur Künstlerlegende aus dem Festkalender Bd. II, PE 32)

1306. **Kunterbunter Guckkasten**. Franz von Pocci (1807–1876) skizziert kleine Welten. Neues aus den Köstlichkeiten der Pocciana-Sammlung in Familienbesitz im Hohen Schloß Füssen. Faltblatt zur Ausstellung 1995. Text Barbara Krafft und Ulrich Nefzger, 8 Seiten gefaltet, 15 farb. Abb. nach meist unveröffentlichten Arbeiten Poccis.

1307. Heißerer, Dirk: **Wellen, Wind und Dorfbanditen**. Literarische Erkundungen am Starnberger See. München: Diederichs 1995.

Über Pocci: S. 115–121 (im Kapitel über Ammerland).

1308. Nöbel, Manfred: **Pocci, Franz**. In: Theater Lexikon international. Hg. v. J. C. Trilse-Finkelstein u. a., Berlin: Henschel 1995, 1. Auflage, 1024S.

Über Pocci: S. 689
Der Vorgänger erschien unter dem Titel: Theaterlexikon, Berlin 1977.

1309. Krafft, Barbara: **Das Ammerlander Gästebuch** des Grafen Pocci. Eine Sommerchronik. In: Charivari, H. 7/8, 1996, S. 52–57.
Dieses Gästebuch ist eine wichtige Autographen-Sammlung und befindet sich in der Pocciana-Sammlung in Familien-Besitz.

1310. Killy, Walther: **Pocci, Franz Graf von:** In: Deutsche Biographische Enzyklopädie (DBE), Bd. 8., hg. v. Walther Killy u. Rudolf Vierhaus, München: Saur 1998, S. 6.

1311. **Kinder- und Jugend-Literatur.** Ein Lexikon. Hg. v. Kurt Franz, Günter Lange und Franz-Josef Payrhuber, Meitingen: Corian Heinrich Wimmer, Teil 1: Autoren, »Franz Graf Pocci« von Manfred Berger, 5. Erg.-Lfg. Februar 1998, S. 1–15. (Ringbuchsammlung)

1312. Eitler, Artur: **Aus der Geschichte der Münchener Künstlergenossenschaft königlich priviligiert von 1868.** München 1998. 14 S., 8°.
Von Pocci 1 Illustration: die alte MKG.
[Nach Zeitungsbericht von Rosel Termolen (Süddeutsche Zeitung Nr. 109 1993) »ließen Naziherrschaft und Krieg die Künstlergenossenschaft nicht ungeschoren. Grundbesitz, Barvermögen und eine Graphiksammlung von unschätzbarem Wert werden von der Reichskunstkammer beschlagnahmt. Nichts davon wird nach dem Krieg zurückgegeben.«]

1313. Goepfert, Günter: **Franz von Pocci.** Vom Zeremonienmeister zum »Kasperlgrafen«. Lebens- und Schaffenswege eines universellen Talents, Dachau: Bayerland 1999, 132 S., m. farb. Titelbild, Frontispiz, 8 ganzseit. farb. Abb., 138 sw. Fotos, Graphiken, Vign., Faks. u. Noten; 2 Aquarelle auf dem Vorsatz, 23 x 23,5 cm.
Inhalt: S. 9–64: Einleitung d. Verf.: Lebensgeschichte eines Multitalents. (vgl. auch Goepfert PN Nr. 1018, 1286, 1313) – S. 131: Literatur- und Quellenübersicht. – Die Abb. enthalten meist unbekannte Malereien Poccis und Reproduktionen bisher unveröffentlichter Ahnenporträts.
Von Pocci: S. 65–96: Texte, Bilder, Lieder (Erinnerungen aus meinem Leben – Aus dem Gästebuch im Ammerland – Notizen über Ludwig I. aus meinem Umgang mit ihm – Die letzten Stunden von König Maximilian II. – Betrachtungen am Ende des Jahres – Über den Verfall der Kunst in München – Gedanken und Betrachtungen – Komplimentierbuch – Viola tricolor oder Der Gipfel der Seligkeit in der Malerei – Der Staatshämorrhoidarius – Spanische Romanze – Puppenspiel – Der Schäfflertanz zu München – Die Münchner Bierbeschau – Fasching – Der Wundersäckel – Der Sandmann)/S. 97–108: Musikbeispiele, Lieder, Mysterien (Hubertuslied – Minnelied – Bayrisch Almalied – Frühlingssonate – Musik zum Weih-

nachtslied – Mysterium Sprache – Glaube und Unsterblichkeit – »Totentanz« – Herbstblätter)./S. 109–130: Kasperl-Komödien: Zur Eröffnung des Marionettentheaters – Prolog des Münchner Kindls – Prinz Rosenrot und Prinzessin Lilienweiß – Das Glück ist blind oder Kasperl im Schuldturm).

1314. Sterzinger, Sonja/Gröber, Roland/Maucher, Paul (Hg.): **Johann Ulrich Himbsel.** Architekt und Unternehmer in München, Gründer der Starnberger Eisenbahn und Dampfschiffahrt, München: Buchendorfer 1999, 271 S.
Einträge Poccis im Bordbuch des Dampfers »Maximilian«.

2000–2006

1315. Hildesheimer, Alexandra: **Leben und Wirken von Franz Graf von Pocci.** Musikwiss. Mag. [2000], ungedr.

1316. Schacherl, Lilian: **Oberbayern.** Voralpen und Alpenland. München: Prestel 2000.
Kapitel »Ostufer-Multitalente« über Pocci S. 30–31 mit Abb. einer Karikatur.

1317. Rasp, Hans-Peter: **Der Historienmaler Ferdinand Wagner** und die »Fürstenhäuser« in München. In: Oberbayerisches Archiv, hg. v. Historischen Verein von Oberbayern, 124. Bd., München 2000, S. 7–95.
Über die Fassadenbemalung einer (kriegszerstörten) Wohnhausreihe in der Münchner Schellingstraße, die bedeutende Persönlichkeiten des Königreichs Bayern darstellte; Pocci S. 51.

1318. Wunsch, Stephan: **Die erträgliche Leichtigkeit des Marionettenseins.** Das confusionsfreie Leben von Franz Poccis Kasperl Larifari. In: Lauder ainfache Sädds. Festschrift zum 60. Geburtstag von Hauke Stroszek. Hg. v. Heinrich Walter, Frank Pohle und Stephan Wunsch, Aachen 2000, S. 27–46.

1319. Scheitler, Irmgard: **Poesie der Unschuld.** Geistliche Lieder von Guido Görres. In: Geistliches Lied und Kirchenlied im 19. Jahrhundert. Theologische, musikologische und literaturwissenschaftliche Aspekte, hg. v. Irmgard Scheitler. Tübingen, Basel: Francke 2000 (Mainzer hymnologische Studien, Bd. 2), S. 233–253, mit Abb. »Abendlied« von Pocci aus dem Festkalender, H. IX.
(S. 236–237 über das Zusammenwirken Görres' mit Pocci am »Festkalender«)

1320. Dirrigl, Michael: **Franz Graf Pocci.** Der Kasperlgraf, »drîer künige getriuwer kameraere«, Nürnberg: Lectura 2001, 199 S., kl. 8°.
Separate Veröffentlichung aus PN Nr. 1273.

1321. Martina Eberspächer: **Der Weihnachtsmann.** Zur Entstehung einer Bildtradition in Aufklärung und Romantik. Stuttgart 2002.

Kat.-Nr. 12, 78–81, 94 und Texterwähnungen.

1322. a) Mortan, Gaby: **Ästhetische und pädagogische Aspekte** des Kasperltheaters für Kinder unter Berücksichtigung des historischen Entwicklungsprozesses. Phil. Diss. Gießen 2002.

b) Dass.: Druckfassung: Der Kasper. Ästhetische und pädagogische Aspekte des Kasperltheaters. Gießen: Focus-Verlag 2003, 214 S., 24 sw. Abb., 1 farb. Titelfoto.

Über Schmid und Pocci: S. 68–76 mit Teilabdruck »Kasperl in der Türkei« – Die Autorin will beweisen, daß »Pocci einen Typus kreiert [hat], der zum Vorreiter der heutigen Kasperlfigur wurde«. (S. 70)

1323. Köhler-Zülch, Ines: **Pocci, Franz von.** In: Enzyklopädie des Märchens, hg. v. Kurt Ranke, Bd. 10, Göttingen, Berlin: de Gruyter 2002, XVII S., 1460 Sp., Sp. 1089–1095.

1324. Jordan Stefan: **Pocci, Franz Graf von.** In: Neue Deutsche Bibliographie. Hg. v. der Historischen Kommission bei der Bayerischen Akademie der Wissenschaften, 20. Band, Berlin: Duncker und Humblot 2001, S. 552–554.

1325. **Seh-Reise mit Franz Graf von Pocci.** Hundert Landschaftsbilder rund um den Würmsee. Faltblatt zur Ausstellung der Kreissparkasse München Starnberg (Galerie der KSK in Starnberg 5.12.2002 bis 31.1.2003; Hauptstelle der KSK in München 23.7. bis 29.8.2003; (für letztere erschien das Faltblatt in aktualisierter Auflage.), Text Barbara Krafft und Ulrich Nefzger, 10 S. gefaltet, 25 farb. Abb.

fast ausnahmslos nach unveröffentlichen Aquarellen Poccis.

1326. Krafft, Barbara/Nefzger, Ulrich: **Vom Würmsee zur Wartburg.** Franz Graf v. Pocci und sein Sommergast Moritz v. Schwind. In: Jahrbuch der Stiftung Thüringer Schlösser und Gärten, Bd. 6 für das Jahr 2002, Lindenberg: Josef Fink 2003, S. 161–169, m. 1. farb. Tafel u. 10 sw. Abb.

Dieser Aufsatz ist aus einem Beitrag für ein Symposium hervorgegangen, das am 8. November 2002 auf der Wartburg bei Eisenach zum Thema »Burgenromantik und Theaterwelt« stattfand.

Die hier wiedergegebenen Bilder sind weitgehend unbekannt oder werden zum ersten Mal veröffentlicht (z.B. das »Gemeinschaftsbild« Pocci-Schwind von 1853 auf Tafel XV).

1327. Krafft, Barbara/Nefzger, Ulrich: **Der Kasperlgraf von Ammer-**

land. In: Starnberger See, hg. v. Eva Dempewolf, Vilsbiburg: Kiebitz 2003, S. 143–147.
(Abgebildet sind die Aquarelle »Herbstmorgen« und »Schilfufer« sowie eine Vignette aus dem Ammerlander Gästebuch. Porträt Poccis mit falscher Künstlerangabe »August Selb, um 1835«, richtig: Monogrammist I. S. 1843).

1328. Kovalevski, Bärbel: »**Der alte treue Kunstsinn wohnt auch in Ihnen**«. Louise Wolf und der Münchner Künstlerkreis der Romantik. In: Anzeiger des Germanischen Nationalmuseums 2003, S. 157–174.
Mehrfache Erwähnung Poccis innerhalb seines künstlerisch-religiösen Umfelds mit Abb. einer Zeichnung von Louise Wolf aus Poccis »Festkalender« H. 5. (PE Nr. 40).

1329. Dittmann, Ulrich: **Kasperl Larifari** – Literaturgeschichtlich gesehen. Vortragsmanuskript für die Mitglieder vervielfältigt von der Franz-Graf-von-Pocci-Gesellschaft. Nach dem Vortrag v. 15. 7. 2004 im Münchner Marionettentheater, 10 S., Typoskript.

1330. Valenta, Reinhard: **Franz Graf von Poccis Münchener Kulturrebellion**. Vortragsmanuskript für die Mitglieder vervielfältigt von der Franz-Graf-von-Pocci-Gesellschaft. Nach dem Vortrag v. 21. 10. 2004 im Münchner Marionettentheater, 12 S. und 3 S., »Literaturquellen zur Figur des Kasperl Larifari«.
(Inhaltliche Zusammenfassung der gleichnamigen Dissertation, PN Nr. 1296.)

1331. a) **Luftburgen – Traumschlösser**. Auf den Zinnen der Phantasie. Franz Graf von Pocci (1807–1876) und die Burgenromantik. Faltblatt zur Ausstellung im Hohen Schloß Füssen 2004, Text: Barbara Krafft / Ulrich Nefzger, 10 S. gefaltet, mit 24 farb. Abb.
Das Titelbild zeigt einen der drei Entwürfe Poccis für das Schloß Neuschwanstein (1868); die meisten reproduzierten Zeichnungen und Aquarelle sind Erstveröffentlichungen.

b) Dass.: wiederabgedruckt in: Arbeitskreis Bild Druck Papier Bd. 7 (Tagungsband Esslingen), Münster: Waxmann 2004, S. 182–185, mit 2 Abb.

1332. Pocci, Franz Graf von. In: Musiklexikon in vier Bänden. 3. Band, 2. aktualisierte und erw. Auflage. Stuttgart, Weimar: Metzler 2005, S. 696.

1333. Pechstaedt, Volkmar von: **Pocci Franz** (Ludwig Evarist Alexander) Graf von, In: Die Musik in Geschichte und Gegenwart (MGG), Bd. 13, Kassel u. a.: Bärenreiter 2005, Spalte 700–702.

1334. Schober, Gerhard: **Schlösser im Fünfseenland.** Bayerische Adelssitze rund um den Starnberger See und den Ammersee, Waakirchen: Oreos 2005.
Abbildungen nach Zeichnungen und Aquarellen Poccis von den Schlössern Kempfenhausen (S. 85), Ammerland (S. 129) und Garatshausen (S. 192) sowie einer Karikatur (S. 52).

1335. Trischberger, Johanna: »**Ede, bibe, lude! post mortem nulla voluptas!**« Friß, sauf, und spiel! Nach dem Tode gibt es keine Lust mehr! oder Etwas für Kasperls Gönner. Eine kurze historische Biographie des Kasperls Larifari im süddeutsch-österreichischen Raum. In: Literatur in Bayern, 3/2005, S. 24–29.

1336. Weigel, Heinrich: **Ludwig Bechstein in Briefen an Zeitgenossen.** Frankfurt a. M. u. a.: Peter Lang 2007 (erschienen 2006).
Kapitel über Pocci S. 371–378 und Porträt Abb. 51 auf S. 438.

VIII.
Fälschlich Franz Pocci zugeschriebene Stücke, Zweifelhaftes und Unechtes

1831–1994

Bilderbogen für Jung und Alt. Satirisches Blatt auf das Jahr 1831. Oben Justitia mit verbundenen Augen, das Schwert in der Rechten; darunter führt Harlekin die »Vertreter des Volkes« dem Publikum vor. Ferner acht Darstellungen: »Congregationsjagd«, »Religionsfreyheit«, »Das End vom Lied«, »Rednerbühne,« »Preßfreyheit«, »Freiheit der Meinungen«, »Das gute Volk«, »Die sieben Schwaben«. 2°. Lithogr.

Aufnahme-Diplom der Gesellschaft zu den drei Schilden [Mitglied-Diplom des historischen Vereins v. Oberbayern], Ranken-Ornament; links ein Engel als Schildhalter, rechts ein Sänger mit Laute. farbige Lithogr. gr. 2°.

In verschiedenen Antiquariats-Katalogen fand ich das Bl. unter F. P. Aber schon Holland erwähnt es [S. 6] richtig als Zeichnung von Friedrich Hofstadt.

Der Fundevogel ein Märlein von Grimm. München im Verlag von N. Zach. o. J. 14 S. 1 Bl. 8° ganz in Lithogr.

Fundevogel, der immer wieder F. P. zugeschrieben wurde, ist nicht von ihm. Ich habe dies schon vor Jahren Holland gegenüber betont. Karl Hobrecker weist Völlinger als den Künstler nach [Ein Fund bei Fundevogel, Zeitschr. für Bücherfreunde 1923, Heft 5/6, S. 143]. Daran anschließend erwähnte ich in einem kleinen Aufsatze [Nochmals der Fundevogel, Zeitschr. f. Bücherfreunde] unter anderen auch die leider ungedruckte Dissertation von Herbert Born [Franz Graf Pocci, Eine Untersuchung zur Kunst der deutschen Romantik, Würzburg 1923], der sich darin mit wissenschaftlicher Begründung meiner Ansicht anschließt. Dass: [1845], aber: München. Chr. Kaiser, o. J.

Märlein von einem der auszog das Fürchten zu lernen. Umschlag mit Titelzeichnung und 24 S. 8° lithogr. Holland erwähnt als Anmerkung seiner Nr. 68 [Oberbayer. Archiv 1877]

»Hänsel und Gretel« auch das »Märlein von Einem der auszog das Fürchten zu lernen« als von F. P. illustr. Den Irrtum dieser Behauptung beweist die von mir aufgefundene Berichtigung [Deutsche Blätter 1840, Rückseite des Titels, Fußnote], die sich auf die Ankündigung dieses Märleins und der Nr. 70 u. 73 bezieht: »In einer Anzeige dieser Mährchen auf dem Umschlag [Nr. 112] des vorigen Hef tes ist irrig gesagt, daß auch die Bilder des Letzten von dem Herrn Grafen Pocci seyen, was hiermit als irrig erklärt wird. München, im November 1840. G. Franz.« Diese Feststellung habe ich im Kulturhistorischen Abrißkalender 1921 Bl. 25–27 IX abgedruckt. [Nr. 690.]

Zweifelhaftes und Unechtes

»**Das goldene ABC** für jedermann, der Gern in Ehren will bestahn.« Eine 6zeilige Einleitung u. 24 Verse, 4zeilig, paarweise gereimt, bilden 24 Lebensregeln, von jedem Buchstaben (von A bis Z) eine. Die Verse werden im Internet dem Grafen Pocci zugeschrieben, »eines österreichischen Humoristen, vergleichbar mit Wilhelm Busch« [sic!] – Lt. »www.hoevelhof.de« heißt es: »Im Sommer 1950 sind die Inschriften bei Anstreicharbeiten in dem jetzigen Dorfschulmuseum Höbelriege (in 33161 Hövelhof) ganz zufällig entdeckt worden.« Eine Druckfassung ist nicht bekannt.
Diese Strophen lassen weder inhaltliche noch stilistische Merkmale der Verskunst Franz Poccis erkennen und müssen für unecht erklärt werden. (Bei Holland, Dreyer und im PE bleiben sie unerwähnt.) – Die Einleitungsstrophe lautet:

»In diesen goldenen Alphabet,
manch gute Lehr geschrieben steht –
es ist gestellt mit allem Fleiß
kurzum hier ich zu reimen weiß.
Drum soll es jeder lesen gern
und ziehen daraus den besten Kern.«

»**Bilderalbum**«.
Als ein Werk von Franz Pocci verwahrt die Universitätsbibliothek Oldenburg ein lose gebundenes Konvolut mit 71 Kartons (Sign. 2006449). Auf dem Buchdeckel keine Verfasser-Angabe. Innen teils ganzseit. farb. Aquarelle, teils ausgeschnittene, eingeklebte Einzelbildchen. Die meisten tragen eine gedruckte Bildunterschrift.
Abgebildet sind zumeist Genre-Szenen (Das Obstkörbchen. Des Vaters Rückkehr), Tier-Grotesken (Der Gockel), Hansel und Grethel, Militärischer Parademarsch usw. – Eine Druckfassung ist nicht bekannt.
Gravierende stilistische Merkmale lassen an einer Autorschaft Franz Poccis stark zweifeln. Trotzdem erschienen die Blätter unter seinem Namen in: Digitale Bibl. »Kinderbücher«, UB Oldenburg (www.dig.bib.tu-bs.de).

Grimms Märchen. Über hundertfünfzig Jahre Bilder zu den Märchen der Brüder Grimm. Mit Beispielen von E. Grimm, F. Pocci, M. v. Schwind, L. Richter, H. Vogeler, M. Slevogt, Janos u.a. Friedland: [Eigenverlag] Kunstdruckerei Bartel o.J. [um 1884] Mit Porträt-Abb. u. 14 lose in farb. illustr. Kart.-Mappe, 29,5 x 21 (Kunstblätter aus Friedland)

Die hier Pocci zugeschriebene Illustration zu »Der gestiefelte Kater«, 1850, stammt von M. v. Schwind (Münchener Bilderbogen Nr. 48).

Im Domino-Verlag München erschienen 1993/94 neben »**Hans in der Schule**« (s. PN Nr. 1015) weitere Kinder-Märchen: »König Drosselbart« – »Der Traum des kleinen Hirten« – »Das Dukaten-Angele«.

Darin werden (neben anderen Illustratoren) wiederum mit Pocci geworben, ohne daß Abbildungen von ihm verwendet werden!

Anhang

Einführung von Franz Pocci (Enkel) zur Ausgabe von 1926

> Motto:
> Manches schlechter als es scheint,
> Manches besser als Ihr meint.
> So mögt Ihr mich oft verkennen,
> Wollt Ihr gut, wollt schlecht mich nennen.
> Franz Pocci
> *(Handschr. Gedichte Bd.IV. 1853)*

Zur Einführung

»Die vorliegende Arbeit kam nicht durch, sondern trotz der Frau Gräfin Pocci zustande, welche unter dem Anschein, selbe zu fördern, mir noch in aller möglichen Weise Schwierigkeiten bereitete, mich hinhielt und meine Genauigkeit und mein Streben nach möglichster Vollständigkeit immer nur ironisierte.« So schrieb der fleißige Münchener Literar- und Kunsthistoriker Hyazinth Holland in das Handexemplar (jetzt Bayerische Staatsbibliothek München) seines Werkes über Franz Pocci (Oberbayer. Archiv Bd. XXXVI, 1877, S. 281–331). Die Bemerkung Hollands kann ich nicht ganz unterschreiben. Die Abneigung meiner Großmutter gegen alles »Öffentliche«, gegen alle Publikation war wohl die Veranlassung, gegen Hollands verdienstvolles Unternehmen »passiven Widerstand« zu leisten. Und wenn auch die Witwe des Künstlers nicht persönlich zu der Nachlaßarbeit beitrug, so ist es doch wunderlich, daß Holland, dem nicht nur meines Großvaters Bibliothek zur Verfügung stand, sondern der doch damals noch wohl fast Alles von Franz Pocci in eigenem Besitze haben durfte, vieles unerwähnt ließ, manches irrtümlich aufnahm. Ferne liege es mir, dies etwa als Tadel aussprechen zu wollen. Dem anhänglichen Verehrer meines Großvaters, dem treuen Freunde unserer Familie gegenüber wäre das geschmacklos und undankbar. War es doch ausschließlich Holland zu verdanken, daß Franz Poccis Bücher und vervielfältigte Zeichnungen einigermaßen festgestellt zusammengehalten wurden.

»Dank Ihnen, der zum Tod des Künstlers Franz
gewunden diesen schönen Ehrenkranz,
dem Sie noch eingeflochten manche Blüten,
da Sie sich Jahr für Jahr noch weiter mühten« ...

Diese Verse, die ich dem eifrigen Mitarbeiter der Allgemeinen Deutschen Biographie, dem »Totengräber«, wie er sich scherzhaft nannte, in sein Handexemplar schrieb, sollten meine Gefühle bestätigen. Nur auf Holland fußt alle Pocciforschung; von Hollands Angaben lebten die Literatur- und Kunsthistoriker, Sammler und Buchantiquare, die treu bis zum Irrtum aus Hollands Aufzeichnungen schöpften. Aber seine bibliographische Leistung erforderte doch schon lange eine Neubearbeitung, eine Vervollständigung. Seit mehreren Jahrzehnten hoffte ich das »Werk Franz Poccis« mit einer ausführlichen Biographie über den Großvater herausgeben zu können. Die Zeitläufte traten mir leider hindernd in den Weg; Erinnerungen meines Großvaters mit der Überschrift »Unter vier Königen« aus dem Jahre 1873, die meine Arbeit hätten besonders wertvoll gestalten können, wurden von falsch verstandener Pietät voreilig vernichtet. So schien auch die Bibliographie, nach der so oft gefragt und verlangt wurde, in unerreichbare Ferne gerückt. Da war meines Großvaters 50. Todestag am 7. Mai 1926 dem umsichtigen und unternehmenden Direktor der Handschriftenabteilung der Staatsbibliothek zu München, Herrn Universitätsprofessor Dr. Leidinger, Anlaß sich mit Franz Poccis Werken näher zu befassen. Eine Ausstellung sämtlicher Drucke meines Großvaters mehrere Monate lang im Fürstensaale des Bibliothekgebäudes sollte des »unbeholfenen Dilettanten« Wollen und Können zahlreichen Besuchern näher bringen. Die Anregung fiel bei dem verdienten Generaldirektor der Staatsbibliothek, Herrn Geheimen Rat Dr. Schnorr von Carolsfeld, auf fruchtbarsten Boden. Seine freundliche Einladung rief mich in die Ludwigstraße, – mir, dem Enkel, wurde die ehrende Aufforderung zuteil, eine möglichst lückenlose Bibliographie, die zugleich als Katalog der Ausstellung dienen sollte, zu schaffen. Die Unterstützung, die ich bei den eben genannten Herrn der Wissenschaft dabei fand, erleichterte mir meine Arbeit. Der aufrichtige Dank hierfür gebührt auch Herrn Oberbibliothekar Dr. Hartmann, an dessen rechter Seite im Handschriftensaale die Arbeit wuchs und der sich auch in aufmerksamster Weise dem Lesen der Korrektur unterzog. Die Herren Doktoren Schaffer und Spindler, selbst in ihrem Beruf in reichstem Maße wissenschaftlich in Anspruch genommen, ließen es sich nicht nehmen, mich beim Nachordnen des Manuskriptes mühevoll zu unterstützen. Nicht unerwähnt darf ich lassen, daß ich bei den liebevollen Pocci-Freunden und Sammlern, den Herren Antiquar Emil Hirsch und Amtsrichter Rothballer in München, sowie C. M. Frommel in Düsseldorf sogar mir unbekannte »Pocciana« entdecken durfte.

Ich habe mich bemüht, eine vollständige Reihe aller vervielfältigten und veröffentlichten Arbeiten meines Großvaters zusammenzustellen. Auch posthume Drucke wollte ich aufnehmen, da nach 1876 eine ganze Anzahl Zeichnungen Franz Poccis zum ersten Male wiedergegeben wurde. Auch diese Reihe möglichst vollständig anzugeben, war meine Absicht. Immerhin kann mir aber in irgendeinem Sammelwerke, in irgendeinem Kataloge ein erwähnenswertes Blatt entgangen sein. Auch mag mir ein nicht gezeichneter Artikel der vielen Zeitungsbeiträge Franz Poccis entschlüpft sein. Es sollte mich freuen, wenn dadurch einem eifrig forschenden Kritiker Gelegenheit gegeben wäre, die stattliche Reihe von Werken, die ich den Pocci-Freunden, der Wissenschaft und dem Publikum übergebe, noch um eine oder die andere Nummer zu vermehren. Alle in Zeitungen, Schulbüchern, Anthologien und dergl. abgedruckten Stücke aufzunehmen, hätte ins Uferlose geführt.

Just vor hundert Jahren verließ »der alte Student, der noch nicht ausstudiert hat«, mit der *Alma mater* das alte Landshut. In Erinnerung an die damalige Übersiedelung der Hochschule nach München, in Erinnerung an deren Ehrendoktor Franz Pocci weihe ich in Ergebenheit diese Seiten der

                LUDWIG-MAXIMILIANS-UNIVERSITÄT MÜNCHEN.

Ammerland im März 1926   Franz Pocci (Enkel)

Franz von Pocci, Photographie aus dem Jahr 1874

Franz Pocci (Enkel)
Von meinem Großvater

Fraxineis hoc in scamno comes alma poetae
Sub ramis pia mors arripuit comitem.

Mit diesem geistreich wortspielenden Distichon erinnert Dr. Pater Expeditus Schmidt, O. F. M., wohl einer der besten Beurteiler Franz Poccis, daß »des Dichters hehrer Begleiter, der fromme Tod, den Grafen in den Eschenanlagen (am Maximiliansplatze in München) an sich riß«.

Nach dem allsonntäglichen Gange – in die Basilika und in den Kunstverein – hatte ein Schwächeanfall meinen Großvater auf die Bank, wenige Schritte von seinem Hause entfernt, gezwungen. Dort fand ihn ein Bekannter, der ihn in die Wohnung am Maximiliansplatze brachte. Mit der alten Jungfer Fanny scherzend betrat mein Großvater sein Zimmer, wo Helme und Rüstungen, Schnitzereien, Glasfenster und Krüge von der Studenten- und Humpenburgzeit erzählten, wo das Harmonium den Zaubertönen seiner Phantasie gedient hatte. Daneben lag auf dem Schreib- und Zeichentische eine fast vollendete Karikatur für Altengland: Ein dikker, kurzer Geselle, die Hände mit einem Knüppel hinter dem Rücken verborgen, mit der Unterschrift: »Brüder laßt die Waffen ruhen!« Mein Großvater wollte das Blatt gerne fertig stellen; aber ein neuer Schwindelanfall machte es ihm unmöglich. Auch er mußte die Waffen seines geistreichen Humors ruhen lassen. Meine Tante Maria Elisabeth, die unbewußt eine innere Stimme frühzeitiger nach Hause gedrängt hatte, brachte den Schwerkranken zu Bett, an dessen Fußende schon der stete Begleiter des Dichters stand: Gevatter Tod!

Vielen Lesern sage ich damit nichts Neues. Wer sich nur irgendwie mit Franz Poccis Kunst befaßte, weiß, wieviele Zeichnungen und Dichtungen dem galten, der »nicht des Menschen Feind ist«, wie mein Großvater einmal seiner Frau in »Gevatter Tod« geschrieben hatte. Schon der kleine sechsjährige Chechino malte seiner Mutter ein Bildchen mit Tod, Kasperl und Jäger, Poccis drei ständigen Figuren, und Frau Hartl-Mitius bewahrt in ihrem Poccialbum eine der letzten Totentanzdarstellungen des Künstlers, den schaurigen »Letzten Ritt«. Es mag der eigene Sinn für den Totentanz meinem Großvater mit in die Wiege gelegt worden sein; denn seine Mutter sorgte sich oft um den in gefahrvollen kriegerischen Unternehmungen abwesenden Gatten. So weilte auch mein Urgroßvater, Fabrizius Graf von Pocci, als sein Sohn am 7. März 1807 geboren wurde, auf dem polnischen Kriegsschauplatze. »... Durch den Hauptmann v. Washington den Brief ... erhalten mit der freudigen Nachricht, daß die teuere Ria (Franziska Xaveria) von einem gesunden Buben glücklich ... entbunden sei,« steht im Kriegstagebuche des damaligen Generalstabsmajors meines Urgroßvaters». ... *spero dunque d'abbracciare la mia cara Ria e l'adorato bambino*« heißt es einige Wochen später.

Jedenfalls waren die reichen Talente, mit denen die Musen das Kind beschenkten, der Ausfluß elterlicher Begabung. Die Mutter Franziska Freiin von Posch war eine geschickte Radiererin und Landschaftzeichnerin. Der Vater wußte ebenfalls hübsche Zeichnungen zu fertigen. Auch musikalische Fähigkeiten besaßen die Eltern, wenn zwar das häusliche Konzert, wie mein Großvater erzählt, wohl damit endete, daß die Mutter keinen Takt halten konnte, der Vater die Geduld verlor und die Noten wegschmiß. Diese Ungeduld war aber kein tiefer sitzender Fehler, denn Franz Pocci widmet seinem Vater treue Worte der Verehrung: »Wenn je ein Mann mit vollstem Rechte die Liebe aller genossen, die ihn gekannt, so war es mein Vater. Sein ganzes Leben war nur Wohlwollen gegen andere und Vergessen seiner selbst; jedem vertrauend, weil er nur nach seinem eigenen Wesen andere beurteilte, wurde er nicht selten mißbraucht und hintergangen, obgleich ihm der Vorwurf von Charakterschwäche nicht gemacht werden konnte; allein eine grenzenlose Gutmütigkeit übertraf noch seinen klaren scharfen Verstand; ihr hatte er den Verlust seines ganzen väterlichen Erbes zu verdanken, übervorteilt von den Ränken seines älteren Bruders, der während der Minderjährigkeit eine Art von Vormundschaft über ihn führte.«

Wohl gilt dieses Buch meinem Großvater Franz Pocci; gerade deshalb sollen diese kaum bekannten Äußerungen über seinen Vater hier Platz finden. Wenn ich nun noch einige Seiten aus den »Erinnerungen« anfüge, so glaube ich diese Worte, die ich zum Teil schon früher einmal veröffentlicht habe, umsomehr hier festlegen zu sollen, als ja das große Memoirenwerk, das mein Großvater geschrieben hatte, wie schon gesagt, leider vernichtet wurde, und es sicher wertvoll ist und zur Beurteilung meines Großvaters nicht unwichtig zu hören, was Franz Pocci über sich, seine Entwicklung und seine Umgebung sagt.

Er erzählt weiter: »Mein Vater, einer altadeligen Familie des Kirchenstaates entsprossen, war zu Viterbo geboren. Der Umstand, daß unter Karl Theodor Italiener am bayerischen Hofe beliebt waren, gab Veranlassung, daß schon der ältere erwähnte Bruder Giovanni Pocci in kurbayerische Militärdienste und dessen jüngerer Fabrizio Evaristo Pocci beiläufig in seinem 14. Jahre nach München in die Pagerie eingetreten. Außerdem wollte man dem langjährigen Fatum, welchem gemäß in der Familie zumeist die Söhne in jungen Jahren schon einem jähen Unglücksfalle erlagen, eine Wendung zu geben suchen. Aus diesen Rücksichten wurden mein Onkel und mein Vater expatriiert. Dieser wurde Leutnant in der bayerischen Infanterie im Jahre 1787, Hauptmann 1798, trat in den Generalquartiermeisterstab über, Major 1800, Oberst 1807, Generalmajor 1813 und Generalleutnant 1824. Im Jahre 1810, nachdem er schon beim Kronprinzen Ludwig von Bayern Adjutantendienste versehen, wurde er zum Oberhofmeister der Kronprinzessin Therese ernannt und 1826, nachdem sie Königin geworden, als ihr Obersthofmeister bestätigt. – Als trefflicher Mathematiker und Zeichner ward mein Vater im Jahre 1800 zu der von den Franzosen unternommenen topographischen Aufnahme bei München, auch seiner Sprachkenntnisse wegen zu häufigen Missionen verwendet. Oft erzählte er mir von seinem vierzehntägigen Aufenthalte auf dem Wendelstein, von seinen Arbeiten im Erdinger Moose, von seinen Kriegsstrapazen im polnischen Feldzuge, wo er oft aus Pfützen trinken und von schmutzigen Juden ein Stück altbacken Brot mit einem Dukaten bezahlen mußte; ja einmal mehr als einen Monat nicht aus seinen Kleidern und in kein Bett kam ... Im Jahre 1844 am 1. Februar, 78 Jahre alt, starb der edle treffliche Mann. Er ließ mir nichts zum Erbe als das Gut Ammerland, das ihm König Ludwig kurz vor seinem Lebensende als Anerkennung seiner treuen Dienste als Lehen verliehen hatte; allein das Andenken an ihn ist ein überreiches Erbteil und mein dankbares Herz kann all der Liebe nicht vergessen, die er mir durch so viele Aufopferung gewidmet ... Bei einer großen Heiterkeit des Humors, der ihm von Jugend auf eigen war, beseelte ihn eine echte Frömmigkeit ... und unendliche Geduld. Er war stets mild und tolerant gegen andere ... sein Wohltätigkeitssinn und die Lust zu schenken und überhaupt anderen Freude zu machen war maßlos und das Geld brannte ihm auf den Händen; er mußte sich dessen entledigen und befand sich infolgedessen nicht selten in Geldverlegenheit, umso- mehr, da er schon wie oben erwähnt, als minorenn auf sein väterliches Erbteil, von seinem schlauen Bruder veranlaßt, allmählich verzichtet und sich nur durch einen Prozeß in Rom nach Ableben des Giovanni eine mäßige Leibrente von den Hinterbliebenen erzwungen hatte. Fortwährende Kriegsdienste, Reisen mit dem Hofe, getrennter Haushalt vermehrten notwendigerweise die Ausgaben, und Sparsamkeit war, wie gesagt, dem Naturelle meines Vaters zuwider. Unter anderen hatte er die Manie einzukaufen, wobei er stets seine Verwunderung über Wohlfeilheit der Ware ausdrückte und häufig betrogen ward. Besonderes Vergnügen fand er darin, Ringe und anderes kleines Geschmeide zu aquirieren, um an Damen Geschenke zu machen, denen er in ritterlicher Weise den Hof machte. Zum Glück war meine gute Mutter nicht eifersüchtiger Natur; denn es fehlte nie an kleinen Passionen – versteht sich – in allen Ehren. Nicht bloß Herzensgüte machte ihn allenthalben beliebt, sondern auch seine Begabung an zierenden Talenten. Er zeichnete sehr hübsch, spielte

Gitarre und sang dazu allerliebste italienische Liedchen, war ein trefflicher Tänzer und eleganter Reiter, überhaupt angenehm von Gestalt, wenn auch nicht groß, und gewandt in allem, was er angriff.«

Mein Großvater spricht dann mit besonderer Dankbarkeit auch von seiner Mutter, die hauptsächlich die Erziehung des Sohnes zu leiten hatte: »Sie war gebildet, gut und, ohne schön zu sein, von stattlichem, einnehmendem Wesen, ausgezeichnet durch ihre Meisterschaft in der Landschaftzeichnung, wobei sie eine besondere Gabe in Auffindung malerischer Standpunkte betätigte. Der Umgang mit den Meistern Kobell, Dillis, Dorner, Wagenbauer und Dominic Quaglio, von welch letzterem sie in späteren Jahren noch Unterricht im Ölmalen nahm, kam ihr zu statten ... ihre Lust und ihr Talent waren so bedeutend, daß sie auf Spaziergängen oder Ausflügen im Wagen stets ein Skizzenbuch bei sich führte ... Sie war die Tochter des ehemaligen bayerischen Gesandten am Berliner und Dresdener Hofe Freiherrn von Posch.«

Mein Großvater erzählt dann von den übrigen Familienmitgliedern, den Stiefgeschwistern Posch und Käser, die alle im Hause des Großvaters Posch, eines geistreichen, lebendigen und vielerfahrenen Mannes, auf dem Promenadeplatze (Nr. 21, jetzt Herrn Volkhardt, dem Besitzer des Bayerischen Hofes gehörend) wohnten. Weiter schildert mein Großvater dann sein »Kabinettchen, das Paradies meiner Kindheit, das nach dem Fronleichnamsfeste mit übriggebliebenen Birken, nach Weihnachten mit ein paar Tannen geschmückt war. Eine kleine allerliebste Krippe (jetzt noch in Ammerland) mit vielen papierenen Figürchen höchst poetisch angeordnet, oben die Stadt Jerusalem mit dem Schlosse Salzburg,« mag wohl mit die erste Anregung zu den für den Künstler so charakteristischen Arabesken mit Tieren und Vögelchen gegeben haben. Hier in diesem Zimmerchen, wo er frühzeitig Bilderbogen zu malen begann, berührte ihn der erste Hauch der Poesie, »man blickte auf das Dach des Nachbarhauses, darüber der blaue Himmel oder das Abendrot – ich sah gerne hinaus. Später, als ich mit Schwanthaler altdeutscher Romantik lebte, ward die kleine Scheibe (des Fensterchens) mit Glasmalereien versehen und der Raum zwischen dieser und dem Türchen, welcher einen kleinen Schrank bildete, enthielt alte Humpen – unsere Heiligtümer, die nicht leicht anderen zu Gesichte kamen«.

Mein Großvater schenkt dann »seiner Kindsmagd, die später ›zur Köchin avancierte‹, der alten Lisl aus Falkenstein in der Oberpfalz,« mehrere Zeilen. Er dankt ihr nicht nur vorzügliche Dampfnudeln, sondern führt auch einen großen Teil »seiner poetischen Nahrung auf die treffliche Person voll Mutterwitz, auf ihre Kindersprüche, Märchenerzählungen und Geistergeschichten ihrer Heimat zurück«. Wir hören nun über »die Lebensverhältnisse, wo Groß und Klein naiver und von eigentlichem Luxus keine Rede war«. Wir lernen die verschiedenen Besucher des Hauses kennen: französische, bisweilen dort einquartierte Offiziere, einen gefangenen polnischen Offizier, dem mein Großvater besonders zugetan war. Zur täglichen Gesellschaft gehörte auch ein Benefiziat Kolbmann, und wenn wir weiterlesen, daß es nicht an »Lustspielszenen« fehlte, die mein Großvater schon »als kleines Bürschlein zu genießen verstand«, so fühlen wir uns beinahe schon in die köstlichen Zwiegespräche eines lustigen Komödienbüchleins versetzt. »Erschien Kolbmann zu Tisch mit seinem ›Ganz ergebenen Diener, Herr Geheimer Rat‹, schrie ihm der Alte (Großvater Posch), im Schlafrocke und die Nachtmütze auf, vom Lehnsessel aus entgegen: ›Ah, sehr viel Ehre, – kommen der Herr Benefiziat einmal wieder, um was Gutes zu fressen zu kriegen‹ – oder bei Tisch selbst: ›Seht doch den Pfaffen, wie er sich's schmecken läßt. Guten Appetit, Hochwürden!‹, wobei der Benefiziat schmunzelte und sich nicht irre machen ließ, denn er kannte seine Pappenheimer und wußte wie es gemeint war« …

»Zu dem engeren Kreise gehörte die Familie des hess. Gesandten von Harnier, dessen zwei Söhne und zwei Töchter von da an mir so lieb wurden. Spezieller Kamerad war mir der junge Graf Max Arco (der bekannte Adlerjäger), der mit seinem Hofmeister Abbé Putzer abends häufig kam. Außerdem bildete den Grundstock der Abendgesellschaft bei Onkel Käser Herr von Baader, Oberbergrat und Wasserbaudirektor (bekannt unter dem Namen ›der Eisenbahnbaader‹) mit Frau und Tochter. Dieser talentvolle, erfinderische Kopf wurde wegen seiner Manie für Einführung der Eisenbahnen und der Gasbeleuchtung verhöhnt. Für mich hatte er große Zuneigung, besonders wegen meiner schon früh entwickelten Gabe, Karikaturen zu zeichnen. Mit den Baaderschen kamen am öftesten auch die drei Brüder La Rosée, ferner zum Teil als Kartenspielende mehrere französische Emigrés: *Évêque d'Agin*, Abbé Barthelmie und ein italienischer Geistlicher La Barthe; der Freund meines Vaters, ein toller Sizilianer, Hartschieroffizier Conte Sceberras, die Söhne des Illuminaten Weißhaupt, der Physiker Imhoff und der Geschichtsschreiber Westenrieder.« Ihm hat mein Großvater in unauslöschbarer Erinnerung im Hausbuche von Guido Görres eine ausführliche Skizze geweiht. Wir erfahren dann, daß mein Großvater schon damals alle möglichen kleinen Zeichnungen entwarf (eine sehr originelle Naturgeschichte besitzt noch das Ammerlander Pocci-Archiv).

»Auch der Taschenspielerei widmete ich mich, wobei ich sogar, wenn ich kleine Vorstellungen gab, einiges Talent zur Bauchrednerei entwickelte. Allem wußte ich irgend eine humoristische Seite abzugewinnen und war wirklich als ein kleiner amüsanter Bursche beliebt, während ich wieder oft stundenlang, beinahe träumerisch, ohne ein Wörtlein von mir zu geben, in meinem Kämmerchen saß und mich still mit mir selbst beschäftigte.«

Mein Großvater kommt dann auf seine lateinischen, griechischen und französischen Studien zu sprechen, wobei er vom französischen Sprachmeister Chevalier Folcher, einem Überbleibsel aus der Condéschen Armee, allerhand kleine Spielereien und Kunststückchen lernte. Für Musik zeigte Franz Pocci in den ersten Jahren des Unterrichtes durch Sollfrank gar kein Talent. »Auf einmal aber kams zum Durchbruch, doch ziemlich spät. Erst im 14. oder 15. Jahre erwachte in mir ein eigentlicher musikalischer Sinn und dann fing ich auch bald zu komponieren an.« Mein Großvater meint, daß die Lehrer Hofmusiker Cramer und I. B. Moralt eine schlechte Methode des Unterrichtes gehabt hätten. Dann betont er aber gleich wieder, daß der Fehler vielleicht doch an ihm selbst lag. Auch seines herrlichen Religionslehrers, des damaligen Kanonikus Urban, der 1850 als Erzbischof von Bamberg starb, gedenkt mein Großvater mit besonderer Dankbarkeit. Ferner erzählt er von der Freundschaft mit dem klugen und talentvollen jungen Sundahl, dem später im Wahnsinn gestorbenen Maler, von dem fruchtbringenden gemeinschaftlichen Zeichnen vor allem in der Schwanthalerischen Periode. Besonders anregend war auch der Verkehr mit dem Ehepaar Stengel, das gemeinschaftlich mit Franz Poccis Mutter nach der Natur zeichnete, wobei der Knabe, meist neben ihnen auf dem Bauche liegend, ebenfalls seinerseits versuchte, Bilder nach der Natur aufzunehmen. Auch die reiche Kupferstichsammlung des Freiherrn von Stengel weckte an den Winterabenden meines Großvaters künstlerischen Sinn und Geschmack. Zugleich erteilte Professor Schlotthauer Zeichenunterricht und wies den Schüler auf die edelste Richtung der Kunst hin. »Wenn es immer möglich war, begleitete er mich in das Kupferstichkabinett, wo er mich mit den Vorzügen der altitalienischen und altdeutschen Meister bekannt machte ... Als ich einmal zu Weihnachten den ›Trostspiegel‹ zum Geschenk erhielt, war meine Tendenz gegründet. Bald wollte ich nichts mehr wissen als von alten Holzschnitten und Chroniken. Die Zeit des Rittertums nahm ihren Anfang und der Bund mit Ludwig Schwanthaler wurde für immer geschlossen und gestaltete sich zum innigsten freundschaftlichsten Verhältnisse bis zum leider allzufrühen Ende des herrlichen, wundersamen Meisters.« Weiter spricht Franz Pocci von der Vollendung seines Lyzealstudiums, von seinem Besuche in Brückenau, dem Entstehungsorte seiner ersten »Porträt-Karikaturenzeichnungen«, der ganzen Badegesellschaft und seiner ersten lithographierten Komposition unter Schlotthauers Leitung, »einer mittelmäßigen Kreidezeichnung, der Wunderheilung Hohenlohes«. »Früher schon hatte ich meinem Humor durch Verfassung einer illustrierten Zeitung Luft gelassen, welche jeden Samstag in den Gesellschaften beim Onkel produziert wurde, wobei ich meinen ziemlich vorlauten Witz in Text und Bild zum Besten gab und auch der Anwesenden nicht schonte! Der Onkel vernichtete die

Blätter, da sich so etwas für ein junges Früchtlein nicht schicke. Damals entstand auch das erste kleine Lustspiel ›Das Wiedersehen‹ für die Söhne der Kurfürstin, die Grafen Arco ... Kurz nach allen Seiten hin suchte sich meine Phantasie einen Kanal; allein nirgends fand sie eigentlich den Ruhepunkt. Mein flüchtiges sanguinisches Temperament war stets von zersplitterndem Einflusse. Doch behielt das romantische Element immer die Oberhand. Mein Liebstes war neben Lesung der deutschen Klassiker das Forschen und Blättern in alten Chroniken ... Von nun an kam ich mit Schwanthaler mehrmals des Abends die Woche zusammen, wobei immer gezeichnet ward. Schwanthaler korrigierte meine Kompositionen und ich lernte allerdings viel dabei ... Der ritterliche Bund derer vom Bären wurde geschlossen. An Festlichkeiten und sonstigen Hallos fehlte es nicht, und es ward sattsam getrunken. Ganze Abende in Helm und Harnisch. Helldobler (Neffe der alten Lisl, Zögling der Akademie, später Bauzeichner am Magistrat zu München) mußte zumeist den Eremiten machen, obschon er im Ritterbunde der »Kreuzlinger« hieß. Ich hieß »Dipoldus«, Schwanthaler war der »Storchenauer«, Sundahl der »Rothentaler« ... Ich lieferte manch altdeutsches Gedicht mit Randzeichnung und komponierte für unseren Gesang, wie ich auch zur Erquickung der anwesenden Ritter abends stets auf dem Flügel phantasierte ... In diese Zeit fällt der Beginn meiner freundschaftlichen Beziehungen zu Friedrich Hofstadt und Beck. Der Kreis der sogenannten Altteutschiers wurde erweitert. Neben meinen Studien wurde auch der Zeichenunterricht fleißig fortgesetzt.

Hätte ich diese Zeit mit größerem Ernste, mit minderer Flüchtigkeit benützt, so wäre der Gewinn erfolgreicher gewesen. Mein sanguinisches Temperament, meine ungeheuere Beweglichkeit und die Leichtigkeit im Lernen waren mir auch in dieser Periode wieder nachteilig. Geschenke, die von Menschen kommen, sollen wir dankbar anerkennen, warum nicht umsomehr jene Gaben, die Gott unserem Naturell beigegeben? Das Zugeständnis, daß ich mit vorzüglichen Gaben ausgestattet ward, daß mein Inneres von Jugend an einen üppigen Reichtum poetischer Anlagen hatte, daß ich mit größter Leichtigkeit erfand und wiedergab – dies Zugeständnis ist nicht Eitelkeit, ja es ist vielmehr die Manifestation der wahrhaftigen Demut, umsomehr, wenn ich damit das Bekenntnis verbinde, daß ich bei größerer Ausdauer und gründlicherer Selbstbildung und einer gewissen Konzentration meiner Mittel Bedeutendes hätte leisten können. Ich war aber zumeist zersplittert und ließ vieles, was ich mit Begeisterung erfaßt hatte, bald wieder liegen. Hätte ich z. B. damals in den freien Stunden die Akademie besucht, um gründliche Zeichnungsstudien zu machen, hätte ich mich einer systematischen Kunstbildung unterworfen, so empfände ich wohl jetzt nicht das bittere Bewußtsein der Unvollkommenheit meiner künstlerischen Leistung; allein die Phantasie hatte sich bereits meiner wie ein Dämon bemächtigt, ich übersprudelte an malerischen und musikalischen Ideen, deren keine die andere zur vollen Entwicklung und Geltung kommen lassen wollte, so daß sogar dadurch die Entfaltung des klaren Verstandesbewußtseins in den Hintergrund gedrängt ward und ich stets auf romantischem Flügelrosse durch die Lüfte schwebte. Fortwährend erfüllte mich das Streben nach dem Ideale, die drei Kunstrichtungen in eins zu bringen: eigne Dichtungen in Musik zu setzen und mit Randbildern zu umgeben, wurde zuerst die Manifestation dieser Idee. Sie war Veranlassung zu dem ersten Werkchen, das ich der Öffentlichkeit übergab. Meine »Blumenlieder«, bei welchen die Texte jedoch nicht von mir selbst gedichtet sind, und die im Verlage des katholischen Büchervereins auf Empfehlung des alten Görres herauskamen, nachdem ich bei den meisten hiesigen Verlagsbuchhandlungen mich vergeblich bemüht hatte, sie zur Geltung zu bringen. Die Richtung war noch nicht verstanden, die zugrunde lag. Dabei ist wohl bemerkenswert, daß der große Meister Schraudolph, damals Schüler der Akademie und speziell unter Schlotthauers Leitung sich der Mühe unterzog, die Zeichnungen nach meinen Entwürfen zu lithographieren. Auf Felix Mendelssohn-Bartholdi, welcher im Jahre 1829 nach München kam, machte dieses Heft entschieden Eindruck. Die Melodie des Schlüsselblumenliedes gefiel ihm besonders. Angeregt von dem Umgange der obengenannten Freunde, zeichnete und komponierte ich unaufhörlich. Dichtung oder überhaupt Schriftstellerei lag noch im Hintergrund. Ich begann, wenn nicht auf Stein selbst, doch mit Umdrucktusche einiges zur Vervielfältigung zu zeichnen, unter anderem ein Heft zu Walter Scotts ›Ivanhoe‹ als Gabe für Freunde, einzelne fliegende Blätter bei besonderen Gelegenheiten, z. B. ein »Maiweinlied« mit Randzeichnungen u. a. m., das meinem Gedächtnisse selbst entschwunden ist.« Klar und sachlich erzählt der Großvater von allem, was ihn als Kind und jungen Mann beschäftigte und bewegte. Er stellt sein »Talglicht nicht unter den Scheffel«, wovor er einmal Holland warnte, und sagt doch deutlich und ohne Scheu, daß er bei ernsterem Studium, woran ihn gerade die Leichtigkeit der Auffassung und der Wiedergabe verhinderte, Bedeutendes hätte leisten können. Daß er noch genug getan, darüber haben ihm ja Urteilsvollere als ich ein gutes Zeugnis ausgestellt. Sie strafen Lügen jene, die Franz Pocci einen Dilettanten oft mit schlechtem Beigeschmack nennen, sie strafen ihn selbst Lügen, der über sich schrieb: »Wenn ich bedenke, was ich alles hätte leisten können, bin ich doch eigentlich ein rechter Lump.« Dichtung, Malerei und Musik sollten aus dem Monde der Phantasie – so zeichnete er einmal sein Wappen – zu einem Werke vereinigt werden. Das war Franz Poccis stetes Ziel. Aber bald sah er, daß er diesen Herzenswunsch nicht immer erreichen konnte, wenn auch mehrere seiner früheren Schöpfungen diese Synthese zeigen. So verstreute er die Früchte seiner reichen Phantasie, wie es ihm gerade in den Sinn kam, wie sie verlangt waren, als Dichtungen, als Zeichnungen, als Lieder.

W. Eggert-Windegg schreibt im Bücherwurm (6. Jahrg., Heft 2/1920): »Man muß und kann von speziellen Wertungen des Schaffens dieser reich begabten Künstlernatur absehen und wird am gerechtesten sein ..., wenn man den Maler, den Zeichner, den Dichter, den Musiker und was er sonst alles in sich vereinigt hat, jeweils für das Ganze nimmt, das er unzertrennbar gewesen ist, als den gottbegnadeten Dilettanten in jenem höheren Sinn, in welchem der Begriff Dilettare, Lieben, sich und andere ergötzen, den Ausschlag gibt.« Und die Fachleute, die sich hervorragend mit Franz Pocci beschäftigten, wie der Literarhistoriker Dr. Pater Expeditus Schmidt, die Kunsthistoriker Professoren Popp und Voll, der Musikforscher Dr. Hirschberg, die beiden Poccidoktoren Schott und Born haben meinen Großvater immer als Menschen und Künstler im ganzen betrachtet, ehe sie eine Einzelleistung seines Könnens beleuchteten. Gar verschiedenartig sind ja wirklich Franz Poccis Darbietungen, so daß der Beschauer und Leser oft gar nicht glauben kann, Werke ein und desselben Mannes vor sich zu haben. Zarteste Innerlichkeit bis zum groteskesten Humor, herbsten Ernst bis zu ausgelassenster Fröhlichkeit verteilt der Künstler in Wort und Bild. Der Zeichner der Spruchblätter, Weihnachtsblätter, Märchen und Lieder, ein wie anderer ist er als der Schöpfer der Namenbilder, der Totentänze; wie verschieden der scharfe, treffsichere Karikaturist und der romantische Erbauer unzähliger Burgen! Wie anders Franz Pocci in seinen Gedichten, in seinen Zeitungsberichten, in seinen Puppenkomödien und Volksdramen! Dazu der Musiker, über dessen Fähigkeiten sich Männer wie Mendelssohn, Schumann und Liszt freundlich geäußert haben. Und wer meinen Großvater in seinen vielgestaltigen Talenten, in seinem feinen Empfinden, seinem gesunden Witz erst ganz erfassen will, der muß die vielen Manuskripte, Aphorismen und seine Briefe durchlesen. Eine ungeahnte Mischung von Ernst und Humor, von Melancholie und tollem Witze, von wahrer Bescheidenheit und gesundem Selbstbewußtsein, von romantischer Phantasie und strenger Wirklichkeit tut sich auf, liest man die schier druckreifen Briefe an Braut und Frau, an die Kinder. Zwischen sinngemäß viel Familiärem sind Zeitfragen aller Art, Hof- und politische Begebenheiten mit Geist und Witz nach persönlichem Urteil abgehandelt. Die Briefe an Holland, meist in altem Stile geschrieben, enthalten viel Literatur und Verlegerangelegenheiten. Die Briefe an Oberbibliothekar Föringer zeigen den eifrigen Förderer des Historischen Vereines.

Wer Franz Pocci ganz werten will, der muß die Urskizzen zu den Reproduktionen betrachten, die Namenbilder und Totentanzblätter im Original sehen, er muß die Karikaturen und Landschaften schauen, so wie sie dem Künstler aus der Stimmung heraus entstanden sind. Das konnte ich so recht begreifen, als Horst Stobbe in seiner Bücherstube am Siegestor in München mit mir zusammen eigentlich zum ersten Male Franz Pocci in einer kleinen Auslese seiner verschiedenartigsten Kunst den Zünftigen und dem geschmackvollen Laien vorführte.

Eine Würdigung des Künstlers Franz Pocci, die mir nicht zusteht, sollen diese Seiten nicht bedeuten; kein vollständiges Lebensbild, das zu bringen mir hoffentlich noch einmal Gelegenheit gegeben wird. Ich wollte nur das Werk Franz Poccis, das ich zusammenzustellen mich bemüht habe, nicht ohne jedes Wort des Enkels hinausgehen lassen, des Enkels, der sich noch voll kindlicher Dankbarkeit des besten Großvaters erinnern kann.

F. P. (Enkel)

Der in der Handschrift F. P.'s wiedergegebene Brief ist in der Anmerkung zu Nr. 328 erwähnt: F. P. sendet an Holland die »Lebensskizze über Goerres«. Im Briefe dankt er dann weiter dem Adressaten für Abhandlung über »Goldsucher«, die F. P. stets sehr interessierten. Dann schreibt er weiter: »Reiten Sie doch in die Wolf'sche Offizin ... auch so ein Wort für uns ...« Holland sollte sich dort nach im Druck Befindlichem erkundigen.

Franz Poccis Künstlerzeichen

G. K. Nagler bringt in seinen »Monogrammisten«, B. *II* S. 3 u. 2336 u. B. *IV* 2952 Franz Poccis Künstlerzeichen, die zur Vervollständigung der vorliegenden Arbeit auch hier nicht fehlen dürfen. Ganz selten verwendete F. P. auch sein Wappen (Nr. 2 S. 17), das bei Nagler fehlt und ebenfalls hier beigefügt ist. Der »Zirkel« im Schildchen, den Nagler nicht ganz richtig erklärt, bedeutet natürlich: *»Vivat, Crescat. Floreat!«*

Register

A B C s. auch A bis Z, Büchlein
A B C s. auch Bauern-A B C
A B C s. auch Weihnachts – A B C
A bis Z, Dieß ist das Büchlein 362
ABC, Buntes (Gräfin Thekla Baudissin) 426
A-B-C, Buntes 426
ABC für jedermann, der Gern in Ehren will bestahn, Das goldene S. 247
Abenteuer des Kasperl Larifari, Die lustigen 924, 929
Abenteuer Herzogs Christoph (Fr. Trautmann) 293, 331
Advents-und Weihnachtslieder, Die schönsten 986a
Albert und Bertha oder Kasperl im Sack 509, 774
Album für Deutschlands Töchter 294
Album s. auch Gaeta-Album
Album S. M. des Königs Ludwig l. 332
Album, Dresdner 215, 340
Album. Münchener 349
Alchimist [Zeichnung] 103, 1006
Alle sollt ihr fröhlich sein! Märlein, Reime und Kasperstück 798
Allegorie auf die Enthüllung der Bavaria 332
Allerhand von Franz Pocci 600, 818
Alles Gute für den lieben Opa 975
Alles ruht im tiefsten Schlummer 757
Almanach der Dame auf das Jahr 1961 908
Alpenklänge (Max, Herzog in Bayern) 128
Altar in Non 136
Alte deutsche Puppenspiele 923
Alte und neue Jägerlieder (Fr. Pocci, L. Richter und G. Scherer) 306, 962
Alte und neue Jägerlieder. Mit Bildern und Singweisen. Pocci/Kobell 162, 281, 567
Alte und neue Kinderlieder, Fabeln, Sprüche und Räthsel 246, 951
Alte und neue Kinderlieder. Mit Bildern und Singweisen 980, 974
Alte und neue Lieder. Mit Bildern und Singweisen 973
Altes und Neues (Fr. Pocci und Reding von Biberegg) 318, 335, 353, 357, 361, 374, 376, 697
Am Brunnen vor dem Tore: Die schönsten Volks- und Kinderlieder mit Noten zum Singen und Spielen am Klavier 970
Ammergau, Erinnerungen an die Fahrt nach 115
An Dichterhand durchs Bayernland 990
An die in den Schlachten Gefallenen ... zu ew'ger Pracht 512, 769
Andenken, Zum. an W. und C. v. Harnier 75
Andersen, H. C., Bilderbuch ohne Bilder 214, 1005
– A Danish Story-Book 201, 1005
– Märchen, übers.von J. Reuscher 273, 475, 761, 776
– Tales from Denmark 226, 253
– The dream of little tuk 234
– The Nightingale 207, 239, 253
– The shoes of fortune 225
Andersen, H. C.: Märchen 855, 950, 956, 1024
Andersen, H. C.: The Story Teller and other Tales (1869) 1032
Andersen, H. Ch.: Gesammelte Märchen 869, 1005
Andersen, H. Ch.: Märchen [Auswahl] 997
Andersen, Ludwig / Werner Egk: Die Zaubergeige. Spieloper in drei Akten nach Pocci 1105, 1106
– (Neufassung) 906, 1108
– (Fernsehfilm) 1120
Anglais. Les. pour rire [Theaterzettel] 65
Anglia 517
– Anglia Ball (1849) 241
– Anglia Diner (1843) 163
– Angliabock (1869) 506
– Anglia-Jubilaeum (1846) 199
– Anglia-Jubilaeum (1856) 336
– Anglia-Jubiläum (1876) 544
– Anglia-Toaste (1856) 330

- Einladung zum Anglia-Diner (1853) 296, 297
- Jean Bonvivant 107
- Leberreime und Gedichte (1853) 301
- Lord Minor [Dr. I. B. Graf] 287, 336
- Niethammer 174, 336, 677
- Nr. 9999. Neueste Nachrichten (1848) 249
- Old Englands Nagelfest (1841) 137
- Pferderennen (1845) 195
Anno 48 674
Anonym: Dem Grafen Pocci zum 50. Todestag 1176
April. Im. (1848) 230
Arbeiterlied 231
Archiv, Oberbayerisches 119, 136, 208, 250, 696, 745
Arco-Zinneberg, Graf, Windfeyrer 161, 260
Aschaffenburg: Stift, Schloß und alte Gärten 981
Aschenbrödel 541, 616, 941, 1051, 1077
Asper, Helmut G.: Das Puppenspiel in Deutschland im 19. und 20. Jahrhundert 1247
Auch Deutsche lachen 919
Auf den Knien meines Herzens 964
Aufnahme – Diplom der Gesellschaft zu den drei Schilden [fälschlich F. P. zugeschr.] S. 246
Ausgewählte Märchen H. Ch. Andersen's 776
Avanti Club (Hg.): Märchenbuch in 3 Bänden 909
Avenarius, Ferdinand 797

Baader. Jos. von: Heil Herrn von Baader heil! 46
Bach, I. B., Güldenes Weihnachts-A B C 310, 316, 1288
Badgästen, Den Petersbrunner 43
Balser, K./R. Buchwald (Hg.): Dichtung der Romantik 906
Bamberger, Richard/Emanuela Waltenta (Hrg.): Mein erstes großes Märchenbuch 910
Bärentanz, Der, und andere Schattenbilder 659, 793
Baudissin, Gräfin Thekla, Buntes A – B – C 426
Bauer auf Mähre [Theaterzettel] 493
Bauer mit hohem Hut 106
Bauer, Franz (Bearb.): Die Zaubergeige 886

Bauern – A B C 338, 662, 805, 1288
Bauern. An die 229
Bautze, Hanna (Hg.):Herold's großes Kasperlebuch 968
Bavaria (A. Schöppner) 256
Bayerland, Das 572, 601, 630, 677, 734, 746, 1196, 1203b
Bayern. Ein Lesebuch 933
Bayern. Kunst und Kultur [(Ausstellung d. Freistaates Bayern ...] 1227
Bayreuther Hausbuch 988
Bayrische Lausbuben und Lausdirndln 1001
Bayrisches Hausbuch 976
Bechstein, Ludwig, Fliegende Blätter I. 91
- Heilige Nacht 74
- Trumpf aus 546
Beck, Friedrich, Vier Fleißbillette 18
- An unsern lieben Heinrich Hofstaedter 20
- Gedichte 7
- Geschichte eines deutschen Steinmetzen 35
- Lied auf dem Wasser zu singen 23
- Lother und Maller 463
- Sechs Lieder 59, 69
Beckenbauer, Alfons: Landshuter Motive im graphischen Werk des Studenten Franz Graf v. Pocci 1241
Bekehrung, Klodwigs 286
Benzmann, H.: Graf Pocci und das Kindertheater 1156
Benzmann, Hans.: Graf Franz Pocci, ein Spätromantiker 1157
Benzmann, Hans: Graf Franz Pocci und das Kindertheater 1167
Bergstadt, Die 661
Bericht über den ... Kunstverein in München (1848) 242
Bernhard, Marianne (Hg.): Pocci, Franz: Die gesamte Druckgraphik 929
Bernhard, Marianne (Hg.): Schattenspiele der Münchener Bilderbogen [Auswahl] 937
Bernhard, Marianne (Hg.): Theodor Storm Hausbuch 972
Bernhard, Marianne (Hg.):Schattenrisse. Silhouetten und Scherenschnitte in Deutschland im 18. und 19. Jahrhundert 938
Beschreibung der Haupt- und Residenzstadt München im Zustande des Jahres 1783 .... Westenrieder, Lorenz 825

Besinnliche Weihnachtszeit: die schönsten Geschichten, Heiligenlegenden, Lieder, Rezepte und Rätsel 962
Besprechung des Schauspiels ›Veronika‹ 328
Bibliotheca Bavarica (J. J. Lentner) 655
Bibliothek, Bayerische 562
Biebl, Franz: Musik zu: Pocci, Franz. O heil'ges Kind, wir grüßen dich« 1129
Bilderalbum S. 247
Bilderbogen für Jung und Alt [fälschlich F. P. zugeschr.] S. 246
Bilderbogen, Münchener 247, 262, 276, 289, 302, 312, 324, 347, 366, 382, 415, 440, 445, 496
Bilderbogen, Neuester (Satire auf Maßmann) 177
Bilderbuch ohne Bilder (H. C. Andersen) 214
Bilderbuch. Lustiges 288, 495
Bilderbücher, Münchener 446, 447, 448
Bilder-Töne 38
Birlinger Anton, Nimm mich mit! 452, 521
Bittgebet anläßlich der Choleraepidemie 309
Blatt, Ein fliegend 408
Blätter, Deutsche, für Litteratur und Leben 112
Blätter, Fliegende [Zeitschrift] 187, 202, 203, 217, 235, 236, 283, 307, 308, 341, 342, 379, 380, 397, 398, 410, 427, 459, 511
Blätter, Fliegende, II. (Fr. von Kobell) 116
Blätter, Fliegende, l. (L. Bechstein) 91
Blätter, Historisch-politische 328
Blaubart [dramatisiert] 403, 576, 610, 693
Blaubart 180, 200
Blumen-Lieder 11
Bogenhauser, Bärbel: Besinnliche Weihnachtszeit: die schönsten Geschichten, Heiligenlegenden, Lieder, Rezepte und Rätsel 962
Bogner, Ute (Hg.): Die schönsten Kinderreime 1005a
Böhm, Gottfried von, Ludwig II. 695
Böhm, M. 4
Böhmer, Günter: Puppentheater. Figuren und Dokumente aus der Puppentheater-Sammlung der Stadt München 1225a
Boner's, Charles, Book 233
– The merry wedding 221
Bonvivant, Jean [Perner] 107
Book, Ch. Boner's 233

Born, Herbert: Der romantische Künstlerdilettant. Franz Pocci 1178
Born, Herbert: Franz Graf Pocci. Eine Untersuchung zur Kunst der deutschen Romantik 1168
Bornemann, Wilfried: Bornemanns Blödelmacken: total bescheuert 998
Braun, Isabella 322, 388, 473, 498, 574, 770, 1162, 1282
Braun, Isabella: Franz Graf Pocci als Kinderfreund und Jugendschriftsteller 1146
Brentano, Clemens 817
Brentano, Clemens, Die Chronica des fahrenden Schülers 701
– und Achim von Arnim, Des Knaben Wunderhorn 691
– Bücher, Die Fünfzig 681
Brentano, Clemens/Arnim, Achim von 691, 827
Brevier der Heiterkeit 976
Briefe an Kinder und junge Menschen 917
Briefpapiervignetten 29, 87, 88, 109, 129, 257, 361, 531, 587, 722
Briefwechsel, Kerner 566a
Brückenau, Prolog zum Konzert 453
– Wunderheilung 1
Brunnen. Der artesische. oder Casperl bei den Leuwutschen 541, 576, 623, 681, 686, 710, 780, 831
Büchel, Das vergnügte. Des »Fröhlichen Buches«. Avenarius, Ferdinand 797
Bücherrundschau, Die 700
Bücherstube, Die 702
Bücherwurm, Der 678
Büchlein für Kinder 144
Burg 181, 363
Bursche, Bemooster 407
Busse, Joachim: Internationales Handbuch aller Maler und Bildhauer des 19. Jahrhunderts 1250

Campagnuola 522
Caspari, Karl Heinrich, Christ und Jude 443, 791
Casperl s. Kasperl
Čeh, Darka: Pocci, Franz: Čarobne gosli. [Die Zaubergeige] 1091
Charitas (1842) 146
– (1845) 183
Christ und Jude (K. H. Caspari) 443
Christkind (1841) 141
Christkind auf Biga 126

Christkindchen hat's gebracht
  (I. Traugott) 238
Chronica des fahrenden Schülers
  (Cl. Brentano) 701
Chronika des Herrn Petrus Nöckerlein
  (Fr. Trautmann) 339
Colombella, Haus in 42
Coppée, François, Silvia 515
Cornelius, Peter von, Die Gesellschaft der
  Zwanglosen dem Meister 142
Crocodilus und Persea oder der verzauberte Krebs 541, 576, 650, 912, 924, 969
Czettritz, Annemarie: Franz Graf Pocci.
  Freund der Kinder und der Musen 1253

Dahlhaus, Carl/Hans Heinz Eggebrecht:
  Brockhaus Riemann Musiklexikon:
  Pocci, Franz Graf von 1256
Damals ... Geschichten aus der guten, alten
  Zeit 1017
Dank und Bitte der armen Schüler 110, 145
Das allerzierlichste Theater 918
Das Eulenschloß 520, 576, 589, 609,
  676, 679, 686, 780, 829, 848, 912, 925, 941,
  1037, 1090, 1091, 1134, 1183
Das Ferienbuch. Metz, Josefa (Hg.) 808
Das Gaukel-Linchen und andere
  Kindergeschichten 914
Das geheimnisvolle Ei 904
Das Glück ist blind oder Kasperl im
  Schuldturm 520, 576, 626, 971a, 1018,
  1052, 1313
Das goldene ABC für jedermann, der Gern
  in Ehren will bestahn S. 247
Ei, Das goldene 576, 681
Das goldene Kinderbuch 887, 898
Das Große Buch des Lachens 1001a
Das große Ei 842
Das große Erzähl- und Vorlesebuch 928
Das große Familienbuch für die
  Osterzeit 987
Das große Geschichtenbuch zum Vorlesen
  und Erzählen 946
Das große Kasperlebuch 932
Das Hausbuch der Geschichten vom
  Land 1025
Das Kränzchen.Illustrierte
  Mädchenzeitung (4 Illustrationen, 2
  Initialen) 720
Das lüsterne Wildschwein 1004a
Das Mährchen von Ivan Zarewitsch und
  dem grauen Wolf. Jou[Shu]kowski,
  Wassili Andrejewitch 758

Das Märlein vom Schneeweißchen und
  Rosenrot 97, 589, 594, 822, 892, 909
Das Märlein von Schneeweißchen und
  Rosenrot und andere Geschichten 795
Das Schusserspiel 381, 520, 774
Das unendliche Ziel. Ein Buch von Liebe,
  Welt und Gott 872
Das vergnügte Büchel. Des »Fröhlichen
  Buches«. Avenarius, Ferdinand 797
Das Wetter (U. Wickert) 1013
Daxenberger, Dr. 111
Denneborg, Heinrich Maria (Hg.): Das
  große Kasperlebuch 932
Der Bärentanz und andere
  Schattenbilder 659, 793
Der deutsche Spielmann 790
Der Feuerreiter (5 Bildbeigaben) 728
Der Fundevogel S. 246
Der gestiefelte Kater 605, 876, 1044, 1291
–[Theaterzettel] 502
Der heilige Garten 851
Der Jugendfreund mit Geschichten,
  Märlein, Gedichten und vielen lustigen
  Bildern 891
Der Lustigmacher auf der deutschen
  Bühne 1019
Der nächste Morgen [Die Erbschaft] 878
Der Nußknacker 1009, 1020
Der Osterhas 263, 277, 563, 979, 987
Der Puppenspieler (2 Karikaturen,
  Vorhangskizze) 744
Der Sammler (Brautbrief, 4
  Vierzeiler) 726
Der schwarze Mann 247, 841, 849, 914,
  948, 1002
Der Staatshämorrhoidarius 187, 375, 422,
  729, 931, 957
– [Auszüge] 915
Der Stichel 807
Der Weg zum Ruhm 1022
Der Zauberring 613, 843
Dering, Florian/Manfred Wegner
  (Redaktion): Kasperl Larifari.
  Blumenstraße 29a. Das Münchner
  Marionetten-Theater 1858–1988 1285
Des Knaben Wunderhorn. Brentano,
  Clemens/Arnim, Achim von 691, 827,
  1010
Deutsche Freiheit und deutscher Witz 860
Deutsche Jugend 867, 868
Deutsche Kinderheimath in Wort und Sang
  und Bild 762
Deutsche Märchen 1011

Deutsche Ritter- und Burgensagen 980
Deutsche Studentenlieder 343, 943
Deutscher Kinderschatz 1021
Deutscher Liederschatz 965
Deutsches Lesebuch für höhere
   Mädchenschulen. 773
Deutsches Rotes Kreuz (Hg.): Deutsche
   Jugend 867, 868, 870
Deutsches Weihnachtsbuch 1018
Deutschland (H. Heine) 703
Devise 63
Dichtung der Romantik 906
Dichtungen 164
Die drei Wünsche 365, 439, 576, 613, 654,
   712, 782, 846, 893, 924, 1041, 1081, 1083
Die drei Wünsche oder De
   Wooeschnas 812
Die Fahrt ins Wunderbare, Märchen
   deutscher Dichter. Falckenberg, Otto
   (Hg.) 789
Die fidele Kommode 837
Die Geburt der Komödie 853, 896
Die Gefallenen in der Schlacht 512, 769
Die Gesellschaft der Zwanglosen:
   – An Peter Cornelius 142
   – Guckkastenbilder 198
Die klingende Kette 916
Die Literarische Welt (6 Karikaturen) 725
Die lustigen Abenteuer des Kasperl
   Larifari 924, 929
Die Prüfung 323, 832, 858, 971a, 1064
Die Prüfung oder der wieder lebendig
   gewordene Kasperl 643
Die romantische Illustration. Lang,
   Oskar 699, 820
Die schöne alte Zeit 809
Die schöne alte Zeit, ein Bilderbuch von
   ... 959
Die schönsten Advents- und
   Weihnachtslieder 986a
Die schönsten deutschen Kinderlieder 939
Die schönsten Kinderreime 1003
Die schönsten Kneipenlieder 958
Die schönsten Mundharmonika-
   Lieder 954
Die schönsten Tiermärchen und
   Tierfabeln 875
Die schönsten Volkslieder; mit Noten zum
   Singen und Spielen am Klavier 960
Die sieben Raben (Fr. von Pocci) 520, 618,
   774, 786, 787, 1066
Die Spinnstube. Kalendergeschichten und
   Volkserzählungen 968a

Die Trinkerkur oder Prënz Schengche.
   Hermann, Will (Berab.) 813
Die Venediger Goldsucher 469
Die Wundergeige oder, Hopp Marjännche.
   Hermann, Will (Bearb.) 824
Die Zaubergeige 509, 576, 589, 607, 654,
   676, 686, 693, 712, 730, 748, 774, 782a/c,
   816, 830, 854, 881, 882, 886, 900, 912, 941,
   1045, 1060, 1080, 1084, 1093, 1094, 1101,
   1103, 1106, 1111, 1116, 1117, 1120, 1121,
   1133, 1206, 1225, 1233a, 1296
– [Neufassung] 906
Die Zaubergeige und andere
   Märchenkomödien 947
Die Zwanglose Gesellschaft in
   München 1837-1937 1203, 1283
Die Zwerge im Schweckhäuserberge 1014
Diehm, Hermann, Geschichte der
   Aktienbrauerei zum Löwenbräu 694
Dietrich, Christoph: Bühnenmusik zu
   Poccis »Zaubergeige« 881, 1106
Diner. Le. de Madelon [Theaterzettel] 66
Diplom des Münchener ärztlichen
   Vereins 113
Dirrigl, Michael: Franz Graf Pocci. Der
   Kasperlgraf, »drîer künige getriuwer
   kameraere« 1320
Dirrigl, Michael: Maximilian II. König von
   Bayern 1848-1864 1273
Distelbrunner. Dr. 130
Dittmann, Ulrich: Kasperl Larifari
   – Literaturgeschichtlich gesehen 1329
Döbrich, Rainer W.: Franz von Pocci.
   Kasperlkomödien 1242
Doctor-Jubiläum. Fünfzigjähriges, Fr. von
   Kobells 533
Doderer, K.(Hg.): Lexikon der Kinder-
   und Jugendliteratur. Dritter Band. P-Z:
   Franz Pocci 1260
Doderer, Klaus: Das poetische Bilderbuch
   im 19. Jahrhundert 1231
Domkirche, Die, zu U. L. Fr. in München
   (A. Mayer) 504
Dornröslein 403, 576, 622, 686, 710, 857
Dream of little tuck (H. C. Andersen) 234
Dreher, Konrad: Der Abreißkalender
   meines Lebens 1191
Drei Pocci-Lieder auf Gedichte Ludwig I:
   »Abschied im Herbste«. »Nachtgesang«.
   »Voga, voga« [CD] 1118
Dreyer, Aloys, Franz Pocci 579
Drosselbart. König 552, 617
Duell in Landshut 14

Duetten. Drey 72, 90, 319
Duetten. vier 254
Dyhrenfurth, Irene.: Geschichte des deutschen Jugendbuches 1219

Eberspächer. Martina: Der Weihnachtsmann 1321
Eckhardt, Johannes, Vergangenheit und Gegenwart 690
Eckturm. Runder 114
Efeuranken 631
Effa, J.(Bearb.): Der Zauberring 843
Egk, Werner: Die Zaubergeige. Oper in 3 Akten (2. Fass. 1954) [Fernsehfilm] 1120
Egk, Werner: Die Zaubergeige. Szenen aus der Oper [Schallplatte] 1111
Egk, Werner: Die Zeit wartet nicht. Percha am Starnberger See 1233a
Ehrendiplom vom Kathol. Gesellen-Verein München 274
Ehrenschild, Silberner. des Kronprinzen 165
Ei, Das geheimnisvolle 904
Ei, Das goldene 576, 681
Ei, das große 842
Eia-Popeia 762
Eichendorff-Kalender (Die Gesellschaft Alt-England in München) 737
Eichler, Ulrike: Kunst bringt Gunst. Randbemerkungen zu dem in München versteigerten Gemälde »Kaiser Maximilian bei Albrecht Dürer« 1305
Eichler, Ulrike: Münchner Bilderbogen 1232a
Ein Brautbrief meines Großvaters 742
Ein Männlein steht im Walde: Die schönsten Kinderlieder mit Noten zum singen und spielen am Klavier 971
Eine kleine Weihnachtsgeschichte und andere Erzählungen um die Heilige Nacht 986
Eine lustige Gesellschaft. 100 Münchener Bilderbogen in einem Band 948
Einladung zu den öffentl. Prüfungen der Griech. Erziehungs-Institute 39
Eitler, Artur 1312
Elchinger, Richard: Pocci, München und die Marionette 1203a
Engel 28
Entführung 182
Entzian, Alfred (Bearb): Wer hat nur das Ei auf den Marktplatz gelegt 877

Erbe, Das (T. Klein) 684
Erbschaft, Die 552, 576, 625
Erinnerungen an die Fahrt nach Ammergau 115
Erker, Gotischer 12
Ernestine, Tante s. Baudissin, Gräfin Thekla Etzel, Theodor s. Roda Roda
Eröffnung des Kinderspitals 206
Erzähl- und Vorlesebuch, Das große 928
Es weihnachtet. Der deutschen Jugend gewidmet. Laßleben, J. B. 799
Eulenschloß, Das 520, 576, 589, 609, 676, 679, 686, 780, 829, 848, 912, 925, 941, 1037, 1090, 1091, 1134, 1183
Ewers, H.-H.: Romantik 1295
Ewers, Hans-Heino (Hg.): Kinder- und Jugendliteratur der Romantik 989, 1275
Ex Libris 96, 121, 668, 669
Ex-Libris [Zeitschrift] 568

Fadrus, Victor 831
Fahrt ins Wunderbare, Die 789
Fahrt ins Wunderland. Die Märchen deutscher Dichter 883
Fahrt. Des Recken, nach Wien 147
Familienbuch für die Osterzeit, Das große 987
Falckenberg, Otto (Hg.) 789
Faulbaum, Paul (Hg.): Die klingende Kette 916
Feldhütter, Wilfried: K[öni]gl[ich] – Bayerisches Hoftheater. Franz von Pocci, Karl von Perfall; eine kritische Bestandsaufnahme [Hörfunksendung] 1125
Ferienbuch, Das. Metz, Josefa (Hg.) 808
Festkalender (Fr. Pocci, G. Görres u. a.) 15, 16, 31, 32, 33, 40, 41, 56, 57, 64, 204, 216, 225, 561, 768, 859, 929, 954, 989, 1141, 1217, 1275, 1288, 1305, 1319, 1328
Festzug des Königs Drosselbart 545
Feuerreiter, Der (5 Bildbeigaben) 728
Feustel, Gotthart (Hg.): Prinzessin und Spaßmacher. Eine Kulturgeschichte des Figurentheaters der Welt 1297
Filscher, E.: Isabella Braun und die Jugendblätter 1162
Fink, Alois (Hg.): Weyr, Franz: Kasperl Larifari und der Oberhofbeamte Graf Pocci [Hörfunksendung] 1113, 1128
Fischer, Otto: Geschichte der deutschen Zeichnung und Graphik 1211
Fleißbillette, Vier 18

Fleming, Kurt: Karikaturisten-
  Lexikon 1303
Fliegende Blätter 91, 116, 187, 202, 203,
  217, 235, 236, 283, 307, 308, 341, 342, 379,
  380, 397, 398, 410, 427, 459, 511, 689, 698,
  880, 884, 915, 1286
Fliegendes Blatt zur Erinnerung an Poccis
  Landshuter Universitätsjahr 1825-
  26 811
Flug der Liebe 5, 408
Fontaine, C.-M.: Das romantische
  Märchen 1281a
Frank, Alois: Hundertfünfzig
  Jahre Zwanglose Gesellschaft.
  München 1837-1987 1283
Franz Graf Pocci als Kinderfreund und
  Jugendschriftsteller. Braun, Isabella 770,
  1146
Franz Pocci und das Kinderbuch 733,
  1189a
Franz Pocci/H. Wenk/O. Hardwig: »Holy
  Child«/»We welcome thee« 1102
Franz Pocci. Zum 50. Todestag 1023
Franz von Pocci. Vom Zeremonienmeister
  zum »Kasperlgrafen« (Günter
  Goepfert) 1018, 1313
Franz, Kurt u.a. (Hg.): Kinder- und
  Jugend-Literatur. Ein Lexikon 1311
Franz: Kindereien 935
Franz-Graf-von-Pocci-Gesellschaft
  Münsing (Hg.): »Spissi Spassi Kasperladi
  oder Wixilipixilitschaotschao mit
  Nierenbratl und Bier« [CD] 1139
Franz-Graf-von-Pocci-Gesellschaft(Hg.):
  Franz Pocci. Zum 50. Todestag 1023
Fraungruber, Hans: (Hg.) 784
Fraunhofen, Abschied von 151
Fraunhofen, Frhr. von, Reise 156
Freitagsgesellschaft Musikalische,
  Programm 268
Fridolin kommt zu den Knechten 436
Frieder, Der kleine s. Märlein
Fröhliche Jugend. Heyder, Fritz
  (Hg.) 806
Frühlingsglaube 243
Frühlings-Laube 284, 299
Frühlings-Sonate 34
Frühwald, Wolfgang: Katholische Literatur
  im 19. und 20. Jahrhundert in
  Deutschland 1279
Fundevogel [fälschlich F. P. zugeschr.]
  S. 246
Für d'Muadda 955

Für die Kinderstube 766
Für fröhliche Kinder 805
Fürs Haus 760

Gaeta-Album 428
Galgenlieder 987a
Garnerius, H.: Zu einigen unveröffentlich-
  ten Blättern Pocci's und dem Problem
  des Dilettantismus 1249
Garten, Der heilige 851
Gaugler, Almut (Auswahl): Goldene
  Kinderzeit 1010
Gaugler, Almut (Auswahl): Im Wechsel des
  Jahres 1007
Gaugler, Almut (Hg.): Deutsche
  Märchen 1011
Gaukel-Linchen und andere
  Kindergeschichten, Das 914
Gebet anläßlich der Choleraepidemie
  (Bittgebet) 309
Gebet des Herrn, Das 58
Gebhardt, Heinz: Franz Hanfstaengl. Von
  der Lithographie zur Photographie.
  Ausstellungskatalog Münchner
  Stadtmuseum (1984) 1274
Geburt der Komödie, Die 853, 896
Gedanken, Versuche und Maximen (Joseph
  Joubert) 275
Gedenkblätter an das Universitäts-
  Studiengenossenfest in Landshut 409
Gedichte (A. von Maltitz) 131
Gedichte (Fr. Beck) 7
Gedichte (Ludwig I. von Bayern) 8
Gedichte an J. M. Marie Sophie, Königin
  beider Sicilien 428
Gedichte in hochdeutscher, oberbaye-
  rischer und pfälzischer Mundart (Fr. von
  Kobell) 116, 132
Gedichtmanuskript 764
Gefallenen. Die, in der Schlacht 512, 769
Genius, Bekränzter 55
Georg Denkler (Bearb.) 775
Gereimte Geschichten von deutschen
  Dichtern 840
Gesammelte Märchen 869, 1005
Geschichte der Aktienbrauerei zum
  Löwenbräu (H. Diehm) 694
Geschichte der Schwangerschaft ... des
  Directors des Allg. Krankenhauses 117
Geschichte eines deutschen Steinmetzen
  (Fr. Beck) 35
Geschichten u. Lieder mit Bildern
  [Auswahl v. Thalhofer] 569, 792

Geschichten und Lieder mit Bildern   133, 166, 188, 569, 573, 792, 1021, 1217
Geschichten, Lieder und auch Scherz fürs Kinderherz. Fraungruber, Hans: (Hg.)   784
Geschichtenbuch zum Vorlesen und Erzählen, Das große   946
Gesellenverein. Kathol., Ehrendiplom   274
Gesellschaft für teutsche Alterthums-Kunde   62, 119, 571, 756, 1143
Gesellschaft, Die, der Zwanglosen, dem Meister Peter Cornelius   142
Gesellschaft, Lustige   494, 529, 705
Gevatter Tod   921, 963, 1087, 1299b
Giovannina   522
Glanz, Luzia: Das Puppenspiel und sein Publikum   1209a
Glötzner, Johannes: Der nackerte Larifari   1026a
Glötzner, Johannes: Ein Gelegenheits-Florilegium   1026
Glück ist blind, Das, oder Kasperl im Schuldturm   520, 576, 626, 971a, 1018, 1052, 1313
Göbels, Hubert: Hundert alte Kinderbücher aus dem 19. Jahrhundert   1255
Godnič, Stanka: Dobro staro gledališče. Pocci, Franz, Sovji grad   1090
Goepfert, Günter (Hg.): Bayrische Lausbuben und Lausdirndln   1001
Goepfert, Günter (Hg.): Kobell, Franz v.: Ausgewählte Werke   926, 1006
Goepfert, Günter: Franz von Pocci. Vom Zeremonienmeister zum »Kasperlgrafen«   1018, 1313
Goepfert, Günter: Franz von Pocci. Zeremonienmeister – Künstler – Kasperlgraf   1286
Goepfert, Günter: Lebensgeschichte eines Multitalents. In: Franz von Pocci. Vom Zeremonienmeister zum »Kasperlgrafen«. Lebens- und Schaffenswege eines universellen Talent   1314
Gogen, Peter (Hg.): Das große Erzähl- und Vorlesebuch   928
Goldene Kinderzeit   1010
Goldene Weihnachtszeit   1016
Goldsucher. Die Venediger   469
Good Stories for Great Holydays   1040
Goose, Mother, from Germany   471
Görres, Guido, Deutsches Hausbuch   204, 218

– Das Leben der heil. Cäcilia   150
– Marienlieder   168, 303
– Schön Röslein   80, 558
– Weihnachtslied   15, 170, 204
– s. auch Festkalender
Goßmann, Friederike s. Prokesch-Osten
Gottesminne   574
Grimm, Albert Ludewig, Kindermährchen   93, 1291
Grimm, Gebr.: Kinder- und Hausmärchen   861
Grimm, Jacob: Bajke i price/Bra'ca Grimm's   1087
Grimms Märchen S.   247
Gropp, Wilhelm: Der schönste Christbaum   1100
Große Buch des Lachens, Das   1001a
Grüger, Heribert (Bearb.): Das geheimnisvolle Ei   904
Grün, Anastasius, Der letzte Ritter   53
Gruß an die Abgeordneten ... der kathol. Vereine   431
Guckkasten, Der (K. Hobrecker)   708
Guckkastenbilder, Zwanglose   198
Güll, Fr., Kinderheimath   205, 413, 434, 446, 447, 1003
Güll, Friedrich/Pocci, Franz: Kinderheimat in Liedern und Bildern   835, 930, 1234
Gummpenberg, Hertha v.: Jägerlieder, in schöner Schrift geschrieben   866
Günther, Herbert: Künstlerische Doppelbegabungen   1205, 1212
Günther, Walther (Hg.): Die schönsten Tiermärchen und Tierfabeln   875
Günther, Walther (Hg.): Spaßige Geschichten von Kleinen Leuten   874
Günzel, Klaus (Hg.): Alte deutsche Puppenspiele   924a
Gutgesinnte, Der   245

Haffner, Gerhard (Hg.): Die schönsten Volkslieder; mit Noten zum Singen und Spielen am Klavier   991
Haffner, Gerhard (Hg.): Unsere schönsten Volkslieder   962a
Haffner, Gerhard (Hg.): Am Brunnen vor dem Tore: Die schönsten Volks- und Kinderlieder mit Noten zum Singen und Spielen am Klavier   972a
Haffner, Gerhard (Hg.): Ein Männlein steht im Walde: Die schönsten Kinderlieder mit Noten zum singen und spielen am Klavier   971

Hahn, Helga (Hg.): Poesieverse und Kindervorträge für alle Gelegenheiten 953
Hallesches Schimpfwörterbuch 1008
Handel, Der verfängliche [Theaterzettel] 159
Hans in der Schule 994, 1012
– [fälschlich F. P. zugeschr.] S. 248
[gez. I…]: Fr. Graf von Pocci 1141
Hansel und Gretel 828, 905, 941
Hansel und Grethel oder der Menschenfresser 509, 611
Hänsel und Gretel 833, 861, 892, 1280a
Hänsel und Gretel oder der Menschenfresser 576, 774
Hänsel und Grethel, ein Märlein 73, 92, 127, 581, 588
Hansen, Walter (Hg.): Das Hausbuch der Geschichten vom Land 1025
Hansl und Gretl oder der Menschenfresser 781
Happ-Dettenhausen, Alfred: Licht und Schatten. Scherenschnitt und Schattenspiel im Zwanzigsten Jahrhundert. [Katalog zur] Ausstellung des Puppentheatermuseums … 1270
Harnier. W. und C. von, Zum Andenken an 75
Harun al Raschid, Triumph des 60
Haus in Colombella 42
Haus, Aus dem (R. Reither) 298
Hausbuch, Deutsches (G. Görres) 204, 218
Hausbuch der Geschichten vom Land, Das 1025
Hausbücherei der frischen Resi (Sprichwörter und Reime) 732
Hausbücherei der frischen Resi 832, 848, 849
Hauskalender, Bayerischer, der Münchner Neuesten Nachrichten 715
Hausschatz deutscher Märchen 899
Hausschatz schöner Märchen 903
Hausschatz, Deutscher, in Wort und Bild 532
Haydn, Jos., Die Heimkehr des Tobias 432
Hefner-Alteneck, J. H. von, Trachten des christl. Mittelalters 125
Heil Herrn von Baader heil! 46
Heiligen-Legenden, Die schönsten (P. Expeditus Schmidt) 632, 663

Heim und Welt (2 Karikaturen) 741
Heimatgarten. Lesebuch für das 3. und 4. Schuljahr 823a
Heimkehr des Tobias (I. Haydn) 432
Heindl, Joh. Bapt.: Galerie berühmter Pädagogen, verdienter Schulmänner, Jugend- und Volksschriftsteller und Componisten aus der Gegenwart in Biographien und biographischen Skizzen 1142
Heine, Heinrich, Deutschland 703
Heinemann, Münchener Malerei unter
Heinrich von Eichenfels oder das gestohlene Kind 403, 635
Heinzelmann, Philipp: Kasperl Larifari und die Zaubergeige – Kasperl fängt die frechen Diebe [Schallplatte] 1115, 1116
Heißerer, Dirk: Wellen, Wind und Dorfbanditen. Literarische Erkundungen am Starnberger See 1307
Heiterer Hausschatz. Deutscher Humor aus fünf Jahrhunderten 967
Helbig, Jörg (Hg.): Brasilianische Reise 1817–1820. Carl Friedrich Philipp von Martius zum 200. Geburtstag 1304
Heldentaten, Kasperls 323, 649
Hellauf-Merkblatt 599
Hennecke, A. (Bearb.): Das große Ei 842
Heraldik 802
Herbed, Prinz 439, 620
Herbstblätter 491
Hereinspaziert 994
Hermann, F. B. W., Kalender auf das Jahr 1842 134
Hermann, Will (Bearb.) 812, 813, 824
Herold's großes Kasperlebuch 968
Herrmann, Georg: Die deutsche Karikatur im 19. Jahrhundert 1153
Heut Nacht steigt der Mond übers Dach 996
Heyder, Fritz (Hg.) 806
Hildegard, Die stolze, oder Asprian mit dem Zauberspiegel 509, 619, 774
Hildesheimer, Alexandra: Leben und Wirken von Franz Graf von Pocci 1315
Hinaus in die Ferne. Mit Butterbrot und Speck. Die schönsten Parodien auf Goethe bis George 1209
Hindemith, Paul: Ungedruckte Bühnenmusiken zu Puppenstücken von Franz Pocci 1101

Hirsch, Emil, Sammlung Arthur
  Rümann 671
– Sammlung Prof. Carl Voll 673
Hirschberg, Leopold: Die hundert
  Kindermusiken des Kindergrafen 1189
Hirschberg, Leopold: Franz Graf
  Pocci 1155
Hirschberg, Leopold: Franz Pocci, der
  Musiker 1164
Hirschbold, Benedikt: Münchner
  Heimatbuch 890a, 1209a
Hirte, Werner (Hg.): Vetter Franz auf dem
  Esel 938a
Hobrecker, Karl (eingel.): Grimms
  Märchen 892
Hobrecker, Karl/Else Steub (Hg.): Das
  goldene Kinderbuch 887
Hobrecker, Karl, Der Guckkasten 708
Hobrecker, Karl: Alte vergessene
  Kinderbücher 1170, 1265
Hobrecker, Karl: Ein Fund bei
  Fundevogel 1169
Hochland 575
Hoffmann, Heinrich: Slovenly Peter or
  Cheerful Stories and Funny Pictures for
  Good 1034
Hoffmann, Klaus (Hg.): Die Zwerge im
  Schweckhäuserberge 1014
Höflings Jungmännerbühne 583, 816, 847
– Vereins- und Dilettantentheater 589
Hofstadt, Franz Pocci seinem 19
Hofstaedter, An unsern lieben (Fr.
  Beck) 20
Hohenlohe-Waldenburg, Prinz Alexander,
  Wunderheilung in Brückenau 1
Holland, Hyacinth: Franz Pocci. Ein
  Dichter- und Künstlerleben 1193
Holland, Hyazinth 772
Holland, Hyazinth s. auch Reding von
  Biberegg
Holland, Hyazinth, Franz Graf Pocci 562
Holland, Hyazinth: Franz Graf Pocci als
  Dichter und Künstler 1149a
Holland, Hyazinth: Franz
  Pocci's Jugendschriften und
  Komödienbüchlein 1144
Holland, Hyazinth: Lebenserinnerungen
  eines 90jähr. Altmünchners 1166
Holland, Hyazinth: Pocci Biografie 1149
Holländer, Der fliegende 477
Hollweck, Ludwig (Hg.): Karikaturen
  von den Fliegenden Blättern bis zum
  Simplicissimus 1844-1914 1284

Holzschnitt »Jüdischer Buchhändler auf
  dem Jahrmarkt« 443, 796
Horn, Maurice (Ed.): The World
  Encyclopedia of Cartoons. Pocci, Franz
  von 1262
Hort, Der wahre 469
Hubertuslied 344
Huldigungsfest der Königin Karnaval 424
Humpen mit drei trinkenden Kindern 84
Hundesperre 148
Hungari, A.(Hg.) 759

Illustration, Die romantische (O.
  Lang) 699, 820
Illustrationen v. Graf Franz von Pocci, die
  alte MKG 1312
Illustrirtes Deutsches Kinderbuch. Scherer,
  Georg: 767
Im Kinderland 803
Im Märchenreich 877
Im Wechsel des Jahres 1900a
Im Zauberreich der Elfen, Zwerge und
  Kobolde 982
Initiale »Christoph« 461
Inselbücherei 710
Isaren-Zeitung (1 Karikatur) 755
Isaren-Zeitung (1 Karikatur, 1
  Federzeichnung, 1 Zweizeiler, 1
  Aquarell) 711, 716, 747
Isaren-Zeitung 653, 656, 683, 692
Ivanhoe von Walter Scott, Zeichnungen
  von F. P. 2

Joubert, J. 275
Jaeggi, Oswald: Die Zaubergeige. Oper
  in 4 Aufzügen 1109
Jagdbuch, Herrn Petermanns 251, 313,
  418, 485, 530, 554, 556
Jagden bei Kühbach und Wittelsbach 260
Jäger, Roland: Ritter und Eisenbahn 1254
Jäger-, Soldaten- und Volkslieder, 150 alte
  und neue 334
Jäger-Lieder, Alte und neue (Fr. Pocci und
  Fr. von Kobell) 162, 281, 567
Jäger-Lieder, Alte und neue (Fr. Pocci, L.
  Richter und G. Scherer) 306, 944
Jägerlieder, in schöner Schrift geschrie-
  ben 866
Jahrbuch deutscher Bibliophilen und
  Literaturfreunde (Karikatur F.
  Stelzheimers) 736
Jahrbuch für christliche
  Unterhaltung 1875 539

Jahresbericht des Histor. Vereins von und für Oberbayern 321, 526
Jahreszeiten, Die 345
Jardinet de Roses 155, 1288
– s. auch Rosengärtlein
Jordan, Stefan: Pocci, Franz Graf von 1324
Jorinde und Joringel 865
Jou[Shu]kowski, Wassili Andrejewitch 758
Joubert, Joseph, Gedanken, Versuche und Maximen 275
Jugend (3 Zeichnungen) 722
Jugend marschiert / Kameradschaft der Arbeit / Das große Festspiel... 1206
Jugend, Deutsche 868
Jugend-Album (E. Niendorf) 270
Jugendblätter für christl. Unterhaltung und Belehrung 322, 346, 365, 381, 400, 411, 433, 444, 462, 470, 476, 482, 492, 500, 507, 513, 519, 523, 527, 534, 540, 549, 551, 553, 775
– Pocci-Heft, zusammengestellt v. [Fr. X.] Thalhofer 569, 574
Jugendfreund mit Geschichten, Märlein, Gedichten und vielen lustigen Bildern, Der 891
Jugendlust 850, 879
Julio primo Angliae avo 174
Jürgens, A. s. Marchner, A. E.
Jurkowski, Henryk: Das romantische Puppentheater für Kinder 1246a

Kerner, Justinus s. Briefwechsel 566a, 777
Kalasiris, die verwunschene Lotosblume 520, 636, 666, 774, 782
Kalender auf das Jahr 1842 (F. B. W. Hermann) 134
Kalkschmidt, Eugen: Deutsche Freiheit und deutscher Witz 860
Kapitell, Frühgotisches 285
Karbe, Anna, Die heilige Weihnacht 555
Karfunkel, Der 383, 412
Karl. Kaiser, Rückkehr 118
Karlinger, Felix: Franz v. Pocci 1244
Kasperl als Garibaldi 439, 652, 971a
Kasperl als Nachtwächter 323, 647, 712, 971a
Kasperl als Porträtmaler 403, 583, 646, 672, 680, 686, 710, 848, 884, 911, 924
Kasperl als Prinz [Theaterzettel] 571, 579
Kasperl als Prinz 509, 576, 612, 681, 686, 710, 780, 846, 884, 917a, 924, 969, 1019, 1299b
Kasperl als Professor – Kasperl als Nachtwächter 838
Kasperl als Professor 323, 644, 832, 838
Kasperl als Turner 541, 645, 686, 924a
Kasperl auf der Jagd – Hasenvorwitz 836
Kasperl auf der Jagd 841, 845, 921, 932, 935, 971a, 977
Kasperl in China 323, 641, 832, 848, 971a
Kasperl in der Türkei 403, 640, 666, 693, 832, 852, 924, 925, 932
Kasperl in der Zauberflöte 552, 576, 651, 686
Kasperl in Kamerun oder der Darwinaffe, Kubus, H.(Berarb.) 772
Kasperl ist überall 628, 863
Kasperl ist überall. Georg Denkler (Bearb) 775
Kasperl Larifari 826
Kasperl mit verschiedenen Figuren [Zeichnung] 435
Kasperl unter den Wilden 403, 576, 593, 642, 681, 686, 693
Kasperl wird reich 541, 576, 624, 681, 685
Kasperl, Madame 323, 627
Kasperl, Zauberer und Ritter [Zeichnung] 401
Kasperle (sic) in der Türkei 753
Kasperle in Genf 754
Kasperle Larifari 779
Kasperlebuch, Das große 932
Kasperletheater für Erwachsene 949, 1251
Kasperl-Komödien (A. Woelfle) 693
Kasperl-Komödien 604-627, 633-652
Kasperlkomödien 846, 925
Kasperl-Komödien, Lustige 710
Kasperl-Komödien, Sämtliche (Verl. Etzold) 585, 590
Kasperls Heldentaten 649, 969, 989, 1101, 1267
Kasperls Reise übers Meer 907
Kasperl-Theater 681
Kasperl-Theater, Neues 323, 528
Kasperstücke für das Handpuppentheater 832
Kästner, Erhart: Scherenschnitt-Illustrationen 885
Kater, Der gestiefelte 605, 876, 1044, 1291
–[Theaterzettel] 502
Kaufmann, Fr.: Franz Pocci als Landshuter Student 716, 1180

Keiter, Heinrich: Zeitgenössische katholische Dichter Deutschlands 1148
Kerner, Justinus 706, 1185
Kerners, Justinus, Briefwechsel mit seinen Freunden 566a, 777
Kesting, Marianne (Hrsg)/Pocci, Franz: Lustiges Komödienbüchlein 912
Kette, Die klingende 916
Killy, Walther: Pocci, Franz Graf von 1310
Killy, Walther (Hg.): Zeichen der Zeit 905
Kind in Wiege 47
Kind mit Körbchen 94
Kind, Neugeborenes 86
Kinderbuch, das goldene 887, 898
Kinder- und Hausmärchen 861
Kinder- und Jugendliteratur der Romantik 989
Kinder-, Studenten-, Soldaten- und Volkslieder, 200 alte und neue (A. E. Marchner u. a.) 498
Kinder. Für fröhliche 602
Kindereyen 76
Kinderheimat in Liedern und Bildern 913a, 930
Kinderheimat in Liedern. Güll/Pocci 835
Kinderheimath (Fr. Güll) 205, 413, 434
Kinderkaleidoskop II. Ein Sammelsurium klassischer Bilder, Reime, Geschichten für Leseratten 995
Kinderland 803
Kinderlieder für Jung und Alt (Fr. v. Lehr) 304
Kinderlieder, Alte und neue (Fr. Pocci und K. v. Raumer) 282, 916, 974
Kinderlieder, Alte und neue (Gg. Scherer) 246, 663, 951, 974
Kinderlieder, Die schönsten deutschen 939
Kinderlieder. Reime, Sprüche und Abzählverse 952
Kindermährchen (A. L. Grimm) 93
Kindern, Den frommen 21
Kindern. Den guten 22
Kinderreime (Tr. Löschke) 219
Kinderreime, Die schönsten 1003
Kinderreime mit Bildern 603, 815
Kinderspitals, Zur Eröffnung des 206
Kindlein, Ein, ist gestorben 149
Klein, Diethard (Hg.): Auf den Knien meines Herzens 964
Klein, Diethard H.) Hg.): Bayrisches Hausbuch 976

Klein, Ruth (Hg.): Almanach der Dame auf das Jahr 1961 908
Klein, Tim, Das Erbe 684
Klodwigs Bekehrung 286
Knapp, Martin, Deutsche Schatten- und Kneipenlieder, Die schönsten 958
Kobell, Fr. von s. auch Pocci, Fr.
Kobell, Franz v. 783
Kobell, Franz v.: Ausgewählte Werke 926, 1010
Kobell, Franz v.: Die Geschicht' vom Brandner Kasper 992
Kobell, Franz v.: Schnadahüpfln 783, 888
Kobell, Franz von, Fliegende Blätter ll. 116
– Gedichte in hochdeutscher, oberbayerischer und pfälzischer Mundart 132
– Alte und neue Jäger-Lieder 162, 281, 576, 800
– Die Monate 154
– Auf der Rast 105
– Des Reiters Rosse 120
– Schnadahüpfln und Sprüchln 192, 224, 934
– Schützenleben 240
– Boarisch' Schützenlied 232
– Die Wein' und der Bacchus 171, 698
Kobell, Franz von, Fünfzigjähriges Doctor-Jubiläum 533, 538
Kobell, Franz von: Zum 70. Geburtstage 525
Kobell/ Stieler 785
Koch, Joseph u. Maria (Hg.): Der heilige Garten 851
Koch, Joseph u. Maria (Hg.): Zwölf Glocken klingen 859
Köhler-Zülch, Ines 1323
Kommode, Die fidele 837
Komödienbüchlein, Lustiges (Deutsch-Meister-Verlag) 686
Komödienbüchlein, Lustiges (Insel-Verlag) 576
Komödienbüchlein, Lustiges 403, 439, 508, 509, 520, 535, 541, 552, 564, 566, 686, 715, 765, 774, 780, 912, 1110, 1255, 1273
Kornähren. Hungari, A.(Hg.) 759
Köster, Hermann Leopold (Hg.): Geschichte der deutschen Jugendliteratur in Monographien 1184
Koster, Monika / Jürgen Naumann (Hg.): Stör nicht den Traum der Kinder 940
Kovalevski, Bärbel: »Der alte treue Kunstsinn wohnt auch in Ihnen«. Louise

Wolf und der Münchner Künstlerkreis
der Romantik 1328
Krafft, Barbara/Nefzger, Ulrich: Das Hohe
Schloß zu Füssen als neue Heimstatt für
den Grafen Pocci. Eine Entdeckungsreise
durch die Pocciana-Sammlung in
Familienbesitz 1293
Krafft, Barbara/Nefzger, Ulrich: Der
Kasperlgraf von Ammerland 1327
Krafft, Barbara/Ulrich Nefzger (Text):
Franz von Pocci 1807-1876. Phantasien,
Scherze und Veduten. Die Pocciana-
Sammlung in Familienbesitz im Hohen
Schloß Füssen 1294
Krafft, Barbara/Ulrich Nefzger (Text):
Kunterbunter Guckkasten. Franz
von Pocci (1807-1876) skizziert kleine
Welten. Neues aus den Köstlichkeiten der
Pocciana-Sammlung in Familienbesitz im
Hohen Schloß Füssen 1306
Krafft, Barbara/Ulrich Nefzger (Text):
Luftburgen – Traumschlösser. Auf
den Zinnen der Phantasie. Franz
Graf von Pocci (1807-1876) und die
Burgenromantik 1335a
Krafft, Barbara/Ulrich Nefzger (Text):
Seh-Reise mit Franz Graf von Pocci.
Hundert Landschaftsbilder rund um den
Würmsee 1325
Krafft, Barbara/Nefzger, Ulrich: Vom
Würmsee zur Wartburg. Franz Graf v.
Pocci und sein Sommergast Moritz v.
Schwind 1326
Krafft, Barbara: Das Ammerlander
Gästebuch des Grafen Pocci. Eine
Sommerchronik 1309
Krafft, Barbara: Erst Batistmännchen,
dann Bärenritter. Jugenderinnerungen
des Grafen Franz von Pocci
[Hörfunksendung] 1137
Krafft, Ludwig: Franz Pocci in eigener
Sache 1223
Krafft, Ludwig: München und das
Puppenspiel. Kleine Liebe einer großen
Stadt. München 1216
Krafft, Ludwig: Pocci, Franz: Kasperl- und
Gedankensprünge 921, 1223
Krahé, Hildegard (Hg.): Lothar
Meggendorfers Spielwelt 1271
Kramberg, Karl Heinz: Der Clown.
Marginalien zur Narretei 1213
Krause, Ernst: Werner Egk. Oper und
Ballett 1225

Kreusch-Jacob, Dorothee (Hg.):
Heut Nacht steigt der Mond übers
Dach 898
Krippenspiel, Ein 311a
Krol, Bernhard: Musik zu: Hubertus
Serenade: für Horn-Quartett 1131
Kubus, H.(Bearb.) 772
Kühbach, Jagden bei 260
Kunad, Rainer: Musik zu: Der
Eiertanz. Minioper nach Pocci
(Klavierauszug) 1123
Kunad, Rainer: Musik zu: Der
Eiertanz. Minioper nach Pocci
[Fernsehfilm] 1119
Kunst und Künstler 665
Künstler, Der, krank zu Bett 95
Künstlerbriefe über Kunst (Brief von F:P:
an Fr. Hoffstadt) 731
Kunstverein in München, Bericht 242
Kunterbunt 591
Kunze, Horst (Hg.): Schatzbehalter 911a
Kunze, Horst.: Alles für das Buch 1234

L'amore alchimista [Theaterzettel] 104
L'oncle d'Amérique [Theaterzettel] 68
La Mère L'Oie (1866) 1031
La mère l'oie [um 1850] 1030
Lager-Katalog (J. J. Lentner) 592, 655
Lamm Gottes, Sehet an das 124
Landshut, Duell 14
– Gedenkblätter 409
– Studenten 6
Landsknecht, Der 437
Lang, Oskar: Die romantische
Illustration 687, 699, 700c, 820
Lang, Oskar: Die guten Meister des deut-
schen Hauses 687
Lang, Oskar: Deutsche Romantik. Die
volkstümlichen Zeichner der deutschen
Romantik 1210
Laßleben, J. B 799
Laturell, Volker D.: Theater und Jugend
in München. Eine Zusammenstellung
aus 500 Jahren Münchener
Theatergeschichte 1224
Laurin, Waldkönig, oder Kasperl unter den
Räubern 520, 576, 598, 608, 821
Leben der hl. Cäcilia (G. Görres) 150
Lebensskizze Ludwig Schwanthalers 242
Lebereime 330
Legende vom Sanct Hubertus 97
Lehmann, Ágoston: A bethlehemi essillag
(1883) 1033

Lehr, Friedrich von, Kinderlieder für Jung und Alt 304
Lentner, J. J., Bibliotheca Bavarica 655
– Lager-Katalog Vl 592
Leube, Dietrich/Pocci, Franz: Viola Tricolor. In Bildern und Versen 942
Leube, Dietrich/Pocci: Franz: Kindereien 935
Leube, Dietrich: »Wozu der Quark?« 1245
Liebespaar im Kahn 438
Liebespaar, Das, in der Kunst (R. Piper) 670
Lied auf dem Wasser zu singen (Fr. Beck) 23
Lied des Mäßigkeitsvereins 135
Lied zum Maywein 48
Lied, Ein deutsches (1859) 404
Lieder für Knaben und Mädchen (H. F. Maßmann) 13
Lieder zu Schutz und Trutz (Lipperheide, Fr.) 514
Lieder, Heitere, Kasperliaden und Schattenspiele 582, 801a
Lieder, Sechs (Fr. Beck) 59, 69
Lieder, Sechs deutsche 9
Lieder, Sechs, als Frühlingsgruß 24
Lieder, Sieben schöne alte und neue, mit Bildern 193
Liederbuch für den Festkommers anläßlich des 105. Stiftungsfestes des Corps Isaria 724, 844
Liederbuch für deutsche Landleute (I. H. Möwing) 280
Lieder-Kranz, gebunden von den vorzüglichsten Tonsetzern 10
Lipperheide, Franz, Lieder zu Schutz und Trutz 514
List, Stephan, Die Münchener Romantik u. Die Gesellschaft von den drei Schilden 696
Literarische Welt, Die (6 Karikaturen) 725
Lithographie Alte Kunstschätze in Bayern (1 Zeichnung, 1 Lithographie) 756
Little Folks 1034
Löschke, Traugott, Kinderreime 219
– Kindliche Raethsel 220
Lother und Maller (Fr. Beck) 463
Löwenstein, Fürst von 175
Lucas, Anna: Franz Pocci und das Kinderbuch 733, 1189a
Ludwig I. König von Bayern, Gedichte 8

Ludwig II. (G. von Böhm) 695
Ludwig I. 688
Ludwig I.: Den Manen 516
Ludwig Schwanthalers Reliquie 360, 390
Lustig sollt ihr sein 871
Lustige Gesellschaft 494, 529, 705, 963a
Lustige Kasperlkomödien 884
Lustige Kasperlstücke für Jung und Alt 902
Lustige Märlein und Reime 787, 794
Lustiges Komödienbüchlein 403, 439, 508, 509, 520, 535, 541, 552, 564, 566, 576, 686, 765, 774, 912
Lutze, Arthur, Miß Mary 478

M(arilyn) M(urphy): Pocci, Franz Graf von 1292
Madame Sorbet [Theaterzettel] 77
Mädchen, Betendes 54
Mährchen, Zwei 127
Mährlein, Das, von Hubertus und seinem Horn 152
Malerei, Münchener, unter Ludwig l. (Heinemann) 688
Maltitz, A. von, Gedichte 131
Manen, Den, König Ludwigs l. 516
Mann, Der schwarze 247, 841, 849, 914, 948, 1002
Märchen (H. C. Andersen) 273, 475, 956
Märchen [Auswahl] 997, 1005
Märchen auf einen Blick 1004
Märchen deutscher Dichter 789, 883
Märchen s. a. Hänsel und Grethel
Märchen, Das, vom Rotkäppchen 509, 615, 774
Märchen, Lieder und lustige Komödien 570, 788a
Märchenbuch in 3 Bänden 909
Märchenschatz der Brüder Grimm 945
Marchner, A. E., K. von Raumer, A. Jürgens, L. Richter und Fr. Pocci, 200 alte und neue Kinder-, Studenten-, Soldaten und Volkslieder 498
Maria, Königin von Neapel, An 428
Maria-Legenden 348
Marienlieder (G. Görres) 168, 303
Marionettentheater: Eintrittskarten 393, 394, 395, 396
– »Zettel für das Marionettentheater« 401, 402, 419, 420, 435, 436
– Theaterzettel 477, 483, 545
Maris, Les deux [Theaterzettel] 68
Märlein vom Schneewittchen 70

Märlein von einem, der auszog, das Fürchten zu lernen [fälschlich F. P. zugeschr.] S. 246
Märlein, Das Lustige, vom kleinen Frieder 78, 98, 127
Märlein, Das, von Schneeweißchen und Rosenroth 97, 580, 594, 795, 822, 892, 909
Märlein, Das, von Schneeweißchen und Rosenrot und andere Geschichten 795
Marschall, Elisabeth Gräfin 377
Marschall-Hornrichs, Gräfin Bertha 71
Mary, Miß (A. Lutze) 478
März 577
Maßmann, H. F., Lieder für Knaben und Mädchen 13
Maßmann, H. F., s. Fahrt, Des Recken
Maßmann, H. F.: Neuester Bilderbogen 177
Mauerpforte, Kleine gotische 36
Max, Herzog in Bayern, Alpenklänge 128
– Oberbayerische Volkslieder 209, 389
Maximilian II.: Ehrenschild 165
– Der Tod des Königs 473
Mayer, Anton, Die Domkirche zu U. L. Fr. in München 504
Meggendorfer Blätter (2 Zeichnungen) 721
Mehling, Marianne (Hg.): Die schönsten Advents- und Weihnachtslieder 984
Mein erstes großes Märchenbuch 910
Meister, Die 689, 717
Meister, Die guten, des deutschen Hauses (O. Lang) 687
Mencken, F. E. (Hg.) Briefe an Kinder und junge Menschen 917
Menschenfresser, Hansel und Gretel verfolgend [Theaterzettel] 503
Merkle, Ludwig (Hg.): Für d'Muadda 955
Metz, Josefa (Hg.) 809
Metz, Josefa, Von Hans Sachs bis Wilhelm Busch 704
Michel der Feldbauer 378, 383, 1299b
Miehle, Renate: Die braune Bill. Aus dem Leben der Jugendschriftstellerin Isabella Braun aus Jettingen (1815. 1886) 1282
Miller, Norbert/Karl Riha (Hg.): Kasperletheater für Erwachsene 949
Minnelieder (Reding von Biberegg und Fr. Pocci) 325
Minnelieder, Sechs Altdeutsche 51
Missa est 629
Moisy, Sigrid von [und Otto Paul Krätz]: »Seine Majestät machten sich einen Knopf ins Schupftuch« 1264

Moisy, Sigrid von und Otto Paul Krätz: Die Rolle Justus von Liebigs im München König Max II. 1272
Moisy, Sigrid von/J. Wild: Graf Pocci und das kulturelle München 1248
Moisy, Sigrid von: »Geibel ein Bayer«. Aus der Geschichte der »Zwanglosen Gesellschaft« in München 1302
Moisy, Sigrid von: Paul Heyse. Münchner Dichterfürst im bürgerlichen Zeitalter 1269
Moisy, Sigrid von: Von der Aufklärung zur Romantik: Geistige Strömungen in München 1276
Molander, Michael [d. i. Herbert Bauer]/Pocci: Die drei Wünsche 893
Monate, Die (Fr. von Kobell) 154
Morgen, Der nächste [Die Erbschaft] 878
Morgenstern, Christian: Galgenlieder 987a
Mort, Le, sous la scellé [Theaterzettel] 66
Mortan, Gaby: Ästhetische und pädagogische Aspekte des Kasperltheaters für Kinder unter Berücksichtigung des historischen Entwicklungsprozesses 1322
Morzee, Ingeborg v.: Das »Gesamtkunstwerk« im Schaffen Franz Poccis 1200
Möwing, I. H., Liederbuch für deutsche Landleute 280
Muck, Axel/Philipp Heinzelmann: Die wunderbaren Abenteuer des Kasperl Larifari [Schallplatte] 1115
Müller-Rüdersdorf, Wilhelm: Franz Pocci 1161
München 18. Februar 1842. 151
– 8ten Februar 1842 153
München im Lied (W. Steuerwald) 578
Münchener Zeitung »Was Franz Pocci sprach« 743
Münchner Heimatbuch 890
Münchner Künstlerfeste. Wolf, Georg Jacob/Wolter, F. (Hg.) 834
Mundharmonikalieder, Die schönsten 954
Mutter mit Wickelkind 85
Muzl, der gestiefelte Kater 439, 576, 593, 782, 923, 941

Nachricht über ein Denkmal der Hochätzkunst 250
Nachrichten, Neueste, N. 9999. 249
Nacht, Die, im Walde 291

Nacht, Heilige (L. Bechstein) 74
Nachtlied 248
Nachtschatten 749
Nagelfest, Old Englands 137
Namenbilder 484
Neujahrsgruß für 1834 37
Neujahrswalzer 1838 79
Nickel, H.-W.: Puppenspiel, Puppentheater (Figurentheater) 1259
Niendorf, Emma, Jugend-Album 270
Nieritz, Gustav, Deutsches Volksbüchlein 184
Nieten 191
Nightingale, The (H. C. Andersen) 207, 239
Nimm mich mit! (A. Birlinger) 452, 521, 715, 935
Nöbel, Manfred (Hg.): Pocci, Franz: Die Zaubergeige und andere Märchenkomödien 941
Nöbel, Manfred (Hg.): Pocci, Franz: Kasperls Heldentaten 971a, 1267
Nöbel, Manfred: Franz Pocci – Ein Klassiker und sein Theater 1287
Nöbel, Manfred: Kasperl redivivus? Zur lustigen Figur bei Franz Pocci 1267
Nöbel, Manfred: Pocci, Franz 1308
Non, Altar 136
Nürnberger Illustrierte (4 Abbildungen) 740
Nußknacker, Der 1009, 1020

O du fröhliche, o du selige Weihnachtszeit 983
Oberbayerisches Archiv 119, 136, 208, 250, 696, 745, 1147, 1199b, 1198, 1232b
Odoardo 510
Orchideengarten, Der 675
Osterhas, Der (G. Scherer) 263, 277, 563
Osterloh, Albert Leo (Hg.): Hallesches Schimpfwörterbuch 1008
Ostervers 406
Ostojíc, Ljubica: Pocci, Franz, »Sovji grad« [Das Eulenschloß] 1091

Palast in Venedig 99
Palazzo dei Cesari 44
Paldamus, F.C. (Hg.) 773
Panzer, Friedrich 321
Pape, Walter: Pocci, Franz Graf von 1261, 1298
Pape, Walter: Der naive Improvisator: Franz von Pocci oder die Befreiung im Spiel 1266

Parseval, Der verfängliche Handel[Theaterzettel] 159
Pastete, Die geheimnisvolle 513, 520, 633, 774
Pastor, Kurt: Franz Pocci als Musiker 1105, 1199a
Paulsen, Gundel (Auswahl): Deutsches Weihnachtsbuch 1015
Pearl S. Buck: Eine kleine Weihnachtsgeschichte und andere Erzählungen um die Heilige Nacht 986
Pechstaedt, Volkmar von: Pocci Franz (Ludwig Evarist Alexander) Graf von 1333
Petermann s. Jagdbuch
Petersbrunn, Den Badgästen 43
Petzmaiers Zitherspiel. Kobell/Stieler 785
Pezdir, Slavko: Ožlahtne dediššine. Franz Pocci: Čarobne goszi 1094
Pfanner, Adolf/Franz Pocci: Die Zaubergeige 1117
Pferderennen 195
Pinson, R. W. (Hg.): Andersen, H. Ch: Märchen 956
Pinson, Roland W. (Hg.) Im Zauberreich der Elfen, Zwerge und Kobolde 982
Pinson, Roland W. (Hg.): Deutsche Ritter- und Burgensagen 980
Pinson, Roland W. (Hg.): Deutscher Kinderschatz 1021
Pinson, Roland W. (Hg.): Deutscher Liederschatz 965
Pinson, Roland W. (Hg.): Die Spinnstube Kalendergeschichten und Volkserzählungen 966
Pinson, Roland W. (Hg.): Goldene Weihnachtszeit 1016
Pinson, Roland W. (Hg.): Heiterer Hausschatz. Deutscher Humor aus fünf Jahrhunderten 967
Pinson, Roland W. (Hg.):Damals ... Geschichten aus der guten, alten Zeit 1017
Piper, Reinhard, Das Liebespaar in der Kunst 670
Plauderstüblein, Das (Fr. Trautmann) 326, 560
Pocci (Enkel), Franz: Franz Pocci und sein Kasperl. Ein Gedenkblatt zum 125. Geburtstag Poccis 1195
Pocci (Enkel), Franz: Vorwort [u. Zusammenst.] der Pocci-Ausstellung, Nürnberg (1930) 1194

Pocci als Simplizissimus der Romantik (Fr. Wolter) 713
Pocci Franz: Lustig sollt ihr sein 871
Pocci/Enkel, Franz: F. Pocci als Mitglied künstl. u. wissenschaftl. Gesellschaften 1179a
Pocci, August Graf 185, 186
Pocci, F./Čech, F./Míšek, E.: Čtverlístek loutkových [Vier Puppenspiele] 1060
Pocci, F., L. Richter und G. Scherer (Hg.): Alte und neue Jägerlieder 306, 967
Pocci, Franz: Šimpanz Darwina opice [Schimpanse, der Darwinaffe] 1046
Pocci, Franz/Elisabeth Panknin: Prinz Rosenrot und Prinzessin Lilienweiß oder die bezauberte Lilie. [Hörspiel] 1122
Pocci, Fr. und A. Jürgens, Alte und neue Soldaten-Lieder 143, 179, 449, 973
Pocci, Fr. und Fr. von Kobell, Alte und neue Jäger-Lieder 162, 281, 306, 567, 800
Pocci, Fr. und K. v. Raumer, Alte und neue Kinderlieder 282, 499, 916, 974
Pocci, Fr. und Reding von Biberegg, Altes und Neues 318, 335
Pocci, Fr., L. Richter und G. Scherer, Alte und neue Jäger-Lieder 306, 944
Pocci, Franz (A. Dreyer) 579
Pocci, Franz (Enkel), Kunterbunt 591
– s. auch 602, 632, 657, 660, 661, 663, 686, 698, 706, 717, 718, 719
Pocci, Franz (Enkel): Das Werk des Künstlers Franz Pocci 1181, 1198
Pocci, Franz (Enkel): Die Gesellschaft »Altengland« in München 1190
Pocci, Franz (Enkel): Die Humpenburg 756, 1143
Pocci, Franz (Enkel): Erstdrucke nach Schöpfungen von Franz Pocci 1807-1876 aus den Jahren 1926-1934 1198
Pocci, Franz (Enkel): Franz Pocci und der Bacherl-Skandal 725, 1182
Pocci, Franz (Enkel): Franz v. Kobell und Franz Pocci 1196
Pocci, Franz (Enkel): Gäste in Schloß Ammerland 1188
Pocci, Franz Graf (H. Holland) 562, 771
Pocci, Franz von: »Unsere Anekdote«: Beethoven-Anekdote [Hörfunksendung] 1112
Pocci, Franz/Eduard Fischer: Der Jugendfreund mit Geschichten, Märlein, Gedichten und vielen lustigen Bildern 891
Pocci, Franz/Enkel (Hg.): Justinus Kerner und sein Münchener Freundeskreis 1185
Pocci, Franz/Jacobs, Karl: Der gestiefelte Kater 876
Pocci, Franz/Jacobs, Karl: Der nächste Morgen [Die Erbschaft] 876
Pocci, Franz/Meggendorfer, Lothar: Das lüsterne Wildschwein 1002
Pocci, Franz, Aquarelle und Zeichnungen (H. Stobbe) 697
Pocci, Franz: »Gondoliera«. »Abschied im Herbste« {Musikproduktion] 1127
Pocci, Franz: »Ich schieß den Hirsch« [Doppel-CD] 1136
Pocci, Franz: »Nachtlied« zu 3 Stimmen 1097
Pocci, Franz: 6 Kinderlieder mit Klavier [Hörfunksendung] 1105
Pocci, Franz: A három kivánság [Die drei Wünsche] 1083
Pocci, Franz: A varázshegedű [Die Zaubergeige] 1084
Pocci, Franz: Albert a Berta, aneb Kašpárek v pytli [Albert und Berta oder Kasperl im Sack] 1067
Pocci, Franz: Artéská studna neb Kašpárek u Lajvučů. [Der artesische Brunnen oder Kasper bei den Leuwutschen] 1062
Pocci, Franz: Artézská studna, neb, Kašpárek u Lajvučů [Der artesische Brunnen oder kasperl bei den Leuwutschen] 1073
Pocci, Franz: Casper among the Savages [Kasperl unter den Wilden] 1075
Pocci, Franz: Čtryři loutkové hry [Vier Puppenspiele] 1061
Pocci, Franz: Das Gaukel-Linchen und andere Kindergeschichten 914
Pocci, Franz: De drie Wensen [Die drei Wünsche] 1081
Pocci, Franz: De toveriool [Die Zaubergeige] 1080
Pocci, Franz: Dědictví [Die Erbschaft] 1069
Pocci, Franz: Der schwarze Mann 849
Pocci, Franz: Der Staatshämorrhoidarius 931, 957
– [Auszüge] 915
Pocci, Franz: Die gesamte Druckgraphik 929
Pocci, Franz: Die lustigen Abenteuer des Kasperl Larifari 925

Pocci, Franz: Die Prüfung 858
Pocci, Franz: Die Zaubergeige 881
Pocci, Franz: Doktor Zimostráz, anebo, Doktor, smrt a čert [Doktor Sassafras oder Doktor, Tod und Teufel] 1045
Pocci, Franz: Dornröslein 857
Pocci, Franz: Gevatter Tod 963
Pocci, Franz: Herbed, zapuzený princ [Herbed, der vertriebene Prinz] 1068
Pocci, Franz: Jeník a Mařenka, čili, Lidojed [Hansel und Gretel, oder Der Menschenfresser] 1042
Pocci, Franz: Kalasiris, knět lotosu, aneb, Kašpárek v Egyptě [Kalasiris, die Lotosblume oder Kasperl in Ägypten] 1049, 1070
Pocci, Franz: Kašpárek a strašidlo [Kasperl als Gespenst] 1053
Pocci, Franz: Kašpárek Garibaldim [Kasperl als Garibaldi] 1045a
Pocci, Franz: Kašpárek mezi divochy [Kasperl unter den Wilden] 1072
Pocci, Franz: Kašpárek princem [Kasperl als Prinz] 1035
Pocci, Franz: Kašpárek v Tureku [Kasperl in der Türkei] 1038
Pocci, Franz: Kašpárkova hrdinství [Kasperls Heldentaten] 1071
Pocci, Franz: Kasper, the portrait painter. [Kasperl als Porträtmaler] 1085
Pocci, Franz: Kasperl als Professor – Kasperl als Nachtwächter 838
Pocci, Franz: Kasperl auf der Jagd 836, 841
Pocci, Franz: Kasperl in der Türkei 847
Pocci, Franz: Kasperl ist überall 814, 864
Pocci, Franz: Kasperl milliomos lesz [Kasperl wird Millionär] 1082
Pocci, Franz: Kasperl tornászni tnul [Kasperl lernt turnen / Kasperl der Darwin-Affe] 1088
Pocci, Franz: Kasperl- und Gedankensprünge 921
Pocci, Franz: Kasperlkomödien 846, 925
Pocci, Franz: Kasperls Reise übers Meer 907
Pocci, Franz: Kocour v botách [Der gestiefelte Kater] 1044
Pocci, Franz: Kouzelné housle [Die Zaubergeige] 1060
Pocci, Franz: Král lesů (Laurin) [Waldkönig Laurin] 1057
Pocci, Franz: Král Ptakobrad [König Drosselbart] 1048

Pocci, Franz: Krokodilus a Persea 1047, 1075
Pocci, Franz: Lári-Fári Tamás. Mesekomédia [Thomas Lari-Fari. Märchenkomödie] 1079
Pocci, Franz: Lotosov cvijet ili Marinko u. Egiptu [Kalisiris, die verwunschene Lotosblume oder Kasperl in Ägypten] 1092
Pocci, Franz: Lustige Gesellschaft 949a, 948, 963a
Pocci, Franz: Lustige Kasperlkomödien 888
Pocci, Franz: Popelka [Aschenbrödel] 1051, 1077
Pocci, Franz: Prinz Červánek [Prinz Rosenrot] 1036
Pocci, Franz: Prinz Červánek a Princesna Lilinka, anebo, Začarovaná Lilie [Prinz Rosenrot und Prinzessin Lilienweiß oder Die bezauberte Lilie] 1050, 1078
Pocci, Franz: Prinz Rosenrot und andere Kasperlkomödien 852
Pocci, Franz: Puppenspiel 889
Pocci, Franz: Pyšná Hildegardis, aneb, Asprianovo kouzelné zrcadlo [Die stolze Hildegard oder Asprian mit dem Zauberspiegel] 1063, 1074
Pocci, Franz: Rosengärtlein 138, 155, 327, 497, 524, 778, 862
Pocci, Franz: Schattenspiel 978, 995a/b
Pocci, Franz: Schattenspiele 556
Pocci, Franz: Schnacken und Märchen 845
Pocci, Franz: Sedm havranů [Die sieben Raben] 1066
Pocci, Franz: Šipková Růžinka [Dornröschen] 1056
Pocci, Franz: Slepé štěstí, aneb, Zadlužený Kašpárek [Das Glück ist blind oder Kasperl im Schuldturm] 1052
Pocci, Franz: Soví hrad [Das Eulenschloß] 1037
Pocci, Franz: Šuryburyburyšurybimbamp uf, aneb Kašpárek havířem [Schuriburi burischuribimbampuff oder Kasperl als Bergknappe] 1065
Pocci, Franz: The Darwin Ape 1087
Pocci, Franz: The Wishing Fairy 1086
Pocci, Franz: Tři přání hoda [Die drei Wünsche] 1041
Pocci, Franz: Undina, vodní víla [Undine, die Wassernixe] 1059

Pocci, Franz: Výbor loutkových her [Ausgewählte Puppenspiele] 1045
Pocci, Franz: Zajatý Turek [Der gefangene Turko] 1038
Pocci, Franz: Zkouška [Die Prüfung] 1064
Pocci, Sophie Gräfin 140, 157
Pocci. Franz: Musik des Grafen Franz von Pocci [Schallplatte] 1118
Pocci/Görres 768
Pocci/Kobell 800
Pocci-Ausstellung Nürnberg 1930 (6 Aquarelle) 738
Poesieverse und Kindervorträge für alle Gelegenheiten 953
Pörnbacher, H.: Romantisches Biedermeier in Bayern – Franz Graf Pocci und sein Kreis 1220
Pörnbacher, Hans (Hg.): An Dichterhand durchs Bayernland 990
Pörnbacher, Hans u. Karl: Romantik in Altbayern 1238
Pörnbacher, Karl (Hg.): Pocci, Franz: Kasperlkomödien 925
Pössiger, Günter (Hg.): Die schönsten deutschen Kinderlieder 939
Pössiger, Günter (Hg.): Die schönsten Mundharmonika-Lieder 954
Pressler, Christine: Schöne alte Kinderbücher 1263
Prince, Le, Charmant [Theaterzettel] 65
Prinz Rosenrot und andere Kasperlkomödien 852, 1078, 1122
Prisma, Das 693
Probeblatt 169
Probedrucke 96, 210, 222, 264, 265, 266, 267, 269, 353, 374, 391, 414, 419, 536, 664, 706, 711, 716, 718, 719
Programm zur musikalischen Freitagsgesellschaft 268
Prokesch-Osten, Gräfin Friederike, Rosenlieder 542
Prolog 576, 593, 686
Prolog zum Konzert in Brückenau 453
Prologe, Zwei 604
Prüfung, Die 323, 832, 858, 971a, 1064
Prüfung, Die, oder der wieder lebendig gewordene Kasperl 643
Puppen und Kasperlspiele. Fadrus, Victor 831
Puppen-Komödien, Die sechs schönsten, von F. P., hsg. von Lea Weismantel 712
Puppenspiel 889

Puppenspiele, hsg. von Karl Schloß 586
Puppentheater (Universal-Bibliothek) 593, 654, 666, 783
Purschke, Hans R.: Das allerzierlichste Theater 918
Putala, Alison C. (Ed.): Christmas in Prose and Verse 1095

Quartetten, Drei 252

Raben, Die sieben (Fr. von Pocci) 520, 618, 774, 786, 787, 1066
Radierungen 91, 93, 139, 698, 767, 929, 1147
Raethsel, Kindliche (Tr. Löschke) 220
Räthselbuch, Das deutsche (K. Simrock) 486
Rall, Roland: Kasperl – Ein Plebejer auf dem Theater 1235
Ramm-Bonitt, Ingrid (Hg.): Der Lustigmacher auf der deutschen Bühne 1019
Rampis, M.: Der Stern von Bethlehem 1096
Ranke, Kurt (Hg.): Enzyklopädie des Märchens 1323
Ranken 657, 658, 659, 793
Rapp, Eleonore: Die Marionette im romantischen Weltgefühl. Ein Beitrag zur deutschen Geistesgeschichte. Bochum 1218
Rapp, Eleonore: Die Marionette in der deutschen Dichtung vom Sturm und Drang bis zur Romantik 1163
Rasp, Hans-Peter: Der Historienmaler Ferdinand Wagner und die »Fürstenhäuser« in München 1317
Rast, Auf der (Fr. von Kobell) 105
Raub, Sabine: 1858 eröffnet – »Großes Marionettentheater« [Film] 1132
Raumer, K. von s. Marchner, A. E.
Reding von Biberegg [Hyazinth Holland] und Fr. Pocci, Minnelieder 325
Reding von Biberegg [Hyazinth Holland], Altes und Neues 318, 335
Rehm, Hermann Siegfried 837
Rehm, Hermann Siegfried: Das Buch der Marionette 1154
Reinecke, Carl: 3 Vertonungen von Pocci-Lieder [Schallplatte] 1138
Reinfrank, Arno: Der Weg zum Ruhm 1022
Reise des Frhrn. und der Freifrau von Fraunhofen 156

Reiter von hinten und Fußgänger 45
Reither, Rudolf, Aus dem Haus 298
Reliquien, Ludwig Schwanthalers (Fr. Trautmann) 360, 390
Rhymes and Pictures for Children 1029
Richter, L. s. Marchner, A. E.
Richter, L., A. E. Marschner, Fr. Pocci und A. Jürgens (Hg.): Alte und neue Lieder. Mit Bildern und Singweisen 973
Riedelsheimer, Anton: Die Geschichte des J. Schmidschen Marionettentheaters in München von der Gründung 1858 [bis zum Beginn der 40. Saison] bis zum heutigen Tage 1151
Riemann, Kurt (Bearb.): Die Zaubergeige 854
Riemer-Schmidt, Ulrich (Auswahl): Brevier der Heiterkeit 977
Ries, Hans: Dilettantismus als Kunstform. Franz Graf Pocci als Illustrator 1289
Ries, Hans: Illustration und Illustratoren des Kinder- und Jugendbuchs im deutschsprachigen Raum 1871–1914 1301
Riha, Karl: Kaspers Wiederkehr: Vom Grafen Pocci zu H. C. Artmann 1251
Rilz, René (Hg.): Märchenschatz der Brüder Grimm 945
Rilz, René (Hg.): Pocci, Franz: Lustige Gesellschaft 947
Rilz, René: Pocci – Künstler und Kinderfreund 1252
Ritter, Der letzte (A. Grün) 53
Ritter, Trauernder 26
Roda Roda und Theodor Etzel, Welthumor 714
Roeßler, Arthur: Das Münchener Marionetten-Theater 1152
Romantik, Die Münchener (St. List) 696
Rosengärtlein 138, 155, 327, 497, 524, 778, 862
– s. auch Jardinet de Roses
Rosenlieder (Gräfin Fr. Prokesch – Osten) 542
Rosenroth, Prinz, und Prinzessin Lilienweiß 403, 576, 606, 681, 852, 921, 941, 989, 1018, 1050, 1078, 1122, 1275, 1313
Röslein, Schön (G. Görres) 80, 678
Rosse, Des Reiters (Fr. von Kobell) 120
Rothkehlchens Liebseelchens Ermordung und Begräbniß. Brentano, Clemens 817
Rotkäppchen und der Wolf [Theaterzettel] 501

Rübsamen, Annelies u. Hans (Hg.): Alles Gute für den lieben Opa 975
Rückkehr, Kaiser Karls 118
Rümann, Arthur: Alte deutsche Kinderbücher 1202

Sachs, Von Hans, bis Wilhelm Busch (I. Metz) 704
Sammlung Arthur Rümann (E. Hirsch) 671
Sammlung Prof. Karl Voll (E. Hirsch) 673
Sammlung, Aus der historischen, der Münchener Künstler-Genossenschaft 565
Sämmtliche Märchen H. Ch. Andersen's 273, 475
Sämtliche Kasperlkomödien 810
Sassafras, Dr. 402, 439, 576, 605, 681, 686, 693, 941, 1045, 1055
Schacherl, Lilian: Oberbayern. Voralpen und Alpenland 1316
Schäfflertanz 483, 819, 890, 1018, 1210a, 1313
Schatten- und Scherenbilder, Deutsche (M. Knapp) 667
Schattenrisse. Silhouetten und Scherenschnitte in Deutschland im 18. und 19. Jahrhundert 938
Schattenspiel 218, 223, 272, 324, 346, 510, 599, 628, 775, 794, 814, 853, 863, 864, 877, 895, 914, 935, 938, 940, 948, 978, 983, 1003, 1186, 1187
Schattenspiel 901
Schattenspiel 984
Schattenspielbuch 863, 1207, 1270
Schattenspiele 582, 733, 801, 856, 863, 864, 891, 939, 955, 994, 1189b, 1206
Schattenspiele der Münchener Bilderbogen [Auswahl] 937
Schatzbehalter 911
Schatzgräber 588, 594, 598, 600, 603, 628, 775, 814, 815, 818, 821, 828
Schatzgräber, Kinderbuch 580, 581
Schedler, Melchior: Schlachtet die blauen Elefanten! Bemerkungen über das Kinderstück 1233
Scheitler, Irmgard: Poesie der Unschuld. Geistliche Lieder von Guido Görres 1319
Schepelmann-Rieder, Erika (Bearb.): Lustige Kasperlstücke für Jung und Alt 902
Scherenbilder 667
Scherenschnitt-Illustrationen 885

Scherer, Georg (Hg.): Alte und neue Kinderlieder, Fabeln, Sprüche und Räthsel 246, 261, 951
Scherer, Georg 318, 343, 363, 660
- Alte und neue Jägerlieder 306, 944
- Der Osterhas 263, 979
- Deutsche Studenten-Lieder 343
- Georg Scherer's Illustrirtes Deutsches Kinderbuch 767
- Weihnachtsbüchlein 269
Schiffhütte mit Kahn 50, 173
Schimpanse, der Darwinaffe 541, 576, 648, 686, 780, 832, 969, 1046
Schloenbach, Anton, Was sich der Wein erzählt 455
Schloß, Karl: Franz Pocci. Ein Gedenkblatt zu seinem 100. Geburtstag 1158
Schmidt Hugo: Über das Marionettentheater 1175
Schmidt, Anna 337
Schmidt, F. H. W. (Hg.): Moderne Marionettenspiele 1183
Schmidt, Gustav (Hg.): Bayreuther Hausbuch 988
Schmidt, P. Expeditus, Die schönsten Heiligen-Legenden 632, 663
Schmidt, P. Expeditus: Jahresberichte für neuere Literaturgeschichte 1150
Schmitt, Meinrad: Musik zu: Der verlorene Schuh. Kinderoper 1124
Schmitz, Walther: Jugendträume und Gevatter Tod. Zum Werk von Franz Graf Pocci nach 1848 1281
Schmucke, Anne (Hg.): O du fröhliche, o du selige Weihnachtszeit 983
Schnacken und Märchen 845
Schnadahüpfln und Sprüchln (Fr. v. Kobell) 192, 210, 934
Schnadahüpfln. Kobell, Franz v. 783, 888, 992
Schneewittchen s. Märlein
Schneider, Ernst: Aschaffenburg: Stift, Schloß und alte Gärten 981
Schneider, Ilse: Puppen- und Schattenspiel in der Romantik 1186
Schober, Gerhard: Bilder aus dem Fünf-Seen-Land, Starnberg 1258
Schober, Gerhard: Schlösser im Fünfseenland 1334
Schöppner, A., Bavaria 256
Schott, Georg: Die Puppenspiele des Grafen Pocci. Ihre Quellen und ihr Stil 1159, 1207

Schott, Georg: Pocci und das deutsche Puppenspiel 1174
Schott, Georg: Zum 50. Todestag Franz v. Poccis 1179
Schott, Georg: Zur Einführung in die Puppenspiele des Grafen Pocci 1160
Schreiber, Rudolph, Sechs Mährlein 139
- s. auch Nr. 298
Schrott, Ludwig: Biedermeier in München. Dokumente einer schöpferischen Zeit 1217
Schrott, Ludwig: Münchner Alltag in acht Jahrhunderten 1214
Schug, Albert (Hrg.): Die Bilderwelt im Kinderbuch. Kinder- und Jugendbücher aus fünf Jahrhunderten 1288
Schulhaus 197
Schuriburiburischuribimbampuff oder Casperl als Bergknappe 528, 552, 637, 1065
Schusserspiel, Das 381, 520, 774
Schütze, Wolfgang (Bearb.): Jorinde und Joringel 865
Schützenleben (Fr. von Kobell) 240
Schützenlied 123
Schützenlied, Boarisch' (Fr. von Kobell) 232
Schwanthaler, Ludwig: Lebens Skizze 242
Scott, Walter, Ivanhoe, Zeichnungen von F. P. 2
Sécretaire, Le, et le Cuisinier [Theaterzettel] 67
Seidel, Christian: Musik zu: Franz Poccis »Gevatter Tod« 1076
Seidel, Christian: Musik zu: Pocci, Franz: Frühlingseinzug 1097
Semrau, E.: Graf Pocci und das kulturelle München 1240
Sengle, Friedrich: Biedermeierzeit. Deutsche Literatur im Spannungsfeld zwischen Restaurationszeit und Revolution 1815-1848 1226
Sennerin, Ausruhende 49
Sennhütte 122
Shoes of fortune. (H. C. Andersen) 225
Silhouetten Almanach 595
Silvia (Fr. Coppée) 515
Simmen, René: Die Welt im Puppenspiel 1228
Simrock, Karl (Hg.): Kinderlieder. Reime, Sprüche und Abzählverse 952
Simrock, Karl, Das deutsche Räthselbuch 486

Skasa-Weiß, Eugen (Hg.): Auch Deutsche lachen 919
Soldaten-Lieder, Alte und neue (Fr. Pocci und A. Jürgens) 143, 179, 973
Sommer in Oberbayern 894
Sonate fantastique 25
Sonntagsfreude 1863 464
– 1864 472
– 1866 487
– 1865 479
Sorbet, Madame [Theaterzettel] 77
Spannenlanger Hansel. Lieder, Fabeln und Reime für Kinder 901
Spaßige Geschichten von Kleinen Leuten 874
Speer / Kowalki: Das Eulenschloß. [Hörspiel] 1134
Speer, Norbert / Reiner Bredemeyer: Die Zaubergeige. [Hörspiel] 1133
Spiele, Dramatische 258, 557
Spielmann, Der deutsche 790
Spinnstube, Die. Kalendergeschichten und Volkserzählungen 968a
Sportfischer, Der 709
Spruchblätter 3, 211
Spruchbüchlein mit Bildern für Kinder 81, 100
Spruchbüchlein, Allerneustes 271, 548
Spruchbüchlein, Neues, mit Bildern 176, 190
Sprüchlein mit Bildern für Kinder 211, 421, 1029
Spruchsprecher 357
St. Alto 354, 355
St. Birgitta 354, 356
St. Hubertus s. Legende, Märlein
Staatshämorrhoidarius, Der 187, 375, 422, 729, 931, 957
– [Auszüge] 915
Stahl, Ernst Leopold: Kasperl auf der »großen« Bühne 1172
Starnbergersee-Woche (1 Aquarell) 735
Stein, Ernst (Hg.): Andersen, H. C.: Märchen 950
Stelzhamer, Franz: Über Franz Pocci 1192
Stemmle, R. A. (Bearb.): Die Geburt der Komödie 853, 896
Sterzinger, Sonja: Johann Ulrich Himbsel 1314
Steub, Ludwig: Sommer in Oberbayern 894
Steuerwald, Wilhelm, München im Lied 578

Stichel, Der 807
Stobbe, Horst, Franz Pocci, Aquarelle 697
Stör nicht den Traum der Kinder 940
Story-Book. A Danish (H. C. Andersen) 201, 1005
Strohmeyer, Susanne: Franz v. Pocci – Der berühmte »Kasperlgraf« und seine Zeit [Fernsehfilm] 1135
Stubbe, Wolf: Illustrationen u. Illustratoren. 1246
Studenten, Landshuter 6
Studenten-Lieder, Deutsche (Gg. Scherer) 343, 943
Süddeutsche Sonntagspost (1 Karikatur) 750
Syberberg, Hans Jürgen: Die Grafen Pocci – Einige Kapitel zur Geschichte einer Familie [Film] 1114

Tableaux 194
Tafelrunde, Des Kunig Arthus 167
Tales from Denmark (H. C. Andersen) 226, 253
Taube, Die, oder der schwarze Dietrich 638
Teutsch, Barbara (Auswahl): Pocci, Franz: Hereinspaziert 994
Thalhofer, [Fr. X.] s. Jugendblätter
Theaterzettel 65, 66, 67, 68, 77, 104, 159
Theater, Das allerzierlichste 918
Theeblätter, Deutsche 89, 112
Theodor Storm Hausbuch 972
Thespiskarren 543
Tiermärchen und Tierfabeln, Die schönsten 875
Tilia 763
Till, Wolfgang (Hg.): Puppentheater. Bilder. Figuren. Dokumente 1280
Töchteralbum 791
Tod als Schnitter 278, 454
Tod mit Ritter Karten spielend 83
Tod von Dr. Sassafras gebannt 402
Tod, Der, des Königs Maximilian II. 473
Tod, Gevatter 189, 320, 963, 1096
Todtentanz 454, 537, 662
Todtentanz in Bildern und Sprüchen 454
Todtentänze 376
Totentanz 596
Trachten des christlichen Mittelalters (J. H. von Hefner-Alteneck) 125
Traugott, Johann, Christkindchen hat's gebracht 238

Trautmann Franz, Die Abenteuer Herzogs
  Christoph 293, 331
– Chronika des Herrn Petrus
  Nöckerlein 339
– Das Plauderstüblein 326, 560
– Ludwig Schwanthalers Reliquien 390
Trautmann, Franz: Über Franz Graf
  Pocci 1145
Trifolien 82
Trinker, Der 158
Trinkerkur, Die, oder Prënz Schengche
  (Hermanns, Will (Bearb.) 813
Trinkspruch zum Fünfzigjährigen
  Doctorjubiläum Fr. von Kobells 538
Trischberger, Johanna: Ede, bibe,
  lude! 1335
Triumph des Kalifen Harun al Raschid 60
Trumpf aus (L. Bechstein) 546
Trunk, Richard: Bühnenmusik zur
  »Zaubergeige« 1103
Turko, Der gefangene 528, 552, 639, 832,
  852, 1038

Undine, die Wassernixe 552, 576, 614, 686,
  1045, 1059
Unger, Helga: Zwölf Jahrhunderte
  Literatur in Bayern 1236
Universal-Bibliothek 593, 654, 666, 782,
  925
Unsere schönsten Volkslieder 960
Urbach, Tilman: Kasperlgraf und
  Hofbeamter Franz Graf Pocci
  [Fernsehfilm] 1140
Valenta, Reinhard: Franz Graf von Poccis
  Münchener Kulturrebellion 1330
Valenta, Reinhard: Franz von Poccis
  Münchener Kulturrebellion. Alternatives
  Theater in der Zeit des bürgerlichen
  Realismus 1299a
Valentin, Hans E. (Hg.): Bayern. Ein
  Lesebuch 933, 1239
Vautour, Monsieur [Theaterzettel] 67
Venedig, Palast 99
Verein, Ärztlicher, Diplom 113
Verein, Historischer, von und für
  Oberbayern: Jahresbericht 321, 526
Vereine, Katholische: Gruß an die
  Abgeordneten 431
Vergangenheit und Gegenwart
  (I. Eckhardt) 690
Vetter Franz auf dem Esel 936
Vierlinger, Emil: Münchener
  Puppentheater. 1201a

Vierlinger, Emil: München – Stadt der
  Puppenspiele 1201b
Viola Tricolor. In Bildern und Versen 547,
  942
Volksbüchlein, Deutsches (G.
  Nieritz) 184
Volkskalender, Katholischer 354, 388
Volkslieder, Die schönsten; mit Noten zum
  Singen und Spielen am Klavier 960
Volkslieder, Oberbayerische (Max, Herzog
  in Bayern) 209, 389

Waldkönig Laurin 520, 576, 598, 774, 821,
  1045, 1057
Waller, Klaus: Das Große Buch des
  Lachens 1001a
Walzer, Fünf 27
Wangerin, Wolfgang (Hg.): »Pfui, ruft da
  ein jeder« – Alte Kinderbücher aus der
  Vordomme-Sammlung der Universität
  Göttingen 1300
Wappenschild, Leerer 101
Was das Münchner Kindel erzählt 819
Was du willst 311, 314, 550, 794
Wassern, Über den 584, 597, 660
Weber, Ernst (Hg): Der deutsche
  Spielmann 790
Wedding, The merry (Ch. Boner) 221
Weg, Der, zum Ruhm 1022
Wegehaupt, Heinz (Hg.): (Rose, Prinz und
  Nachtigall). Hundert Illustrationen aus
  anderthalb Jahrhunderten zu Märchen
  von Hans Christian Andersen 1290
Wegehaupt, Heinz (Hg.): Mein Vöglein mit
  dem Ringlein rot 1280a
Wegehaupt, Heinz (Hg.): Robinson und
  Struwwelpeter, Bücher für Kinder aus
  fünf Jahrhunderten 1299
Weichselgartner, A.: Der Schnak von
  Ammerland. Vor 160 Jahren wurde
  Graf von Pocci geboren 1221
Weigel, Heinrich: Ludwig Bechstein in
  Briefen an Zeitgenossen 1336
Weihnacht, Die heilige (A. Karbe) 555
Weihnachts A B C, Güldenes 310, 316,
  559
Weihnachtsbaum für arme Kinder 441,
  456, 465
Weihnachtsblätter: 1833: 28; 1834: 30; 1835:
  52; 1836: 61; 1838: 74; 1839: 102; 1840:
  126; 1841: 141; 1842: 160; 1843: 170;
  1844: 178; 1845: 196; 1846: 212; 1847: 227,
  228; 1848: 237; 1849: 244; 1850: 259; 1851:

279; 1852: 292; 1853: 300; 1854: 315; 1855: 329; 1856: 358; 1857: 364; 1858: 391; 1859; 399; 1860: 423; 1861: 430; 1862: 457; 1863: 460; 1864: 466; 1865: 480; 1866: 488
Weihnachtsbrevier 993
Weihnachtsbrief, Der 365, 439, 1038
Weihnachtsbüchlein (G. Scherer) 269
Weihnachtsgeschichten zum Vorlesen und Erzählen 920
Weihnachtslied (G. Görres) 15
Weihnachtsmärchen 799, 927, 1100
Weihnachtsspiele, Zwei 359
Wein, Die, und der Bacchus (Fr. von Kobell) 171
Wein, Was sich der – erzählt (A. Schloenbach) 455
Weismantel, Leo (Hg.): Wir treten auf die Kette 897
Weismantel, Leo: Schattenspielbuch 863
Welcker, Max: Ein kleines Krippenspiel 1104
Welthumor (Roda Roda und Th. Etzel) 714
Welttheater, Das 707
Wer hat nur das Ei auf den Marktplatz gelegt 877a
Werner, Johannes: Maxe von Arnim. Tochter Bettinas / Gräfin von Oriola. 1818 – 1894. Ein Lebens- und Zeitbild aus alten Quellen geschöpft 1204
Westenrieder, Lorenz 218, 295, 819, 825
Weyr, Franz: Kasperl Larifari und der Oberhofbeamte Graf Pocci 1128, 1215
Weyr, Franz: Kasperl Larifari und der Oberhofmarschall Graf Pocci [Hörfunksendung] 1113
Wichmann, Hermann (Hg.) Das unendliche Ziel. Ein Buch von Liebe, Welt und Gott 872
Wickert, Ulrich: Das Wetter 1013
Wieland, Rüdiger F. (Auswahl) 958
Wieninger, Karl: Franz Graf Pocci, der Vater des Kasperl Larifari 1268
Wildschwein, Das lüsterne 1004a
Willkomm 518
Windfeyrer (Grf. Arco-Zinneberg) 161
Wir treten auf die Kette 897
Woeller, Waltraud u. Matthias (Hg.): Es war einmal ... Illustrierte Geschichte des Märchens 1291
Wolf, Georg Jacob / Wolter, F. (Hg.): Münchner Künstlerfeste. 834

Wolf, Georg Jakob: Ein Jahrhundert München 1165
Wolf, Georg Jakob: Die Münchnerin 1171
Wolter, Franz, Franz Pocci als Simplizissimus der Romantik 713
Worte des Dankes 213
Wunderheilung durch Hohenlohe in Brückenau 1
Wunderhorn, Des Knaben (Cl. Brentano und A. von Arnim) 691, 827, 1010
Wunsch, Stephan: Die erträgliche Leichtigkeit des Marionettenseins. Das confusionsfreie Leben von Franz Poccis Kasperl Larifari 1318
Wünsche, Die drei 365, 439, 576, 613, 654, 712, 782, 812, 846, 893, 924, 1041, 1081, 1083

Zacharias, Alfred: Franz von Pocci im Rahmen der Illustration des 19. Jahrhunderts 1237
Zauberflöte, Kasperl in der 552, 576, 651, 686, 923, 969
Zaubergarten, Der 541, 634, 686, 1061
Zaubergeige, Die 509, 576, 589, 607, 654, 676, 686, 693, 712, 730, 748, 774, 782a/c, 816, 830, 854, 881, 882, 886, 900, 912, 941, 1045, 1060, 1080, 1084, 1093, 1094, 1101, 1103, 1106, 1111, 1116, 1117, 1120, 1121, 1133, 1206, 1225, 1230, 1296
– [Neufassung] 906
Zauberring, Der 613, 843
Zebinge, Franz: Musik zu: Kasperl bei den Leuwutschen nach Pocci 1130
Zeichen der Zeit 905
Zeit, Die schöne alte 809
Zeitschrift des Münchener Altertums-Vereins e. V. von 1864. Zur Erinnerung an das 60jährige Jubiläum und den 50jährigen Todestag unseres Gründungsmitgliedes Franz von Pocci 713, 1173
Zeitschrift für Bücherfreunde 571
Zeitung, [Augsburger] Allgemeine 255, 272, 295, 305, 317, 333, 360, 378, 392, 405, 425, 442, 458, 468, 474, 481, 489, 498, 505
Zeitung, Bayerische 449, 450, 451
Zeitung, Neue Münchener 290, 350, 351, 352, 367, 368, 369, 370, 371, 372, 373, 378, 384, 385, 386, 387, 416, 417, 449, 711, 743
Zeitvertreib, Zum 172, 373
Ziel, Das unendliche. Ein Buch von Liebe, Welt und Gott 872

Zigeunerwunsch 467
Zum Kasperl 839
Zur Erinnerung an Franz Pocci. Holland, Hyazinth 552, 771
Zur Nürnberger Pocci-Ausstellung (Karikaturen) 739
Zwanglosen, Die Gesellschaft der
– An Peter Cornelius 142
– Guckkastenbilder 198
Zwanglose Gesellschaft in München, Die 1203, 1283
Zweite, Armin (Hg.): Münchner Landschaftsmalerei 1800-1850. Katalog zur Ausstellung Städt. Galerie Lenbachhaus 1257
Zwerge im Schweckhäuserberge, Die 1014
Zwölf Glocken klingen 859